管理世界 论丛

管理科学与工程前沿问题研究

（第二卷）

RESEARCH ON THE FRONTIER ISSUES OF MANAGEMENT SCIENCE AND ENGINEERING

李志军　尚增健　主编

中国发展出版社
CHINA DEVELOPMENT PRESS

图书在版编目（CIP）数据

管理科学与工程前沿问题研究．第二卷 / 李志军，尚增健主编．—北京：中国发展出版社，2022.8

ISBN 978-7-5177-1295-4

Ⅰ．①管… Ⅱ．①李… ②尚… Ⅲ．①管理工程学－研究 Ⅳ．①C93-05

中国版本图书馆 CIP 数据核字（2022）第 088227 号

书　　　名：管理科学与工程前沿问题研究（第二卷）
著作责任者：李志军　尚增健
责 任 编 辑：杜　君
出 版 发 行：中国发展出版社
联 系 地 址：北京经济技术开发区荣华中路 22 号亦城财富中心 1 号楼 8 层（100176）
标 准 书 号：ISBN 978-7-5177-1295-4
经　销　者：各地新华书店
印　刷　者：北京市密东印刷有限公司
开　　　本：710mm × 1000mm　1/16
印　　　张：23.5
字　　　数：435 千字
版　　　次：2022 年 8 月第 1 版
印　　　次：2022 年 8 月第 1 次印刷
定　　　价：88.00 元

联 系 电 话：（010）68990630　68990692
购 书 热 线：（010）68990682　68990686
网 络 订 购：http://zgfzcbs. tmall. com
网 购 电 话：（010）88333349　68990639
本 社 网 址：http://www.develpress. com
电 子 邮 件：121410231@qq. com

出版说明

2019 年,《管理世界》编委会研究决定开设“管理科学与工程”栏目，重点关注国之重器、重大工程、大科学装置和高技术领域中的管理学问题。

为了帮助青年学者更好地开展管理科学与工程方面的教学与科研工作，我们从《管理世界》“管理科学与工程”栏目刊发的文章中，精选了部分优秀论文汇集成册，公开出版。《管理科学与工程前沿问题研究》(第二卷)收录了《管理世界》2020—2021 年刊发的管理科学与工程方面的 14 篇优秀论文。这些文章，无论是研究内容、研究方法还是学术水平，都具有典型代表性，可供青年学者在教学与科研中参考借鉴。

目 录
Contents

重大工程决策治理的“中国之治”*

盛昭瀚[1]　程书萍[1]　李　迁[1]　李敬泉[1]　陈永泰[2]　徐　峰[1]

（1 南京大学工程管理学院；2 南京审计大学信息工程学院）

摘要：重大工程决策治理是引导、规范和保障重大工程决策事务基于合法合理、科学民主、程序规范、协同制衡的制度与行为规则体系，重点为决策主体的决策治权、治能及执行力的科学配置与制衡。我国重大工程决策治理体系作为国家治理体系的一个组成部分，伴随着我国现代化强国建设过程不断完善、发展和升华；当今，重大工程决策治理体系与能力的现代化和中国化是我国重大工程决策治理本质一致的两种基本形式，现代化是普遍原理，中国化是现代化在中国的具体形态，是重大工程决策治理在中国发展的现实道路。决策治理现代化通过中国重大工程决策治理实践走向中国化，决策治理中国化又通过在中国的治理实践促进和推动重大工程决策治理的现代化。重大工程决策治理现代化与中国化融为一体即为重大工程决策治理的“中国之治”。

关键词：重大工程决策　治理　现代化　文化记忆

一、引言

重大工程管理基础理论表明，由工程管理到重大工程管理，本质属性上形成了从系统性到复杂性的基本演化趋势。在系统科学范畴，从系统性到复杂性不是系统性“量”的增加，而是系统性“质”的提升，这一变化将导致工程管理与重大工程管理的各个领域在管理思维、原则、方法论的层次和内容都出现了一系列重大变化。

例如，由于重大工程决策主体需在一个相对较短的时间内做出一个在相当长时间内（重大工程全生命期）都要能够保证其功能始终稳健的决策方案，因

---

*　原载《管理世界》2020年第6期。

此，重大工程决策活动除了包括一般工程决策活动的基本内涵外，还要有效应对在这个相当长的时间内工程环境因为深度不确定性形成各种可能的复杂情景及情景的演化。这样，重大工程决策方案就要具备关于情景的鲁棒性品质。没有这一品质，决策方案有可能在工程生命期内严重受损甚至失效，这将直接影响到重大工程决策主体本来的意图与工程自身价值的体现。因此，“深度不确定”最能体现重大工程决策活动与问题的本质特征，这样，由深度不确定性引起的决策方案关于情景的鲁棒性就成为评价与衡量重大工程决策质量的一个新的、独特的、带有根本性的测度，这要求重大工程决策主体具有更综合和更强大的“事能”（完成决策事务的能力）。

更进一步，由于重大工程决策问题复杂性的显著增加，在决策过程中，需要构建完善的决策体系作为组织平台赋予决策主体必要的决策“事权”（完成决策事务的权力），事权绝不能缺失，又不能冗余，并且为了使决策主体不出现行为异化与自由裁量权失控，还必须对主体的赋权进行恰当的制衡。

另外，如何保证决策主体之间的协同关系、专家对决策事务的技术支持以及整个决策事务在必要的法治轨道上进行等，这都需要构建完整的制度体系作为主体开展重大工程决策活动和规范行为的依据。显然，这些都已经远远超越了通常操作层面上的“决策管理”概念，而是一个比“决策管理”更高层面、更丰富、更深刻和更具厚重感的新的所谓重大工程决策治理概念。实践表明，决策治理已经成为完善、规范、保障有效进行重大工程决策的活动与行为架构；没有这样一个架构，我们无法保证在重大工程决策过程中能够设计和构建起一个充分体现科学性与民主化的决策平台，并始终使决策主体保持自身的规范行为、做到清晰识别各种决策复杂性和将决策“事权”与“事能”协同升华为对重大工程决策复杂性的驾驭力。

因此，重大工程决策治理体系与能力是当今重大工程决策领域内一个重大科学问题，它不仅充分体现了重大工程决策理论的时代化品格，而且在它的基础上，将拓展和延伸出一系列新的科学问题，促进重大工程管理决策理论内涵的丰富。

二、重大工程决策的基本学理

工程是人类造物和用物的实践，其中一类环境复杂、规模宏大、技术先进、生命期长，主要为社会、民生、环境提供长久性基础构筑物的工程称为重大基础设施工程，简称重大工程（Sheng，2018），如三峡水利工程、南水北调工程、港珠澳大桥工程等。在重大工程建设与管理过程中，关于工程论证、规划、立项、投融资方式与技术方案选择等活动称为重大工程决策（活动），开展并完成决策活动的人（群）为重大工程决策主体。

根据公共经济学原理，重大工程除一部分具有完全公共品属性外，还有一部分兼具公共品和私有品属性，故决定了重大工程一般情况下的公共品性质或准公共品性质（Samuelson，1954）。由于重大工程能以其公共品或准公共品属性满足社会公共需求，因此其一般都以公共财政投资为主。故从产权上讲，社会公众拥有重大工程的全部或者大部分所有权。但是，由于各种原因，社会公众不可能都直接参与重大工程决策事务，而是作为初始委托人通过政治、法律与民主等形式授权给某一级政府代其实施重大工程决策事务，这就产生了重大工程所有权与决策权的分离。

社会公众之所以将重大工程决策事务委托给政府来行使，主要是因为政府具有社会公众赋予的公权力（又称为行政力）。公权力是指公共组织如国家（政府）、非营利社团、国际组织等，以维护公共利益为目的，在公共管理、公共服务和提供公共品（如国防安全、公共设施工程）过程中，根据公共意志赋予公共组织部分成员或者负责人进行决策、指挥、组织、管理的权力，是社会成员在一定范围内的授权（Patanakul et al.，2016）。因为公权力主要指公共管理权力，而国家拥有最重要的公共管理权力，因此，社会成员自然首先授权给国家机关或者国家机关依法委托的团体或个人。由此可见，公权力的本质是由社会公众授予以维护公共利益、实施公共事务为目的的公共团体与责任人的职务上的权力，一般表现为基于社会公众意志而由国家机关行使的强制权力，并使这种强制权力制度化和法律化。

由于重大工程是承载着社会与广大公众利益、集中代表社会公众需求的（准）公共品，故在重大工程决策过程中，接受公众委托的国家（政府）必须站在社会公众的立场，为重大工程决策行使必要的公共事务管理权，成为社会公众利益的代表。

社会公众依据法律委托政府实施重大工程决策事务，社会公众与政府间的委托代理关系是重大工程决策中最具代表性的政府式委托代理关系。为实施重大工程决策事务，政府作为第一层次代理人还会依次委托政府职能部门、项目公司、各类社会专门机构，形成完整的“社会公众—政府—政府职能部门—项目公司—各类社会专门机构”递阶委托代理链（张劲文、盛昭瀚，2014）。由于上述委托代理关系整个是在市场环境下进行的，故更全面的话，应表述为市场环境下政府式递阶委托代理关系。

由此可见，国家（政府）基于其政治地位、合法性、权威性和强大的社会资源整合能力，在重大工程决策过程中成为主导决策事务的核心主体，从而对重大工程是否立项、如何出资、何时建设、怎样建设等重要决策问题拥有决定权与话语权。

重大工程决策的市场环境下政府式递阶委托代理（关系）原理，即为重大工程决策的基本学理。

三、重大工程决策的“中国之治”

（一）重大工程决策治理概述

在现实中，重大工程决策的市场环境下政府式递阶委托代理原理表现出各种类型的复杂形态，不了解这些复杂形态和形成的问题，将无法保证这一原理在重大工程决策中发挥积极、稳定和可持续的效能。

在这方面，以下 3 个问题特别需要从制度、法规层次上给予高度关注。

（1）从宏观上讲，社会公众与政府之间的委托代理关系中，一般都呈现“弱委托、强代理”现象。政府对决策事务一般都拥有强力的决定权、裁量权、话语权与信息主导权，而公众监督代理人因为成本高、程序复杂和执行困难，从而有可能导致政府（在实际中往往是代表政府的某个部门）在决策过程中将“社会公权”异化为“部门私权”（后小仙，2008），即以部门利益和价值偏好影响决策活动与结果，造成对委托人利益的损害。

（2）从微观上讲，现实中作为政府代表的决策主体实际上是掌握一定公权力的社会人。社会人首先是个体人，如果在实际决策过程中代表政府的决策主体失责、失德，或由于委托制度不健全，缺乏监督，将可能导致决策主体在决策过程中因谋求“私利”而损害社会公众整体利益。因此，作为政府代表的个人的行为品质将直接关系到最终的决策品质，这是需要我们高度关注的。

（3）现代重大工程决策问题的复杂性不仅需要决策主体具有必要的决策公权（事权），以确保决策的合法性与权威性，还要求决策主体具有相应的实施决策事务、做出好的决策方案的能力（事能）。在现实中，除了决策主体通过积累经验与自学习来提高自身决策能力外，通常需要构建专门的工程决策支持体系（如聘请专家为决策顾问、组成技术专家委员会等）来辅助决策事务的开展。所以，重大工程决策体系一般由决策主体体系与决策支持体系两部分综合而成。

综上所述，在明确重大工程决策基本学理的基础上，要妥善解决政府式递阶委托代理关系在决策过程中涌现出的各种新问题和新挑战，不能仅依赖决策主体个人的道德、知识和经验，而必须通过系统性、全局性的制度设计和稳定的执行力机制来规范决策主体行为和安排科学的决策流程来保障。

详细地说，在重大工程决策活动与过程中，决策主体必须站在社会公众的立场上，充分体现以民为本、程序规范、专家支持、公众参与、信息透明、责任明确、监管问责等“事权”与“事能”核心内涵与基本构件，并要有相应的制度与法规体系来保证这些内涵与构件的实现与持续性。显然，这已经远远超过了通常的“管理”概念，是一个比“管理”更高层面、更丰富、更深刻和更具厚重感的新概念，即所谓重大工程决策治理。

简言之，重大工程决策治理是引导、规范和保障重大工程决策事务基于合法合理、科学民主、程序规范、协同制衡的制度与行为规则体系及其执行与监管，重点为决策活动主体的决策治权、治能及执行力的科学配置与制衡。

（二）重大工程决策治理体系

每个国家都有自己的国家治理体系，重大工程决策治理是国家治理体系中的一个组成部分，其自身也是一个完整的体系。

由上可知，重大工程决策是一项公共事务，政府以公权力（治权）成为决策的核心主体，但由于重大工程决策事务涉及政府、社会、市场、公众等众多干系人，因此，政府必须在决策过程中处理和协调好与社会、市场、公众的各种关系，激发各方热情、化解各类矛盾、分担共担责任，同时还要在上位法的制约下，规范各主体及主体之间行为，这就要制定重大工程决策活动必须遵循的国家相关法律法规和设计专门性的制度、规则与程序（李迁等，2019）。这样，重大工程决策治理活动必然有着明确的治理主体、治理理念、治理目标、治理法规、治理制度、治理资源、治理方式与治理方法等（马英华，2018），即由治道（方针）、治权（权力）、治制（制度）、治能（能力）、治具（措施）、治术（方法）等要素组成，所有这些要素综合在一起形成一个以稳定、有序和有效开展重大工程决策事务为基本功能的完整的治理体系。

具体而言，重大工程决策治理体系一般能够分解为治理环境、治理主体、治理组织、治理理念与目标、治理法规与制度、治理方式与方法等子体系，并在这些子体系之间形成稳定的层次与结构和在整体层面上实现引导、规范和保障重大工程决策事务的预期功能，“做到科学决策、民主决策、依法决策，避免发生重大失误甚至颠覆性错误”（冯春安，2019）。

当今，关于重大工程决策治理体系的基本科学问题有（Sheng，2018）以下几点。

（1）基于政府式委托代理关系的重大工程决策治理学理逻辑分析。

（2）重大工程决策治理组织动力学：决策治理主体的类型、行为空间、主体之间行为关联及基本情景。

（3）重大工程决策治理机理：治理组织的事权与事能；治理支撑组织、执行组织、监管组织等相应的治理模式。

（4）重大工程决策治理机制：政府决策职能内涵和权力边界、决策过程流程与信息转换、决策治理机制的自适应性。

（三）重大工程决策治理现代化

所谓“现代”，是一种对历史时间尺度分割的概念，哈贝马斯指出，“人的现代观随着信念的不同而发生了变化。此信念由科学促成，它相信知识无限进步、社会和改良无限发展”（王晓升，2006）。

“现代化”原本是指农业社会向工业社会转变表现出的总体性特征（陈钦庄等，2000）。今天，人们更把“现代化”理解为是人类社会发展的一种进程，是人类历史发展进程某个时刻涌现出的思想、政治、经济、科技、社会、文化综合性的属性变革以及推动人类文明发展与社会进步的成果。

中华人民共和国成立之初，中国共产党就开始深入研究中国现代化建设的道路和基本规律，逐步形成了“四个现代化”的奋斗目标；改革开放后，我们全面开展社会主义现代化建设，提出现代化“三步走”的发展战略；党的十八大以来，党中央明确提出“全面建成社会主义现代化强国”（包心鉴，2019）。事实证明，不断推进现代化建设已经成为我国一条成功的强国之路，而现代化水平也已经成为衡量我国社会主义强国建设成效的主要测度。

近年来，我们在现代化的内涵，如何精准、可持续推进现代化事业等方面的认识上都有了重大升华。其中，最具全局影响力的就是关于统筹推进社会主义现代化建设的“五位一体”总体布局和“四个全面”战略，特别是，在原来的工业、农业、科技、国防“四个现代化”基础上，十九届四中全会又明确提出了“推进国家治理体系与治理能力现代化”的重大战略任务，极大地丰富了我国国家现代化的思想内涵，从经济基础与上层建筑的高度统一上进一步夯实了我国现代化前进道路的基石。

在过去的 70 年中，我国重大工程决策治理作为国家治理体系的一个组成部分，伴随着建设现代化强国的过程不断完善、发展和升华，更在当今改革开放、民族振兴伟大历程中与时俱进地深刻关切和回应我国新时代重大工程决策一系列新形势、新情况和新问题，并且在理论与实践的深度融合上实现我国重大工程决策治理体系自身的现代化，推动新的历史时期我国重大工程决策治理现代化水平的与时俱进。

历史逻辑与现实逻辑告诉我们，我国国家治理体系现代化的基本思想与现实路径决定了我国重大工程决策治理现代化的基本内涵。首先，中华人民共和国 70 年发展历程，既是我国社会主义现代化的历程，也是我国国家治理体系不断完善和迈向现代化的历程。国家治理体系在不同的历史时段内都有着不同的环境、情境、问题和特征，并对国家经济、社会等各领域治理起着引导性、制约性、规定性作用。因此，我国重大工程决策治理现代化的本质属性、时代特征与具体内涵，必然与国家治理现代化同向、同步前行。

因此，我们不仅要从理论上厘清国家治理现代化与重大工程决策治理现代化之间的主从关系、全局与局部关系、整体与部分关系之间的基本学理，还要在实践层面上梳理清楚我国重大工程决策治理现代化的一些关键科学问题，例如：

——中华人民共和国成立 70 多年来，我国重大工程决策治理现代化道路的演进脉络、关键节点与基本经验；

——根据宏观发展形势，研究如何充分发挥重大工程决策治理过程中政府主导下的政府—社会—市场—公众多元协同作用，加快推进我国重大工程决策治理的变革与创新；

——探索如何在决策治理中推动重大工程投资效率边际递增功能、培育和健全新的产业链，实现新时代高质量意义下重大工程发展新动能；

——如何坚持我国重大工程决策治理现代化理念，加快形成适应智能经济和智能社会新的重大工程建设和管理体系，为实现民族复兴提供坚强支撑。

（四）重大工程决策治理中国化

关于我国国家的现代化道路，邓小平同志明确提出，我国的“四个现代化”要符合中国实际与国情，强调我们搞的现代化，是中国式的现代化[①]。习近平总

① 《我们搞的现代化，是中国式的现代化》，人民网，2017年1月25日，http://cpc.people.com.cn/n1/2017/0125/c69113-29048472.html。

书记也指出，一个国家选择什么样的治理体系，是由这个国家的历史传承、文化传统、经济社会发展水平决定的，是由这个国家的人民决定的[①]。这些重要的治国理政思想对于确立我国重大工程决策治理理念与构建治理体系都具有重要的指导意义，即重大工程决策治理不仅要体现现代化，而且还要体现中国化。

当前，我国实行经济分权与政府集权的治理方略，同时，几千年来的政治文化传统、现代治理制度缺陷以及区域之间社会经济发展水平梯度化等现实情况相互叠加与缠绕形成了我国独特的治理国情与治理环境，这其中，既有我们设计和实施重大工程决策治理的特有优势，也会形成许多重大工程决策治理特殊难题。对此，决不能简单运用西方一般治理思维和治理理论来解释和解决。简言之，重大工程决策治理只能依据我国国家治理思想与原则，符合中国实际与国情，体现我国历史传承、文化传统，并且主要源于我国重大工程决策实践，以具有中国特色的治理理念、原则、制度、法律、规章、程序、手段、工具等为基础性构件，形成自主性的中国化治理体系。

重大工程决策治理现代化与中国化融为一体，即重大工程决策的“中国之治”具有哪些核心内涵与特征呢？

（1）在重大工程建设问题上，充分显示出我国“全国一盘棋”的治理优势，政府作为重大工程决策主体能够充分发挥社会主义集中力量办大事的体制优越性，能够把重大工程建设摆在社会经济发展大局的宏观调控中整体谋划并注重决策治理中的统筹安排和战略引领，充分整合优势资源推进重大工程建设。

（2）重大工程决策是一件十分复杂的实践活动，政府自身一般并不具备完备且充分的决策“事能”，于是，在重大工程决策过程中，一般都有不同学科、不同专业、不同领域专家组成的决策支持体系。如果说决策治理为决策主体提供了决策事权，那么决策支持体系则为决策主体提供了必要的知识与智慧支持。简言之，在我国重大工程决策治理体系中，既有自上而下纵向的治权体系，又有网络状横向治能支持体系，两者保证了我国重大工程决策事权与事能的协同。

（3）任何现实的“现代化”都是人类历史长河中的一个阶段性景象，任何现实的“中国化”必然禀赋某个时段特定的国情、社情与人情，因此，任何现实的重大工程决策治理体系必然是现代化与中国化的融合，必然充满着“某个阶段”的“中国故事”。时代在发展，实践在变化，特别是中华人民共和国成立 70 多年来，我国经历了从长期的计划经济及社会集中管理体制到改革开放、

---

① 《习近平的“国家治理公开课”》，人民网，2017年5月12日，http://theory.people.com.cn/n1/2017/0512/c40531-29270218.html。

市场经济体制的深刻转型；当今，我国在新的现代化道路上，正经历着历史上最为广泛而深刻的社会变革，也正在进行着人类历史上最为全局而独特的实践创新。这一复杂、深刻的大变革包含我国国家治理体系的现代化进程，必然会给我国重大工程决策治理体系带来全方位的深刻影响，也会使重大工程“中国之治”根据时代发展不断修正和完善自身的自适应和自组织能力。

（4）重大工程决策的“中国之治”不仅体现出依据“时代发展变化”维度的“与时俱进”特征，而且还表现出“空间情景变化”维度的“因地制宜”特征。直观上讲，现实中任何具体的重大工程决策治理活动与过程必然是一个有物、有事、有主体、有对象、有关联、有因果、有变化、各个环节相对独立又有整体性的连贯“故事”。凡是故事都有背景、情节与情节的发展，此即为决策治理情景。特别是，我们中国地域辽阔、空间范围广，东西部或南北方之间社会经济发展差异性非常明显。因此，决不能把中国“浓缩”成一个“点”来讲重大工程决策治理的“中国化”，而要具体分辨某个重大工程所在的空间地域，关注该地域范围内的人情、社情、国情、文化情与历史情，这样一来，我国重大工程决策治理不仅会充满着时代气息，还会充满着浓厚的地域特征。

这表明，空间地域要素不同，社会经济发展阶段与水平不同，重大工程决策治理目标、治理资源整合模式、治理手段、治理方案很可能会有很大的差异性，即从原理上讲，没有“放之四海而皆准”的重大工程决策治理模式。

关于重大工程决策治理中国化的基本科学问题主要有 4 个。

（1）主要（但不仅仅）源于我国国家治理实践和中国哲学思辨，构建充分反映当今世界与我国社会大变革背景的重大工程决策治理理论体系的基本架构和要素关联逻辑。

（2）强大政府的主导作用在相当长的时期内是我国重大工程决策治理组织形态与组织模式的核心力量，如何在我国重大工程决策治理组织中充分突出和发挥政府主导作用，同时在具体的治理过程中做好、做实对政府治权的制衡。

（3）从决策治理高度，如何切实解决好当前我国发展现实中“不均衡、不充分”与不同地区社会经济发展水平梯度化问题，根据不同区域、不同领域、不同方式间存在的突出矛盾，在整体性的重大工程决策治理框架下，以供给侧结构性改革为主线，完善必要的区域性决策治理体系。

（4）依据现代社会治理理论，深入研究重大工程决策治理过程中如何通过制度体系防范政府人员的“政绩驱动”“合谋”与“寻租”等行为，以及利用信息不对称性做出“逆向选择”等道德风险（刘慧敏等，2019）。

综上，重大工程决策治理的现代化与中国化是紧密联系在一起的，并且相互融合形成了新的综合作用。我国重大工程决策治理的现代化进程，既是重大工程决策治理基本原理同时代特征在纵向维度上相结合的过程，同时又是决策治理基本原理同我国具体国情区域复杂性在横向维度上相结合的过程；重大工程决策治理现代化的鲜活度寓于中国工程决策治理实践之中，脱离中国实践的工程决策治理现代化是凋零、萧疏的，缺乏持久生命力。

当今，我国正发生如火如荼的历史性社会变革，我们要深刻认识到，重大工程决策治理体系与能力的现代化和中国化是我国重大工程决策治理本质一致的两种基本形式，现代化是普遍原理，中国化是现代化的中国具体形态，是重大工程决策治理在中国发展的现实道路。决策治理现代化通过中国化走向中国重大工程决策治理实践，决策治理中国化又通过在中国的治理实践促进和推动重大工程决策治理的现代化，并以此融入人类重大工程决策治理先进的文明之中。

（五）重大工程决策治理的制度之钥

在社会学意义上，制度主要是指国家、政府等按照一定的目的和程序创造的政治、经济、社会、文化等领域的法律法规及规则契约等，以构成对人们行为的激励和约束；多层次、多领域的制度体系形成了一个国家、政府在某个阶段的实际社会结构。这样，制度也就成为国家治理的依据，一切领域活动的治理都依据相关制度展开，制度的性质决定治理的方式。

上述制度和治理两者内涵的统一性表明，重大工程决策“中国之治”其本质就是我国国家治理制度体系在重大工程决策领域的集中体现。特别是，当今推进重大工程决策治理体系现代化与中国化更要通过构建和完善相关决策治理制度、强化制度执行力和把制度优势更好地转化为治理效能来体现。

按照重大工程决策治理体系在国家治理体系中的子系统方位，重大工程决策“中国之治”的制度体系是以国家根本制度为中心、基本制度为基础、工程领域专业性制度为操作的完备制度体系。

制度对重大工程决策治理水平起着根本性、基础性作用，只有有了完备、规范、有效的制度体系，才有可能实现重大工程决策的系统治理、依法治理、民主治理、科学治理、源头治理和综合治理，把制度优势转化为治理效能。因此，科学、完备、规范的制度体系就成为重大工程决策治理的“金钥匙”。

我国重大工程决策治理的制度优势与治理效能转化的基本科学问题有以下几点。

（1）当前我国重大工程决策治理制度体系供给中的优势与经验总结，以及如何通过制度化解决突出的治理短板和弱项问题，如决策治理过程中主体公权力制衡与自我裁量权过大的倾向、专家实际作用及公众切实参与难有明确的制度保证等；如何通过顶层设计来确定治理制度体系建设的重点与路径。

（2）决策治理的基本思想在于广泛的社会参与性，重大工程决策治理制度体系中如何把政党的领导地位、政府的主导职能、市场的调节机制、专家的支持作用与公众的积极参与融合为制度体系并转化为高水平综合决策治理效能。

（3）随着科技、经济、社会等领域的发展，现代社会的复杂性程度日益提高，同时，治国理政的难度也日益加大，迫切需要强化底线思维、加强重大工程决策安全评估与风险管控、提升重大工程保障国家战略和人民群众生命财产安全以及应对自然灾害的能力等。因此，要开展相应的重大工程决策治理制度体系设计与效能评估，提高决策治理制度应对各类重大风险与突发事件的能力。

（4）我国传统文化与当前工程界行为习惯对决策治理制度执行力的影响，以及提升制度执行力的文化建设。

（六）重大工程决策治理能力现代化

重大工程决策治理能力是治理主体处理重大工程决策治理各项事务的能力。就当今而言，决策治理能力现代化主要是指在决策治理过程中运用科学、民主、法治、系统、规范思维，依靠制度、机制、政策、技术等综合手段，实现符合时代精神的法治、众治、善治并转化为高品质治理效能的才能与水平。

治理是制度的实践，也是执行制度的过程（王鹏，2020）。坚持和完善我国重大工程决策治理制度与推进我国重大工程决策治理能力现代化是一个统一的整体，所以，重大工程决策治理能力现代化最集中地体现于相关的治理制度设计、制度执行以及能够把制度优势转化为治理绩效的才干。在这方面，总体上有以下三个方面的工作。

第一个方面：如何充分发挥决策治理制度体系中的国家根本制度与基本制度的保证作用，并使这一作用成为决策治理制度体系中的指导思想与基本方针。

第二个方面：如何紧密依据重大工程决策“中国之治”现代化与中国化的属性特征和当前我国基本国情现实，做好决策治理具体制度体系的设计、执行和综合绩效评估；没有高质量的决策治理具体制度，就没有落实决策治理事务的抓手，也就缺乏解决决策公权力制衡、风险管控、专家支持、公众参与、合法性审查等一整套关键治理构件的制度逻辑。

首先，在制度设计阶段，要改变由政府作为制定制度单一主体的传统做法，要从治理现代化理念出发，由政府、市场、专家、公众经过协商并把最终形成的共识以制度、规章或契约固化下来，成为决策治理各方主体共同的行为准则。

其次，重大工程决策治理具体制度设计的全部意义在于执行，从制度供给侧看，好的制度不仅具有刚性和约束性，还具有一定的柔性和包容性，从而使它在决策主体和决策环境产生一定变动情况下保持功能的韧性，从决策各方主体看，由于具体制度源于设计阶段各方共识，从而保证了在制度意识基础上的执行自觉性。

最后，一般情况下，工程决策治理具体制度体系比根本制度与基本制度表现出更大的动态性，因此，需要我们根据工程决策治理的需求导向、问题导向与目标导向的动态性，对现有具体治理制度进行变更、补充与完善，以降解制度滞后和出现逻辑冲突，提高具体制度的实时性、实效性和可执行性，持续实现制度体系向治理绩效的有效转化。

在一般情况下，决策治理主体的通常任务不仅是制度设计，更是制度的执行，因此，治理能力的高低与现代化水平主要就在于执行制度的水平的高低。在这方面，除了要求执行主体始终保持制度底线意识，更要决策治理主体约束和规范自己的裁量权行为。事实告诉我们，在重大工程决策治理过程中，决策治理主体将面对大量的不确定、不确知、无先例和无标准的复杂情况和问题，需要决策治理主体必要时在具体制度的边缘甚至突破现有制度边界做出治理方案。这其中，有些判断、标准和结论是需要决策治理主体自主辨识和决断的。在重大工程决策治理过程中，决策治理主体慎用、善用自我裁量权不仅反映了决策治理制度体系的活力与韧性，更是表现决策治理主体自适应水平，问题是，这样的行为必须在法治化、制度化、规范化、程序化原则下进行。

第三个方面：在制度层面下，重大工程决策治理能力现代化主要表现在具体的治理过程中决策主体的行为品质，例如，准确把握重大工程决策战略机遇期能力、促进决策治理制度执行和高效化的协同能力、提高决策治理资源整合和配置能力、提高主体降解决策治理复杂性能力以及运用现代信息技术开展复杂决策问题系统分析能力等。

重大工程决策治理能力现代化的基本科学问题主要有 4 个。

（1）以人类社会与思想发展基本规律为主线，深刻揭示当前人类社会大变革主要特征及其对重大工程决策治理能力结构与形态的深刻影响。

（2）具有中国特色的重大工程决策治理体系与能力现代化一体化基本理论与关键技术研究。

（3）当前我国重大工程决策治理能力现代化的现实状况及突出“短板”与“痛点”，如何设立解决这类问题的逻辑起点与现实路径。

（4）我国重大工程决策治理能力现代化与世界大变革共生演变的基本规律与相互影响。

四、重大工程决策“中国之治”的文化记忆

综上所述，我国重大工程决策治理体系作为国家治理体系的一个组成部分，伴随着我国建设现代化强国的过程不断完善、发展和升华，特别是改革开放40多年以来，我国正发生如火如荼的历史性社会变革，国家现代化发展的大国情、大趋势、大变革的动态性无时不在引导、催生、驱动、制约着我国重大工程决策治理体系与能力形态的大方向和关键发展转折点，因此，动态性是重大工程决策“中国之治”的鲜明的基本属性。这对确立我国重大工程决策治理体系的认知方法论具有重要的启迪，即除了对个别具体工程治理进行定点案例剖析外，更适宜以动态演化的视角对我国历史上某个时段，甚至新中国成立至今重大工程决策治理的恢宏历程进行“全景式”回顾、总结与反思。

显然，这种“全景式”认知方式既在我们眼前重现当年先辈们在重大工程决策“中国之治”现代化道路上艰苦跋涉的顽强精神与风貌，也是我们对重大工程决策“中国之治”现代化道路历史上那些时刻、那些事件、那些情景、那些人物、那些工程的再度回忆、总结和反思，并赋予了新的哲学思辨、文化感悟与理论逻辑，这更能揭示我国国家治理现代化道路与我国重大工程决策治理体系现代化道路两者之间紧密的历史逻辑，更能透过许多看似孤立、破碎的表象而发现其背后的理论逻辑，特别是，能够让我们深切感悟到重大工程决策治理学术和理论的成长与完善绝不是仅仅用纯粹的论文和数学模型堆砌的，更是丰富的重大工程决策治理实践的土壤及无数实践者在实践中形成的宝贵经验和知识萌芽。在具体认知过程中，我们要突破研究者个体的立场、价值偏好的局限性，用一种更高层次、更广视野、更具连贯性和更体现出文明长河内涵的所谓文化记忆的方法论与范式来构建关于我国重大工程决策治理的认知路径。

记忆，基本的意思是记得、不忘、对过去事物有印象等。在一般场合中，记忆（memory）的主体是个人，是指个人对所获取信息的保存和读取的过程，记忆是人脑对经历过的事物的识记、保持、再现或再认，是个人进行想象、思维等高级心理活动的基础（巴伦、伯恩，2004；杨治良，2011）。

随着人类社会的发展与历史的演进，对于记忆的认知逐渐从个体拓展到集体，例如，一个国家、一个民族，也有了超越个别成员记忆的所谓“集体性”记忆活动。首先，集体性记忆活动不是从个体记忆的神经学或者脑生理学原理出发，也不是对所有社会成员个体记忆活动的简单叠加，而是一类更具时代性、整体性、全局性，更宏大、更深刻的记忆活动，是一类更有社会意义和历史价值的“集体性记忆”。

20 世纪 90 年代起，在文化学和历史人类学框架下，欧洲学者开始建立起一种和文化、历史等范畴紧密相连的“文化记忆”概念（冯亚琳等，2012）。这一概念以一个国家、一个民族对文字、图片和仪式等符号系统的历史事件为集体性记忆对象、论证现状存在的合理性以达到巩固集体主体同一性的目的。这类记忆因对集体的主体同一性起着非常重要的作用，因而其存储和传播都会受到严格的控制，传承遵循着特定而严格的形式，这不仅意味着对文化记忆的控制权，同时还意味着责任和义务。

显然，文化记忆不再像纯粹的个体记忆那样，是只有一个人能懂的话语，而是具有某种自身稳健性和可持续性的基本范式。

例如，文化记忆更强调对历史事件（包括思想、文化与实践）属性的认同感、归属感、独特感的集体性认知；更强调这样的认知对当今集体的存在与发展的巨大的精神支撑与力量指引；更强调当今对这类历史事件价值的维护与挖掘；特别更强调在文化层面上哪些历史事件是我们不能遗忘和需要重构并发扬光大的。在上述集体性的文化活动中，当今所有记忆主体就成为“文化记忆”的集体性的记忆共同体，换言之，上述整体性的文化层面的记忆活动就成为一种“集体性记忆”。

另外，任何历史事件，特别是历史上某个时段、围绕某个事件某些人表现出的思想、认知与行为动机要能成为人们共同感知并被集体所接受的文化情景才能够成为“集体性记忆”的内容，因此，“文化记忆”必然需要有被记忆共同体接受的特别的话语体系，否则，“文化记忆”是缺乏生命力和鲜活度的。

显然，文化记忆在一个国家、一个民族乃至整个全人类的思想进步、文化传承和文明发展进程中都有着极其重要的价值和意义。

首先，文化记忆通过记忆共同体将个体的记忆“生命”由离散变为同一、由短暂而变成永续，从而让一个国家、一个民族甚至整个人类社会的进步成为不断递进和提升的文明长河。

其次，文化记忆有利于唤醒人们对于过往时代的强烈认知与向往，从而帮助人们被历史上那个闪烁着思想与文明光辉的时代所激励进而为了心中的理想而继续勇往直前。

再次，文化记忆具有信仰的力量，集体的认同就是经过反思后的社会归属性，与之相应地，文化的认同是经过反思后逐步形成的，是对某种文化的信仰。正如德罗伊森所言，每个集体在他们的历史中，“同时找到了对自我的解释和意识——这是所有成员的共同财富，这财富越巨大，集体的概念就越稳固和深入人心”（德罗伊森，2006）。

最后，文化记忆能够帮助我们在所有社会成员集体性的历史回溯与传承中，以文化记忆的同一性与独特性为支撑点，重构和创新未来的发展道路。

显然，如果我们准备通过对新中国成立至今重大工程决策治理实践回顾与反思来研究重大工程决策“中国之治”的现代化道路，那这种回顾与反思就是我国重大工程管理实践界与学术界的一种集体性文化记忆，而不能仅是个别亲历者或学者的个体记忆。因为这是我们对新中国近百年来重大工程决策“中国之治”现代化道路动态性、演化性历史事件和情景思想文明光辉与基本规律的集体性认知，是对那个特定时期我国社会生活、文化理念、精神世界精髓的提炼和抽象。它将帮助当今中国人以文化记忆的同一性与独特性为支撑，在新的历史方位与起点上开拓重大工程决策“中国之治”的未来发展道路。关于这一部分我们将另外撰文论述。

五、新时代重大工程决策的“中国之治”

重大工程决策治理活动是一类具有特殊属性和规律性的实践形态。相应地，作为一个完整的科学体系，新时代重大工程决策“中国之治”有着其自身深刻、丰富的时代化与本土化科学内涵。

一方面，它同时蕴含着重大工程决策活动的本体特征与治理的基本属性，因此，重大工程的公共品属性，工程决策的复杂性、社会性，治理中政府式委托代理关系、治理的制度保证等都融为一个整体并形成一个完整的体系。该体系的关键组成构件非常丰富，包括以民为本、合法合理、制度完备、程序正当、过程公开、利益均衡、共识共生、责任明确、综合评价，并在整体上建立相应的流程和运行机制；在治理过程中要充分保证主体协同、民主协商、专家支持、公民参与、监督防范，所有这些构成了重大工程决策治理体系的功能表征与强大的生命力。

另一方面，随着时代的发展、环境的变化与工程决策问题的不同，该体系又能以自身的自适应和自组织能力不断修正、发展和完善自己，做到体系功能不断与时俱进。所有这些又充分体现了重大工程决策治理体系自身生命力的鲜活度。

重大工程决策“中国之治”作为重大工程决策治理体系现代化与中国化融为一体的现实形态，既要对重大工程决策治理当前时代性重大问题给予深度关切与回应，又必须紧密结合中国国情、中国历史以及中国大国治理特色，其基本原则是在汲取全人类工程决策治理思想与文明的基础上，尊重中国工程决策治理实践、深度体现中国治理经验、精准提炼治理理论元素、改革治理现实中存在的各类“痛点”与“瓶颈”，并在现代化的道路上永不丢失中国治理独特的基因和根基。

基于以上基本认知，不难认识到，重大工程决策治理体系的现代化与中国化构成了“中国之治”的基本品格，其中，现代化是普遍原则，中国化是现代化在中国的具体形态，是重大工程决策治理体系在中国发展的现实道路。现代化通过中国重大工程决策治理实践走向中国化，中国重大工程决策治理实践与决策治理体系的发展又促进和推动了治理现代化，并以此融入人类先进的重大工程决策治理文明之中。这既是当代我国重大工程决策治理的基本现实，又是我国重大工程决策治理体系现代化的发展道路。

以上是在回顾和总结我国重大工程 70 年决策治理基础上提炼出的新时代重大工程决策“中国之治”的思想精髓。

党的十八届四中全会公报指出，要依法全面履行政府职能，推进机构、职能、权限、程序、责任法定化，推行政府权力清单制度。健全依法决策机制，把公众参与、专家论证、风险评估、合法性审查、集体讨论决定确定为重大行政决策法定程序，建立行政机关内部重大决策合法性审查机制，建立重大决策终身责任追究制度及责任倒查机制。鉴于政府是重大工程决策治理主体，上述关于“依法全面履行政府职能”和对“重大行政决策法定程序”的规定最直接、明确地指明了推进当前我国重大工程决策治理体系与治理能力现代化道路的方向与新动能。

紧接着，党的十九届四中全会提出，要坚持和完善中国特色社会主义行政体制，构建职责明确、依法行政的政府治理体系，以推进国家机构职能优化协同高效为着力点，优化行政决策、行政执行、行政组织、行政监督体制，政府负责、民主协商、社会协同、公众参与、法治保障、科技支撑的社会治理体系。

所有这些，都极大地丰富了我国国家治理现代化的总体思想内涵，从经济基础与上层建筑的高度统一上进一步夯实了我国重大工程决策治理现代化前进道路的基石。

结合我国重大工程决策治理的现实，特别是“短板”情况，当前在推进重大工程决策“中国之治”现代化进程中，特别要关注和着力解决以下几方面问题。

（1）中国重大工程决策治理总体上是基于市场经济环境下的政府式委托代理原理的活动形态，因此，重大工程决策治理中，政府是决策治理主导性主体，同时，政府和市场发挥着基础性的二元协同作用，重大工程决策治理的重点为决策治理主体的治理事权、事能的科学配置、制衡与执行力保障。要实行政府权责清单管理，厘清政府和市场、政府和社会、政府与公众之间的关系，推进法治思维和法治方式的深化改革以及治理中的政府职能、权限、责任及程序法定化，以良法保障善治。同时，要充分发挥市场在重大工程决策治理中的资源优化配置作用，真正体现现代治理理念与精神。

（2）要大力加强重大工程决策治理制度建设。在重大工程决策治理体系的各种要素中，制度具有全局性、基础性、根本性作用，因为只有依靠制度才能最有效地保证决策过程的科学性、民主性、规范性，降低主体行为的随意性、盲目性与防范决策行为异化。当前，我国重大工程决策治理的制度体系不完善、不齐全等问题需加大力度纠正，首先要深刻把握重大工程决策治理的制度体系建设的整体逻辑，要认识到国家制度是根本；党政主导型治理是内核，法治法规是保障；要进一步在制度体系建设中注重夯实具体制度、补齐制度“短板”，改变具体制度之间逻辑冲突和以临时性“红头文件”或者领导人讲话代替规范制度的情况，要提升对治理制度的敬畏感，特别是要加强制度的可执行性与完善对制度绩效的评估，从总体上改善和提高对重大工程决策治理制度体系的供给。

（3）要努力提高重大工程决策治理的适应性内核。决策治理的功能释放在于有效引领、指导和直接服务决策事务，是对现实决策问题的深度关切与回应，这需要扎根实际、切实解决实际问题和适应环境变化的基本品质。当前，重大工程决策治理环境变化快，新情况、新问题层出不穷，重大工程的自然、社会、文化背景差异性大，因此，除了治理主体要有依据时空、问题、背景不同而确立不同的分类别治理理念，还要充分体现决策治理与问题俱进、因时空而异的适应性品质；要及时淘汰、修正不适应现实环境、认知发展、需求变化的治理理念、制度和规则，不能让治理失去实际执行价值、滞后于变化，甚至让人无所适从。

（4）当前，我国重大工程决策治理体系现代化的突出表现是进一步从“人治型”为主向“法治型”为主的治理模式转变，现实中出现的治理不顺、水平不高等突出问题，许多时候正是由于治理中的人治、人情对法治、法规的冲击或者对机制、程序干扰造成的，因此，只有在健全、完善的法治框架下才能保证决策治理过程的规范、标准和抗干扰的韧性。

（5）治理能力是国家治理制度完备程度和执行绩效的集中体现。重大工程决策治理能力现代化是重大工程决策"中国之治"中"治权"之外的"治能"现代化的反映。现代化的治理能力除了通常情况下的治理制度设计能力、治理体系构建、治理流程安排等操作能力外，在当前国内外大变局形势下，把握重大工程决策战略机遇期，降解决策治理复杂性，增强决策治理过程中的系统治理、依法治理、综合治理和源头治理的能力，运用现代新科学技术手段提高决策治理中的系统分析与预测能力，如港珠澳大桥构建决策"软法"治理模式那样，在资源不足甚至缺失的情况下，独辟蹊径创造决策资源的能力，等等，都是当前新时代应对决策治理复杂性的新能力。

（6）重大工程决策治理中国化在工作重点上要源于国家发展战略需求和重大工程高质量建设主战场，以供给侧结构性改革为主线，研究如何落实加快转变重大工程发展方式，增强重大工程服务国家重大战略实施的支撑保障能力；研究如何根据不同区域、不同领域、不同方式之间存在的"不充分、不均衡"突出矛盾，加快推动重大工程决策短板；研究如何拓展重大工程建设新内涵等当前我国重大工程决策治理新的战略性问题。

重大工程决策治理是基于重大工程决策复杂性而衍生出来的一个新的基本概念，同时也是一个具有学术品质和理论价值的科学问题。它起始于重大工程决策的市场环境下政府式递阶委托代理关系这一基本学理，并通过重大工程决策组织动力学原理设计和执行作为决策治理依据和决定治理方式的制度体系。

我国国家治理体系现代化的基本思想与现实路径决定了我国重大工程决策治理现代化的基本内涵，因此，我国重大工程决策治理现代化的本质属性、时代特征与具体内涵必然与国家治理现代化同向、同步前行。我国重大工程决策治理体系与能力现代化水平是我国重大工程决策活动现代化水平与决策方案品质的重要标志。

参考文献

[1] Patanakul, P., Kwak, Y. H., Zwikael, O. & Liu, M., 2016, "What Impacts the Performance of Large-scale Government Projects?", *International Journal of Project Management*, 34(3), pp.452~466.

[2] Samuelson, P. A., 1954, "The Pure Theory of Public Expenditure", *Review of Economics and*

Statistics, 36(4), pp.387~389.

[3] Sheng, Z. H., 2018, *Fundamental Theories of Mega Infrastructure Construction Management*: *Theoretical Considerations from Chinese Practices*, Springer International Publishing AG 2018.

[4] 巴伦 , R. A., 伯恩 ,D.. 社会心理学 [M]. 上海：华东师范大学出版社 , 2004.

[5] 包心鉴 . 现代化之路的中国智慧 [N]. 人民日报 , 2019-09-28.

[6] 陈钦庄 , 詹天祥 , 计翔翔 . 世界文明史简编 [M]. 杭州：浙江大学出版社 , 2000.

[7] 德罗伊森 . 历史知识理论 [M]. 胡昌智 , 译 . 北京：北京大学出版社 , 2006.

[8] 冯春安 . 中国共产党领导是中国特色社会主义最本质的特征 [N]. 经济日报 , 2019-07-30.

[9] 冯亚琳 , 阿斯特莉特・埃尔 , 余传玲 . 文化记忆理论读本 [M]. 北京：北京大学出版社 , 2012.

[10] 后小仙 . 基于公共受托责任的政府投资项目契约性质分析 [J]. 中国行政管理 , 2008(12).

[11] 李迁 , 朱永灵 , 刘慧敏 , 程书萍 . 港珠澳大桥决策治理体系：原理与实务 [J]. 管理世界 , 2019(4).

[12] 刘慧敏 , 盛昭瀚 , 邱大灿 , 燕雪 . 重大工程决策治理理论与实务 [M]. 北京：科学出版社 , 2019.

[13] 马英华 . 全面深化改革专题研究 [M]. 哈尔滨：黑龙江人民出版社 , 2018.

[14] 王鹏 . 着力提高制度执行力 [J]. 求知 , 2020(1).

[15] 王晓升 . 哈贝马斯的现代性社会理论 [M]. 北京：社会科学文献出版社 , 2006.

[16] 新华社 . 中共中央关于坚持和完善中国特色社会主义制度、推进国家治理体系和治理能力现代化若干重大问题的决定 [N]. 人民日报 , 2019-11-05.

[17] 新华社 . 中共中央关于全面深化改革若干重大问题的决定 [N]. 人民日报 , 2013-11-15.

[18] 新华社 . 中共中央关于全面推进依法治国若干重大问题的决定 [N]. 人民日报 , 2014-10-29.

[19] 新华社 . 中国共产党第十八届中央委员会第四次全体会议公报 , 2014-10-24.

[20] 杨治良 . 漫谈人类记忆的研究 [J]. 心理科学 , 2011(1).

[21] 张劲文 , 盛昭瀚 . 重大工程决策“政府式”委托代理关系研究——基于我国港珠澳大桥工程实践 [J]. 科学决策 , 2014(12).

重大科技基础设施综合效益评估体系构建研究*

——兼论在FAST评估中的应用

王　婷[1]　陈凯华[1,2]　卢　涛[3]　穆荣平[1,2]

（1 中国科学院科技战略咨询研究院；2 中国科学院大学公共政策与管理学院；

3 中国科学院大学经济与管理学院）

摘要：重大科技基础设施是建设世界科技强国的重要物质技术基础。为促进我国大设施的管理与发展，充分发挥大设施投资建设的价值，迫切需要开展综合效益评估，这也成为世界主要国家和管理机构普遍关注的重要问题。本文构建了一个覆盖大设施全生命周期的、多维度综合效益评估指标体系，并进行实例应用研究。主要贡献：一是在对大设施及其综合效益概念界定的基础上，揭示了大设施综合效益的实现过程和构成；二是构建了“评估阶段＋评估目标＋利益相关者”三维评估框架，可体现全生命周期不同阶段不同类型大设施的特点，可考虑对于科技效益、经济效益、社会效益和集群效益的评估目标，满足不同利益相关者的效益需求；三是建立了较完备的三级评估指标体系，为不同类型和不同阶段大设施综合效益的评估提供了系统性的多维评估维度和指标选择；四是以500米口径球面射电望远镜（FAST）为例进行了评估体系的实证应用研究，为全面评估和掌握FAST综合效益提供了系统性的证据，国内尚属首次。

关键词：重大科技基础设施　综合效益　多维评估　评估指标体系　FAST

一、引言

重大科技基础设施（以下简称大设施）是国家创新体系的重要创新条件平台，是建设世界科技强国的重要物质技术基础。建设大设施的初始目的在

---

* 原载《管理世界》2020年第6期。

于实现科技问题的突破、提升科技竞争力，最终目的是服务于经济社会发展和国家安全。大设施这一多重功能特征在不确定性环境以及需要依赖较大公共财政投入的情况下，有必要通过系统性的监测评估过程进一步监管强化。随着大设施建设成本的不断上升，政府并不总是有能力或愿意承担发展大科学的相关费用（Broad，1990），政策制定者越来越在关注科技成果产出的基础上扩展关注大设施经济社会影响（Lee et al.，2013），以保障大设施的可持续发展。对大设施产生综合效益的评估有助于指导政策决策，促进多重价值创造，因此成为各国政府和管理机构普遍关注的问题。欧盟 2017 年发布了“可持续欧盟研究基础设施行动计划”，明确提出欧盟应继续同经济合作与发展组织（OECD）及其他国际参与者合作开发评估研究基础设施经济社会影响的通用方法。可见，无论是从政府的投资收益还是国家发展以及管理与政策需求，迫切需要开展大设施综合效益的评估，可考虑不同大设施以及不同发展阶段特征的评估指标体系的开发应用是重中之重。

主要发达国家和组织已开展了对大设施的效益研究和评估工作。例如，美国能源部（DOE）对国家实验室在研究设施高效建设与运营等方面的绩效考核给予详细规定，涉及设施的高效运转和设备有效运转对实验室发展的支撑等。欧洲研究基础设施战略论坛（ESFRI）致力于在欧盟层面上为研究基础设施提供政策支持：2013 年 ESFRI 成立了专门的指标体系专家组，构建了由成员指标、运行指标、网络指标、卓越指标、知识转移指标等五个方面组成的泛欧洲关联度指标体系，通过绩效评估促进研究基础设施的发展。2018 年 ESFRI 受欧盟竞争委员会委托，开发了一种包括 21 个关键绩效指标的评估体系，用于检测研究基础设施的绩效，有助于实现大设施的可持续发展（Kolar et al.，2019）。欧盟继第七框架计划支持“开放式创新研究系统中的研究基础设施评估”（EvaRIO）项目后，地平线 2020 计划再次资助“研究基础设施影响评估路径”（RI-PATHS）项目，进一步深入开展大设施产生影响的评估研究，项目组提出从经济影响、人力资源影响、社会影响以及政策影响进行审查。此外，英国咨询公司 Technopolis 先后接受多国政府委托对欧洲核子研究组织（CREN）等设施的经济社会影响进行评估并形成了相应的评估框架及指标体系。OECD（2019）提出的“研究基础设施的经济社会影响”（SEIRI）评估框架，覆盖了 7 个方面 58 个评估指标，对研究基础设施的经济社会影响进行研究分析。

我国大设施经过多年的建设和发展，已进入大规模投入和快速发展期，科技经济社会效益逐渐显现，迫切需要加强大设施综合效益评估研究。到目前，我国投入运行和在建设施总量超过 60 个，单个项目投资上十亿元甚至百亿元，综合效益评估迫在眉睫。我国政府颁布了一系列相关政策引导大设施综合效益的提升。例如,《国家重大科技基础设施建设中长期规划(2012—2030年)》对我国设施建设和发展进行了前瞻布局,指出进一步完善提升大设施技术指标和综合性能,最大程度发挥其科技效益。尤其在资金投入方面,强调了要加强绩效评价,切实提高资金的使用效率和效益。《国家重大科技基础设施建设"十三五"规划》指出,要着力解决科技效益和经济社会效益发挥不够充分等突出问题,进一步强化国家大设施对经济社会发展、国家安全和科技进步的支撑保障作用。相关管理办法《国家重大科技基础设施管理办法》《中国科学院重大科技基础设施管理办法》等也为加强和完善国家大设施管理,更大程度发挥大设施的科技、经济社会效益,做了明确要求。那么,大设施的综合效益到底是如何实现的?构成如何?如何对其进行合理的评估?如何考虑利益相关者的收益需求?我国仍缺乏相关评估框架,显著滞后于大设施管理的实践需求。随着世界科技强国建设的推进,国际科技创新中心和综合性国家科学中心建设的展开,我国将会加大推进大设施建设,对大设施效益的评估更迫在眉睫,同样也是科创中心和科学中心建设评估效益的重要方面,亟须建立一套合理的评估理论和体系。

由于不同类型的大设施差异较大、生命周期较长,又处于不同的阶段,涉及不同的利益相关者,相关数据获取困难,评估过程的动态性等,使得对于大设施综合效益的评估成为政策和管理研究中的一个难点(Bezdek and Wending, 1992; Martin and Tang, 2007; Del Bo et al., 2016a, 2016b)。大设施在科技、经济、政治、环境等方面都发挥了重要作用,因而其综合效益已经引起各国政府及学者的关注(ESFRI, 2006, 2011, 2013; SQW Consulting, 2008; COST Office, 2010; EC, 2010; OECD GSF, 2014)。科技效益评估由于数据相对容易获得,受到相对更多的关注,研究集中在设施计量学理论和评估体系方面(Hallonsten, 2013, 2014; Heidler and Hallonsten, 2015; Carrazza et al., 2016; D'ippolito and Rüling, 2019; 张玲玲等, 2019a, 2019b),但评估结果较为片面,还需采用调查法、半结构化访谈和档案查询等进行定性补充(Qiao et al., 2016)。经济社会效益评估数据获取相对较难,不过已有研究设计了多种方法评估,包括投入产出分析(Tripp and Grueber, 2011)、成本收益分析(Florio et al., 2016a, 2016b, 2016c; Battistoni et al., 2016; Sun et al., 2018; Magazinik et al., 2019)和条件价值法(Pung et al., 2004)等。近期的研究已开始关注更加系统性的评估方法和指标体系,开始探索从全生命周期理论视角分析大设施的建设和管理相关问题(Reid et al., 2015; Qiao et al., 2016; 王静等, 2019a,

2019b；曾勋等，2019）。总结发现，已有研究对于大设施综合效益实现机理的理论探索性不足，对大设施的效益仍未有明确的定义与分类，评估方法和体系不具有普适性，缺乏实证分析。故需要综合考虑不同大设施的效益差异性、不同阶段大设施的效益差异性等问题，建立系统性较好的综合效益评估指标体系。

本文拟在明晰相关概念和机理的基础上，研究构建大设施综合效益评估框架和评估指标体系，并进行案例实证分析。本文基于“文献和历史回顾—核心概念界定—评估理论及框架构建—指标体系构建—实证应用”的研究路线，在对文献系统回顾和实践研究的基础上，对大设施及其综合效益等相关概念进行界定，系统剖析了生命周期不同阶段大设施创新活动的内容与效益实现的过程，研究提出大设施综合效益评估目标由科技效益、经济效益、社会效益和集群效益构成以及各目标之间的相互叠加促进的关系，同时分析了大设施涉及多方利益相关者构成与效益需求之间的关系，研究构建“评估阶段 + 评估目标 + 利益相关者”三维评估框架和三级评估指标体系，并以 FAST 为例进行了实证应用。本文从系统性和综合性的视角丰富了大设施综合效益评估理论和评估模型，填补了我国在该领域的实践空白，为促进大设施综合效益的进一步发挥提供有效的支撑，为推动该评估分析框架和体系的应用提供了良好的开端。

本文后续内容如下：第二部分对大设施科技、经济、社会和综合效益等相关研究进行系统回顾；第三部分梳理国内外大设施发展的历程，界定核心概念；第四部分研究构建大设施综合效益评估理论及分析框架；第五部分研究构建大设施综合效益评估指标体系；第六部分以 FAST 为例进行实证；第七部分总结全文，并讨论定量评分方法以及展望未来的研究。

二、文献回顾

对大设施效益评估的研究最早可追溯到 Schmied（1975）对欧洲核子研究组织（CERN）产生经济效益的评估。伴随着大设施的建设发展和在国家科技创新竞争中的作用日益突出，大设施效益评估已经成为创新能力建设方面重要的研究议题，现有文献从科技效益、经济和社会效益、综合效益等方面分别展开，但尚未形成系统性的通用评估框架和方法论（Del Bo et al., 2016b）。

（一）大设施科技效益研究

已有研究主要从投入产出角度，运用文献计量方法对国外大设施的科技效益进行评估。Zhang 等（2011）基于文献计量视角，通过分析依托斯隆数字巡天系统发表的相关论文，研究大设施如何通过影响论文主题数量、主题多样性以及合作者数量进而支撑科学研究。杜澄和尚智丛（2011）从论文和专利产出、获奖情况、关键技术自主研发、关键科学问题创新等维度定性分析了大设施所产生的科技效益。Hallonsten（2013，2014）指出，大设施科学效益不仅仅表现为期刊论文和出版物的数量等指标，大设施也能够通过支撑顶尖学科发展、促进学科交叉研究发挥其科学效益，因而主张通过引文分析来评估其科学效益，并提出"设施计量学"概念。Heidler 和 Hallonsten（2015）除采用出版物数量、及时性指数、影响因子等指标，还结合了引文分析的方法，对大设施的科学效益进行衡量。Carrazza 等（2016）运用文献计量方法，通过对比分析大型强子对撞机（LHC）、大型正负电子对撞机（LEP）和万亿电子伏特加速器（TEA）三个大设施不同阶段出版物和引文数量，从时间序列角度总结了大设施相关研究如何影响阶段产出成果。Del Bo 等（2016a）从实证的角度对大设施的科技效益进行分析，依托设施运行机构探讨了 R&D 投入对成本效率和引文数量的影响，并进一步考虑了潜在的溢出效应和外部性。李宜展和刘细文（2019）以德国亥姆霍兹联合会为例，采用科学计量方法和可视化方法，从财政投入、人力资源投入、科技产出规模、前沿突破、学科交叉与融合、科技传播与交流、对产业技术的支撑等方面评估了大设施的科技效益。

近年来也有学者开始关注新兴国家尤其是中国大设施的科技效益。Qiao 等（2016）从投入、产出、过程和环境 4 个维度构建了一个衡量大设施科技效益的综合分析框架，并以中国 9 个大设施为案例进行分析，总结出大设施的科技效益主要表现为科技进步效应、能力培养效应、网络效应和集聚效应。张玲玲等（2019a）从实证角度考察了跨学科性与团队合作对专用研究型以及公共实验平台型两类大设施科学效益的影响。研究发现，学科布局的均衡性与多样性对公共实验平台型大设施科学效益的发挥具有显著促进作用，此外科研团队的异质性越强，两类设施的科学产出能力越大。张玲玲等（2019b）从文献计量视角，通过社会网络、信息熵等理论方法，以上海同步辐射光源为例，研究其在 2010—2015 年学科、主体、合作网络的分布情况和演变趋势。

可见，对于大设施科技效益的研究起步较早，已经形成了较为丰富的成果，特别是设施计量学的相关理论和方法研究已经逐渐成体系（如表 1 所示），但普遍关注直接科技效益，而对于科技效益的溢出研究不多。

表1　　现有重大科技基础设施科技、经济和社会效益评估方法

方法	适用范围	典型文献
设施计量学	从文献计量的角度分析大设施产生的科学效益	Hallonsten（2013，2014）；Heidler 和 Hallonsten（2015）；Carrazza 等（2016）；Del Bo 等（2016a）
投入产出法	结合投入产出表计算，主要对经济效益评价	Battelle（2011）
成本收益法	评估投入所得到的回报，通常是对经济和社会效益的评价	Battistoni 等（2016）；Florio 等（2016b，2016c）；Giffoni 和 Vignetti（2019）
案例调查法	弥补定量研究不足，结合访谈、档案查阅等进行分析比较	NASA（2012）；Bianchi-Streit 等（1985，1986）
条件价值法	数据获取不充分情况下的经济效益分析	Pung 等（2004）

（二）大设施经济和社会效益研究

现有文献一般将经济和社会效益同时分析，主要从利益相关者角度出发，从微观层面探讨大设施的经济和社会效益。大设施经济和社会效益的重要表现之一是技术溢出和知识转移（Gomez，2015；Nilsen and Anelli，2016）所带来的创新能力提升。Castelnovo 等（2018）利用 CERN 提供的来自 35 个国家和地区超过 350 家供应商 1991—2014 年间的资产负债表数据进行研究发现，CERN 采购行为与供应商的研发能力、知识创造、生产效率和盈利能力之间具有显著的正相关性。对发展中国家大设施经济和社会效益的研究仍处于起步阶段。Caliari 等（2020）以巴西应用经济研究所的大设施为例，实证分析了实验室规模及生命周期、科技生产规模、其他利益相关者等因素对基础研究设施经济和社会效益的影响。部分学者已关注中国大设施的经济和社会效益（陈光，2014；李斌、李思琪，2015）。

在测量方法上，成本—收益分析（CBA）是目前相对有效和稳健的方法之一（Giffoni and Vignetti，2019；Johansson，2016；Schopper，2016）。CBA 也是

申请欧洲结构和投资基金（ESIF）项目时对基础设施项目采用的评估方法，ESFRI 在其发布的最新版欧洲科研基础设施路线图（2018）中也将 CBA 作为一个推荐的评估方法。Florio 和 Sirtori（2016a，2016b）将大设施的经济和社会效益划分为技术溢出、人力资本积累、知识产出、文化影响、公共产品、第三方服务六大类，并基于 CBA 构建了一套衡量大设施上述影响的分析框架。Florio 等（2016c）以大型强子对撞机作为案例，通过 CBA 探讨大设施对科学家、企业、社会公众以及纳税人产生的福利效应。Battistoni 等（2016）在对 CBA 改进的基础上，以意大利国家癌症治疗中心（CNAO）为例，着重研究了应用型研究设施对癌症病人的健康福利效应。基于成本收益的思想，Sun 等（2018）提出投资可靠性模型来分析研究基础设施的成本和收益，具体参数涉及由论文和专利表征的初始成本、运营成本、产出和报废价值，能够估算出具体的数值。Magazinik 等（2019）则利用 CBA，对基础研究型设施与应用研究型设施在人力资本、技术溢出、知识产出等七方面的经济和社会影响进行比较分析。

投入—产出分析（IOA）也是大设施经济效益评估中采用的方法，Tripp 和 Grueber（2011）使用该方法对人类基因组计划的经济影响进行了评估。由于数据获得困难，往往采用案例调查法，结合半结构式访谈、档案查阅等方式对大设施经济和社会效益进行分析，但该类研究只有少数采用大样本，如 NASA（2012）大规模调查表明 21 世纪初的 11 年，NASA 航天技术衍生出来的民用产品，创造了 14000 个就业岗位，直接经济收入 50 亿美元，节省成本 62 亿美元。Bianchi-Streit 等（1985，1986）对大型强子对撞机科技合同的查阅，发现约有 40% 的供应商采用相关成果。此外，在数据获取特别不理想的情况下，也可采用条件价值法（CVM）对经济效益进行测算。如 Pung 等（2004）使用 CVM 对大英图书馆产生经济效益进行测算，结果为投入总额的 4.4 倍，但这种研究结果过于笼统（如表 1 所示）。

可见，已有研究充分借鉴了工程项目评估的常用评估理论和方法开展了对大设施经济和社会效益评估的探索，并采用典型案例进行分析，但考虑利益相关者需求的分析还不够全面，也尚未对全生命周期不同阶段的效益进行区分。

（三）大设施综合效益研究

已有研究对综合效益评估的机理研究不足，单纯的机理研究有 Johansson

（2016）从跨学科的角度，将能源经济学、环境经济学、健康经济学的相关理论和概念纳入对大设施综合效益的评估中。现有研究多通过多维指标体系对特定对象进行综合效益评估，并以定性评估结论为主（如表2所示）。Technopolis 开展的研究，如 Zuijdam 等（2011）、Simmonds 等（2013）、Reid 等（2015）、Farla 等（2016），在对大设施的综合效益进行评估的过程中对框架进行调整，形成了涉及经济、环境和社会3个方面的知识溢出、市场溢出、政策制定、战略影响、城市安全、国防等12个一级指标的影响分析指标体系。其中以 Reid 等（2015）的研究较具有代表性，他们系统刻画了大设施建设和运行两个阶段产生的综合效益。STFC（2010）对达斯伯里同步辐射光源的综合效益进行了评估，从产生知识的技能、提高企业竞争力、对国际合作伙伴产生的影响和社会福利的增加4个方面进行分析评估。《STFC 影响力报告》（STFC，2017，2018）从推动人类知识和前沿发展、通过研究与创新产生经济影响、创造社会和文化影响3个方面构建评估框架，涉及18个指标对大设施的综合效益进行定性阐述。

表2　　现有重大科技基础设施综合效益评估框架

机构 / 项目	评价维度	指标体系
Technopolis（2016年）	经济、环境和社会	直接经济影响；基础研究的经济效益；技术开发的经济效益；国际影响的经济效益；完成研究对产业的未来影响；工业园区产生的影响；知识产权产生的影响；在职培训；培训对产业的价值；教育价值
STFC（2018年）	推动人类知识和前沿发展、通过研究与创新产生经济影响、创造社会和文化影响	创造新知识；高质量研究；新设施和基础设施；设施在国际上的地位和作用；工程和技术方面领先情况；创新产生的影响；企业孵化；知识产权商业化；大学课程的商业化；知识和技术的产业化；与工业界合作；与国外设施合作；解决现实世界的挑战；多学科网络；解决全球性挑战；科学技术展示；推动 STEM 教育
EvaRIO（2013年）	直接影响、能力影响、实施相关活动产生的影响、间接影响	与建设运行设施相关的活动；与资源供应相对应的活动；与研究项目对应的活动；设施建设运行而产生的科技、网络、组织和方法、声誉、人力资源方面的能力变化；提高设施运行能力；外部主体开发设施的经济效益能力

续表

机构 / 项目	评价维度	指标体系
RI-PATHS（2019 年）	直接经济影响、人力资源影响、社会影响、政策影响	对产业产生的影响、对创新产生的影响、对劳动力市场与生产力和区域的影响；研究工作与职业发展、辅助人员和非学术用户群体的技能发展、社会资本网络和国际合作、新能力带来的广泛影响；新解决方案和技术、开放访问数据和软件、知识在不同领域造福社会、更好的工作、公共参与科学的意识、环境影响；对政策法规和标准的影响、科学外交、共同资助与 RI 的可持续性、伦理与科学信任
ESFRI（2019 年）	21 个关键绩效指标	运行机时或数据资源规模；申请用户数量或注册用户数量；准予用户数或每月登录次数；出版物数量；Top10% 高被引论文数量；员工接受培训时长；参与培训的情况；其他国家成员数量；每个欧盟国家的用户数和出版物数量；与产业界合作发表论文占比；年度经济活动收益所占份额；为目标群体组织活动数量和参与者数量；媒体对研究基础设施的宣传情况；机构网站受欢迎程度；外部可使用公开数据的数量；研究基础设施参与政策相关活动情况；政策相关出版物中提到研究基础设施的情况；欧盟以外合作研究项目情况；面向全球培训的情况
OECD（2019 年）	成为国家或世界领先的科学研究机构、成为支持创新的有利设施、形成区域集群 / 成为促进区域合作的枢纽、促进教育发展和知识扩散、为公共政策提供科学支持、提供高质量的科学数据和相关服务、履行社会责任	设施发表论文引用次数；高影响因子期刊发表数量；签订项目数；科学用户数；合作情况；具有商业用途的专利；与产业共同进行的创新；与产业合作的项目；研究人员全时当量；与高校合著论文数量；区域内使用设施的企业用户数；区域供应商数量；公众知名度；知识分享情况；学生培养与分配；教育情况；为公共政策提供的支持；为支持公共政策进行的实验和观测的数据；数据分享；商业数据使用和数据服务；能源消费；废物管理；性别平衡和多样性；企业社会责任

国际组织层面同样展开了多角度研究（如表 2 所示），EvaRIO（2013）将综合效益分成直接影响、能力影响、实施相关活动产生的影响和间接影响四个类型。RI-PATHS（2019）将综合效益划分为直接经济、人力资源、社会和政策影响 4 个维度。ESFRI 在 2013 年提出的泛欧洲关联度指标体系的基础上，进一步提出包括 21 个关键绩效指标的评估体系，包括可用机时、注册用户数、

出版物数量、Top10% 高被引论文数量、员工接受培训的时间等（Kolar et al., 2019）。OECD（2019）在 2014 年研究的基础上提出 SEIRI 评估框架，从成为国家或世界领先的科学研究机构、成为支持创新的有利设施、形成区域集群、促进教育发展和知识扩散、为公共政策提供科学支持、提供高质量的科学数据和相关服务、履行社会责任等 7 个方面列出了 58 个指标。

此外，国内学者杜澄和尚智丛（2011）从信息化、资源开发、技术转移转化等方面，陈光（2014）从推动经济发展、诱致技术创新、增强人力资本与社会网络、增加社会福利等方面概述大设施区域层面上的综合效益。

总体上讲，国内外相关研究在大设施综合效益评估框架体系构建和评估实践探索上都有一定的基础，但也存在需要进一步改进的方面。一是大设施综合效益实现的机理研究不足，对大设施产出效益仍未有明确的定义与分类；二是研究过程中普遍忽略了大设施利益相关者的诉求，评估过程中缺乏对不同利益相关者影响的区分；三是集聚效益研究不足，仅陈套和冯锋（2015）定性分析了多个大设施的集群建设与运行的集群效益表现，Scaringella 和 Chanaron（2016）、Qiao 等（2016）、梁永福和盘思桃（2018）分析了大设施集群对产业发展的相关影响；四是忽视了大设施作为工程项目，全生命周期各阶段产生效益的差异性，特别是正外部性方面，虽然越来越多学者将全生命周期理论应用到工程项目的评估中，而针对大设施的相关研究进展较为滞后，鲜有从全生命周期角度考虑到大设施所产生的科技、经济、社会效益的相关研究；五是对于不同类型的设施效益的评估目标的不同，缺乏实证应用研究。

三、重大科技基础设施发展历程及相关概念界定

（一）发展历程

大设施是伴随着“大科学”的产生而出现的。自 20 世纪 40 年代美国成功实施曼哈顿工程开始，诞生了实验性原子反应堆和大型粒子加速器等一批大设施。20 世纪下半叶，大型加速器技术、核反应堆技术和相关技术日臻成熟的条件下，出现了同步辐射光源、中子源等为多学科提供研究支撑的实验设施，极大地推动了科学研究进程，特别是物质科学和生命科学的发展。到世纪之交，为研究生态环境等涉及大空间尺度的重大科学问题，出现了分布式设施，对研究对象分散和孤立的研究日渐走向大规模、整体性、系统性、集成性（如图 1 所示）。

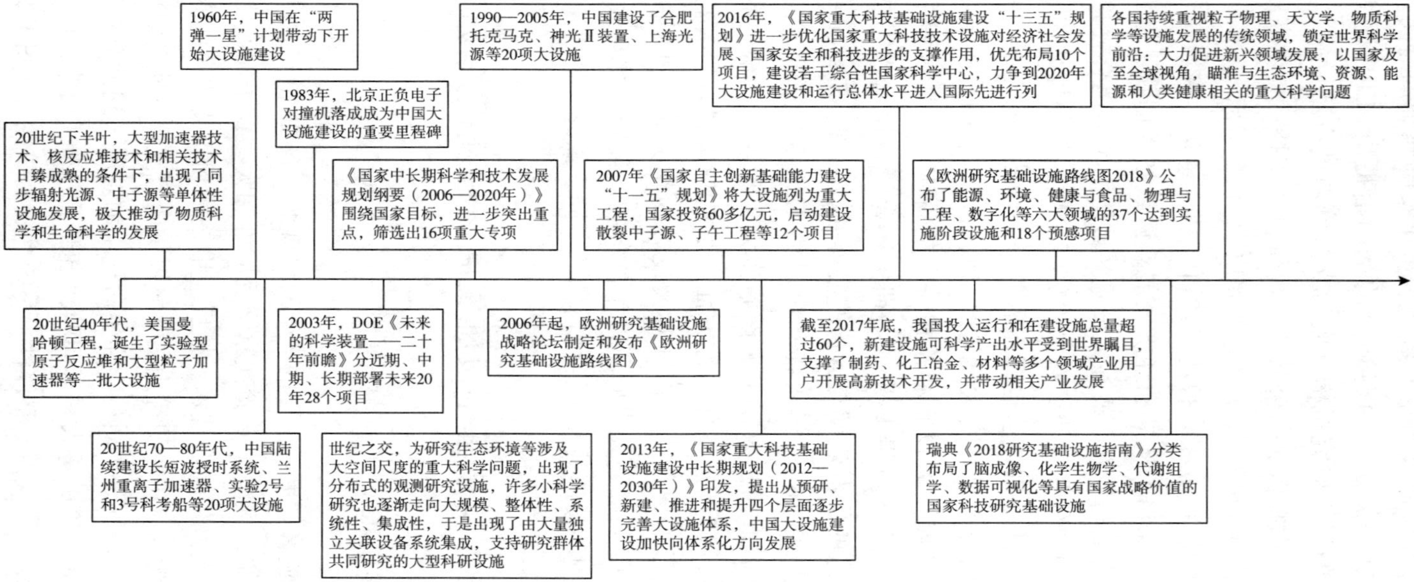

图1　重大科技基础设施发展历程中的重要事件

近年来，美、英、德、法、日等主要世界科技强国，在已经拥有相当规模大设施的情况下，进一步推出长期发展规划。一些发达国家，如瑞典、丹麦、西班牙、爱尔兰、澳大利亚等也制定了相应的规划（如图 1 所示）。美国 DOE（2003）发布《未来的科学装置——二十年前瞻》分近期、中期、长期部署了未来 20 年的 28 个项目。自 2006 年以来，《欧洲研究基础设施路线图》每两年修订一次（除 2012 年和 2014 年），最新的 2018 版涵盖了 37 个达到实施阶段的设施和 18 个预研项目。各国持续重视粒子物理、天文学、物质科学等传统领域，大力促进生态环境、资源、能源、人类健康、信息等新兴设施领域的发展。

我国大设施经历了从无到有的发展过程（如图 1 所示），在“两弹一星”计划的带动下开始了大设施的建设。1983 年，北京正负电子对撞机的落成成为大设施建设的重要里程碑。随后，国家陆续建设了长短波授时系统、兰州重离子加速器、实验 2 号和 3 号科考船、合肥托克马克、神光Ⅱ装置、上海光源等几十项大设施。《国家自主创新基础能力建设“十一五”规划》中将大设施列为重大工程，国家投资 60 多亿元，启动建设散裂中子源、子午工程等 12 项大设施。《国家重大科技基础设施建设中长期规划（2012—2030 年）》提出逐步完善大设施体系。《国家重大科技基础设施建设“十三五”规划》提出进一步强化大设施对经济社会发展、国家安全和科技进步的支撑作用，优先布局 10 个项目，建成若干综合性国家科学中心，目标是到 2020 年我国大设施建设和运行总体技术水平进入国际先进行列。

截至 2017 年底，我国投入运行和在建设施总量超过 60 个，新建设施的技术水平和科学产出水平受到世界瞩目。例如，全超导托卡马克核聚变实验装置（EAST）是世界首个全超导托卡马克实验装置，成为国际热核聚变实验堆（ITER）计划稳态物理重要的前期实验平台；FAST 等天文观测装置的多项技术性能达到国际领先水平；长短波授时系统守时、授时水平长期保持在国际前列。依托大设施，中微子物理研究、粲物理研究、等离子体聚变实验研究等多个方向处于国际领先地位，涌现了发现新的中微子震荡模式和四夸克候选粒子，实现稳态长脉冲高约束等离子体运行超百秒等一批重大成果。同样，利用同步辐射光源平台装置，破解埃博拉病毒入侵人体细胞机理，支撑了制药、化工、冶金、材料等多个领域产业用户开展高新技术开发，带动了相应产业的发展。

（二）概念界定

大设施在不同国家和地区有不同的称谓，美国、欧盟、德国、澳大利亚、法国、丹麦等称之为“研究基础设施”（Research Infrastructures），德国、英国等称之为“装置”（Facilities）或“研究装置”（Research Facilities）。概念也不统一。美国国家科学基金会（NSF，2018）将研究基础设施定义为设施、设备、仪器、计算机硬件和软件的任何组合，以及支持这些组合的必要人力资本。欧盟（2015）认为研究基础设施是科学界用来进行研究和促进创新的设施、资源和服务，包括重大科研设备、资源和数字基础设施（数据和计算系统、通信网络）。德国联邦教育与研究部（BMBF，2015）认为此类设施是惠及各个科学领域研究的综合的、长期的资源，包括实验室、大型设备、仪器及材料、数据库以及服务基础设施。澳大利亚（2018）将重大科研基础设施作为科技基础设施体系构成的一部分，是解决重大科技前沿问题、解决社会经济发展和国家安全中的战略性、基础性和前瞻性科技问题的科技基础设施。德国（DESY，2019）定义为进行顶级研究和产生创新的实验装置。英国（2013）将研究装置定义为需要大量投资的先进设备和相关基础设施，通常具有大型且高技能的运营支持团队和相关服务，是科学探索的重要工具，对于人类突破已知范围的能力至关重要。我国目前统称“重大科技基础设施”，内涵和属性也逐渐达成共识。《国家重大科技基础设施建设中长期规划（2012—2030 年）》（2013）指出，重大科技基础设施是为探索未知世界、发现自然规律、实现技术变革提供极限研究手段的大型复杂科学研究系统，是突破科学前沿、解决经济社会发展和国家安全重大科技问题的物质技术基础。《国家重大科技基础设施管理办法》（2014）称重大科技基础设施是为提升探索未知世界、发现自然规律、实现科技变革的能力，由国家统筹布局，依托高水平创新主体建设，面向社会开放共享的大型复杂科学研究装置或系统，是长期为高水平研究活动提供服务、具有较大国际影响力的国家公共设施。

可见，大设施与一般的科学仪器及装备有很大的不同，也有别于一般的工程建设项目，基本特征有五个。一是具有明确的科学目标和国家使命。大设施的建设是为了满足科学研究尖端需求，即实现探索未知世界、发现自然规律、实现技术变革的科学目标，同时满足国家战略需求，即为解决国家经济社会发展转型和供给侧改革中面临的突出科技问题提供有力支撑（葛焱，2018）。二是具有系统复杂性。大设施工程技术难度大、非标技术较多，需要突破大量难关，需要相关领域高水平科学家和工程技术人员，需要多方共建、共管（盛昭瀚等，

2019)，因此涉及多方利益相关者。三是具备工程、科研和社会等多重属性。大设施不仅要有明确的科学目标，还要有工程的可实现性（葛焱，2018）。此外，作为一种公共物品，也具备社会效益，包括国家安全、政治效益和文化效益等。四是全生命周期的不同阶段大设施具有动态变化性。大设施规划建设周期和科学寿命长，从概念提出到付诸建设再到投入运行，往往需要经历十几年甚至数十年时间，通过长期稳定运行、不断改造升级和持续科研活动才能更好地实现其科技价值，不同阶段的创新活动内容不同，因此整个过程是动态变化的。五是大设施具有高度的开放共享性。大设施都是由国家或地方政府建设和支持运行的，其公共属性和资源稀缺性决定了其本质是开放共享（王德禄等，1991）。各创新主体均可申请使用，为科技创新和社会需求提供有力服务。

基于以上分析，本文认为重大科技基础设施是指为探索未知世界、发现自然规律、实现科技变革，满足国家战略需求，投资规模大、建设周期长、共享程度高、对经济社会等都具有长远而深刻影响的大型复杂科学研究系统（或装置）。效益是项目对国民经济所做的贡献，包括项目本身得到的直接效益和由项目引起的间接效益（见《辞海》）。那么重大科技基础设施综合效益是指由设施的预研、建设、运行、升级改造或退役等全生命周期中截至某一时间点产生的对科技、经济、社会的直接效益和间接效益的总和。

四、重大科技基础设施综合效益评估理论及框架构建

（一）评估阶段划分与效益实现过程

大设施全生命周期不同阶段创新活动的内容不同，其全生命周期可分为预研、建设、运行维护、升级改造或退役 4 个阶段（Davies，1997）（如图 2 所示）。

预研阶段，除了对基本科学问题的论证探讨和关键技术问题的研究，组建预研团队外，还会对区域市场环境和社会释放信号。一是项目批复后需要进行系列准备行为，如提供建设大设施的交通、能源等基本条件，从而拉动相关基础设施投资。二是企业和个人接收到相关信号，启发他们进行系列投资等活动（程嘉颖，2019）。因此，大设施发生较为显著效益的阶段是从建设阶段开始，贯穿设施运行、改造或退役阶段等全生命周期。

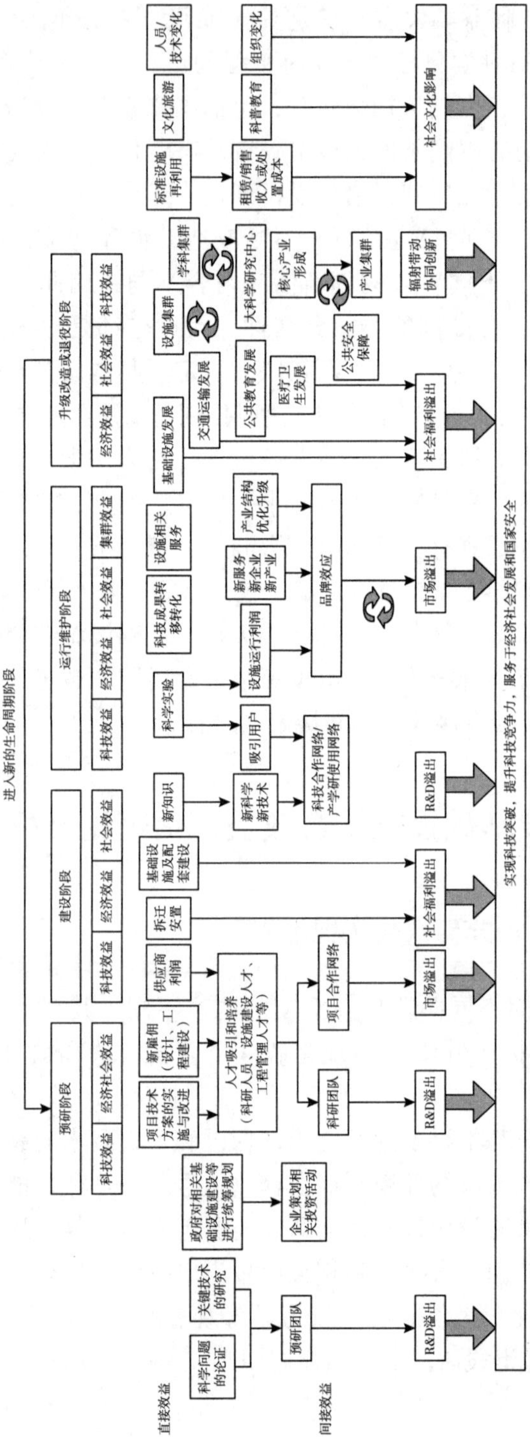

图2 重大科技基础设施全生命周期综合效益的构成及实现路径

注：作者参照Reid等（2015）修改。

建设阶段，大设施耗时较久、建设行为集中，除进行项目技术方案的实施和改进外，还会带来建筑行业常见的经济活动，如建设投资引发的供应商利润和就业增长（Reid et al.，2015）。区别于一般性建设行为，大设施的建设往往涉及产品、部件、技术、工艺等创新，吸引和培养大量设施人才，同时对建设工人的知识和能力等要求也相应较高，这些创新溢出给经济社会发展带来正面影响。该阶段还涉及拆迁、安置、基础设施和配套建设等问题，促进社会发展。

运行维护阶段，大设施作为一项前沿研究工具，为科学研究提供基础实验条件，产生相应的科研成果，吸引科研人员和机构，促进国内外学术交流。依托设施组建研究团队，甚至是大科学研究中心，形成相应的学科集群，部分设施通过与产业的合作，促进产学研协同创新（Autio et al.，1996）。大设施运行中产生的科研成果，可能通过成果转化对经济社会发展产生影响，还会催生出新的企业、形成产业或产业集群，促使劳动力结构的调整、城市发展的新规划等。科研人员使用大设施的往来中，也对经济社会发展产生推动作用，特别是带动交通、基础设施、医疗配套、教育培训等相关公共服务的发展。

升级改造或退役阶段，需对大设施的升级或改造作出论证，提出不同的处理方案：一是启动改造升级，大设施重新进入新一轮生命周期；二是决定退役，则需对现有设施进行处置。不同的处置结果将产生不同的影响，均会带动人员和技术的变化，以及组织结构的调整。退役方式有两种：一是拆除设施，一般而言，大设施较少被拆除；二是仍然保留但被转用或弃用。若大设施被转用，则视为一般性建筑物，将产生租赁或出售收入。一些标准设施可以再利用，产生相应的经济价值（Reid et al.，2015）；若被弃用，则视为科学遗址，进行科普、旅游等文化活动。

此外，除了大设施生命周期各阶段效益产生类型不同外，效益的规模也不同（Hu，2019）。科技效益从预研阶段就开始显现，这符合科学产出的普遍规律，但也常常伴随经济收益，甚至提前获益。随着大设施的建设和运行，科学技术基本活动引发的创新活动不断产生，产学研合作加强，社会创新实现，经济和社会效益逐渐显现。随着大设施的不断运行，设施集群、学科集群和产业集群的形成，集群效益产生。虽然集群效益产生的较晚，但规模效益显著，进而使设施整体的科学、经济和社会效益得到规模化提升。若设施进入升级改造阶段，则存在原有设施的运行以及新部分的建设，新建部分进入新的生命周期，这就存在着多种效益的交叉；若设施进入退役阶段，科学和集群效益逐渐消失，但经济和社会效益仍然存在。

（二）评估目标界定与相互关系

现有研究和实践表明，大设施通过产生、（直接和间接）影响和带动等多种作用，从多个效益方面丰富创新价值，涵盖了整个创新价值链，包括科学探索、技术开发、方法创新及其商业化应用与社会推广活动（穆荣平等，2012a；穆荣平，2012b）。不同于传统创新价值链按照创新过程逐步发展，大设施建设和运行过程中（如图 2 所示），效益产生更加复杂，不过仍集中在科技效益、经济效益和社会效益。此外，由于大设施集中在一个区域，在区域创新体系中的重要性和对区域辐射影响日益凸显，具有典型的集群效益（Scaringella and Chanaron，2016；Qiao et al.，2016）。这种集群建设和运行将在科技（原始知识和技术产出）、经济（产业结构优化、区域经济发展）、社会（城市功能转变、社会福利供给、人文素养提升）、政治（国防外交、国际地位）等方面发挥强大的辐射效应（陈套、冯锋，2015），是国家或区域创新能力提升的重要基础。考虑集群效益的评估是从国家或区域创新体系建设角度对大设施系统绩效的评估，可以认为是社会价值的延伸。因此，本文从科技效益、经济效益、社会效益和集群效益 4 个方面的直接和间接影响界定度量大设施综合效益。

基于大设施的影响，大设施的建设和运行评估是要实现多目标的，因此需要一个多目标的评估框架。根据大设施基本特征和综合效益的构成，首先实现的是科技效益目标。基于持续的要素投入和较大规模的工程建设，通过大设施的长期稳定运行和持续的科学技术活动促进科学技术目标的实现，这也是大设施的首要目标。其次实现的是经济效益目标，大设施在关键科技问题上的突破是带动产业经济发展的重要手段，通过建设和运行大设施进行科技创新（徐文超、艾轶博，2011）。通过技术创新、提供公共服务、解决社会问题等手段，减少因社会问题带来的经济损失；设施的建设和运行还会衍生出旅游、餐饮等服务产业。再次实现的是社会效益目标，大设施为社会发展提供平台和动力，在数据和各种信息的收集和利用上发挥着重要作用，成为普及科学教育的基地，对促进城市发展，加强对外开放等发挥着非常重要的社会影响。最后实现的是集群效益目标，大设施建设运行过程最终体现的是集群效益，表现在形成设施集群、学科集群，建立大科学中心，通过知识转移和企业孵化衍生产业集群，形成相应的科技创新中心，提升区域创新竞争力。科技、经济和社会效益目标相互重合、相互促进，集群效益影响最为广泛（如图3所示）。

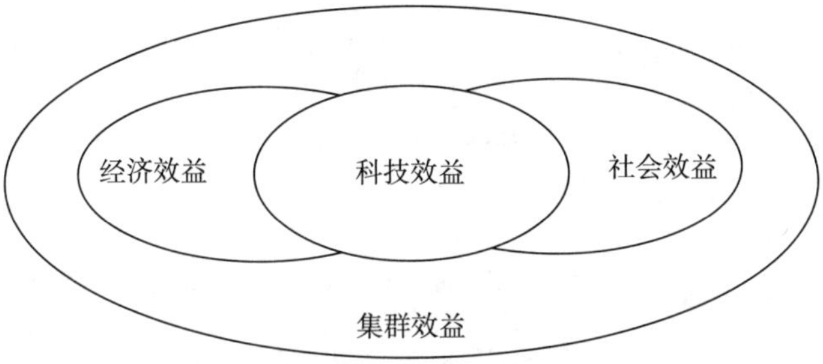

图3　4种效益评估目标的关系

（三）利益相关者构成与效益关联

复杂产品具有“多主体参与创新”的特性（李达等，2016），大设施作为大型复杂科学研究装置或系统，开展的创新活动涉及政府、设施建设单位、设施管理单位、科研人员和机构、企业、社会公众等多个利益相关的主体。一般而言，对于效益较为敏感的主体称之为利益相关者，各利益相关者对各种效益的偏好是形成不同评估的根源。可根据 Mitchell 等（1997）评分法，按照相关属性对利益相关者进行划分，并对划分后的核心利益相关者、潜在利益相关者及边缘利益相关者的效益偏好进行分析（如表3所示）。

表3　利益相关者的类型及效益偏好

类型	利益相关者	效益偏好
核心利益相关者	设施发起人	设施发起人希望通过评估证明建议是对国家、地区发展有益，帮助推进设施进程
	设施管理机构	设施管理机构旨在提高设施效益，收集相关信息向政府部门汇报
	设施所在区域有关部门	设施所在区域有关部门旨在提高当地高等教育机构的吸引力和质量，促进当地企业和区域创新生态系统的发展，提高本地竞争力和吸引力
	国家有关部门	国家有关部门对有限的、通用的、总体指标感兴趣，本质上是政府科技投入的回报问题的关心
	……	……

续表

类型	利益相关者	效益偏好
潜在利益相关者	科研共同体	科研共同体通过大设施的建设和发展建立新的或改进原有的创新体系以促进科学技术进步
	设施相关企业	设施相关企业希望通过参与设施建设获利，或通过科学技术的商业化获取收益
	衍生相关企业	大设施发展衍生企业，通过会议服务、旅游业、餐饮业等服务获取收益
	……	……
边缘利益相关者	社会媒体	社会媒体通过对于正面、负面效益的随时追踪报道，产生宣传效应和媒体收益
	社会公众	社会公众获得新科学技术通常会产生的科普、健康、安全等社会效益，得知国家竞争能力的提升而产生自豪感和爱国情怀
	……	……

不同评估阶段，关注不同评估目标的利益相关者也不一样。如预研阶段涉及表3中所有核心利益相关者，潜在利益相关者中的科研共同体，到建设阶段增加了潜在利益相关者中的设施相关企业，到运行维护阶段增加了潜在利益相关者中的衍生相关企业，边缘利益相关者中的社会公众等。如针对科学效益目标，涉及利益相关者包括设施发起人、设施管理机构、国家有关部门，而针对经济效益目标，涉及设施所在区域有关部门、国家有关部门、设施相关企业、衍生相关企业等。

（四）“评估阶段+评估目标+利益相关者”评估框架

从评估阶段、评估目标和利益相关者3个维度构建评估框架（如图4所示），分别用X、Y、Z轴表示：X轴，即评估阶段维度分为“预研阶段”（X_1）、“工程建设阶段”（X_2）、“运行阶段”（X_3）和“升级改造/退役”阶段（X_4）；Y轴，即评估目标维度上分为“科技效益目标”（Y_1）、“经济效益目标”（Y_2）、“社会效益目标”（Y_3）和“集群效益目标”（Y_4）；Z轴，即利益相关者维度上分为“核心利益相关者”（Z_1）、“潜在利益相关者”（Z_2）和“边缘利益相关者”（Z_3）。任意一个XYZ组合即大设施综合效益评估的一个模块，也代表一种评估情景，如$X_1Y_1Z_1$代表关注核心利益相关者在预研阶段的科技效益。共有48个模块，构成了大设施综合效益多维度评估系统。在明确了大设施综合效益评估框架之后，就可以选择相应的模块建立相应的评估指标，以具体反映各模块的评估内容和要求。

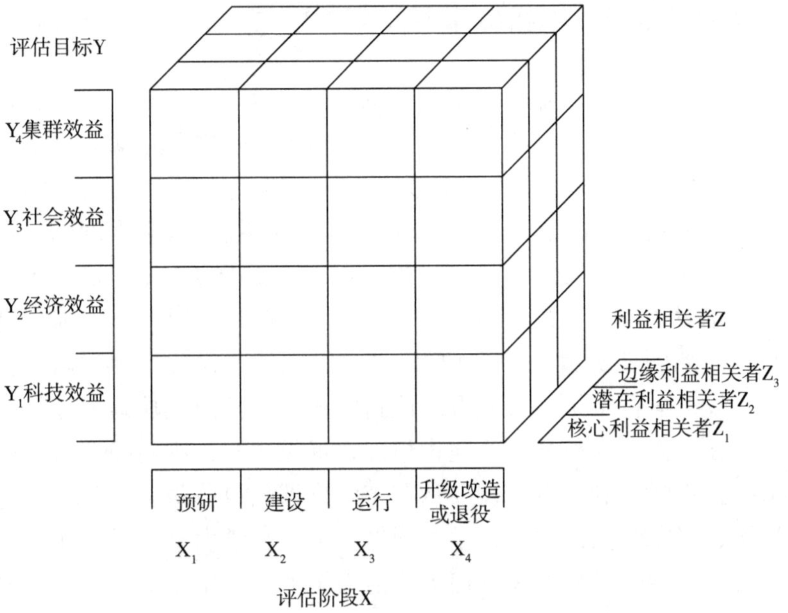

图 4　重大科技基础设施综合效益“评估阶段 + 评估目标 + 利益相关者”分析框架

五、重大科技基础设施综合效益评估指标体系构建

评估指标体系构建遵循系统性、综合性、远近结合、定量定性相结合的基本原则，借鉴现有研究（ESFRI，2006，2011；Farla et al.，2016；Giffoni and vignetti，2019；OECD，2019），根据大设施发展目的与实际作用，构建一个普适性的、全频谱的大设施综合效益评估指标体系。在具体的评估实践中，要根据利益相关者、评估目标和评估阶段，结合评估资源（项目经费、时间要求等）、设施类型等进行有针对性的选择，确定最终的评估模块组成评估指标体系。如项目经费和时间要求较充裕的评估可以尽可能选择多些指标。又如专用研究设施[①]侧重于科学探索和实现国家战略需求，对科技效益指标的选择应较为全面，公共实验设施除了科技目标外，更侧重于对于支撑产业发展的需求，对于科技和经济效益指标选择应尽量全面。

① 中国科学院将大设施按照不同的科学用途分为三类：第一类是专用研究设施，这类设施为特定学科领域的重大科学技术目标而建设的研究装置，如正负电子对撞机、核聚变实验装置等；第二类是公共实验平台，这类设施主要为多学科领域的基础研究、应用研究提供支撑性平台，例如同步辐射光源、X射线自由电子激光装置等；第三类是公益基础设施，这类设施主要是为国家经济建设、国家安全和社会发展提供基础数据和信息服务，属于非营利性、社会公益型重大科技基础设施，如遥感卫星地面站等。

（一）科技效益评估指标体系

科技效益是大设施效益评估最重要的维度，这也是大设施建设最直接的目的。大设施除了增加科学产出、促进相关学科发展、满足国家重大需求、实现国家目标等（ESFRI，2006）外，还在科技人才培育、科技人力资本开发等方面也发挥着重要的作用（陈光，2014），因此科技效益是多维度的，包括科学发展、技术进步、能力培养等方面（Qiao et al.，2016）。能力培养主要是对人才的吸引和培育（Battistoni et al.，2016）。科学效益体现在大设施建设和运行的不同阶段（如图 2 所示）。预研和建设阶段主要是科技产出的增加，人才储备和团队建设；运行维护和设施升级改造阶段，还涉及设施运行绩效、预期技术创新、国际合作和大科学中心建设情况；退役阶段，则需关注人员职业和团队发展情况。不同的利益者也需要从多个维度评估科技效益。设施发起人、设施管理机构、国家有关部门和科学共同体更关注科学发展，设施相关企业关注技术进步，设施所在区域有关部门关注能力培养等。鉴于此，本文主要从科学发展、技术进步和能力培养 3 个维度构建科技效益的评估指标（如表 4 所示）。

表4 重大科技基础设施科技效益评估指标

一级指标	二级指标	三级指标	指标参考
科技效益	科学发展	科技期刊论文数量；科技期刊论文引用量；科技期刊论文高被引频次；设施开机率；用户实验的平均无故障时间；开放共享指标；重大研究成果和科学发现情况；获得科学奖项情况；进入国际一流学科排名情况	ESFRI（2006）；杜澄和尚智丛（2011）；EvaRIO（2013）；Hallonsten（2013，2014）；Battistoni 等（2016）；STFC（2018）；Kolar 等（2019）；OECD（2019）
	技术进步	关键技术或工艺研发量；专利数授权量；预期技术创新及应用	OECD（2010）；Farla（2016）；Florio 和 Sirtori（2016c）；Battistoni 等（2016）；STFC（2018）；OECD（2019）
	能力培养	人才储备量；研究工作与职业发展情况；领先研究团队建设；国际科技合作情况；大科学中心建设	Horlings 和 Versleijen（2008）；EvaRIO（2013）；Qiao 等（2016）；Battistoni 等（2016）；Florio 等（2018）；OECD（2019）；RI-PATHS（2019）

1. 科学发展

科学的发展与给定科学领域中新知识的产生和传播有关（Battistoni et al.，

2016）。大设施促进科学发展除了考虑科学产出的增加，还应考查设施本身的性能，因此科学发展的评估指标相应包括科技期刊论文数量和质量、设施开机率、用户实验平均无故障时间、取得重大科研成果和科学发现、获得的科学奖项、推动相关学科领域部分前沿方向进入国际先进行列等。借鉴 ESFRI（2006）、杜澄和尚智丛（2011）、Hallonsten（2013，2014）、Battistoni 等（2016）、STFC（2018）、Kolar 等（2019）和 OECD（2019）等相关研究，从 8 个方面衡量。（1）科技期刊论文数量，在科技期刊发表论文的总量，数据源于 CNKI 或 WoS 数据库。（2）科技期刊论文引用量和高被引频次，统计上述科技期刊论文的被引用总数以及进入 Top10% 的数量，数据源于 CNKI 或 WoS 数据库。（3）设施开机率，实际用户与计划用户所占时间之比，需基于大设施提供数据计算。（4）用户实验的平均无故障时间（MTBF），衡量大设施（尤其是电器产品）的可靠性指标，需基于大设施提供数据计算。（5）开放共享指标，外部用户机时占全部用户机时比例，需基于大设施提供数据计算。（6）取得重大科研成果和科学发现，成果入选 Science 十大科学突破、世界十大科技进展新闻、中国十大科技进展新闻等。（7）获得科学奖项数量，成果获得国家科技进步奖、国家自然科学奖、国家技术发明奖等数量，成果获得诺贝尔级国际奖项的数量，数据源于国家科学技术奖励办公室或诺贝尔级国际奖项官网。（8）进入国际一流学科排名情况，反映基于设施的学科发展的情况，进入 ARWU 世界大学学术排名、泰晤士高等教育世界大学排名、U.S.News 世界大学排名、QS 世界大学排名等全球性大学排名榜情况。

2. 技术进步

大设施促进技术进步主要体现在两方面：一是在设施建设过程中，对于核心关键技术的研发、建设工艺的改进等均可以应用在其他领域，促进建筑、技术工艺等方面的发展；二是设施运行过程中产生的关键技术成果，催生一批高新技术，促进相关产业技术水平提高（OECD，2010）。可见，技术进步的衡量可以从已有的技术产出和预期技术创新两方面来考查。技术产出可以是专利、项目本身的技术、工艺以及预期的技术创新及应用等。借鉴 OECD（2010）、Farla 等（2016）、Florio 和 Sirtori（2016c）、Battistoni 等（2016）、STFC（2018）、OECD（2019）和曾赛星等（2019）等相关研究，从 3 个方面衡量：（1）关键技术或工艺研发量，大设施建设和运行过程中产生的关键技术或工艺改进的数量，需基于大设施提供数据计算；（2）专利数授权量，基于大设施建设和运行过程中产生的关键技术，在一个国家内由在本国长期从事生产和消费的人或法人所递交专利申请后，经本国知识产权局部门审批通过后授权的专利总量，数据源于国家知识产权局专利检索数据库；（3）预期技术创新及溢出，大设施未来可能的技术创新以及相关应用前景，该指标需结合设施提供材料和相关专家的研判给出定性判断。

3. 能力培养

大设施在教育方面发挥“知识扩散”的作用（Battistoni et al.，2016），在扩散的过程中培养人才。设施除了具有科研、建设和运行维护团队，设施对外用户开放，吸引大量外界用户（Horlings and Versleijen，2008），并通过举办学术活动、开展国际科技合作等形成广泛的学术网络。此外，随着科学研究目标日益综合，学科分化与交叉融合加快，发达国家纷纷依托大设施建设大科学中心，通过独有的实验条件、综合交叉的学科布局、高水平知识生产的交流和碰撞，成为重大科技成果的诞生摇篮（Florio et al.，2018）。可见，能力培育方面体现在人才培养、研究工作与职业发展、领先研究团队建设、国际科技合作情况和大科学中心建设等方面。借鉴 Horlings 和 Versleijen（2008）、EvaRIO（2013）、Qiao 等（2016）、Battistoni 等（2016）、Florio 等（2018）、OECD（2019）和 RI-PATHS（2019）的相关研究，从 5 个方面衡量：（1）人才储备数量，由于大设施的建设和运行吸引和培养的领军人才、研发人员、研究生、国际人才、设施建设和运维高技能人才、高级管理人才的相关数量来表征，需基于大设施提供数据计算；（2）研究工作与职业发展情况，相关人员的研究管理，跨学科研究，沟通合作、培训教育等情况，该项指标为定性描述指标；（3）领先研究团队建设情况，是否基于大设施建立起相关的具有国际国内领先水平的研究团队或实验室，该项指标为定性判断；（4）国际科技合作情况，基于大设施的建设和运行开展的国际科技合作活动情况，需基于大设施提供数据计算；（5）大科学中心建设情况，是否基于大设施形成了大科学中心，该指标属定性判断。

（二）经济效益评估指标体系

大设施引发的大量公共投资会给所在地经济带来广泛而深远的影响，最主要体现在创造新的经济活动和产生新的就业（陈光，2014）。大设施还是一类典型的高密度科学资源聚合体，使经济发展向创新驱动转型，促进经济和就业结构向高质量发展（Simmonds et al.，2013）。此外，还会衍生大量的无形资产收益（ESFRI，2018）。而在不同的评估阶段（如图 2 所示），预研、建设和退役阶段主要是经济和就业数量的增加；运行维护阶段和设施升级改造则涉及经济总量、经济结构、就业总量、就业结构以及数据等无形资产收益；设施退役阶段主要是经济总量的产出。如表 3 所示，设施所在地区有关部门、国家有关部门和设施相关企业对经济和就业总量较为关注，国家有关部门对经济和就业结构较为关注，衍生相关企业对无形资产收益较为关注。因此以实现大设施的经济效益为目标，可从经济、就业的总量和结构优化以及无形资产收益 5 个方面构建评估指标体系（如表 5 所示）。

表5　　重大科技基础设施经济效益评估指标

一级指标	二级指标	三级指标	指标参考
经济效益	经济总量	直接经济产出；间接经济产出	杜澄和尚智丛（2011）；Battelle（2011）；陈光（2014）；Farla（2016）；Florio 等（2016a）；Giffoni 和 vignetti（2019）；ESFRI（2018）
	经济结构	产业结构优化	Farla（2016）；Giffoni 和 Vignetti（2019）
	就业总量	直接就业数量；间接就业数量	Gann 和 Salter（2000）；Scaringella 和 Chanaron（2016）；Florio 等（2016a）
	就业结构	就业结构优化	Technopolis（2016）；Giffoni 和 Vignetti（2019）；RI-PATHS（2019）
	无形资产收益	数据商业应用和服务收益	Zuijdam 等（2011）；OECD（2019）；ESFRI（2018）
		其他溢出收益	

1. 经济总量增长

作为投资巨大的科技基础设施，大设施会配置相当数量的人力资源，拥有较稳定的预算资金，在预研、建造、运行甚至拆除的各个环节都会对所在地经济产生直接或间接的影响（陈光，2014）。将经济总量的增长划分为直接和间接经济产出的增长（Hof et al.，2012）。一是大设施建设甚至拆除过程中，通过材料采购、工程建设及周边配套建设及拆除，直接带动经济增量。二是伴随着设施的建设和运行，直接或间接雇员收入的支出衍生的开支，创新主体将研究成果进行实际应用（Florio 和 Sirtori，2016c），以及衍生的相关高技术产业、服务业、科普等发展。总之，借鉴陈光（2014）、Farla 等（2016）、Florio 和 Sirtori（2016c）和 ESFRI（2018）等相关研究，经济总量增长可从两方面衡量：（1）直接经济产出，大设施直接经济效益的大小，评估方法包括投入产出法、成本效益分析法和调查法等，需基于大设施提供数据和相关统计年鉴数据计算；（2）间接经济产出，大设施间接经济效益的大小，可通过定性定量相结合的方法给予分析和描述，数据源于相关统计年鉴和调查数据。

2. 经济结构优化

大设施的高指标和超前性是产业升级的动力（王贻芳、白云翔，2020）。大设施的建设和运行过程中资金流、人才流、知识流等的密集输入，给当地的产业结构优化升级带来一些新的机遇。在原有经济基础较为薄弱的地区，大设施的建设和运行可能建立一套新的经济产业结构，推动经济的发展。在原有经济基础较好的地区，大设施所在区域可能会分离而形成科技城、科技园区等新功能区，促进城市规模迅速扩大，从而改变原有经济结构，推动经济发展。基于 Farla 等（2016）、Giffoni 和 Vignetti（2019）相关研究，经济结构变化主要体现在产业结构的变化，通过三次产业占比变化、高技术产业占比等数据表征，数据主要源于相关统计年鉴。

3. 就业总量增长

Scaringella 和 Chanaron（2016）认为大设施促进创造财富和就业增长。一是大设施建设运行过程中招聘的相关科研人员、项目管理人员、科研辅助人员、项目建筑人员等带动就业量增加；二是大设施带动产业发展，间接产生就业量的增长（Gann and Salter，2000）。借鉴 Gann 和 Salter（2000）、Scaringella 和 Chanaron（2016）、Florio 等（2016a）相关研究，就业总量增长分为直接就业产出和间接就业增长：（1）直接就业总量，大设施直接带来就业总量的大小，采用投入产出法、成本效益分析法和调查法，数据源于大设施、相关统计年鉴数据或调查数据；（2）间接就业总量，大设施间接带动产业发展带来就业总量的大小，通常采用调查法或典型案例研究等来判断。

4. 就业结构优化

随着大设施带动产业结构的高端发展，高技术服务业就业比重上升，对于数字化、智能化和高技能人才的需求量会逐渐增加，相应地高耗能行业就业人员占比下降。借鉴 Technopolis（2016）、Giffoni 和 Vignetti（2019）和 RI-PATHS（2019）的相关研究，就业结构的变化通过三次产业就业人数占比变化和高技术产业就业人数占比等方面数据表征。

5. 无形资产收益

大设施建设和运行过程中产生大量的科学数据（Tripp and Grueber，2011），其中有些数据是独有的，这些数据经过合理的分析挖掘可产生大量传统数据所不能反映的信息，具有较高的商业和社会价值。大设施的建设还会形成一张名片，这也是一种无形资产，它为所在区域经济社会发展注入源源不断的动力，产生区域发展的持久促进影响（OECD，2019）。借鉴 Zuijdam 等（2011）、

OECD（2019）和 ESFRI（2018）等的相关研究，无形资产收益包括数据商业应用和服务、其他溢出收益两方面指标表征。（1）数据商业应用和服务，基于大设施产生的数据进行商业应用或提供相关服务等带来收益，需基于大设施提供数据计算。（2）其他溢出收益，除数据商业化以外的其他无形资产收益，需根据具体的设施进行调查分析，采用定性定量方法描述指标。

（三）社会效益评估指标体系

大设施社会效益主要表现在公共产品以及社会福利等方面（Florio et al.，2016a；Battistoni et al.，2016）。大设施的建设和运行需要政府部门提供相应的基础设施、条件保障和治理环境，势必促进政府部门提升公共服务支撑能力，本文从政府公共服务支撑能力的角度对大设施表现出来的社会效益进行分析。社会效益实际从建设阶段产生，如图 2 所示，建设阶段主要是基础设施的建设和发展，运行维护和升级改造阶段则涉及基础设施、交通运输、公共教育、医疗卫生和公共安全等多方面的发展，退役阶段则只关注公共教育方面的作用。如表 3 所示，设施所在区域的部门对基础设施、交通运输较为关注，设施管理机构、社会公众等对公共教育、医疗卫生和公共安全较为关注。因此，本文从基础设施、交通运输、公共教育、医疗卫生和公共安全 5 个维度构建社会效益评估指标（如表 6 所示）。

表6　重大科技基础设施社会效益评估指标

一级指标	二级指标	三级指标	指标参考
社会效益	基础设施	基础设施建设情况；信息基础设施情况；特殊条件保障情况	EvaRIO（2013）；STFC（2018）
	交通运输	对外交通运输能力；对内交通运输能力	EvaRIO（2013）；Farla 等（2016）
	公共教育	教育资源整合能力；特色科学教育能力	杜澄和尚智丛（2011）；Battistoni 等（2016）；OECD（2019）
	医疗卫生	基础医疗卫生条件；重大疾病等关键技术创新	穆荣平等（2012）；Farla 等（2016）；Del Bo 等（2016a）；STFC（2018）
	公共安全	环境保护与灾害监测预警能力；社会安全问题的处理和应对能力；公共卫生事件信息收集与处理能力；公共安全技术和装备供给能力	Farla 等（2016）；Giffoni 和 Vignetti（2019）；STFC（2018）

1. 基础设施

大设施的建设要求相应的基础设施配套要具备一定的条件，因此对地方的发展起到了极大的促进作用，特别是针对偏远地区和欠发达地区的影响更为显著。借鉴 EvaRIO（2013）和 STFC（2018）等的相关研究，本文在考虑传统基础设施建设影响的同时，对数字基础设施建设和特殊保障要求进行评估。一是传统基础设施建设，包括公路、铁路、机场、港口、水利设施等的建设，具体可通过新增公路里程、新增铁路里程、新增机场建设、新增港口建设和相关水利设施建设的数据来表征，需依据相关调查数据分析。二是数字基础设施建设，对聚集于高质量发展的数字化基础设施的建设需求，包括以大数据、云计算、人工智能、物联网、区块链等技术应用的新型基础设施的应用等指标来表征，需依据相关调查数据分析。三是特殊保障的要求，用包括能源保障、土地沉积要求、磁场条件等特殊要求的相关建设数据来表征，需基于大设施提供的数据进行分析。

2. 交通运输

大设施的建设和运行对交通运输能力也提出了相应的要求，可以从对外交通的发展以及对内交通发展情况进行表征。对外交通运输的发展情况，为人员、物料等进出提供相关的交通运输和物流发展情况，用公路、铁路、航空等客运、货运量和周转量等指标表征，数据源于相关统计年鉴或调查数据。对内交通运输的发展情况，为大设施的发展提供的交通条件和环境等，用公交运营车辆、运营线路及出租车投放量等指标表征，数据源于相关统计年鉴或调查数据。

3. 公共教育

大设施的建设也为公共教育的改善提供了动力。为给大设施建设和运行的科技人才提供必要保障，进一步促进了所在区域公共教育能力的发展。大设施还通过会议、讲座和游学等形式传播科学知识，让大众普遍受益（Battistoni et al.，2016）。借鉴杜澄和尚智丛（2011）、Battistoni 等（2016）、STFC（2018）和 OECD（2019）等相关研究，公共教育效益包括教育资源整合和开展特色科学教育两方面：（1）教育资源的整合情况，源于大设施的建设对幼儿园、小学、中学等教育机会和任职教师配备等产生的影响，还包括通过开发低成本、高质量、广覆盖的现代远程教育网络，促进优质教育资源的普及共享的情况；（2）开展特色科学教育情况，围绕大设施主题，开展相关科普活动的形式和场次，以及产生的影响力等相关数据指标表征。数据均源于相关统计年鉴或调查数据。

4. 医疗卫生

大设施建设与运行带来大量人员流入，必然要求政府加强医疗卫生保障，构建低成本、高质量、广惠及的医疗卫生服务体系。借鉴穆荣平等（2012a）、Farla 等（2016）、Del Bo 等（2016a）和 STFC（2018）等相关研究，医疗卫生从基础医疗条件和重大疾病等关键技术创新能力两方面衡量，数据源于相关统计年鉴或调查数据：（1）基础医疗卫生条件，完善医疗保障专业服务网络，构建医疗卫生服务体系，为科研人员和流入人口提供基本的医疗卫生服务能力，用新增各级医院数量、医生数量和床位数量等数据表征；（2）重大疾病等关键技术创新能力，包括应对重大疾病和突发传染性疾病、提供卫生监督保障等数据指标。

5. 公共安全

大设施属于尖端仪器设备，其建设和运行往往需要一些特定的条件和环境，同时某些大设施的建设和运行也会产生一些公共安全隐患，都对政府部门的公共安全能力提出了更高的要求。借鉴 Farla 等（2016）、Giffoni 和 Vignetti（2019）和 STFC（2018）的相关研究，从 4 个方面考查：（1）环境保护与自然灾害监测预警能力，能源消耗、节能减排等环境保护，以及地质灾害、生态环境灾害等监测预报的数量；（2）社会安全问题处理和应对能力，应对群体性事件、社会治安、刑事犯罪、恐怖袭击、涉外突发事件和网络虚拟安全事件等社会安全问题的处理和应对的情况，用警力配备、案件发生件数和破案率等数据表征；（3）公共卫生事件的应急响应能力，对食品安全、突发传染病、动物疫情和职业危害等公共卫生事件信息收集与处理的能力，用相应预报和应急数量表征；（4）公共基础设施防灾减灾能力，对水利、电网、油气管线、交通运输、重大工程等防灾减灾监测预警相关数据等表征。数据均源于相关统计年鉴或调查数据。

（四）集群效益评估指标体系

大设施的集群建设与运行促使创新要素不断聚集，汇集大量高端创新要素，催生科技创新集群，进一步通过科技创新的溢出效益催生产业集群，形成新的增长极，辐射和带动周边地区创新发展，即出现集群效益（如图 2 所示）。大设施的集群建设与运行将在知识溢出、学科融合、协同合作、资源集聚、技术难题攻克、区域发展等多方面发挥辐射效应和协同创新效应（陈套、冯锋，2015）。从国家和区域创新体系能力提升角度，集群效益的出现与发展应该是国家有关部门、设施所在区域有关部门最为期望的。鉴于此，本文从大设施项目长周期发展的角度，考虑多种集群的效益，包括设施集群、科技创新集群和产业集群，来构建集群效益评估指标（如表 7 所示）。

表7　　重大科技基础设施集群效益评估指标

一级指标	二级指标	三级指标	指标参考
集群效益	设施集聚	邻近相关设施数量；设施建设和运行的可持续性；邻近设施之间的协同性	陈套、冯锋（2015）；RI-PATHS（2019）
	科技创新集群	项目合作网络；科技合作网络	Vasconcelos 等（2012）；EvaRIO（2013）；Florio 等（2018）；D' ippolito 和 Rüling（2019）
	产业集群	企业用户占比；核心产业形成；产业集群形成	陈套、冯锋（2015）；Farla（2016）；梁永福等（2018）；OECD（2019）

1. 设施集群

设施集群在促进单体设施功能进一步发挥的同时，形成多学科交叉融合、多主体融通创新，往往还能衍生出新兴学科。这种集群效益取决于相邻设施是否均已经建成，这些设施是否能够持续运行，相邻设施是否学科关联。借鉴 RI-PATHS（2019）等相关研究，本文通过邻近相关设施数量、设施运行的可持续性、邻近设施之间的协同性等指标表征，需基于大设施提供的数据进行综合研判：（1）邻近相关设施数量，地理空间临近的已建成、在建和规划建设设施的数量；（2）设施建设和运行的可持续性，邻近设施是否具有可持续的资金、人力等投入来支持邻近设施的持续发展；（3）邻近设施之间的协同性，相邻邻近设施之间是否学科关联、功能互补。

2. 科技创新集群

越来越多的证据表明，围绕共享研究基础架构开展合作成为趋势，以提高研究流程的效率并产生了溢出效应（Vasconcelos et al.，2012；Florio et al.，2018；D' ippolito and Rüling，2019）。借鉴 Vasconcelos 等（2012）、EvaRIO（2013）、Florio 等（2018）、D' ippolito 和 Rüling（2019）等相关研究，本文认为大设施形成科技创新的集群效益主要体现在项目合作网络和科技合作网络两方面：（1）项目合作网络，项目建设和运行过程中同其他参与主体建立联系网络，包括建设公司、研发设计单位、私人制造企业等，需通过调查数据和定性分析给出判断；（2）科技合作网络，基于大设施的研发和科学探索助力国际对话和合作，与国内外科研机构、研发企业形成相应的集群效应等，还包括基于大设施建立起来的产学研合作网络，包括从前期的用户培养到科学探索满足产业关键共性技术研发等，需通过定量定性相结合分析给出判断。

3. 产业集群

大设施由于资金集聚、人才集聚、能产出科技成果等特点，容易形成大设施所在领域相关的核心产业，并围绕该核心产业出现一系列周边产业，或者利用大设施建设提供的基础设施条件形成一定规模的地方产业聚集，产生区域发展和社会影响的蝴蝶效应（陈套等，2015）。借鉴 Farla 等（2016）、梁永福等（2018）和 OECD（2019）的相关研究，本文通过企业用户占比、核心产业是否形成和产业集群的形成来衡量：（1）企业用户占比，企业用户占比能够表征该设施服务于产业发展的真实情况，具体计算企业用户占所有设施机时的比例，需大设施提供相关数据；（2）核心产业形成，基于设施是否已经形成了该区域的核心产业是形成产业集群的前提，需要通过基于调研的定性分析给出判断；（3）产业集群形成，基于核心产业是否衍生带动相关产业发展，形成产业集群，需要通过基于调研的定性分析给出判断。

六、实证应用——FAST评估

本文基于实证的典型性、代表性和数据的可得性，选取 500 米口径球面射电望远镜（FAST）作为分析对象，进行实证评估。FAST 作为由国家科教领导小组审议确定的国家九大科技基础设施之一，是“十一五”国家重大科技基础设施建设项目，在国内外具有较高的知名度和影响力，对其综合效益的评估有利于促进其持续健康发展。FAST 又被形象地称作“中国天眼”，于 1994 年由我国天文学家南仁东提出构想，2007 年国家发展改革委批复立项，2011 年在贵州省黔南州平塘县克度镇开工建设，2016 年 9 月 25 日如期建成，工期 5.5 年，历时 22 年，总投资 6.67 亿元。2020 年 1 月 11 日，经过调试，FAST 通过国家验收，正式开放运行①。

（一）评估情景构建和指标的选择

1. 确定项目评估情景

考虑实际的评估资源限制，基于第四部分评估框架构建 FAST 综合效益评

① 《“中国天眼”通过国家验收正式开放运行》，中国科学院重大科技基础设施共享服务平台，2020年1月11日，http：//lssf.cas.cn/lssf/500mkjwyj/xwdt/202001/t20200113_4553976.html。

估情景。(1)在评估阶段维度上，FAST处于刚投入运行阶段，涉及全生命周期的预研、建设和运行3个阶段。预研阶段的经济效益不明显，由于建设及运行过程中资源配置差异较大，对经济效益的评估重点分项目建设阶段和运行阶段两个阶段，而预研、建设及运行过程中科技效益和社会效益资源配置变化不大，采用时间序列进行评估。(2)在评估目标维度上，FAST属于专用研究设施，首要关注的是科学目标，然后是经济和社会效益，由于FAST处于全生命周期中刚刚投入运行阶段，集群效益尚不明显，因此本实例主要对科技、经济和社会效益进行评估。(3)在利益相关者维度上，参照表3，利益相关者涉及国家政府部门、贵州省政府部门、国家天文台、科研共同体、设施相关企业、设施衍生企业和社会公众等，这样就构建了特定的评估情景。

2. 确定评估指标体系

鉴于评估场景和数据的可得性等资源限制，从第五部分构建的评估指标体系中选取了评估指标（如表8~表10所示）。(1)科学效益评估指标方面，考虑国家政府部门、贵州省政府部门、国家天文台、科研共同体等利益相关者的效益偏好，同时设施刚刚正式投入运行，关于设施运行的相关数据不具有评估意义，科学奖励和学科发展效果尚不明显，因此选择科技期刊论文数量、关键技术或工艺研发量、预期技术创新及应用、人才储备量、研究工作与职业发展情况、领先研究团队建设和国际科技合作情况等具体指标。(2)经济效益评估指标方面，考虑国家政府部门、贵州省政府部门、设施相关企业和设施衍生企业等利益相关者的效益偏好，以及在设施建设期，经济效益主要体现是建设行为引发的各种经济和就业总量的影响，因此选择经济和就业总量的全部指标；随着FAST工程建设的完工，设施的调试运行，逐渐发生经济总量和结构、就业总量和结构，以及无形资产收益等方面的变化，因此选择所有经济效益指标。(3)社会效益评估指标方面，考虑国家政府部门、贵州省政府部门、国家天文台、设施相关企业、设施衍生企业和社会公众的效益偏好，随着时间推移，FAST建设和运行对社会产生越来越广泛的影响，该部分主要鉴于数据限制，选择了基础设施、交通运输、公共教育的全部指标，以及医疗卫生和公共安全的部分指标。

（二）主要评估结论

考虑到评分缺少参考，本部分主要从指标发展的描述角度分析，并不给出FAST综合效益的等级或得分。不过，这并不影响本文建立指标体系的有效应用。评估数据源于政府部门提供的资料[①]、实地调研材料、相关文献材料、统计公报和政策文件等，并有针对性地对参与FAST实际建设和发展的相关专家和政府工作人员进行了访谈，对相关信息进行补充。评估结果显示FAST的建设使我国的天文观测技术水平跃居世界前列，使贵州省发展成为国际一流的天文学交流中心及天文科普旅游目的地之一，有效推动了当地经济快速发展和产业结构优化，促使平塘县社会发展水平总体向好，居民生活水平有效改善。

表8　　FAST科技效益评估结果

一级指标	二级指标	三级指标
科技效益	科学发展	国内外重要期刊上标注FAST的发表论文数量不断增加
		使我国的天文观测技术水平跃居世界前列
		同多个国家建立了国际科技合作关系
		已具备参加甚长基线干涉测量（VLBI）网联合观测的能力
	技术进步	建设过程中的多项技术突破推动我国众多高科技领域的科技进步与产业升级
		建设过程中的多项工艺改进具有较好的实践价值
	能力培养	培养出了一批杰出的科学家、工程师和研究团队
		促进大科学中心建设
		推动大射电与大数据相融合

1. 科技效益方面

为重要科学发现提供必要条件。一是在国内外重要期刊上标注FAST的发表论文数量不断增加，特别是2015年之后数量增长明显[②]。二是使我国的天文观测技术水平跃居世界前列。截至2019年9月初，FAST已发现138颗优质脉冲星候选体，其中99颗通过认证，这表明我国在脉冲星发现领域已经达到了世界领先水平。三是FAST相关单位特别是中科院国家天文台同世界其他国家的许多单位建立了合作关系，如英国曼彻斯特Jodrell Bank天文台、澳大利亚ATNF研究所等。此外，FAST项目团队本身也是国际化的，有各层次的国外天文学专家参与了大量实质合作和交流。按照国际惯例，FAST正式运行后，将设有开放时间，供世界各国科学家申请使用。四是提升了天文数据存储与处理能

① 贵州省黔南州平塘县发展改革委牵头先后于2018年1月和2019年4月就经济、社会影响的相关指标进行了专门数据收集，涉及县统计局、科技局、科协、工信局、财政局、投资促进局、国土资源局、环境保护局、交通运输局、教育局、气象局、人社局、扶贫局、供电局、公安局、应急管理局、民政局、自然资源局、卫计局、文化园建设指挥部办公室等。评估结果部分，未注明的数据均来源于这些政府部门提供的数据或信息。

② 源于CNKI和InCites数据库以“FAST”或“500m口径球面射电望远镜”为主题词进行检索。

力。预计到2027年，FAST射电望远镜数据中心数据存储将达到100PB，计算能力将达到1000TFLOPS[①]，天文数据存储及处理技术的提升，还将进一步实现数据中心价值最大化。五是2018年底FAST工程调试团队与天马望远镜团队合作，首次成功实现联合观测，获得VLBI的干涉条纹，这标志着FAST具备了参加VLBI网联合观测的能力[②]。可以预期,FAST正式投入运行后，其科学产出更加值得期待。

衍生一批有影响的高新技术。一是FAST建设过程中取得的多项技术突破，如超大跨度、超高精度、超强疲劳性主动变位工作模式的索网结构，高强度、耐长期弯曲疲劳、低损耗的动光缆，大尺度高精度实时测量系统，超高标准电磁兼容设计，19波束L波段制冷接收机等，将推动我国众多高科技领域的科技进步与产业升级[③]。同时FAST的建设经验将对我国制造技术向信息化、极限化和绿色化的方向发展产生积极影响[④]。二是工艺系统的改进方面，工程建设利用了地球上独一无二的喀斯特地貌作为FAST望远镜的台址，采用主动变形的抛物面反射面，通过6塔6索的支撑方式实现了轻型馈源接收机运行方式[⑤]，因而具有较好的实践价值。

带动天文观测能力稳步发展。一是人才培养方面，FAST工程的建设培养出了一批杰出的科学家和工程师，其中首席科学家南仁东、总工艺师王启明和副总工程师李菂就是他们其中的典型代表。二是FAST团队从最初的5个人发展为该领域的国际知名团队。三是促进大科学中心建设方面，贵州大学、贵州师范大学和黔南民族师范学院三所高校天文学科建设的发展势必带动区域天文水平的提升。国家天文台已在贵州师范大学建成“中国天眼”早期数据中心，正在规划建设贵州射电天文台及“中国天眼”数据处理中心，贵州还将以此为基础，积极建设国际天文学界又一重要科学研究中心。四是贵州省抓住FAST工程启用的机遇，推动大射电与大数据相融合，贵安新区已经聚集了华

---

① 《中科院国家天文台FAST射电望远镜数据中心落户贵州》，中国科学院网站，2017年5月26日，http：//www.cas.cn/cm/201705/t20170526_4602974.shtml。

② 《FAST与天马首次成功获得VLBI干涉条纹》，中国科学院重大科技基础设施共享服务平台，2019年1月24日，http：//lssf.cas.cn/lssf/500mkjwyj/xwdt/201902/t20190212_4546064.html。

③ 李莉：《建造巨型射电望远镜FAST——中国科学院国家天文台研究员姜鹏》，载于《科技成果管理与研究》，2019年第9期。

④ 《FAST望远镜将给我们带来什么？》，中国科学院网站，2016年7月5日，http：//www.cas.cn/cm/201607/t20160705_4567465.shtml。

⑤ 中国科学院国家天文台、中国科学院基础科学局：《中国天文科学大型装置的研制与应用（三）——500米口径球面射电望远镜（FAST）》，载于《中国科学院院刊》，2009年第4期，第670~673页。

为、腾讯等一大批行业龙头的数据中心，这些数据正式投用后，贵安新区的服务器总数将达 360 万台。在新基建的风口下，贵安新区的大数据产业或将再迎新机[①]。

2. 经济效益方面

工程建设期（2011—2016 年）带动经济总量和劳动就业的增长。采用投入产出分析法，依据 2012 年贵州省投入产出表估算，一是 2011—2016 年间贵州省建筑业的简单 GDP 乘数为 1.403，贵州省边际消费倾向为 0.1015，累计 GDP 乘数为 1.774，总 GDP 乘数为 3.177，FAST 项目总投资约为 6.67 亿元，在不考虑物价上涨因素的前提下，FAST 在 2011—2016 年建设期中可累计创造 GDP21.19 亿元。二是贵州省建筑业的就业乘数为 463.87，FAST 项目总投资约为 6.67 亿元，在不考虑物价上涨因素的前提下，按上述就业乘数计算，FAST 在 2011—2016 年建设期中可创造或保留就业岗位约 3094 个。

设施运行期（2016—2018 年）[②]，除继续实现经济和劳动力就业增长的同时，产业结构得到优化。一是平塘县第三产业占比大且稳步增长。2018 年，三大产业增加值占生产总值的比重分别为 30.19%、18.48%、51.13%，同比增速分别为 6.7%、13.7%、14%。二是 FAST 改善了当地的投资环境，加大了区域投资吸引力。2017 年房地产开发投资同比增长 19.45%，尤其是商业营业用房投资，同比增长 203.74%。2017 年全年招商引资项目到位资金同比增长 41.4%。三是 FAST 极大地促进了当地旅游业的发展，尤其在吸引境外游客上，2017 年同比增长 55.1%。FAST 项目的存在给去当地的旅客更多的选择和更大的考虑范围，在平塘县的旅游行程也产生了更广阔的周转空间。2017 年全年全县旅客周转量同比增长 130.3%。四是 FAST 给当地带来较多的科研活动，对科学技术研究的投入也在大幅提升。2017 年当地全年科学技术支出同比增长 165.1%。五是 FAST 带动城镇就业增长，实现贫困劳动力就业创业。2018 年新增城镇就业同比增长 1.1%，贫困劳动力累计实现就业创业 12.2 万人，帮扶已搬迁异地扶贫搬迁劳动力实现就业创业 3.9 万人。

预期经济发展潜力巨大。FAST 在远期对区域经济发展产生影响的最大动力是“天文科技”这一关键词。作为首批中国十大科技旅游基地之一，平塘县布局建设了平塘国际射电天文科普文化园、国际天文小镇，将成为世界重要的

① 《FAST科学研究与数据处理中心即将开建》，中国科学院网站，2020年4月12日，http：//www.cas.cn/cm/202004/t20200413_4740952.shtml。

② 平塘县统计局：《贵州省平塘县国民经济和社会发展统计公报》（2012—2017年）。

天文科技旅游中心、国家天文科普教育基地。平塘县也将会持续吸引世界各地的天文学家，在之后很长时间内成为天文学领域各类会议的重要选址。同时，FAST 所吸引而来的科研人员、游客等同时具备宣传效应，当他们结束在 FAST 的研究活动或者观赏行程，会对 FAST 的经历进行宣传，形成“滚雪球”效应，让平塘县具有一张良好的城市名片。

表9　FAST经济效益评估结果

一级指标	二级指标	三级指标
工程建设期经济效益	经济总量	在不考虑物价上涨因素前提下，GDP 乘数为 3.177，2011—2016 年建设期中可累计创造 GDP21.19 亿元
	就业总量	在不考虑物价上涨因素前提下，就业乘数为 463.87，2011—2016 年建设期中创造或保留就业岗位约 3094 个
设施运行期经济效益	经济总量	吸引大量人流和资金，房地产投资增长明显
		改善了当地的投资环境，加大了区域投资吸引力
		促进了当地旅游业的发展，尤其在吸引境外游客上
		带来较多的科研活动，科学技术研究的投入也大幅提升
		成为天文学领域各类会议的重要选址
	经济结构	区域的第三产业占比稳步增长
	就业总量	带动城镇就业增长，实现贫困劳动力就业创业
	无形资产收益	让平塘县有了良好的城市名片，有助于区域经济发展

3. 社会效益方面

FAST 开工建设及运行期间，平塘县社会发展水平总体向好，城镇化率明显提高，居民生活得到有效改善[①]。2017 年，地区生产总值增长速度保持在 12% 以上，城镇化率为 38.26%，相较 2012 年（7.06%）提升了 2.94 倍，全县流动人口数量较 2015 年增长了 6.5 倍，城镇居民人均可支配收入相较 2012 年增长了 78.1%。

促进基础设施的建设。一是公路、宽带网络、电网和水利建设取得进展。截至 2018 年初，平塘县新增 360 余千米公路，打通了“村村通宽带”的“最后一千米”，平塘县农村宽带覆盖率达 84%；完成农村电网改造 555 千米，建成 110 千伏变电站 2 座，扩建 35 千伏至 110 千伏变电站 4 座，累计投入水利基础

---

① 基础设施数据和静默区环境保障数据来自平塘县发展改革委复函；警力配备数据来自平塘县公安局复函；其余数据来自平塘县统计局的《贵州省平塘县2012—2017年国民经济和社会发展统计公报》。

设施建设 14.78 亿元，有效保障了边远地区群众的生产生活用电，农村安全饮水基本实现全覆盖。二是通过建造静默区，为 FAST 提供环境保障。当地政府在 FAST 核心区 0 ~ 3 千米进行移民搬迁安置工作，截至 2018 年初，通过整合资金已建设搬迁安置房屋 659 套，596 栋（马鞍安置点），集中搬迁安置 481 户。政府对静默区煤炭和石材生产企业全部强制关停，静默区内原有煤炭生产企业 4 家，年损失销售收入约 1.78 亿元。

促进交通运输业发展。一是全县公路客运量、货运量和周转量持续快速提升。2017 年，年末公路客运量较 2013 年提升了 9.5 倍，旅客周转量较 2013 年增加了 39 倍，公路货运量较 2013 年提升了 13.9 倍，货运周转量较 2013 年增加了 42.1 倍。二是全县公交运营车辆、运营线路及出租车投放量均有较大提升。2017 年，年末公交营运车辆比 2012 年提升了 2.8 倍，营运线路比 2012 年增加了 86%，投放营运出租汽车较 2012 年增加了 88.4%。

促进公共教育发展。一是学前教育和基础教育条件及质量得到进一步优化和提升。2017 年较 2013 年任职教师配备数量增长 18%。幼儿园数量由 20 个提升至 52 个。二是结合“科技活动周”“全国科普日”等系列活动开展形式多样的天文科普活动，让更多的人了解 FAST 和天文科普知识，从而进一步提升广大公民的科学文化素质。

促进医疗卫生发展。一是医疗服务条件得到有效改善。截至 2017 年底，为了更好地服务游客及工作人员，整体将克度镇中心卫生院服务能力全面提升，成为国家级群众满意的乡镇卫生院。为进一步提高医疗服务水平和满足国际化发展的需求，相关部门拟筹划新建一所三级甲等医院，达到双语服务层次。二是直接促进了医疗卫生事业发展。截至 2017 年底，包含乡镇卫生院、卫生防疫站、妇幼保健院在内的医疗机构数量由 25 个增加至 156 个，逐步实现了全县行政村卫生室“全覆盖”。

促进公共安全发展。一是警力配备加强，案件发生数从 2016 年起开始呈下降趋势，破案率整体上升。二是切实加强自然灾害预警预报和完善生态环境治理。2011—2018 年，自然灾害预警预报 156 余次，防治次数 50 余次，切实为 FAST 的建设运行提供可靠保障，林业生态建设保护和发展综合指数为 87.3，大气环境质量及管理指数为 1.88，生态文明建设和生态功能示范效应显现。

表10　　　　FAST社会效益评估结果

一级指标	二级指标	三级指标
社会效益	基础设施	新增公路里程 360 余千米
		通信网络，电网和水利基础设施建设取得较大进展
		完成 FAST 核心区 0 ~ 3 千米移民搬迁安置工作
		静默区煤炭和石材生产企业全部强制关停
	交通运输	全县公路客运量、货运量和周转量持续快速提升
		全县公交运营车辆、运营线路及出租车投放量均有较大提升
	公共教育	学前教育和基础教育条件及质量得到进一步优化和提升
		开展形式多样的天文科普活动
	医疗卫生	直接促进医疗卫生事业发展
		医疗服务条件得到了有效改善
	公共安全	社会公共安全保障能力进一步提升
		地质灾害的信息预警预报能力进一步加强
		对方圆 30 平方千米的国土进行生态恢复和防灾减灾建设
		加强生态建设与保护工作，巩固和提升平塘生态优势

七、研究总结与讨论

（一）研究总结

本文研究立足于改进大设施建设和运行决策支撑的需要，在系统回顾已有国内外典型研究和全周期剖析大设施建设和运行过程以及效益实现过程的基础上，从系统性和综合性的视角，研究构建大设施全生命周期的综合效益评估框架和评估指标体系，并进行案例实证分析。本文主要发现和贡献有 5 点。

（1）现有研究尚未形成系统性的综合效益评估框架和方法论。通过对现有研究的系统综述，发现已有研究对大设施产出效益未有明确的定义与分类，大设施综合效益实现的机理研究不足，集群效益研究不足。现有成果研究评估过程中缺乏对不同类型设施评估目标、不同利益相关者影响的区分，且忽视了大设施作为工程项目全生命周期各阶段产生效益的差异性和多样性。

（2）研究界定了综合效益的概念和分类。本文在相关研究基础上提出重大科技基础设施综合效益是指由设施的预研、建设、运行、升级改造或退役等全生命周期中截止至某一时间点产生的对科技、经济、社会的直接效益和间接效益的总和。并具体从理论和实践分析的基础上，提出大设施综合效益由科技效益、经济效益、社会效益和集群效益构成。

（3）研究构建“评估阶段 + 评估目标 + 利益相关者”大设施综合效益评估框架。本文研究剖析大设施全生命周期不同阶段的创新活动内容后，发现各阶段效益产生类型和效益的规模是不相同的。从价值创造的视角分析，大设施综合效益不同于传统创新价值链按照创新过程逐步发展，效益产生更加复杂，除集中在科技效益、经济效益、社会效益外，还体现在集群效益方面，应该建立基于科技效益、经济效益、社会效益、集群效益等多目标的评估框架。鉴于大设施多个利益相关主体的特征，评估过程中还应考虑各利益相关者的效益偏好，往往是形成不同评估的根源，本文研究提出“评估阶段 + 评估目标 + 利益相关者”评估框架。

（4）研究构建全频谱的大设施综合效益三级评估指标体系。基于评估框架，本文从科技效益、经济效益、社会效益和集群效益 4 个维度研究构建了大设施综合效益三级评估指标体系，以供评估实践中，评估者根据评估阶段、评估目标和利益相关者的不同，结合评估资源（项目经费、时间要求等）、设施类型等进行有针对性的选择。指标体系的构建体现了创新性，如科技效益指标进一步增加了对大设施本身运行服务的考核以及溢出效益指标的考核，经济效益指标除考虑总量、结构外，还考虑未来收益等维度，社会效益评估从政府公共服务支撑能力的角度对大设施社会效益进行分解，并创新性地从设施集群、科技创新集群和产业集群等维度构建集群效益评估指标，使得评估指标体系更加系统和综合，更符合大设施的特征。

（5）选择典型大设施 FAST 为例进行实证研究。研究应用构建的评估指标框架和体系，对典型的大设施 FAST 展开评估发现，FAST 产生了预期的科学效益，提升了我国天文观测技术水平，使贵州省发展成为国际一流的天文学交流中心及天文科普旅游目的地之一，在提高我国天文科技能力的同时，给区域带来了经济社会效益，促进了国家和区域创新体系建设。伴随着设施的建设和运行，FAST 产生了广泛的经济社会效益，推动了当地经济快速发展和产业结构优化，社会发展水平总体向好，居民生活水平得到有效改善，促进了就业，当地政府的公共服务水平得到有效提升。

（二）研究启示

对大设施评估理论研究的启示。本文研究促进了大设施系统性评估理论的发展，为大设施从系统的视角研究提供了理论基础。一是现有对大设施效益的内涵、类型和机理研究不足，使得大设施相关效益一直处于黑箱，应进一步源于实践，明确大设施在新时代国家或区域创新体系的功能定位，进一步将效益内涵、实现路径、产生机理概念化、理论化，为评估理论研究奠定基础。二是现有评估多集中于单一效益的评估，本文提出综合效益评估框架和指标体系，是一个新的理论探索，对于完善大设施效益评估方法具有一定价值，大设施综合效益评估也应有多种可供选择的评估方案。

对大设施评估模型研究的启示。本文研究为系统性评估大设施建设和运行绩效提供了可行的方法和多方面启示。一是通过构建一个覆盖大设施全生命周期的综合效益全维度评估指标体系，为不同类型、不同阶段大设施综合效益的评估提供多维评估视角和指标选择，启示评估指标体系的构建需要兼顾大设施发展过程。二是基于现有的研究多集中在不确定性评估方法应用、主观性较强（选择定性评估方法，或者选择定量评估方法）的特点，本文提出远近结合、定性定量相结合的评估方法，有效地解决了评估主观性与客观性结合的问题，完善了大设施评估模型，也为多维度评估的扩展应用奠定基础。三是提出的评估模型方法具有较好的普适性，为适应不同背景下、不同对象、不同时间点等大设施多样化评估提供了有益的启示。

对大设施评估实践的启示。本文研究有利于进一步优化 FAST 的运行发展和促进综合效益发挥。一是通过对 FAST 的实证，解决了评估过程中的具体细节问题，为评估框架和指标体系的改进提供素材。二是通过评估还可以发现 FAST 在集聚留住人才的政策力度不足、配套不够、FAST 品牌价值尚没有得到深度开发等问题，需促进 FAST 集群效益的形成，加快发展 FAST+ 经济圈，构建政产学研深度融合的创新发展体系，促进 FAST 与经济社会创新发展深度融合，营造良好的创新生态环境，构建全球开放的天文观测技术科研创新网络，加强 FAST 对创新资源的吸引力，以更好促进其综合效益发挥。三是该项评估也为国内外其他大设施的建设、运行和管理，特别是促进专用设施的关联产业发展，社会效用的发挥提供经验借鉴。

（三）方法讨论

若进一步得到某个效益维度或者综合效益的得分或水平，要面临两个挑战。一是需要更加丰富的数据搜集，包括通过调查数据；二是确定指标的权重和计算指标的分值，综合多个维度效益计算得出。

1. 数据获取

本文由于实证部分主要是案例分析，如果要对 FAST 效益水平进行量化评价，需要进一步完善数据搜集。一是考虑使用现有的数据库，依靠成熟的数据库资源可增加数据的可信度。二是收集大设施管理方和地方政府提供的相关数据，包括外部来源的数据，特别是对于经济、社会和集群影响部分。三是对于无法获得的数据，通过调查法和访谈法进行相关数据补充，然后进行分析定性判断，弥补统计数据上的不足。

2. 专家选择

指标权重的确定需要专家的参与，专家的代表性和权威性是基础。专家的选择要集成科技、工程、管理和财务等方面的专家，且来源于国内外高校、科研院所、政府机关和企业等组织，各种类型和来源的专家比例要保持大致相等，主要应具有较强的理论和专业知识、丰富的一线建设和管理经验，熟悉待评估大设施的运行规律和国内外发展动态与用户需求，熟悉相关领域政策、法律和法规等。

3. 指标赋权

不同的大设施由于基本性质不同，产生的科学、经济、社会和集群效益的时期和规模不同，即便是同一设施，处于不同的建设环境和历史时期，发挥的效益也会不同，不同的利益相关者效益偏好不同，这些因素使得评估指标的权重不能一概而论，即权重的设计要结合评估阶段、评估目标和不同的利益相关者进行综合判定。通常采用主客观相结合的方法，先可通过德尔菲调查法基于专家经验判断法来确定评估指标权重分值（可采用标度打分方法），然后采用多属性决策方法综合得到指标的权重。

4. 评分计算

由于大设施都有自己的特征，建设目标多数是独一无二的，因此时常很难具有横向可比性。由于缺乏参照系，较多指标的具体等级或得分就很难获得。指标分值获得的可行方法有两种，一是通过不同大设施之间的比较获得，二是通过对标每个指标的理想或期望值，计算得到。如果进一步计算大设施效益总体得分，需要首先对不同指标值进行标准化，转化成可比较的维度，再通过权重加权集成计算得出最终得分。

（四）研究局限与展望

目前针对大设施效益的评估缺乏相应的数据库和数据报送机制，导致相关分析受数据限制，特别是对于经济、社会效益部分，从经济社会发展中剥离出大设施产生的部分具有很大的困难，限制了对我国大设施进行及时有效的客观评估，应在管理部门内部建立大设施评估数据库，完善的数据报送机制和统计管理机制。

后续研究可选取更多的案例验证评估框架的有效性和合理性，对评估框架进行不断修改和完善。还应增加单个设施的横向对比以及相同类型设施的纵向对比。此外，结合相关政策研究，进一步将评估结果与政策制定相结合，从促进复杂系统中各创新主体的协调、打通体制机制障碍、发挥系统动力机制、优化政策环境等方面对相关政策进行改进，以期进一步促进大设施综合效益的发挥。未来的研究可以扩展考虑效益影响因素的探索，这样更有利于支持大设施的管理与运行。

参考文献

[1] Autio, E., Hameri, A. and Nordberg, M., 1996, "A Framework of Motivations for Industry–big Science Collaboration： A Case Study", *Journal of Engineering and Technology Management*, 13, pp.301~314.

[2] Battistoni, G., Genco, M., Marsilio, M., Pancotti, C., Rossi, S. and Vignetti, S., 2016, "Cost–benefit Analysis of Applied Research Infrastructure. Evidence from Health Care", *Technological Forecasting and Social Change*, 112, pp.79~91.

[3] Bezdek, R. H. and Wendling, R. M., 1992, "Sharing out NASA's Spoils", *Nature*, 355, pp.105~106.

[4] Bianchi–Streit, M., Blackburne, N., Budde, R., Reitz, H., Sagnell, B., Schorr, B. and Schmied, H., 1985, "Economic Utility Resulting from CERN Contracts (Second Study)", CERN yellow Report, Geneva： CERN.

[5] Bianchi–Streit, M., Blackburne, N., Budde, R., Reitz, H., Sagnell, B., Schorr, B. and Schmied, H., 1986, "Quantification of CERN's Economic Spin–offs", *Czechoslovak Journal of Physics*, 36 (1), pp.23~29.

[6] BMBF, 2015, "The National Roadmap Process for Research Infrastructures", https：//www.innovationpolicyplatform.org/www.innovationpolicyplatform.org/oa_folders/toolbox/

download/21948/9474/The%20National%20Roadmap%20Process%20for%20Research%20 Infrastructures–BMBF_1/index.PDF.

[7] Broad, W. J., 1990, "Big Science: Is It Worth the Price? A Periodic Look at the Largest New Research Projects. Heavy Costs of Major Projects Pose a Threat to Basic Science ", *The New York Times*, May 27, Section 1, Page.1.

[8] Caliari, T., Rapini, M. S., and Chiarini, T., 2020, "Research Infrastructures in Less Developed Countries: The Brazilian Case", *Scientometrics*, 122, pp.451~475.

[9] Carrazza, S., Ferrara, A. and Salini, S., 2016, "Research Infrastructures in the LHC Era: A Scientometric Approach", *Technological Forecasting and Social Change*, 112, pp.121~133.

[10] Castelnovo, P., Florio, M., Forte, S., Rossi, L. and Sirtori, E., 2018, "The Economic Impact of Technological Procurement for Large–scale Research Infrastructures: Evidence from the Large Hadron Collider at CERN", *Research Policy*, 47(9), pp.1853~1867.

[11] COST Office, 2010, "Benefits of Research Infrastructures Beyond Science. The Example of the Square Kilometre Array (SKA)", https: //stfc.ukri.org/files/impact–publications/benefits–of–research–infrastructures–beyond–science/.

[12] D' ippolito, B. and Rüling, C. C., 2019, "Research Collaboration in Large Scale Research Infrastructures: Collaboration Types and Policy Implications", *Research Policy*, 48(5), pp.1282~1296.

[13] Davis, A., 1997, "The Life Cycle of a Complex Product System", *International of Innovation Management*, 1(3), pp.229~256.

[14] Del Bo, C. F., 2016a, "The Rate of Return to Investment In R&D: The Case of Research Infrastructures", *Technological Forecasting and Social Change*, 112, pp.26~37.

[15] Del Bo, C. F., Florio, M. and Forte, S., 2016b, "The Social Impact of Research Infrastructures at the Frontier of Science and Technology: The Case of Particle Accelerators: Editorial Introduction", *Technological Forecasting and Social Change*, 112, pp.1~3.

[16] DESY, 2019, "Large–scale Facilities for Science", https: //www.desy.de/about_desy/desy/large_scale_facilities_for_science /index_eng.html.

[17] ESFRI, 2006, "Report 2006: European Roadmap for Research Infrastructures", https: //www.esfri.eu/roadmap–archive.

[18] ESFRI, 2011, "Roadmap 2010: Strategy Report on Research Infrastructures", https: //www.esfri.eu/roadmap-archive.

[19] ESFRI, 2013, "Indicators of Pan-European Relevance of Research Infrastructures", https: //www.esfri.eu/indicators-pan-european-relevance-research-infrastructures-october-2013.

[20] ESFRI, 2018, "Roadmap 2018: Strategy Report on Research Infrastructures", https: //www.esfri.eu/roadmap-archive.

[21] European Commission, 2010, "A Vision for Strengthening World-class Research Infrastructures in the ERA", https: //ec.europa.eu/eurostat/cros/content/vision-strengthening-world-class-research-infrastructures-era_en.

[22] European Commission, 2015, "European Commission implementing regulation 2015/207", https: //eur-lex.europa.eu/legal-content/EN/TXT/?uri=CELEX%3A32015R0207.

[23] European Commission, 2017, "Sustainable European Research Infrastructures-A Call for Action", https: //op.europa.eu/en/publication-detail/-/publication/16ab984e-b543-11e7-837e-01aa75ed71a1/language-en.

[24] EvaRIO, 2013, "List of BETA-EvaRIO Metrics and Indicators", http: //evario.u-strasbg.fr/final-report.

[25] Farla, K., Simmonds, P., Rosemberg, C. and Rentel, M., 2016, "Evaluating the Economic and Social Impacts of Cycling Infrastructure: Considerations for an Evaluation Framework", https: //www.gov.uk/government/publications/cycling-infrastructure-framework-for-evaluating-economic-and-social-impacts.

[26] Florio, M., Forte, S. and Sirtori, E., 2016a, "Forecasting the Socio-economic Impact of the Large Hadron Collider: A Cost-benefit Analysis to 2025 and Beyond", *Technological Forecasting and Social Change*, 112, pp.38~53.

[27] Florio, M., Giffoni, F., Giunta, A. and Sirtori, E., 2018, "Big Science, Learning, and Innovation: Evidence From CERN Procurement", *Industrial and Corporate Change*, 27(5), pp.915~936.

[28] Florio, M., Forte, S., Pancotti, C., Sirtori, E., and Vignetti, S., 2016b, "Exploring Cost-benefit Analysis of Research, Development and Innovation Infrastructures: An Evaluation Framework", Working Papers 201601, CSIL Centre for Industrial Studies.

[29] Florio, M. and Sirtori, E., 2016c, "Social Benefits and Costs of Large-scale Research Infrastructures", *Technological Forecasting and Social Change*, 112, pp.65~78.

[30] Gann, D. M. and Salter, A., 2000, "Innovation in Project-based, Service-enhanced firms: The Construction of Complex Products and Systems", *Research Policy*, 29(7-8), pp.955-972.

[31] Giffoni, F. and Vignetti, S., 2019, "Assessing the Socioeconomic Impact of Research Infrastructures: A Systematic Review of Existing Approaches and the Role of Cost-Benefit Analysis", *L'industria*, 40(1), pp.75~102.

[32] Gomez, A., 2015, "Techonological Spillovers of Research Infrastructures", DEMM Working Papers.

[33] Griniece, E., Cvijanovic, V., Kroll, H. and Zenker, A., 2019, "Concept Note of the Modular Impact Assessment Framework for Research Infrastructures (RI-PATHS project)", https://www.researchgate.net/publication/337001994_Concept_note_of_the_modular_impact_assessment_framework_for_research_infrastructures_RI-PATHS_project.

[34] Griniece, E., Reid, A., Angelis, J., Cvijanovic, V., Florio, M., Kroll, H. and Zenker, A., 2018, "Research Infrastructure Impact Assessment Pathways(RI-PATHS project)", https://www.researchgate.net/project/Research-Infrastructure-Impact-Assessment-Pathways-RI-PATHS.

[35] Hallonsten, O., 2014, "How expensive is Big Science? Consequences of Using Simple Publication Counts in Performance Assessment of Large Scientific Facilities", *Scientometrics*, 100(2), pp.483~496.

[36] Hallonsten, O., 2013, "Introducing Facility Metrics: A first Review and Analysis of Commonly Used Measures of Scientific Leadership Among Synchrotron Radiation Facilities Worldwide", *Scientometrics*, 96(2), pp.497~513.

[37] Heidler, R. and Hallonsten, O., 2015, "Qualifying the Performance Evaluation of Big Science Beyond Productivity, Impact and Costs", *Scientometrics*, 104(1), pp.295~312.

[38] Hof, B., Koopmans, C., Lieshout, R. and Wokke, F., 2012, "Design of a Methodology to Evaluate the Direct and Indirect Economic and Social Benefits of Public Investments in Space", https://nebula.esa.int/content/design-research-methodology-evaluate-direct-and-indirect-economic-and-social-benefits-public.

[39] Horlings, E. and Versleijen, A., 2008, "Groot in 2008 Momentopname van Grootschalige Onderzoeksfaciliteiten in de Nederlandse Wetenschap", https: //www.rathenau.nl/nl/vitale–kennisecosystemen/de–impact–van–grootschalige–onderzoeksinfrastructuren/2008–grootschalige.

[40] Hu, M., 2019, "Building Impact Assessment—a Combined Life Cycle Assessment and Multi–criteria Decision Analysis Framework", *Resources, Conservation & Recycling,* 150, pp.1~14.

[41] Johansson, P. O., 2016, "On Lessons From Energy and Environmental Cost–benefit Analysis", *Technological Forecasting and Social Change,* 112, pp.20~25.

[42] Kolar, J., Cugmas, M. and Ferligoj, A., 2019, "Towards Key Performance Indicators of Research Infrastructures", (Available at) https: //arxiv.org/abs/1910.00304.

[43] Lee, S. H., Peng, M. W. and Song, S., 2013, "Governments, Entrepreneurs, and Positive Externalities: A Real Options Perspective", *European Management Journal*, 31(4), pp.333~347.

[44] Martin, B. R. and Tang, P., 2007, "The Benefits from publicly Funded Research", SPRU Electronic Working Paper Series, Paper No.161, University of Sussex, Brighton.

[45] Magazinik, A., Bedolla, J. S., Lasheras, N. C. and Mäkinen, S., 2019, "Societal impact as Cost–Benefit Analysis: Comparative Analysis of Two Research Infrastructures", 2019 *IEEE International Conference on Engineering, Technology and Innovation*, pp.1~5.

[46] Mitchell, R. K., Agle, B. R. and Wood, D. J., 1997, "Toward a Theory of Stakeholder Identification and Salience: Defining the Principle of Who and What Really Counts", *Academy of Management Review*, 22(4), pp.853~886.

[47] NASA, 2012, "SPINOFF2012", (Available at) https: //spinoff.nasa.gov/Spinoff2012/index.htm–l.

[48] Nilsen, V. and Anelli, G., 2016, "Knowledge transfer at CERN", *Technological Forecasting and Social Change*, 112, pp.113~120.

[49] NSF, 2018, "MAJOR FACILITIES GUIDE–Prepared by the Large Facilities Office in the Budget, Finance, and Award Management Office (BFA–LFO)", (Available at) https: //www.nsf.gov/pubs/2017/nsf17066/nsf17066.pdf.

[50] OECD GSF, 2014, "The Impacts of Large Research Infrastructures on Economic Innovation

and on Society： Case Studies at CERN", (Available at) http：//www.oecd.org/sti/inno/CERN-case-studies.pdf.

[51] OECD, 2010, "Large Research Infrastructures： Report on Road mapping of Large Research Infrastructures (2008) and Report on Establishing Large International Research Infrastructures： Issues and Options", (Available at) http：//www.oecd.org/science/inno/47057832.pdf.

[52] OECD, 2019, "Reference Framework for Assessing the Scientific and Socio-economic Impact of Research Infrastructures", (Available at) https：//www.oecd-ilibrary.org/science-and-technology/reference-framework-for-assessing-the-scientific-and-socio-economic-impact-of-research-infrastructures_3ffee43b-en.

[53] Pung, C., Clarke, A. and Patten, L., 2004, "Measuring the Economic Impact of the British Library", *New Review of Academic Librarianship*, 10(1), pp.79~102.

[54] Qiao, L., Mu, R. and Chen, K., 2016, "Scientific Effects of Large Research Infrastructures in China", *Technological Forecasting and Social Change*, 112, pp.102~112.

[55] Reid, A., Griniece, E. and Angelis, J., 2015, "Evaluating and Monitoring Socio-Economic Impact of Investment in Research Infrastructures", https：//www.researchgate.net/publication/275037404_Evaluating_and_Monitoring_the_Socio-Economic_Impact_of_Investment_in_Research_Infrastructures.

[56] Scaringella, L. and Chanaron, J., 2016, "Grenoble-GIANT Territorial Innovation Models： Are Investments in Research Infrastructures Worthwhile?", *Technological Forecasting and Social Change*, 112, pp.92~101.

[57] Schmied, H., 1975, "A Study of Economic Utility Resulting from CERN Contracts", CERN Yellow Reports, Monographs： CERN, pp.29.

[58] Schopper, H., 2016, "Some Remarks Concerning the Cost/benefit Analysis Applied to LHC at CERN", *Technological Forecasting and Social Change*, 112, pp.54~64.

[59] Simmonds, P., Kraemer-Mbula, E., Horvath, A., Stroyan, J. and Zuijdam, F., 2013,"Big Science and Innovation", (Available at) https：//assets.publishing.service.gov.uk/government/uploads/system/uploads/attachment_data/file/249715/bis-13-861-big-science-and-innovation.pdf.

[60] SQW Consulting, 2008, Review of Economic Impacts Relating to The Location of Largescale

Science Facilities in the UK: Final Report, Cambridge: SQW Consulting.

[61] STFC, 2017, "STFC Impact Report 2017", (Available at) https: //stfc.ukri.org/files/stfc-impact-report-2017/.

[62] STFC, 2018, "STFC Impact Report 2018", (Available at) https: //stfc.ukri.org/files/stfc-impact-report-2018/.

[63] STFC, 2010, "New Light on Science: The Social and Economic Impact of the Daresbury Synchrotron Radiation Source (1981~2008)", (Available at) https: //stfc.ukri.org/stfc/cache/file/4304D848-4E42-468A-89984CE70C5CB565.pdf.

[64] Sun, D. B., Xu, W. C., Qiao L. L., Peng, R. and Wu, D., 2018, "Performability of Research Infrastructure Comsidering Costs and Values for Different Outputs", *Journal of Donghua University (English Edition)*, 35(4), pp.333~335.

[65] Tripp, S. and Grueber, M., 2011, *Economic impact of the Human Genome Project*, Battelle Memorial Institute.

[66] U.S. Department of Energy, 2003, "Facilities for the Future of Science: A twenty-year Outlook", (Available at) https: //fribusers.org/frib/docs/2003-DOE20YearScienceFacilities.pdf.

[67] Vasconcelos, S. M. R., Steneck, N. H., Anderson, M., Masuda, H., Palacios, M., Pinto, J. C. and Sorenson, M. M., 2012, "The New Geography of Scientific Collaborations: Changing Patterns in the Geography of Science Pose Ethical Challenges For Collaborations Between Established And Emerging Scientific Powers", *EMBO Rep*, 13(5), pp.404~407.

[68] Zhang, J., Vogeley, M. S. and Chen, C., 2011, "Scientometrics of Big Science: A Case Study of Research in the Sloan Digital Sky Survey", *Scientometrics*, 86, pp.1~14.

[69] Zuijdam, F., Deuten, J., Meijer, I., Boekholt, P. and Vermeulen, N., 2011, "The Role and Added Value of Large-scale Research Facilities", (Available at) https: //www.academia.edu/3618621/The_role_and_added_value_of_large-scale_research_facilities.

[70] 陈光 . 大科学装置的经济与社会影响 [J]. 自然辩证法研究 , 2014(4).

[71] 陈和生 , 金铎 , 阎永廉等 . 中国建设科技强国的科技创新平台之重大科技基础设施 [A]. 中国科学院 . 科技强国建设之路：中国与世界 [M]. 北京：科学出版社 , 2018.

[72] 陈套 , 冯锋 . 大科学装置集群效应及管理启示 [J]. 西北工业大学学报 (社会科学版),

2015(1).
[73] 程嘉颖 . 重大科技基础设施对区域经济发展的影响研究——以 FAST 为例 [D]. 中国科学院大学硕士学位论文 , 2019.
[74] 杜澄 , 尚智丛 . 国家大科学工程 [M]. 北京：北京理工大学出版社 , 2011.
[75] 樊潇潇 , 李泽霞 , 曾钢等 . 澳大利亚国家科技基础设施路线图制定及启示 [J]. 世界科技研究与发展 , 2018(6).
[76] 方新 , 龚旭 . 中国基础研究改革与发展 [A]. 载薛澜等 . 中国科技发展与政策 (1978—2018)[M]. 北京：社会科学文献出版社 , 2018.
[77] 葛焱 , 邹晖 , 周国栋 . 国家重大科技基础设施的内涵、特征及建设流程 [J]. 中国高校科技 , 2018(3).
[78] 李达 , 王崑声 , 马宽 . 技术成熟度在国家科技重大专项评估中的应用 [J]. 科技管理研究 , 2016(1).
[79] 李斌 , 李思琪 . 社会效益、区域平衡、政府扶持、地方特色——重离子加速器成果产业化经验 [J]. 工程研究——跨学科视野中的工程 , 2015(4).
[80] 李宜展 , 刘细文 . 国家重大科技基础设施的学术产出评价研究：以德国亥姆霍兹联合会科技基础设施为例 [J]. 中国科学基金 , 2019(3).
[81] 梁永福 , 盘思桃 , 林雄等 . 大科学装置集群的协同创新与产业带动效应——以广东大科学中心为例 [J]. 科技管理研究 , 2018(3).
[82] 罗小安 , 杨春霞 . 中国科学院重大科技基础设施建设的回顾与思考 [J]. 中国科学院院刊 , 2012(6).
[83] 穆荣平 , 康小明 , 樊永刚 . 关于我国社会服务创新能力建设的若干问题思考 [A]. 中国科学院 . 高技术发展报告 2012 [M]. 北京：科学出版社 , 2012.
[84] 穆荣平 . 国家自主创新能力建设若干问题思考 [A]. 中国科学院 .2012 高技术发展报告 [M]. 北京：科学出版社 , 2012.
[85] 盛昭瀚 , 薛小龙 , 安实 . 构建中国特色重大工程管理理论体系与话语体系 [J]. 管理世界 , 2019(4).
[86] 王德禄 , 孟祥林 , 刘戟锋 . 中国大科学的运行机制：开放、认同与整合 [J]. 自然辩证法通讯 , 1991(76).
[87] 王静 , 刘楠 , 任振等 . 大科学装置研制阶段评估方法研究 [J]. 项目管理技术 , 2019a(5).

[88] 王静，沈敏圣，刘楠等．大科学装置的成熟度评估方法探索 [J]. 项目管理技术，2019b(10).
[89] 王艳，贺德方，彭洁等．发达国家先进研究实验基地绩效评估机制及其启示 [J]. 科技进步与对策，2013(7).
[90] 王贻芳，白云翔．发展国家重大科技基础设施引领国际科技创新 [J]. 管理世界，2020(5).
[91] 徐文超，艾铁博．重大科技基础设施建设的战略意义 [J]. 中国高校科技与产业化，2011(Z1).
[92] 曾赛星，陈宏权，金治州等．重大工程创新生态系统演化及创新力提升 [J]. 管理世界，2019(4).
[93] 曾勋，任振，杨敏等．基于技术成熟度水平的大科学装置建设技术评估研究 [J]. 项目管理技术，2019(1).
[94] 张玲玲，王蝶，张利斌．跨学科性与团队合作对大科学装置科学效益的影响研究 [J]. 管理世界，2019a(12).
[95] 张玲玲，赵明辉，曾钢等．文献计量视角下依托大科学装置的学科主题与合作网络研究——以上海光源为例 [J]. 管理评论，2019b(11).
[96] 朱鹏舒．国家重大科技基础设施的发展规律、现状问题和展望 [J]. 中国工程咨询，2017(3).

基于物联网的在线智能调度决策方法*

胡祥培[1,2]　李永刚[2]　孙丽君[2]　李方方[2]
（1 浙江大学管理学院；2 大连理工大学经济管理学院）

摘要：物联网为生产与服务系统监控与调度创造了实时、感知、透明的新环境，也为生产与服务系统调度决策带来了前所未有的挑战和管理变革。本文针对物联网环境下生产与服务系统运营的在线调度难题，以提高调度系统的科学性、智能性、实时性为目标，以在线“异常感知、趋势分析、在线重调度决策”分析与在线“重调度方案”的实时生成为突破口，融合运筹学、知识工程与人工智能等学科理论，重点研究物联网环境下生产与服务调度系统的情景实时分析，提出数据驱动的异常感知方法和基于“情景—焦点”的趋势分析与决策方法，建立数据驱动的“情景—焦点”在线智能调度决策方法，实现物联网环境下“情景分析—智能建模—在线求解”这一基于数据流的在线智能调度优化决策过程，并针对成品油配送管理过程开展应用研究。本项成果为物联网环境下具有动态连续变化特征的生产与服务调度系统提供新的决策方法，提高了调度方案的实时性、科学性、智能性、动态适应性和易用性，为求解物联网环境下复杂的调度决策问题提供新思路。

关键词：物联网　智能调度　数据驱动　情景—焦点分析　不确定性决策

一、引言

近年来伴随着物联网、人工智能技术的飞速发展和快速推广应用，人类社会已经步入了“数字化”和“智能化”的新时代。“全面感知、互联互通、智慧服务”正从梦想变为现实。物联网技术正在改变人类社会的生产生活方式，“数字化”和“智能化”正在逐步催生“数智经济”新模式，诱发的经济管理模式

* 原载《管理世界》2020年第8期。

的转型升级及重大变革，特别是生产及服务系统的调度决策首当其冲。调度系统与人类社会的生产生活密切相关，从工农业生产、交通运输、机器人路径规划到医院手术室排程等，调度问题无处不在。物联网技术的应用和数据分析技术的发展，使得调度系统的各个终端被传感器赋予感知功能，信息得以被实时采集并传输到控制中心，调度系统就展现出感知性、实时性、透明性的全新特征。运用大数据和人工智能技术，这些特征将为物联网环境下的在线智能调度创造必备的条件，为提高调度系统的实时性、科学性、智能性提供前所未有的机遇和挑战，它将促使调度系统的决策方法和管理模式发生深层次变革。面对物联网环境下的在线智能调度系统连续涌入的动态实时数据流，如何充分利用这些数据化解其内在的复杂性并为在线实时调度决策提供决策支持，是近些年来该领域研究的关键难题。因而，基于物联网的（数据驱动的）在线智能调度方法的研究，是当前产业界和学术界共同关注和亟待解决的热点与难点问题。

调度系统的运行环境十分复杂，如能源工业、农业生产领域的调度问题易受天气、交通、偶发事件等因素影响，数据的动态涌入也呈现出季节性、类周期性、随机性、多因素叠加的特征，系统不稳定的临界状态难以识别。一旦感知系统异常，是否需要进行干预以及是否需要重调度？何时开始干预？如何进行重调度？它涉及一系列数据驱动的趋势分析与优化决策过程，而且是在线实时的趋势分析和在线优化，还涉及在线智能建模和在线优化等。这些都是当前学术界和产业界面临的前沿性难题。近几年国际顶尖期刊 *Management Science* 和 *Operations Research* 以及生产运作与管理国际会议（POMS）和国际运筹学与管理科学年会（INFORMS）都有上述问题的专题论文和大会报告（Bienkowski et al., 2020; Bertsimas et al., 2019a; Bertsimas et al., 2019b; Lejeune and Margot, 2018; Ho-Nguyen and Kilinc-Karzan, 2018），国内外学者已经在数据驱动的决策方法、在线智能建模和在线优化等方面取得了较大的进展。但是由于该问题的复杂性以及不同领域的调度问题又具有其特殊性，物联网环境下数据驱动的在线智能调度决策优化问题至今未能根本解决，其复杂性在于解决方案必须同时满足实时性、科学性和智能性的目标。现在产业界普遍采用的是传统的基于经验的调度方法，虽然可以快速地制订重调度方案，满足实时性，但其科学性较差，凭经验快速得到的重调度方案往往是可行解但不是最优解；学术界广泛研究的基于数学模型的调度方法推理严谨、科学性高但求解复杂、实时性差，在有限的时间内难以求得最优解，难以在产业界得到广泛应用。若将这两种方法交叉融合，就可以实现优势互补并克服各自的问题和不足。因此，数学模型与人工经验相结合的方法——在线智能调度优化决策方法是提高调度系统科学性、智能性和实时性的有效途径。通过物联网数据采集与状态监测，能准确感知系统可能发生异常的临界状态，可以在线“异常感知、趋势分析、重调度决策”分析，实现在线“重调度方案”的实时生成，这是调度系统研究领域富有广阔应用前景和极具挑战性的研究方向。本文将综合运用运筹学与人工智能等学科理论，将以基于模型的定量分析见长的运筹学方法与擅长于基于符号知识推理的人工智能技术相融合，实现定性分析与定量分析相结合、人的智能与机器智能相结合，重点研究物联网环境下生产与服务调度系统的情景实时分析，提出数据驱动的异常感知方法和基于“情景—焦点”的趋势分析与决策方法，建立数据驱动的“情景—焦点”在线智能调度决策方法，实现物联网环境下“情景分析—智能建模—在线求解”这一基于数据流的在线智能调度优化决策过程，并针对成品油配送管理过程开展应用研究。

二、相关研究评述

综观近几十年来国内外学者有关调度优化方法的研究，主要集中在如下3个方面：（1）基于经验的调度方法；（2）基于优化模型的调度方法；（3）人工智能与运筹优化技术相结合的调度方法（胡祥培等，2015）。关于第一方面，基于经验的调度方法能够快捷地对调度系统的问题进行判断，做出定性决策，具有快速简便、成本低、实时性高等优势，但存在过分依赖决策者的经验和智慧等缺陷，个体依赖性太强，知识显化过程困难，即使建立专家系统，其决策质量也受到知识库中知识数量以及这些知识质量的制约（Metaxiotis et al.，2002），在调度系统中的应用具有一定局限性（Framinan and Ruiz，2010）。关于第二方面，基于优化模型的调度方法由熟悉问题和具备建模能力的专业人员建立相应的数学模型，并求解得到一个最优化的调度方案，其优势是科学性高，但其实时性很差，建模与求解是一项耗时、复杂、困难的工作，难以在线实时建模和求解以实现在线实时调度。对于某些十分复杂的管理决策问题，即使是熟悉运筹学专业知识的专家往往也很难建立其相应的数学模型，因而在建模过程中常常对问题进行某些简化或对约束条件和变量做某些假设，这样虽然也建立了优化模型并求出了模型的最优解，但这个最优解所对应的调度方案与现实问题的要求往往存在差距，存在“数学模型的最优解不是求解现实问题的可行解”这样的奇怪现象。因此，在具体应用中需结合领域知识和专家知识对基于模型的调度方案进行人工调整（Li et al.，2007）。面对物联网环境下调度问题的复杂特性，人工智能与运筹学相结合的调度优化方法往往能够达到更好更实用的效果（Slater，2002），因此，第三方面的研究—人工智能与运筹优化技术相结合的调度方法也就成为近年来的研究热点。人工智能与运筹学相结合的核心优势是可针对复杂问题（如 NP-hard 问题）先通过规则降低求解复杂度，再运用运筹学优化技术在较短时间内得到“适合”的解（不一定是原调度问题的最优解，但是较好的可行解或次优解）。针对第三方面调度方法的人工智能模型，其相应算法呈现由集中式优化决策运算向分布式决策运算发展的趋势。集中式算法中基于人工神经网络及以神经网络为基础的混合算法（Akyol and Bayhan，2007）、Petri 网建模及以 Petri 网为基础的混合算法（Tuncel and Bayhan，2007）是两类具有代表性且应用广泛的方法。人工神经网络方面，Sim 等（1994）给出的专家神经网络系统尝试将反向传播神经网络与求解车间调度问题的专家系统结合，以减少神经网络的训练时间。此后，以神经网络为基础的混合算法相关研究成果众多，神经网络与仿真技术（Li et al.，2000）、属性选择算法（Shine and Su，2002）、决策树学习方法（Shine and Su，2003）、归纳学习方法（Priore et al.，2003）、模糊理论（Shugang et al.，2005）的结合在解决动态调度问题中都取得了不错的效果。Petri 网方面基于启发式规则的 Petri 网（Jain，2001）、基于搜索算法的 Petri 网（Chen and Chen，2003）、基于数学规划的 Petri 网（Ghaeli et al.，2005）、元启发式 Petri 网（Cavory et al.，2005）等方法也多点开花，成果丰硕。分布式算法以其可靠性高、运行速度快、成本相对较低等优势（Shen et al.，2006；Toptal and Sabuncuoglu，2010）在实际应用中通过合理的分工和协作方式，实现群智能多搜索操作和知识型搜索完成分布式生产与服务系统调度，使得系统可在低成本、低风险的情况下提高效益（李伯虎等，2010），因而越来越受青睐（徐新黎等，2010；于娜等，2019；Peng et al.，2018）。近来，实时监控设备的应用使得以趋势预测为基础的主动调度方法（Wang et al.，2016；蒋丹鼎等，2019）逐渐兴起，形成智能调度领域新的发展方向，但已有研究对未来趋势不确定性的处理依然根据传统方法，很难适应物联网环境下智能调度系统的复杂性以达到提升科学性、实时性和智能性的目的。

物联网环境下的调度问题具有制订和执行当前计划过程中可接收新信息、未来信息不确定、要求对新接收信息快速响应、多阶段优化目标函数复杂等特点，是一类具有不确定性的动态决策问题（Pillac et al.，2013；谢秉磊等，2002）。这类问题重调度决策的重要依据是趋势分析，而趋势分析的核心是不确定性的处理。当前结合趋势分析的智能调度模型中应用较多的是概率最大原理和伯努利框架下的均值和期望效用。概率最大原理的应用方面代表性的成果是贝叶斯网络、支持度计数及它们的变形（王婷等，2019），处理过程注重事件发生的可能性，对各可能事件导致的结果不加以区分，实际应用中易导致忽略概率较小但可引发重大后果的事件（即小概率大后果事件）。伯努利框架下的均值和期望效用理论体系（Von Neumann and Morgenstern，1944）仍被广泛应用于调度问题中的不确定性处理（Herroelen and Leus，2015；Thomas，2007；Kim et al.，2005）。均值和期望效用理论以及前景理论（Kahneman and Tversky，1979）、后悔理论（Bell，1982；Loomes and Sugden，1982）、伯努利框架下的可能性理论（Dubois et al.，2001）等经典理论方法适合处理可多次重复的调度问题，但相关函数拟合困难，难以适应物联网环境下智能调度的实时性要求。日本学者 Guo（2011）提出的一次性决策理论，通过综合考虑各个可能状态发生后的结果及其可能性，选择焦点用于处理不确定性，可更好地反映决策者目的，使决策更加接近实际问题的解决过程。作为较新的决策理论，一次性决策理论展现出比较旺盛的生命力，受到学者的普遍关注，在多个方向（Guo and Li，2014；Guo，2019）得以拓展、多个领域（Li and Guo，2015；Guo and Ma，2014；Wang and Guo，2017）广泛应用，但一次性决策理论是针对一次性决策问题提出的，应用范围受限亟须拓展，也尚缺乏与其他理论融合解决重大实际问题的案例。

综上所述，已有研究在调度优化方法、基于预测的智能调度和不确定性决策理论与方法都取得了丰富的成果，在理论和应用上都有重大进展，展现出了由传统调度向在线智能调度发展的趋势，为开展后续研究奠定了坚实的基础，但现有研究对历史数据和实时数据的利用距离实现其价值还相距甚远，仍难满足物联网环境下在线智能调度对科学性、实时性、智能性和实用性的需求。本文将综合运用运筹学与人工智能等学科理论，重点研究物联网环境下生产与服务调度系统的情景实时分析，拓展一次性决策理论，提出数据驱动的异常感知方法和基于“情景—焦点”的趋势分析与决策方法，建立数据驱动的“情景—焦点”在线智能调度决策方法。

三、基于“情景—焦点”的在线智能调度决策方法

物联网环境下的智能调度面临系统数据多元连续、异常模式复杂多样和未来趋势多变等难题，且易受季节性、周期性、多因素叠加性等因素影响，本文

针对由此诱发的“异常甄别模糊、趋势分析复杂、调度决策困难、重调度科学性差”等难题，以提升调度系统的实时性、科学性和智能性为目标，依据当前调度优化方法的研究现状，采用人工智能与运筹优化相结合的学术思想（如图 1 所示）提出数据驱动的异常感知方法和基于“情景—焦点”的趋势分析与决策方法，形成数据驱动的“情景—焦点”在线智能调度决策方法，为解决动态复杂的智能调度问题提供基于物联网的新方法，其决策流程如图 2 所示。

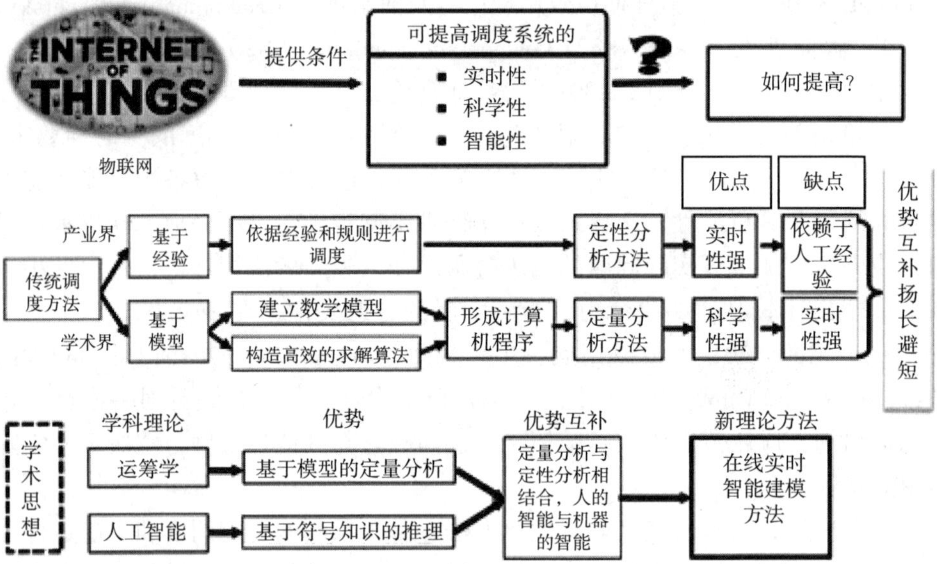

图 1　基于物联网的在线智能调度的学术思想

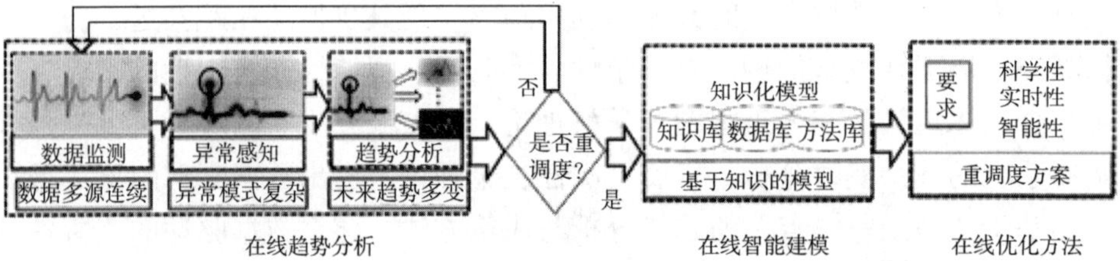

图 2　基于物联网的在线智能调度决策流程

（一）数据驱动的异常感知方法

调度系统在运行过程中需要利用物联网实时采集相应的状态信息，以此来判断和甄别系统是处于正常状态还是异常状态，或者是处于正常和异常之间的非平稳状态。异常状态是导致系统失效而使系统无法正常运行的状态，必须立即采取措施进行重调度使系统恢复正常。而处于正常和异常之间的非平稳状态，属于半正常和半异常状态，称之为疑似异常状态，调度系统暂时还没有失效，还能够处于非稳态运行，但有可能使系统快速恶化产生严重的后果，也有可能使系统恶化趋势变缓并逐渐恢复到稳态。疑似异常状态形式多样，数据结构多态复杂，可以综合运用统计学、数据挖掘、领域知识和人工经验分析这些疑似异常状态的数据结构，聚类分析得出其典型特征，通过典型特征对应的状态，得到典型情景，据此分析调度系统未来的发展趋势和演变规律，以触发调度决策过程的在线实时响应，这是基于物联网的在线智能调度方法要解决的首要问题。

定义 1：调度系统处于非平稳状态且其状态数据集具有典型特征，有可能导致系统迅速恶化而发生异常，需密切关注该状态下调度系统未来的发展趋势。该状态对应的情景称为典型情景。

典型情景的出现具有随机性、偶发性、无严格周期性等特点，阶段性重调度方法的时间间隔难以确定；系统平稳状态和非平稳状态严重不平衡，连续重调度易造成浪费且难以适应物联网环境下的数据规模。物联网环境下数据驱动的异常感知方法是甄别系统所处状态、决策是否启动未来趋势分析、实现在线实时重调度决策的有效方法。结合相关行业的领域知识和经验，并通过历史数据分析可建立分类模型（如图 3 所示）。

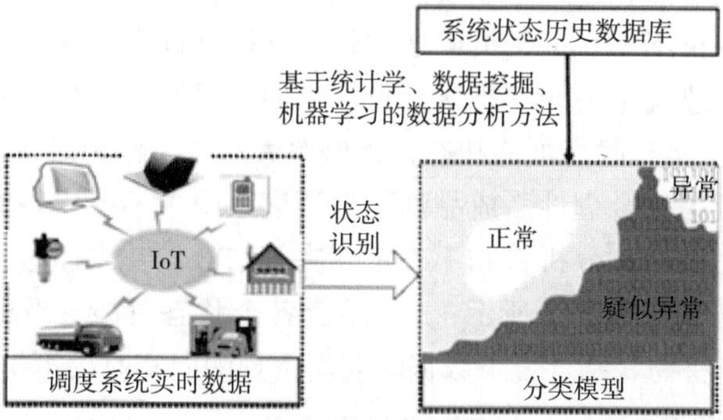

图 3　数据驱动的异常感知

实时数据通过物联网上传到调度系统后，分类模型判断其是否为疑似异常及典型情景，通过趋势分析决定重调度与否。如果系统已然异常致使预设目标确定无法完成，则显然应立即启动重调度；如果系统状态正常则按当前调度方案继续执行。在线调度系统状态感知的难点在于难以严格区分正常和异常状态。由于调度决策具有提前干预性决策的特征，系统当前发生偏差，未来可能异常无法达成目标但也有可能恢复如期完成目标。不确定性的存在致使建立分类模型时调度系统异常状态的阈值难以确定。异常阈值设置过低会造成系统调度策略的频繁变更，增加运营成本，设置过高一旦发生事故又会导致严重后果。由于调度系统的复杂性，在有限的运行时间内很难建立当前状态跟结果间的一一对应关系。由于人类对系统复杂规律的认识还很有限、系统自身难以消除不确定性，虽然调度系统能够简易识别系统的正常状态和异常状态，但正常状态和异常状态两个集合之并集却有很大的状态空间，每一种状态及其未来的变化趋势难以一一列举和分析。必须聚焦典型情景分析其未来的变化趋势和演变规律。

（二）基于“情景—焦点”的趋势分析与决策方法

若系统当前为疑似异常状态，其是否为典型情景取决于其状态数据结构的典型性以及系统未来的发展趋势。系统通过分类模型感知当前状态为疑似异常，而且其数据结构具有典型性，则触发趋势分析。趋势分析涉及不确定性描述和不确定性处理。物联网采集的历史数据为状态预测提供了有力的基础，基于数据对系统未来状态的刻画可提升有效性和实用性，降低假设概率分布服从固定形式所引起的对合理性的质疑。

1. 趋势预测

趋势分析的难点在于未来状态的不确定，不同的状态对应不同的结果，使得备选策略的评价不一。基于贝叶斯网络、支持度计数的预测方法注重各状态出现的可能性，忽视了不同状态所导致结果的差异性，若把买彩票的结果记做“中奖”和“不中奖”两个可能状态，将概率大的状态作为对行为的评价，则很难解释买彩票行为的合理性。成品油配送调度系统中不能出现断油事故的情况与此类似。本文的趋势分析将和不确定性决策结合，首先通过预测模型给出未来状态的概率分布（如图 4 所示），再结合各个状态可能导致的结果构建不确定性决策模型，将物联网环境下数据的利用由预测向实时决策推进。

图 4　疑似异常之典型情景状态未来趋势预测

假设疑似异常之典型情景状态 x_t^s，其未来有 n 种可能状态 x_{t+1}^i（$1 \leqslant i \leqslant n$），

记 x^i_{t+1} 发生的概率 $p(x^i_{t+1})=p_i$。

2. 焦点选择

物联网环境下不确定性的处理要以解决实际问题为导向，适应在线决策对实时性的要求。不确定性处理方式因情景而不同，应依据情景选定能反映决策目的的不确定性处理方式。

定义 2：假设一个疑似异常之典型情景状态 x^s_t，其下一阶段的状态 x^i_{t+1}（$1 \leqslant i \leqslant n$）有 n 种可能，其中 x^i_{t+1} 发生的概率 $p(x^i_{t+1})=p_i$，称（x^1_{t+1}，p_1；x^i_{t+1}，p_i；…；x^n_{t+1}，p_n）为一个待塌缩状态。

对于一个待塌缩状态（x^1_{t+1}，p_1；x^i_{t+1}，p_i；…；x^n_{t+1}，p_n），当系统运行至 t+1 时 x^1_{t+1}，…，x^i_{t+1}，…，x^n_{t+1} 中有且仅有一个会实现，记 x^i_{t+1} 发生时的结果（收益或损失）为 $y(x^i_{t+1})=y_i$。各可能结果及其发生概率的组合（y_1，p_1；y_i，p_i；…；y_n，p_n）称作前景（prospect）。不确定性处理的核心就是当某种选择的未来状态尚不确定时对其效果进行评价，即构建前景函数 F（y_1，p_1；y_i，p_i；…；y_n，p_n）。记 $y=(y_1, y_2, \cdots, y_n)$，$p=(p_1, p_2, \cdots, p_n)$，前景函数可简记为 $F(y, p)$，其含义是：通过衡量各状态发生的可能性及其将产生的结果，根据决策目的赋予其合适的“值”。由于待塌缩状态实现时塌缩至唯一状态，若决策过程难以多次重复且可能状态较为分散，均值（或期望效用）自然失去意义，难以反映决策者的实际追求。由于概率描述的是或然性，概率大的状态不等于一定会发生的状态。对于不可多次重复的决策过程，如果存在一个状态，其发生时的收益（或损失）足够大以致决策者忽视其发生的概率相对较小的事实，此时就会发生偏离概率最大原则的现象。因此，本文将综合考虑可能产生的结果和其发生的可能性，衡量各种状态应被关注的程度用以处理不确定性：$F(y, p)=\alpha(y, p)\cdot y$，其中 $\alpha(y, p)=(\alpha_1(y, p), \cdots, \alpha_i(y, p), \cdots, \alpha_n(y, p))$ 是关注度向量，$\alpha_i(y, p)$ 称为状态 x^i_{t+1} 的关注度系数，满足 $\sum_{i=1}^{n}\alpha_i(y, p)=1$。关注度系数与概率的不同在于它是由事件发生的可能性和事件的结果共同决定的。不确定性处理的过程反映决策目的，关注度系数 $\alpha_i(y, p)=0$ 意味着状态 x^i_{t+1} 在决策中不被关注，无论其发生的概率是否大于 0；同理，关注度系数 $\alpha_i(y, p)>0$ 意味着状态 x^i_{t+1} 在决策中被关注，被关注的那些状态对应的节点称为焦点。

定义 3：对于一个待塌缩状态（x^1_{t+1}，p_1；x^i_{t+1}，p_i；…；x^n_{t+1}，p_n），关注度系数 $\alpha_i(y, p)>0$ 的状态 x^i_{t+1} 对应的节点称为焦点。

焦点的选取可结合人工经验，对于决策目的明确的调度系统，因为只跟概率和收益（或损失）相关，关注度系数可以快速给出，适应实时性的要求。当可能结果相对集中，各可能状态导致的结果差异性较小时，可能性最大的结果被关注是适合的。此时焦点就是概率最大的状态 $x^*=\arg\max_{x_{t+1}^i} p(x_{t+1}^i)$。记（$y_i$，$p_i$）为二维空间中的一个点，则焦点是将（$y_i$，$p_i$）在概率轴 p 上投影而后取最大者对应的状态。此时概率最大的状态关注度系数为 1，其余为 0。

对于存在可能发生严重后果，仅其一种可能即足以令决策者做出选择的状态（比如成品油配送系统中断油事故发生的状态足以使决策者启动重调度，彩票中奖后的收益足以使购买者忽略其成本而购买）的情形，焦点为收益（或损失）最大状态 $x^*=\arg\max_{x_{t+1}^i} y(x_{t+1}^i)$，此时收益（或损失）最大的状态关注度系数为 1，其余为 0。

对于不可多次重复或某一状态的关注度足够高的调度决策，若选择以较大的可能性获得较大的收益的策略，类似于 Guo（2011）以及 Guo 和 Li（2014）在介绍一次性决策理论和多阶段一次性理论中焦点的选择方式：$x^*=\arg\max_{x_{t+1}^i} \min(\pi(x_{t+1}^i), u(x_{t+1}^i))$，其中 $\pi(x_{t+1}^i)$、$u(x_{t+1}^i)$ 分别为 $p(x_{t+1}^i)$、$y(x_{t+1}^i)$ 的归一化函数。焦点 x^* 表示不存在一个概率和收益同时大于焦点的状态，若不满现状追求更高的收益需承担更高的风险。焦点的关注度系数赋予 1，其他状态为 0。对于此类问题，决策目标不同时的焦点选择方式也相应改变，但都是概率和收益（或损失）的简单运算。虽算法相似，但上述文章中针对概率不存在时的一次性决策问题，本文中焦点的内涵和应用场景以及所用不确定性描述方式均与前述两篇文章不同。

对于可多次重复（或决策过程相似度很高）的常规决策，当决策过程重复足够多次后，各状态发生的频率将趋近于其概率，此时各个状态都不容忽视，成为被关注的焦点，x_{t+1}^i 的关注度系数与其发生概率相等 $\alpha_i(y, p)=p_i$。当决策过程可重复次数足够多，基于焦点的不确定性处理方法收敛于基于均值的处理方式，两者等效。

不确定性的处理取决于情景，即系统状态和决策目的。当决策目的明确时，选择焦点的计算过程都是概率和收益（或损失）的简单计算，焦点的选择可快速实现不确定性处理，反映决策目的，满足实时性要求。处理不确定性也就解决了备选策略的偏好排序，可判定当前的典型情景状态是否需要重调度和如何重调度，并将决策信息和此状态反馈给分类模型，逐步完善典型情景集，完成数据驱动的典型情景感知建模过程。

当决策目标明确时，基于焦点的不确定性处理方法在符合特定情景时可转化为概率最大法、收益（或损失）最大法、一次性决策理论、均值等代表性决策方法，但又不等同于上述任何一种方式或者它们的并集。焦点选择的前提是通过数据判定调度问题的情景，以确定合适的不确定性处理方式。系统运行过程中，不同的阶段情景亦可能发生改变，决策目标也不尽相同，不同类型的焦点可用于满足各阶段演化需求。人工经验与模型相结合的焦点选择过程实现了常规决策“以不变应万变”和特殊情形“具体问题具体分析”两类决策情景的兼容。

智能调度的决策离不开人工经验与知识，决策目标是经验的积累和领域知识的体现。现实中也有很多领域在不确定性决策中实际运营效果很好，但相关人员难以明确描述其决策依据，知识表示困难。物联网数据的积累为此提供了基础，基于焦点的不确定性处理方式也为此类问题提供了解决方法。当积累的实际运行案例足够多，基于焦点的不确定性处理方法用于此类问题相当于解决通过历史数据拟合关注系数 $\alpha_i(y, p)$ 这一常见问题类型。通过机器学习等方法拟合出不确定性处理函数，其函数形式简洁，便于做出解释。

数据驱动的异常感知方法和基于“情景—焦点”的趋势分析与决策方法将物联网环境动态复杂的非结构化问题逐渐转化为半结构化和结构化问题，为在线智能建模提供了基础。

（三）基于知识的在线智能建模与优化方法

当趋势分析结束后，决策焦点即被确定下来，以决策焦点对应的短期未来发展趋势以及系统当前的情景作为决策的当前状态，启动与系统当前情景状态相匹配的在线建模与优化过程。该方法采用模块化的思想，将模型和算法进行了模块化表示，并在在线建模与优化过程中将相应的算法模块和模型模块集成起来，实现模型与算法的在线构建，并运行获得最终的优化调度策略。其过程如下：以当前实时获取到的在线情景要素的值以及决策焦点值作为启动知识库中相应推理规则的输入，知识库中的相应规则启动后，则调用模型及算法库中与之匹配的模型及算法模块，由建模方法库中相应的在线智能建模方法实现算法与相应模型的搭建，并同时完成算法对模型的求解过程，从而最终获得优化调度策略。

该在线智能建模与优化方法的实现融合使用了人工智能与知识工程中多种知识表示方法，在系统中实现了问题知识表示模型知识表示以及算法的知识表示，以各个部分的知识表示为支撑，实现在线智能的建模过程（如图 5 所示）。该建模过程的核心是 PAM 建模方法（Hu et al.，2013）：以与实时情景相适应的调度策略（Policy，P）为驱动，调用相关的算法（Algorithm，A）组件以及目标函数和约束条件构成的模型组件（Model，M），搭建起相应的优化模型和算法，从而获得优化的调度策略（PAM 建模方法的原理如图 6 所示）。

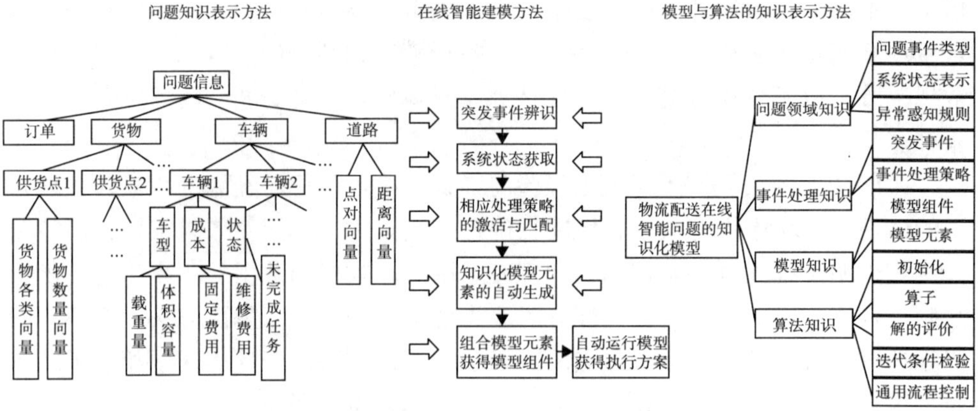

图 5 基于情景的在线智能建模与优化方法的核心模块

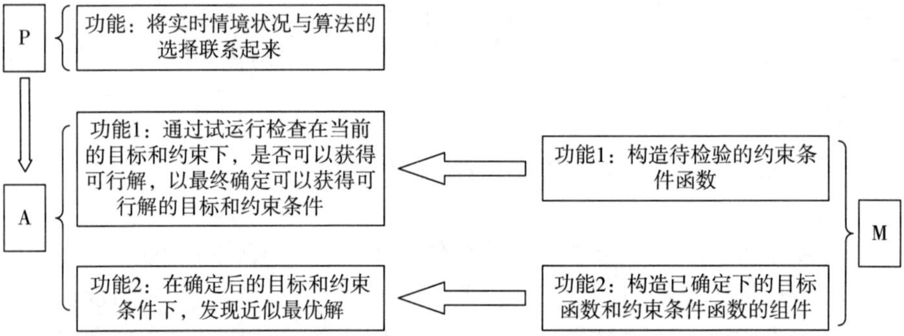

图 6 PAM 建模与优化方法的原理图

综上，针对物联网环境下的智能调度问题，本文通过数据驱动，基于“情景—焦点”进行趋势分析，并以基于知识的在线智能建模与优化方法实现了调度方案的智能生成，从而实现了“情景分析—智能建模—在线求解”这一基于数据流的在线智能调度优化决策过程。下节将以成品油调度为例介绍该方法的应用。

四、应用

油气产品的调度直接影响工业生产安全和社会生活稳定，一旦断油将导致经济损失、私售泛滥，造成安全隐患。频繁的断油更是会引起民众对油荒的恐惧和舆论对行业的无端猜测等连锁反应，扰乱生产生活秩序。成品油配送是每日进行的重复决策，面对随机需求一般即使有季节因素的影响，也可稍作调整依据期望成本最低制订配送方案。但有了断油这一会导致严重后果的事件，上述基于均值的不确定性处理方法只适用于断油事故不会发生的前提之下。保障加油站不断供，实现平稳运行，是成品油配送调度决策者的决策焦点。物联网技术及设施的应用与发展为成品油配送调度的决策者提供了透明、实时在线的决策环境：可以实现加油站繁忙程度的实时监控；实现油品配送车辆位置的实时获取；实现加油站库存的实时监测等。如何充分利用物联网实时采集到的数据，综合考虑与库存异常有关的多个动态变化的情景要素，并充分考虑库存情景的当前状态与未来的状态演化，在线实时实现对所有资源状态的汇总分析，实现加油站库存在线监测预警，制定科学的库存补货策略，以有效避免断油事件的发生，并能够降低加油站的库存成本，是基于物联网的成品油配送在线智能调度决策过程致力于实现的目标。因此，此问题的决策流程如图 7 所示。

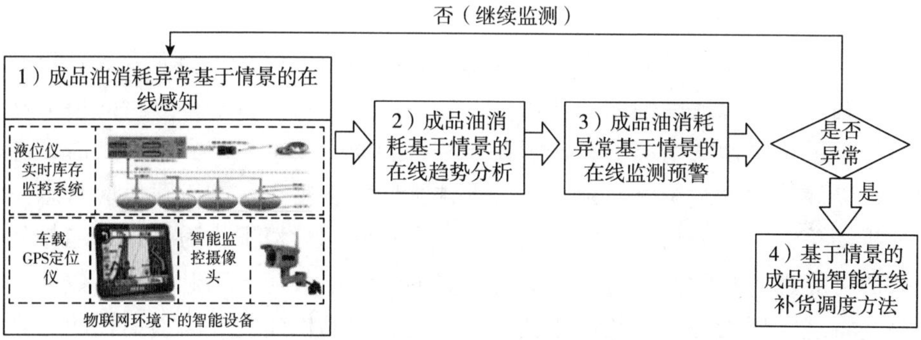

图 7　物联网环境下成品油配送在线智能调度的决策流程

该决策流程包含：成品油消耗异常基于情景的在线感知过程，这一过程通过利用物联网设备，进行库存消耗数据的历史积累以及在线实时的获取；成品油消耗基于情景的在线趋势分析，提供了实时在线的输入数据和基础历史数据，将历史数据和当前的情景信息进行融合分析，结合决策的焦点，即可为成品油消耗异常基于情景的在线监测预警提供预警级别的划分依据，根据是否预警即可判定系统的状态是否异常，如果异常则启动基于情景的成品油智能在线补货调度方法，即不同的情景对应不同的调度应对方案，反之则继续返回在线感知的步骤即可。

（一）成品油消耗异常基于情景的在线感知

由于需求到达的随机性，加油站往往很难及时捕捉到某油品的消耗异常。同时，如果加油站不能实时采取措施以及时应对油品的消耗异常，那么某油品就极有可能发生断供。问题的难点在于，油品的消耗异常状态与当前的情景密切相关，若假设潜在的消耗异常时刻点为 t_a，那么 t_a 受情景状态的影响动态变化，很难被捕捉。我们将这种具有在线性与动态性的异常状态称为在线情景依赖的异常状态。该类异常状态在很多系统中都存在，且如果未被及时发现，则可能会造成严重的后果。为了实时捕捉到潜在的消耗异常时刻点 t_a，我们构建了一种实时滚动的在线监测方法（Sun et al.，2018）。该方法通过物联网技术获得的数据，综合分析实时的情景，以严格排除消耗正常的时间状态作为准则，动态更新监测的时间窗。该方法获得的潜在的消耗异常时刻点 t_a 是启动成品油消耗趋势分析的时刻点，该时刻所处状态对应的情景就是一种典型情景。

（二）成品油消耗基于情景的在线趋势分析

该典型情景（潜在的异常）的状态随着时间的推移是否会演变成真正的消耗异常则需要结合成品油的消耗情景，进行趋势分析。若趋势分析的结果发现对系统不进行干预的情况下，该消耗异常将会演变成真正的异常，则需要进行预警，以促使管理决策者对系统进行干预，使之恢复正常的库存供应状态。趋势分析最关键的是分析库存的消耗趋势。在物联网环境下，为了提高趋势分析结果的可靠性和科学性，对库存消耗趋势的预测不仅应该只基于历史数据，而应该是将现实情景与历史数据相结合。因此，我们构建的成品油消耗的趋势分析方法包含了以下三个步骤：一是对当前的实时库存消耗情景进行分析和判断，以获得实时的消耗情景状态；二是构建一种基于历史数据的短期库存消耗预测方法，通过综合分析历史数据后获得库存消耗曲线；三是将步骤一获得的实时消耗情景状态与步骤二获得的库存消耗曲线进行整合分析，根据历史上的升降模式以及当前的实时消耗情景状态来判断库存消耗的短期发展趋势。该趋势分析方法分为离线数据处理的“趋势提取”部分和在线实时的“趋势匹配”部分。因为每一次启动趋势分析的分析结果都是情景依赖、无重复性（即一次性的），因此，我们提出的趋势分析方法的核心是基于焦点的分析，决策的焦点由状态的演化趋势以及当前的实时库存消耗情景状态共同决定。该分析方法的整体流程如图 8 所示，分为“趋势提取”和“趋势匹配”两个阶段。

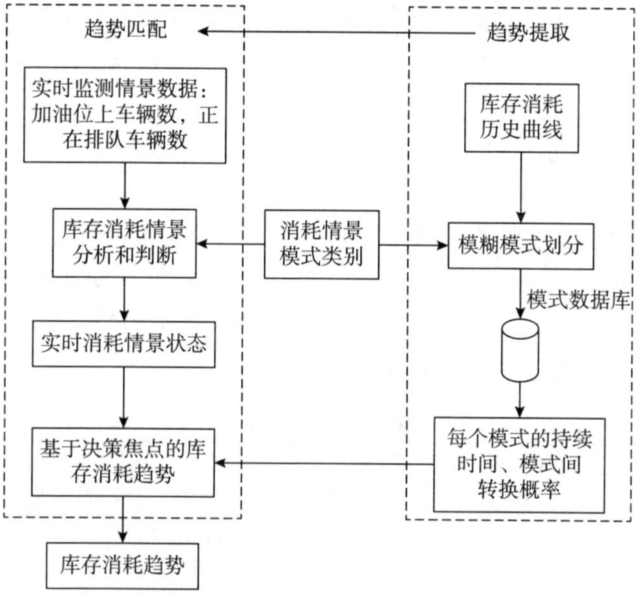

图 8　加油站成品油消耗的趋势分析流程图

（三）成品油消耗异常基于情景的在线监测预警

由于预警级别是与当前救援的可用资源、库存的告急程度以及当前的配送计划密切相关，因此，预警级别的划分需要根据消耗异常趋势分析得到的库存不足发生时刻点（记该时刻点为 t_r）以及趋势分析结束时刻的系统情景状态进行综合分析后判断。该种预警方法除了可以通知决策者预警的分级之外，也可以实时解释预警级别划分的依据，以辅助决策者进行快速的库存补货应急决策。此外，预警的前提是配送计划中正在执行该加油站油品配送任务的车辆已经无法在预估的库存不足时刻点 t_r 之前到达该加油站，因此，救援的时候只能利用其他的车辆资源。而预警的级别与其他资源的可获得性以及配送计划重新制订的复杂程度密切相关。

综上所述，综合日常的加油站应急补货考虑的因素，以及与调度专家进行访谈后，我们总结与预警级别的划分密切相关的情景要素（简称要素）有：（1）当前加油站是否有可用的执行紧急救援任务的配送车辆（用要素 1 表示）：若有，则要素 1 取值“是”；否则，取值“否”；（2）当前正在执行的配送计划中，是否有在途车辆载有该种预警油品（用要素 2 表示）：若有，则要素 2 取值“是”；否则，取值“否”；（3）预估从油库单独派车到达该加油站补货的时间 T_d

与预警时刻到库存不足时刻 t_r 之间的时间 T_i 的大小关系（用要素 3 表示）：若 $T_d \leqslant T_i$，则要素 3 取值“是”；否则，取值“否”；（4）载有该种油品的在途车辆从预警时刻所在的位置到预警加油站的预估行驶时间 T_s 与预警时刻到库存不足时刻 t_r 之间的时间 T_i 的大小关系（用要素 4 表示）：若 $T_s \leqslant T_i$，则要素 4 取值“是”；否则，取值“否”。

根据后续应急措施的难易程度以及资源的可用程度，通过与专家进行访谈，按照情景状态的综合分析后，划分出高级、次高级、中级和低级四级预警。1 级为高级别预警，2 级为次高级别预警，3 级为中级别预警，4 级为低级别预警。预警的级别及对应的情景状态组合见表 1。

表1　　基于情景的预警级别划分表

预警级别	预警级别编号	要素 1 的取值	要素 2 的取值	要素 3 的取值	要素 4 的取值
1 级（高级）	1.1	否	否	—	—
1 级（高级）	1.2	否	是	—	否
2 级（次高级）	2.1	否	是	—	是
2 级（次高级）	2.2	是	否	否	—
2 级（次高级）	2.3	是	是	否	是
3 级（中级）	3.1	是	否	是	—
3 级（中级）	3.2	是	是	是	否
4 级（低级）	4	是	是	是	是

表 1 中，1.1 为高级别预警，表示配送系统当前无冗余资源可用于救援，调度决策者要想办法扩展可用资源（如利用其他油库的车辆进行转运，或者紧急租赁系统外车辆）。1.2 也为高级别预警，表示当前配送中心无可用的单独救援补货的车辆，并且，虽然路上有为其他加油站配送该种油品的车辆，但是这些车辆中的任何一辆从目前所在的位置行驶到该预警加油站所用的时间将超过库存不足时刻的到达时间，因此，同样需要调度决策者想办法扩展可用资源。2.1 的次高级预警表示虽然配送中心无可用的单独救援补货的车辆，但是当前路上有为其他加油站配送该种油品的车辆，且其中有某辆该类型车辆能够在库存不足时刻点到达之前从预警时刻所在的位置行驶到预警的加油站。然而，由于该种车辆在当前的配送计划中原定是配送另外的加油站的，如果临时改为为预警的加油站补货，则将打乱后续的配送计划，需要调度决策者重新进行调度，这一过程比较复杂，所以属于次高级预警。2.3 的情况和 2.1 类似，此处不再赘述。2.2 的次高级预警表示当前加油站有可以专门用于救援补货的车辆，但是若按照

以往的派车方法所花费的时间将超过库存不足时刻点的到达时间，因此，需要调度者根据剩余的时间按照紧急模式进行派车（例如，为了节省装油时间，可先装少量的油品而不一次装满车；先派车出发，后在系统中下单等应急派车方式）。由于该过程需要调度决策者自身具有丰富的经验，因此属于次高级预警。3.1 的中级预警与 2.2 的次高级预警相比，调度决策者只需要按照常规派车方式将应急救援车辆从配送中心派出即可，因此，该情景下的预警，其应对比较从容，基本不需要调度者具备丰富的应急经验。3.2 的情况和 3.1 的处理一样，不再赘述。4 为低级预警，在该种情景下的预警，配送系统中可利用的救援资源丰富，调度决策者可以根据实际情况和调度的难易程度来决定采用何种方式进行应急救援即可。

（四）基于情景的成品油智能在线补货调度方法

当上述预警发出，成品油配送系统需要进行应急补货时，除了最高级别的预警需要调度者借助系统外部资源实现外，剩余的预警情况下，调度决策者均可以利用系统的内部已有资源并借助科学的补货调度方法，对当前的配送计划进行有效干预或者重调度，实现科学的应急补货过程。为了实现智能在线补货调度，决策系统中包含了我们开发出的能够实现应急补货策略选择的模型与算法（孙丽君等，2019）、在线实时的调度方案智能生成方法（即在线实时智能建模与优化方法）（Hu et al., 2013）以及快速高效地配送方案智能优化算法（孙丽君等，2018；张源凯等，2017）。其中，应急补货策略选择的模型与算法是当加油站需要应急补货，而此时日常供油的中心油库发生油品短缺的紧急情况下，配送公司需要打破行政区划配送体制，派车到相邻行政区域的同级油库（即转运油库）转运所缺油品时，系统用于生成最优的转运配送方式的方法，该模型与算法会比较“分开配送”和“合并配送”两种配送方式的优劣，给决策者提供成本最低的配送方案；快速高效地配送方案智能优化算法则用于中心油库能够正常供应油品情况下的配送方案生成以及配送路线的规划，这些算法可以实现油品的科学装载、降低配送成本并且在方案生成时同时考虑均衡司机的工作量，从而为决策者提供科学合理的补货方案；而上述这些模型与算法在系统中的搭建与使用过程则由图 5 和图 6 提及的在线实时的智能建模与优化过程，即调度方案的智能生成方法来实现。

五、结论和展望

物联网的应用使得调度系统数据透明化的同时诱发了一系列的管理问题，本文采用尊重过去（分析历史数据）、立足现在（感知典型情景）、面向未来（演化趋势分析）的思路研究物联网环境下在线智能调度中的异常感知、趋势分析和不确定性处理等问题，提出了数据驱动的典型情景感知方法和基于“情景—焦点”的趋势分析与决策方法，拓展了一次性决策理论的应用领域，丰富了焦点的内涵，为求解高度复杂的动态实时调度问题提供了基于物联网的新方法，探讨了物联网环境下求解复杂不确定性问题的思路，并在成品油配送调度决策进行了应用研究，验证了该方法的可行性和实用性。

参考文献

[1] Akyol, D. E. and Bayhan, G. M., 2007, “A Review on Evolution of Production Scheduling with Neural Networks”, *Computers & Industrial Engineering*, 53(1), pp.95~122.

[2] Bell, D. E., 1982, “Regret in Decision Making Under Uncertainty”, *Operations Research*, 30, pp. 961~981.

[3] Bertsimas, D., Jaillet, P. and Martin, S., 2019a, “Online Vehicle Routing: The Edge of Optimization in Large-Scale Applications”, *Operations Research*, 67(1), pp.143~162.

[4] Bertsimas, D., Korolko, N. and Weinstein, A. M., 2019b, “Covariate-Adaptive Optimization in Online Clinical Trials”, *Operations Research*, 67(4), pp.1150~1161.

[5] Bienkowski, M., Bohm, M., Byrka, J., Chrobak, M., Durr, C., Folwarczn, L., Jez, L., Sgall, J., Thang, N. K. and Vesely, P., 2020, “Online Algorithms for Multilevel Aggregation”, *Operations Research*, 68(1), pp.214~232.

[6] Cavory, G., Dupas, R., and Goncalves, G., 2005, “A Genetic Approach to Solving the Problem of Cyclic Job Shop Scheduling with Linear Constraints”, *European Journal of Operational Research*, 161(1), pp.73~85.

[7] Chen, J. and Chen, F. F., 2003, “Performance Modelling and Evaluation of Dynamic Tool Allocation in Flexible Manufacturing Systems Using Colored Petri Nets: An Object-oriented Approach”, *International Journal of Advanced Manufacturing Technology*, 21(2), pp.98~109.

[8] Dubois, D., Prade, H. and Sabbadin, R., 2001, "Decision-theoretic Foundations of Qualitative Possibility Theory", *European Journal of Operational Research*, 128(3), pp.459~478.

[9] Framinan, J. M. and Ruiz, R., 2010, "Architecture of Manufacturing Scheduling Systems: Literature Review and an Integrated Proposal", *European Journal of Operational Research*, 205(2), pp.237~246.

[10] Ghaeli, M., Bahri, P. A., Lee, P. and Gu, T., 2005, "Petri-net Based Formulation and Algorithm for Short-term Scheduling of Batch Plants", *Computers & Chemical Engineering*, 29(2), pp.249~259.

[11] Guo, P., 2011, "One-shot Decision Theory", *IEEE Transactions on Systems, Man and Cybernetics*, Part A: Systems and Humans, 41(5), pp.917~926.

[12] Guo, P., 2019, "Focus Theory of Choice and Its Application to Resolving the St. Petersburg, Allais, and Ellsberg Paradoxes and Other Anomalies", *European Journal of Operational Research*, 276, pp.1034~1043.

[13] Guo, P. and Ma, X., 2014, "Newsvendor Models for Innovative Products with One-shot Decision Theory", *European Journal of Operational Research*, 439(2), pp.523~536.

[14] Guo, P. and Li, Y., 2014, "Approaches to Multistage One-shot Decision Making", *European Journal of Operational Research*, 236(2), pp. 612~623.

[15] Herroelen, W. and Leus, R., 2015, "Project Scheduling Under Uncertainty: Survey and Research Potentials", *European Journal of Operational Research*, 165, pp.289~306.

[16] Ho-Nguyen, N. and Kilinc-Karzan, F., 2018, "Online First-Order Framework for Robust Convex Optimization", *Operations Research*, 66(6), pp.1670~1692.

[17] Hu, X., Sun, L. and Liu, L., 2013, "A PAM Approach to Handling Disruptions in Real-time Vehicle Routing Problems", *Decision Support Systems*, 54(3), pp.1380~1393.

[18] Jain, P. K., 2001, "Solving Resource Contention Problem in Fms Using Petri Nets and a Rule-based Approach", *International Journal of Production Research*, 39(4), pp.785~808.

[19] Kahneman, D. and Tversky, A., 1979, "Prospect Theory: An Analysis of Decision Under Risk", *Econometrica*, 47, pp.263~291.

[20] Kim, S., Lewis, M. and Wang, C. C., 2005, "Optimal Vehicle Routing with Real-time Traffic Information", *IEEE Transactions on Intelligent Transportation Systems*, 6(2), pp.178~188.

[21] Lejeune, M. A., and Margot, F., 2018, "Aeromedical Battlefield Evacuation Under Endogenous Uncertainty in Casualty Delivery Times", *Management Science*, 64(12), pp.5418~5496.

[22] Li, H., Li, Z., Li, L. X. and Hu, B., 2000, "A Production Rescheduling Expert Simulation System", *European Journal of Operational Research*, 124, pp.283~293.

[23] Li, J. Q., Borenstein, D. and Mirchandani P. B., 2007, "A Decision Support System for the Single-depot Vehicle Rescheduling Problem", *Computers & Operations Research*, 34(4), pp.1008~1032.

[24] Li, Y., and Guo, P., 2015, "Possibilistic Individual Multi-period Consumption-investment Model", *Fuzzy Sets and Systems*, 274, pp.47~61.

[25] Loomes, G. and Sugden, R. 1982, "Regret Theory: An Alternative Theory of Rational Choice Under Uncertainty", *Economic Journal*, 92, pp.805~824.

[26] Metaxiotis, K. S., Askounis, D. and Psarras, J., 2002, "Expert Systems in Production Planning and Scheduling: A State of the Art Survey", *Journal of Intelligent Manufacturing*, 13(4), pp.253~260.

[27] Peng, K., Pan, Q. K., Gao, L., Zhang, B. and Pang, X., 2018, "An Improved Artificial Bee Colony Algorithm for Real-world Hybrid Flowshop Rescheduling in Steelmaking-refining-continuous Casting Process", *Computers & Industrial Engineering*, 122, pp.235~250.

[28] Pillac, V., Gendreau, M., Guéret, C. and Medaglia, A. L., 2013, "A Review of Dynamic Vehicle Routing Problems", *European Journal of Operational Research*, 225, pp.1~11.

[29] Priore, P., Fuente, D., Pino, R., and Puente, J., 2003, "Dynamic Scheduling of Flexible Manufacturing Systems Using Neural Networks and Inductive Learning", *Integrated Manufacturing Systems*, 14(2), pp.160~168.

[30] Shen, W., Wang, L. and Hao, Q., 2006, "Agent-based Distributed Manufacturing Process Planning And Scheduling: A State-of-the-art Survey", *IEEE Transactions on Systems, Man, and Cybernetics, Part C: Applications and Reviews*, 36(4), pp.563~577.

[31] Shiue, Y. R. and Su, C. T., 2002, "Attribute Selection for Neural Network Based Adaptive Scheduling Systems in Flexible Manufacturing Systems", *International Journal of Advanced Manufacturing Technology*, 20, pp.532~544.

[32] Shiue, Y. R. and Su, C. T., 2003, "An Enhanced Knowledge Representation for Decision

Tree-based Learning Adaptive Scheduling", *International Journal of Computer Integrated Manufacturing*, 16(1), pp.48~60.

[33] Shugang, L., Zhiming, W. and Xiaohong, P., 2005, "Job Shop Scheduling in Real-time Cases", *International Journal of Advanced Manufacturing Technology*, 26(7~8), pp.870~875.

[34] Sim, S. K., Yeo, K. T., and Lee, W. H., 1994, "An Expert Neural Network System For Dynamic Job Shop Scheduling", *International Journal of Production Research*, 32(8), pp.1759~1773.

[35] Slater, A., 2002, "Specification for a Dynamic Vehicle Routing and Scheduling System", *International Journal of Transport Management*, 1(1), pp.29~40.

[36] Sun, L., Li, F., Zhou, Y., Feng, Y. and Hu, X., 2018, "A Real-Time Rolling Approach to Perceiving the Time Point of Possibly Abnormal Consumption of Oil", *International Journal of Innovative Computing, Information and Control*, 14(5), pp.1755~1765.

[37] Thomas, B. W., 2007, "Waiting Strategies for Anticipating Service Requests from Known Customer Locations", *Transportation Science*, 41(3), pp.319~331.

[38] Toptal, A., and Sabuncuoglu, I., 2010, "Distributed Scheduling: A Review of Concepts and Applications", *International Journal of Production Research*, 48(18), pp.5235~5262.

[39] Tuncel, G. and Bayhan G. M., 2007, "Applications of Petri Nets in Production Scheduling: A Review", *The International Journal of Advanced Manufacturing Technology*, 34(7, 8), pp.762~773.

[40] Von Neumann and Morgenstern, 1944, *Theory of Games and Economic Behavior*, Princeton, NJ: Princeton Univ. Press.

[41] Wang, C. and Guo, P., 2017, "Behavioral Models for First-price Sealed-bid Auctions with the One-shot Decision Theory", *European Journal of Operational Research*, 261, pp.994~1000.

[42] Wang, J. Q., Fan, G. Q., Yan, F. Y., Zhang, Y. F. and Sun, S. D., 2016, "Research on Initiative Scheduling Mode for a Physical Internet-based Manufacturing System", *International Journal of Advanced Manufacturing Technology*, 84, pp.47~58.

[43] 胡祥培，孙丽君，王征．基于物联网的在线智能调度方法的相关思考 [J]. 管理科学，2015(2).

[44] 蒋丹鼎，周竞涛，赵颖，蒋腾远．以生产趋势预测为基础的主动式调度方法 [J]. 机械科学与技术，2019(1).

[45] 李伯虎，张霖，王时龙，陶飞，曹军威，姜晓丹，宋晓，柴旭东．云制造——面向服务的网络化制造新模式 [J]. 计算机集成制造系统，2010(1).

[46] 孙丽君，石海洋，胡祥培．考虑司机工作量均衡的成品油配送优化 [J]. 系统工程理论与实践，2018(3).

[47] 孙丽君，周雅娴，石海洋，胡祥培．多种横向转运配送方式下的成品油配送方案优化方法 [J]. 系统管理学报，2019.

[48] 王婷，卫少鹏，周彤．智能调度的研究现状及前沿 [J]. 物流科技，2019(11).

[49] 谢秉磊、郭耀煌、郭强．动态车辆路径问题：现状与展望 [J]. 系统管理学报，2002(11).

[50] 徐新黎，郝平，王万良．多 Agent 动态调度方法在染色车间调度中的应用 [J]. 计算机集成制造系统，2010(3).

[51] 于娜，于飞，黄大为，陈厚合，张鹏宇．基于多代理系统的电动汽车充放电分布式协同调度策略 [J]. 电力系统保护与控制，2019(5).

[52] 张源凯，孙丽君，胡祥培．成品油配送多车舱车辆指派及路径优化问题研究 [J]. 运筹与管理，2017(7).

从风险预测到风险溯源：大数据赋能城市安全管理的行动设计研究*

吴俊杰[1,2,3]　郑凌方[1]　杜文宇[1]　王静远[4]

（1 北京航空航天大学经济管理学院；2 大数据科学与脑机智能北京市高精尖创新中心；3 城市运行应急保障模拟技术北京市重点实验室；4 北京航空航天大学计算机学院）

摘要: 大力推进新型智慧城市建设已成为国家战略，但如何利用大数据赋能城市安全管理，仍然是高度开放的课题。现有研究主要聚焦宏观对策、系统框架、预测建模等，对城市安全管理系统应具有的关键特征缺乏深入的理论和实践研究。本文采用“行动设计研究”方法，通过主导北京市危险品安全管理系统的研发实践，提炼城市安全管理系统的核心设计原则。研究第一阶段采用基于网格的风险预测，虽然提升了业务绩效但也带来资源调度问题。第二阶段引入风险模式及因果网络，采用了基于网络的风险溯源，通过源头治理系统降低了城市风险，在簋街液化气治理等问题上取得显著效益。通过两阶段对比提炼了五个核心设计原则，为构建城市安全管理大数据系统提供了新的思路。

关键词: 智慧城市　城市安全管理　行动设计研究　风险预测　风险溯源

一、引言

当前，智慧城市建设正在全球如火如荼地展开。作为现代化城市可持续发展的一种新兴模式，智慧城市是实现城市经济效益和资源效率双提升的重要引擎。我国政府于 2012 年开始启动较大规模的智慧城市试点，并在 2014 年发布的《国家新型城镇化规划（2014—2020 年）》中将智慧城市上升为国

---

* 原载《管理世界》2020年第8期。

家战略。在这些重要举措的推动下，我国的智慧城市建设取得了阶段性进展，智能应用场景日益丰富，突出表现在交通管理、社区管理等领域（亿欧智库，2019）。

与城市大规模智能化发展如影随形的，则是城市公共安全问题。近年来，我国城市公共安全事故频繁发生，给人民群众的生命财产安全造成了巨大损失，也严重阻碍了我国经济和社会的健康发展。因此，如何利用大数据和人工智能为智慧城市时代的公共安全管理赋能，成为一个重要而迫切的现实需求。研究认为，通过将大数据和物联网等技术结合，安全管理部门可以实现对城市各类风险的全面感知（Wang et al.，2018b）；通过利用大数据、人工智能等领域的前沿算法，安全管理部门可以准确地预测安全风险，优化管理策略（徐宗本等，2014）。

大数据赋能城市安全管理的一个重要形式是构建城市安全管理大数据系统。该类系统是大数据新思路落地的载体、新方法实现的抓手。然而，目前实际落地并发挥效益的城市安全管理系统还非常缺乏，这也是造成一些大数据项目尚停留在概念层面的重要原因（吴志敏，2017）。城市智能安全管理问题已得到了公共管理、城市计算、信息系统等多个领域研究的关注（Tang and Lai，2019；郑宇，2015；Yang et al.，2012），但现有研究对安全管理系统的关键特征尚缺乏系统深入的研究。首先，公共管理的研究主要集中在宏观政策层面，对具体应用和操作缺乏关注。其次，城市计算的研究主要集中在解决技术问题，对技术和应用场景融合的科学设计缺乏关注。最后，信息系统的研究虽然涉及了安全管理系统的设计，但研究主要关注事后响应和事中决策，对事前防控这一重要环节的研究尚属空白。

针对以上研究缺口，本研究选择“行动设计研究”（Action Design Research，ADR）这一前沿设计研究方法（Sein et al.，2011），通过主导北京市危险品运输安全管理系统的研发实践，提炼城市安全管理系统的核心设计原则。研究过程经历了两个阶段。第一阶段采用基于网格的风险预测，虽然提升了城市安全管理部门的业务绩效，但也产生了资源调度和人员绩效评估困难等意料之外的问题。通过反思这些问题，研究团队发现了更有价值的需求和新的设计思路。第二阶段采用风险溯源的思路，并创新性地引入了风险模式和因果网络，通过识别和治理风险源头，系统性地降低了城市风险和应急调度工作压力。研究发现了北京市 7 个危险品风险源头并驱动了簋街液化气改造，取得了显著的社会和经济效益。

通过对比两阶段的过程和结果，研究团队提炼了包括“基于网络的时空预测模型”“因果模型和预测模型融合”“人机交互决策”在内的城市安全管理系统5个核心设计原则。这些原则在已有理论支撑的基础上进一步拓展了已有理论。例如，已有公共安全管理研究普遍认为，基于“网格”的时空预测是智慧城市安全管理的重要机制（姜金贵、梁静国，2008），但本研究发现，基于网格的预测存在准确性和可行性不高等问题，而相比之下，基于风险模式网络的预测具有更高的准确性，并且能起到事半功倍的效果。此外，现有研究一般将预测和因果模型分开讨论和设计（刘茂等，2005；黄浪等，2018）；本研究通过构建一个能够同时支撑预测和因果关系的网络模型，创新性地将二者结合在一起，取得了良好的互补效果并有广泛的普适性。本研究结论有重要的理论和实践价值，也为大数据赋能城市安全管理的研究和实践提供了新的思路。

论文结构组织如下：第二部分介绍三个相关领域的已有研究工作，第三部分介绍行动设计研究方法及项目背景，第四部分介绍两阶段研究过程及得到的设计原则，第五部分总结全文并给出结论。

二、文献回顾

大数据城市安全管理是一个交叉学科的研究课题，现有公共管理、城市计算、信息系统领域都对这一课题展开了研究。本文将回顾现有3个领域的相关研究成果，并分析现有研究存在的缺口。

（一）公共管理相关研究

城市安全管理，又被称为城市公共安全管理，是政府及社会为预防和控制各种重大事件、事故和灾害发生，为保护人民生命财产安全、减少社会危害和经济损失而采取的一系列管理和应对策略（傅首清、梁爱民，2010）。城市危险品管理、公共场所管理、公共基础设施管理、城市突发公共卫生事件都属于城市安全管理范畴（刘茂等，2005；Tang and Lai，2019）。

公共管理相关研究主要集中在大数据安全管理模式的探索，研究采取了多个视角。例如，黄浪等（2018）从系统工程的视角，将安全、数据和系统3个维度结合在一起，构建了大数据安全管理的理论范式。Kapucu（2012）基于网络的视角，提出大数据赋能的信息网络、决策管理网络、政府和社会群体之间的响应网络是现代城市安全管理的基础。曹策俊等（2017）从风险治理决策的视角，分析了大数据对风险治理决策机制和过程的影响，提出了围绕治理政策和业务的智慧决策模式；邬伦等（2017）从技术的视角，提出了城市安全管理系统的关键技术，其中包括物联网感知平台、云计算平台、静态地理信息（GIS）服务平台等。Du 和 Zhu（2012）以物联网为核心技术，面向风险提前预警，构建了基于应用、网络和感知层面的技术框架。

在模式探索过程中，现有研究也提出了一些关键思路。例如，曹策俊等（2017）提出，大数据城市安全管理要从“侧重应急管理”转变为“侧重风险治理”，从“反馈响应为主”转变为“前馈干预为主”。刘茂等（2005）和黄浪等（2018）指出，解决城市安全问题应该从全局视角出发，避免头痛医头、脚痛医脚的局部视角。Tang 和 Lai（2019）也指出，安全风险之间存在关联关系，分析和解决它们之间的关系比解决单一风险效果更好。姜金贵和梁静国（2008）指出，网格化管理是城市安全预测和治理的基础，这一结论也得到了邬伦等（2017）的认同，后者认为网格化管理是城市安全管理系统的体制保障。

虽然现有研究已经取得了一些成果，但这些成果主要集中在宏观政策方面。这些成果在研究起步阶段有重要意义，因为它们提升了人们对大数据赋能城市安全管理必要性的认知（吴志敏，2017）。但随着大数据安全管理的概念深入人心，城市安全管理部门迫切需要具体的指导方案，将概念变成落地实践。目前的宏观研究成果不能满足管理部门的需求。虽然有些研究也提出了系统设计的框架（Du and Zhu，2012），但这些框架主要来自概念层面的讨论，缺乏基于实证数据的探索；同时，这些框架比较宏观，缺乏对系统设计的具体指导。

本研究旨在通过研究一个实际落地的城市安全管理大数据系统，提炼能够指导具体操作的研究成果。研究发现也将回应吴志敏（2017）提出的“将研究重心从宏观对策研究下沉到非常具体的操作研究”建议。

（二）城市计算相关研究

城市安全管理也是城市计算领域的一个重要应用场景和研究课题。城市计算（Urban Computing）是计算机科学以城市为背景，与城市规划、交通、能源、环境、卫生和经济等学科相融合的新兴领域。具体而言，城市计算是一个通过不断获取、整合和分析城市中多源异构大数据来解决城市所面临的挑战的过程

（郑宇，2015）。城市计算领域的相关研究涉及了多源数据感知、城市动态规律挖掘、数据驱动的智慧城市应用 3 个方面。

多源数据融合的城市感知经历了从传统数据到时空大数据的发展过程。传统的城市感知通常使用测绘地图、遥感卫星数据作为城市场景的感知手段，对于城市当中人口活动的行为，主要使用问卷调查、人口普查等低频、准静态的统计数据，因此很难反映城市快节奏发展的动态变化。为此，人们提出了基于物联网大数据的城市“社会感知”。具体而言，城市社会感知使用车载 GPS 终端（Wang et al.，2017）、手机移动终端（Wang et al.，2018a）、公共服务 APP（Wang et al.，2018b）、公交车 IC 卡（Du et al.，2016）等移动物联网终端作为感知城市当中社会行为的传感器，实现了对于城市环境中动态社会行为的感知。

城市动态规律挖掘的研究是在城市数据感知的基础上，发掘城市中市民活动的规律和模式，如时间节律、空间组团、频繁特征等。对于城市动态特征规律的研究，可以进一步细分为时间模式建模、空间模式建模、时空组合模式建模 3 个方面。在时间模式建模中，相关研究的关注点在于城市中人口流动的潮汐模式和异常模式等（Pang et al.，2013）。在空间模式建模中，研究工作聚焦于城市空间中的区域组团挖掘（Yuan et al.，2012）和频繁模式挖掘（Liu et al.，2010）。在时空组合模式建模方面，研究人员会使用张量分解等模型，同时实现时间模式和空间模式的融合，从时间模式、空间模式、时空关联模式等多极视角对城市中的人类活动模式进行挖掘和展示（Wang et al.，2019）。

在城市动态规律挖掘的基础上，现有研究进一步构建了数据驱动的智慧城市应用。在这些应用中，城市安全管理是非常重要的领域，所涉及的重要城市安全管理问题包括城市治安管理（Du et al.，2016）、危险品运输管理（Wang et al.，2017）、城市疫情防控管理（Wang et al.，2018b）等。将数据智能技术与安全管理决策相结合，是实现管理决策由“经验管理”向“科学治理”转变的重要途径。现有研究也揭示了两类决策模式，首先是基于日常预测发现问题所采取的响应决策，其次是基于安全风险产生原因所采取的治理决策（Wang et al.，2017; Wang et al.，2018b）。

数据、建模和决策三个层面相互依赖，共同形成一个完整的城市安全管理系统：数据是建模的基础，建模将底层数据转化为支撑决策的结论，而决策层面的需求是建模和数据收集的牵引。本研究也将基于这三个层面，提炼城市安全大数据系统的设计原则。

虽然现有研究已经取得了丰富的成果，但成果主要来自计算机科学领域的研究，研究关注的重点是如何解决技术问题，对于如何设计系统满足安全管理需求缺乏研究。有效的系统设计不仅需要考虑技术问题，还需要考虑技术和人、使用场景交互产生的问题，这些问题是信息系统研究关注的核心问题。本文接下来将分析信息系统领域的相关研究。

（三）信息系统相关研究

安全管理是信息系统领域的一个重要课题，研究关注了不同时期新技术对安全管理的影响。例如，早期的研究关注了互联网通信技术如何赋能工厂运营安全管理（Housel et al.，1986；Carver and Turoff，2007；Walle and Turoff，2007）；后来的研究关注了信息集成平台如何赋能城市风险管控和应急资源部署（Leidner et al.，2009；Yang et al.，2012）；近年来的研究开始关注社交媒体如何赋能社区开展应急响应（Nan and Lu，2014；Leong et al.，2015）。这些系统都是以数据为基础，数据的整合和呈现对提升管理人员决策效果和响应团队协作效率有重要价值。

现有研究主要分为两类。一类研究关注安全管理系统实施和使用中的行为规律，其主要采用行为研究的范式。例如，Leidner 等（2009）基于新加坡政府对抗非典的案例，发现了政府利用信息技术构建响应系统的机制，其中包括信息追溯、风险预警、协作网络等。Pan 等（2012）基于 4 个自然灾害响应的案例，提出了 4 种应急响应的信息网络，并发现信息网络覆盖的广度和信息的多样性是决定应急响应效果的重要因素。Nan 和 Lu（2014）通过分析地震之后一个线上社区的数据，发现动态信息分享、反馈机制和信息技术可供性是响应活动开展的基础。虽然这些成果不能直接指导系统设计，但它们对系统设计有重要的参考价值。

另一类研究关注安全管理信息系统的设计，这类研究主要采用设计科学研究（Design Science Research）的范式。例如，Housel 等（1986）通过参与美国某核电站安全管理信息系统的设计，提出了安全管理系统设计的 7 个原则，其中包括应急预案开发、高风险区域识别和日常监控等。Carver 和 Turoff（2007）通过系统的文献分析，发现安全管理过程中，机器和人需要相互配合，分别完成不同的工作。Yang 等（2012）通过参与北京奥林匹克运动会应急响应系统的设计，提出了系统设计的 6 个原则，其中包括用户全程参与、数据可视化、服务为中心的系统架构等。Fogli 和 Guida（2013）通过设计一个城市传染病管理系统，提出了以知识为核心的系统框架和流程，框架包括知识层、应用层和用户决策层，流程包括多源数据整合、端到端的可视化等。

虽然现有研究已经取得了丰富的成果，但其主要关注事后响应和事中决策，对事前防范缺乏研究。在很多情况下，事前防范作为一种主动的安全管理模式，比事中和事后管理有更高的价值。此外，在有限的关于事前预测的讨论中，研究者主要关注应急预案和知识库的构建（Housel et al.，1986；Yang et al.，2012），大数据预测和溯源风险的机制尚未被研究。本项目旨在填补上述缺口。

三、研究方法

（一）ADR方法介绍

本研究采用“行动设计研究”（Action Design Research，ADR）方法。这一方法由 Sein 等（2011）提出，属于“设计科学研究”（Design Science Research）范式，已经成为信息系统领域的前沿设计科学研究方法（Mettler，2018；Mullarkey and Hevner，2019）。ADR 创新性地将传统设计科学研究和“行动研究”（Action Research）融合在一起，强调基于实际问题和需求来开展设计研究，并在研究过程中将设计成果和实践融合，基于用户使用效果来评估和调整系统设计，最终得到符合设计理论与实践需求的系统设计。和传统的设计科学一样，ADR 研究需要形成以系统、模型、算法等为代表的 IT 产品（IT artifacts）。由于本研究关注城市安全管理大数据系统，因此本研究中的 IT 产品主要指这类系统及其组件。ADR 的理论发现以设计原则（Design Principle）为主。设计原则是指导同类别系统设计的方法，是设计理论的核心组成部分（Gregor and Jones，2007），因此应具有一定的普适性和推广价值。

相比于传统的设计科学研究，ADR 有两个重要优势。一是 ADR 和实践密切结合。ADR 基于实际需求提出问题，并在解决问题的过程中提炼理论创新，解决了设计科学研究和实践脱节的问题。二是 ADR 可以根据项目过程中出现的新需求进行调整。这些需求往往是设计者和用户在项目开始前所没有预料到的，往往具有更高的价值，也是理论创新的重要机遇。为了实现上述两个优势，ADR 研究过程通常采用迭代的 4 个步骤（见图 1）。

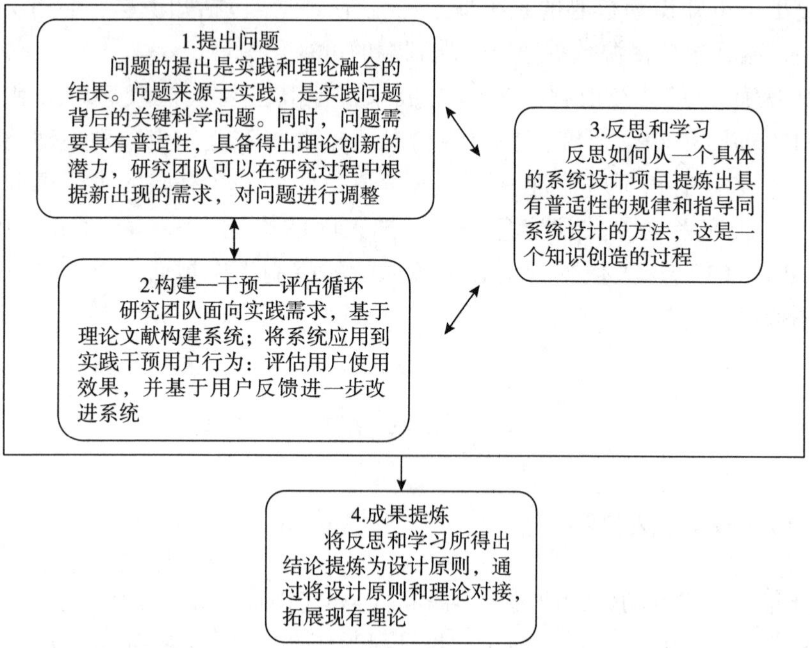

图 1　ADR 研究的 4 个步骤

资料来源：Sein等（2011）。

第一个步骤是提出问题。问题的提出需要基于实践的需求，目的是发现实践问题背后的关键科学问题；同时，问题的提出也需要兼顾理论需求，能够代表一类普适性需求并与同类系统设计的理论对接，而不只是针对一个具体项目的特殊需求。第二个步骤是“构建—干预—评估”循环，这是 ADR 研究的核心。研究团队在结合企业需求和现有理论的基础上构建系统，然后通过将系统应用到实践干预用户行为，最后评估用户实际使用效果，并基于用户反馈进一步改进系统。第三个步骤是反思和学习。这个步骤的主要工作是反思一个系统设计项目有哪些具有普适性的规律。第四个步骤是成果提炼。这个步骤将反思和学习所得的结果提炼成为设计原则，并通过将设计原则和现有理论对接，拓展现有理论。

（二）本文ADR研究的项目背景

本文尝试针对北京市危险品运输安全管理系统开展 ADR 研究，目的是为城市安全管理系统的科学构建提炼出具有普适性的核心设计原则。近年来随着智慧城市概念的普及和发展，我国新型城镇化建设进入了新的阶段，逐渐上升为承载我国经济转型发展重大任务的国家战略。城市的发展和人民的生活离不开液化气、天然气等危险化学品，但这些危险品的仓储和运输是现代城市重要的安全隐患。根据研究团队整理的来自交通部通信信息中心的权威数据，在 2015 年北京市的危险品运输车辆就已经达到了 3790 辆。这些车辆每天进出北京市区，成为首都人民生产生活中的“长期不定时炸弹”。

北京市城市安全管理部门希望通过构建一个大数据系统来实时预警危险品运输安全隐患，全面提升政府危险品管理工作的智能化水平。根据《国务院关于进一步加强企业安全生产工作的通知》，运输危险品的车辆必须装有实时定位系统（GPS/ 北斗），该系统每隔数秒上传车辆的经纬度位置数据。北京市城市安全管理部门掌握了这些车辆的行车轨迹数据，并希望通过分析这些数据，预测北京市内各地区下一时段的安全状态，以提前锁定安全风险并进行防护资源的提前部署和调度，尽可能防止安全事故的发生。应注意，该需求与安全事故的应急响应是不同的：前者强调防患于未然的主动性，而后者则是强调事发后被动但有效的处理。

很显然，满足上述需求的信息系统应是一个大数据系统。该系统应接入危险品车辆的实时轨迹大数据，并嵌入基于该数据的安全风险预测模型。本研究团队和清华同衡规划设计院在 2014 年共同研发了这一系统，本研究团队负责系统的理论设计和核心算法设计，同衡团队负责系统的开发并提供城市规划专业知识。两个团队组成了理论和实践融合的 ADR 团队。ADR 团队成员在项目的启动阶段即达成一致意见，认为该系统设计至少应经历两个阶段：第一阶段将面向城市安全管理部门的需求提出系统的设计原则，该原则应得到现有设计理论的支持并在城市安全管理领域具有一定的普适性；第二阶段的系统设计将在第一阶段开发的系统得到应用和充分评估后进行，其目的是针对现有系统的不足和新出现的需求改进设计原则，从而完善该系统。出现上述意见的基本依据是，基于城市轨迹大数据的落地管理信息系统仍不多见，公认的设计需求和原则仍然缺失，因此前期提出的设计需求和原则可能会在开发过程中发生变化。

四、研究发现

ADR 项目的主要发现是具有普适性的设计原则。本文 ADR 项目经历了两个阶段。第一阶段主要满足初始设计需求，研究团队在过程中总结了 3 个设计原则。而针对第一阶段系统使用情况的评估，发现了系统存在的不足和新的需求，这些需求是初始阶段所没有预料到的。因此，第二阶段系统设计改进了第一阶段的设计原则，并提出了两个新的设计原则。

（一）第一阶段的研究发现

第一阶段系统设计主要满足北京市城市安全管理部门的初始需求，即利用大数据预测北京市内各个地区下一时段（如一小时后）的安全状态，以提前锁定安全风险并进行防护资源的提前部署和调度，尽可能防止安全事故的发生。在系统设计过程中，研究团队总结了 3 个设计原则，分别针对数据层、模型层和决策层。

1. 设计原则一：风险数据和人口数据融合

城市安全管理系统的输入除城市静态地理信息（GIS）外，应包括风险数据和人口数据这两类动态数据。前者反映安全威胁的时空分布，后者反映城市居民的时空分布，二者融合才能有效识别出“致命”的城市安全风险问题。以本研究的对象——北京市危险品运输安全管理系统为例，其风险数据来自危险品运输车辆的轨迹数据。如上文中介绍，运输危险品的车辆必须装有实时定位系统，该系统每隔数秒上传车辆的经纬度位置数据。然而只了解危险品车辆的位置和分布并不能满足危险品管理的要求，预测安全隐患还需要了解“人”在哪里。因此，系统还接入了反映人口分布的手机信令数据（居民手机和附近基站之间进行信号连接的次数记录，不记名、不含隐私信息），利用该数据能够统计任意区域手机用户的数量，从而推断该地区的人口数量。

两类数据融合的主要挑战是二者在尺度上的异构性。全北京总人口超过 2000 万，但是危险品车辆的总数不超过 4000 辆，如果直接将两种数据进行融合，危险品车辆的信息会完全淹没在巨量的人口数据当中。为了解决这一问题，系统使用马氏距离（Mahalanobis Distance）将两种数据进行尺度归一化，然后相乘得到区域风险指数。两个向量 a 和 b 的马氏距离 D_M 定义为：

$$D_M(a,b)=\sqrt{(a-b)\Sigma^{-1}(a-b)^T} \tag{1}$$

其中的 Σ 代表数据的协方差。系统将北京市地图进行网格化处理，将整个北京市地图分为 $x \times y$ 个 500m × 500m 大小的区域。坐标（i，j）的区域的风险指数 RS（Risky Score）的计算公式为：

$$RS_{i,j}=D_M\left(\left(d_{i,j},0\right)^T,0\right)\times D_M\left(\left(0,c_{i,j}\right)^T,0\right) \tag{2}$$

其中，$d_{i,j}$ 表示该时刻区域中危险品车辆的密度，$c_{i,j}$ 表示该时刻区域中人口的密度。

这一原则也得到了现有文献的支撑。陈国青等（2018，2020）指出，大数据驱动范式应融合多源异构数据，在跨界关联情境下形成新变量关系及洞察的新视角。本研究充分实践了上述思想。本研究通过关联危险品车辆轨迹数据和手机信令数据，通过尺度归一化形成了描述危险品和人口分布重合度的变量，这个变量形成了预测风险区域的重要依据。公共管理研究领域的研究也指出，安全相关的多源数据融合是大数据赋能城市安全管理的重要机制（黄浪等，2018）。城市计算研究也发现，物联网数据的融合是解决城市安全问题的基础（郑宇，2015；Du et al.，2016）。

2. 设计原则二：基于网格的时空预测模型

系统设计的核心思路是形成对城市风险区域的识别能力以及对风险区域安全状态的实时预测能力。在该思路的指导下，将城市依空间分布划分成若干标准尺寸网格，一个网格代表一块城市区域；然后按一天内不同时段、不同网格分别汇总危险品车辆数量和人口数量，从而得到危险品和居民的城市时空分布，进而通过数据融合得到任意网格在任意时段的风险状态。很显然，如果一个网格在一个时间段内危险品车辆数量较多且人口聚集度较高，则这个网格存在较高的安全风险。通过对每个网格下一时段的风险指数进行预测，可以形成系统的实时预测预警能力。

项目团队在构建预测模型时关注到以下时间和空间关联的信息。其一,一个网格下一时段的风险状态和该网格同一时段的历史风险状态有关联。例如，如果历史数据显示，某加油站所在区域常在晚高峰处于高风险状态，则这一加油站当天晚高峰也很有可能处于高风险状况，因为风险产生的机制是一样的。其二,一个网格下一时段的风险状态也和其周边网格的风险状态有关联。由于危险品运输车辆不断移动，周边网格的风险会转移到该网格。因此，有效的预测模型需要结合时间和空间维度的关联，以提升预测的准确度。例如，某加油站所在区域晚高峰期间常处于高风险状态，而当天该地区周围的网格出现了高于平时的风险，因此这一地区将出现比平时高的安全风险，需要引起城市安全管理部门的关注。

这一原则也得到了现有文献的支撑。例如，郑宇（2015）指出，城市公共安全风险依附于城市产生，风险本身即具有显著的时空特性，预测模型的建立需要同时考虑风险在时间上的延续性和空间上的相互影响。公共管理的研究也指出，网格化的管理是预测和管理城市风险的重要基础（姜金贵、梁静国，

2008）。城市计算的研究也验证了，时空关联多级分析是挖掘人类时空行为和危险品时空分布的重要模式，而这些行为和分布是安全管理上层决策和行为的基础支撑（Liu et al.，2010；Yuan et al.，2012；Wang et al.，2019）。

3. 设计原则三：数据驱动决策

防护资源的提前部署和调度注重时效性。防护资源必须要在短时间内运送到风险区域，才能够有可能防止安全事故。在这种情况下，城市安全管理部门没有充足的时间分析和解读数据，数据分析结果将基本决定他们的资源部署方案。例如，假设系统预测到危险品运输车辆将在一个居民较多的网格作长时间停留，会造成该网格的风险上升，系统将发出一个预警，而管理部门不会有较多的时间来深入分析该警报，只能根据预警快速配置资源。

防护资源的提前部署和调度也注重准确性。由于安全防护资源有限，准确的预测能够将资源部署在价值最大的地方。理论上，在风险预测方面，大数据分析的结论比人工经验分析要更准确，因为大数据能够基于多源数据的交叉融合进行分析。例如，大数据不但能够分析危险品车辆的轨迹数据，还能够同时兼顾人口分布的数据，通过分析二者的重叠来判断一个区域的风险，这种判断是人工经验判断所不具备的。此外，对于有限的人工监控资源来说，要想对北京这类超大型现代城市的众多网格实现长时间的实时监测和准确研判，几乎是不可能的事情；而大数据驱动的智能模型显然更加“驾轻就熟”。

这一原则也得到了现有文献的支撑。现有研究已经发现，传统基于经验的决策分析，不足以满足城市安全管理的时效性和准确性需求，而大数据技术能够实时收集海量数据并利用机器学习进行实时分析，做出快速、准确的判断（徐宗本等，2014）。公共管理的研究在概念层面也指出，数据驱动的决策在应急响应过程中比人工决策有优势，是资源快速部署的重要前提（曹策俊等，2017）。城市安全计算的研究也通过一系列应用，验证了在紧急情况下，数据驱动决策比基于人工经验的决策有更好的效果（Du et al.，2016；Wang et al.，2017）。

（二）第一阶段评估

第一阶段的设计得到了北京市城市安全管理部门的认可，依据该设计研发了基于网格的北京市危险品运输安全管理大数据系统，实现了对北京市各个区域安全状态的实时预测，管理效果和效率均有了大幅提升。但是，评估过程中也发现了重要的不足。

项目团队发现，首先，系统经常同时预警同一时段多个存在安全隐患的区域，但城市安全管理部门由于人力等防护资源不足，很难对这些隐患进行提前干预，容易形成“疲于奔命”的工作局面。其次，很多网格的风险存在突发性和随机性，它们反映的是下一时段城市中“可能的”风险，存在着一定的误报率（False-Positive Alarms），但工作人员在短期内无法做出合理的判断，因此在工作中容易产生极大的焦虑感和沮丧感。最后，如果下一时段危险品安全事件没有发生，很难判断这是由于提前防护工作到位还是威胁本身并不严重所致，因此工作绩效不易评估。总体而言，系统赋予了工作人员更强的针对风险的“围追堵截”能力，但并没有改变“围追堵截”业务本身资源消耗过大、业务效果难以评估等弊端。

项目团队对上述问题进行了深入探讨，提出了面向“治本”的新思路。研究团队认识到，真正对城市安全产生重要威胁的是那些长期存在、出现频率较高的风险，这些风险是由于危险品运输车辆习惯于采用相对固定的行车路径所导致的。如果能够对这些长期的、有限的风险进行提前分析、研判和整治，就能够大大减少系统实时预警的风险数量，这对于实际工作是至关重要的。在这一思想指导下，项目团队对系统运行状况进行了更加细致的观察，发现所谓长期风险具有两个重要特征，这使项目团队意识到利用大数据进行风险溯源的必要性和可行性。

项目团队发现，一方面，一些相邻的网格会在同一时间段进入高风险状态，这说明它们的风险机理是相似的；这些空间上相邻的网格形成了一个稳定的、经常被预警的“风险模式”（Risk Pattern）。另一方面，这些风险模式之间存在因果依赖关系。比如一类风险模式是危险品运输的目的地，如加油站、餐饮区域等，而另一类风险模式是危险品运输沿途经过的居民区；后者的产生是因为前者的需求，前者即为所谓的“风险源头”。这意味着，如果能够定义风险模式并基于车辆行进轨迹构建风险模式的因果网络（Causal Network），就可以找到风险源头；而针对风险源头的安全整治，不仅可以大幅度抑制次生的风险模式，而且可以给业务部门充分的研判和资源调度时间，对防护资源的需求也可以大幅下降。

基于上述理解，项目团队与北京市城市安全管理部门进行了第二轮需求讨论，双方达成一个共识，即利用大数据预测北京市内各地区下一时段的安全状态并据此在高风险区域提前调度资源，并不是管理部门最核心的需求，这一需求也和其有限的资源不匹配；该部门更需要的是利用大数据追溯安全风险的源头，将有限的资源用于源头治理从而最大程度地发挥防控作用。在这一共识的指导下，项目团队开始了系统第二阶段的设计和研究。

（三）第二阶段研究发现

第二阶段系统设计旨在利用大数据追溯安全风险源头。在这个阶段，研究团队修正了设计原则二，并提出了两个新的设计原则。

1. 修正的设计原则二：基于网络的时空预测模型

第一阶段得出的设计原则是“基于网格的时空预测模型”，但评估过程中发现，基于网格的预测模型在准确性、可行性和必要性方面存在问题。首先，网格预测将发现大量存在高风险的网格，但其中很多是错误预警，因为判断一个网格风险指标的数据很容易在短时间内出现波动，产生错误预警。其次，网格预测发现的风险区域过多，在防护资源有限的情况下，针对这些网格部署资源不具备可行性。最后，很多网格存在的风险是短暂的、突发性的，不能反映一个城市长期、稳定的风险，解决这些风险的必要性不高。

第二阶段系统设计中，项目组提出了基于网络的时空预测模型。首先，网络模型的节点不是网格，而是多个相邻网格形成的风险模式，这些模式代表存在相同风险机制且被经常预警的区域，例如危险品运输的目的地和运输路径上的居民区。此外，不同于网格仅能和周围的网格建立关联，风险模式之间由于危险品车辆的穿行存在依赖关系，可以构建因果网络。图 2 显示了一个典型的因果网络。该网络中每一个节点代表一个风险模式，当一辆危险品运输车从模式 1（P_1）经过并驶向模式 4（P_4）时，会在 P_1 到 P_4 之间构建一条有向边，并对边的权重加 1；由于 P_1 到 P_4 有一条边，因此认为 P_4 是危险品的下一目的地，正是 P_4（或其下游节点）对危险品的需求导致了 P_1 的风险。

基于网络的预测模型具有较强的准确性、可行性和必要性。首先，网络预测的目的是发现风险模式及其之间的因果依赖网络，并基于该网络建立贝叶斯预测模型，以准确预测风险模式在下一时段的风险状态。风险模式代表了一系列相互连接的、在同一时段进入高风险状态的网格，系统对一个风险模式误判的比例要远低于其对一个网格风险状态的误判。其次，一个城市可以有上万个网格，但可能只有几十个风险模式，因此针对风险模式部署防护资源有较强的可行性。最后，风险模式反映的是城市中长期存在的、稳定的风险，预防和控制这类风险有更强的必要性。

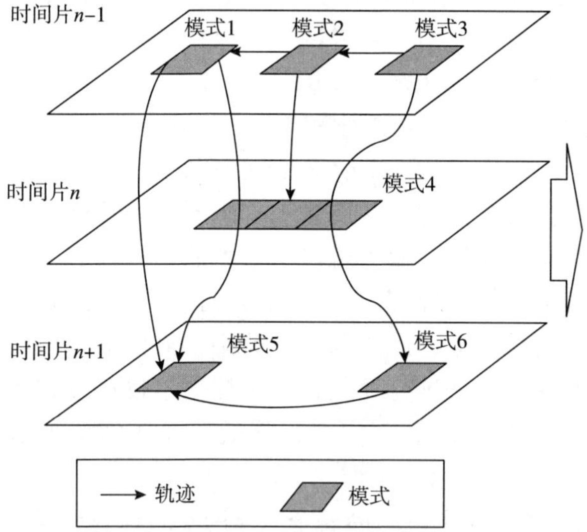

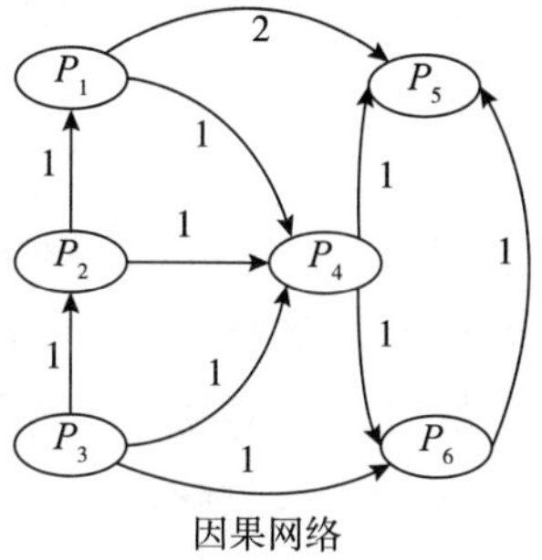

	P_1	P_2	P_3	P_4	P_5	P_6
P_1	0	0	0	1	2	0
P_2	1	0	0	1	0	0
P_3	0	1	0	1	0	1
P_4	0	0	0	0	1	1
P_5	0	0	0	0	0	0
P_6	0	0	0	0	1	0

邻接矩阵

图 2　基于风险模式的因果网络

资料来源：Wang等（2017）。

本研究提出的基于网络的预测原则有理论创新性。现有安全管理的研究主要基于网格进行风险预测和管理（姜金贵、梁静国，2008；邬伦等，2017），针对基于网络的风险预测和管理相对较少。虽然基于网格的预测模型有重要的价值，但本研究发现在大数据安全管理情境下，该模型在准确性、可行性和必要性方面存在一些问题，而基于网络的预测模型可以有效解决上述问题。特别地，后者能够揭示一个较大范围存在的、稳定的安全隐患，能够指导防控部门更有针对性地部署有限资源，同时能够揭示安全隐患之间的因果关系，从而帮助防控部门进行源头治理。这一设计原则对未来大数据驱动的城市安全管理有重要启示。

2. 设计原则四：因果模型和预测模型融合

虽然已有研究指出，城市安全管理不仅需要预测风险，还需要基于对风险产生的因果关系的理解进行管理决策，但研究一般将预测和因果模型分开讨论（刘茂等，2005；吴志敏，2017），较少有研究将二者结合起来。本研究创新性地将二者结合在一起，并取得了良好的互补效果。而做到这一点的关键，就是在“修正的设计原则二”中提到的基于风险模式的因果网络。

一方面，如上文所述，因果网络可以帮助实现基于网络的预测分析，从而将实时预警业务重点锁定在有限的风险模式上，在提高预警精确度的同时降低对有限防护资源的需求。另一方面，因果网络可以帮助实现基于网络的风险溯源分析，即借助复杂网络的随机游走（Random Walk）算法（Tong et al.，2006），可以识别网络中影响力排名前列的节点（即风险模式），这些节点很有可能就是网络中所有风险模式的源头。只要在业务工作中确认风险源头，就可以针对源头提前进行安全整治，从而进一步降低实时预警业务中的风险提示。这意味着，危险品安全管理业务可以从事中的实时预警为主转向事前的源头预防为主，这对于降低管理部门工作压力、提升工作绩效、减少应急资源消耗等都大有裨益。事实上，源头预防的效果，可以通过采取预防措施前后的实时预警数量下降程度来进行评估，这种评估不仅可以在实际业务场景中完成，也可以在数据仿真环境下完成，降低了业务绩效评价的难度。

总之，项目团队基于因果网络实现了危险品安全风险的实时预测和因果溯源，也把安全管理业务从以事中管理为主推向以事前管理为主、事中管理为辅，这充分证明了因果模型和预测模型相融合的必要性和优势。值得一提的是，这并非特例。如前所述，城市安全管理需要融合风险大数据和人口大数据，这些数据的一个典型特征就是时空轨迹，而利用时空轨迹很容易构建时空模式以及基于时空模式的因果网络，而基于因果网络很容易实现因果和预测模型的融合使用（Liu et al.，2010；Yuan et al.，2012；Wang et al.，2019）。因此本设计原则具有普适性。

值得一提的是，本设计原则的提出具有一定的偶然性。虽然风险模式因果网络是第二阶段设计的结果，但其雏形来自第一阶段的空间关联预测模型。项目团队设计空间关联预测模型的最初目的，是想通过分析一个网格周边的安全状态，来预测该网格的安全状态。后来，项目组发现这一算法在构建风险因果网络和风险溯源方面也有较大的价值。该算法的这个应用是项目团队设计它的时候所没有考虑到的。这也表明，一个技术在其预定义的应用场景之外，可能产生更有价值的成果，而这些意料之外的应用是系统设计创新和理论创新的重要来源（Majchrzak et al.，2016）。

3. 设计原则五：人机交互决策

因果溯源功能可以帮助城市安全管理部门发现疑似的风险源头，但对于风险源头的研判确认、风险传播分析，以及制订相应的治理方案，还需要业务人员的深度参与，机器分析的结果并不能有效考虑人的常识和经验。例如，给定风险模式的因果网络，项目组使用带重启动的随机游走算法，对风险模式进行了重要性排名（如图 3 所示）。图 3 中 A 区域是北京市区排名第一的风险模式，该模式覆盖了北京市东四北大街和建国门内大街的一片区域。根据业务人员的常识判断，并通过进一步与城市规划人员确认，项目组证实该区域确实是一个风险源头，其风险主要源自餐馆对液化气的需求。该区域是北京的文化休闲和娱乐区，著名的“簋街”特色小吃一条街就在这里，其火锅、烤鱼、麻辣小龙虾等特色餐饮吸引了众多的食客（人口密度大），也导致众多餐馆对煤气罐等危险货物的需求居高不下，最终造成该区域危险品和人口聚集高度重合，形成了安全风险。

图 3 中 B 和 C 两个区域，是因果网络中依赖于 A 区域（第一风险模式）的两个风险模式。可以看出，这两个模式覆盖了从市区外到达 A 区域的几条主干道路，其产生的原因是危险品车辆分别自北京城西北和东面运输液化气至 A 区域。2016 年 1 月 17 日，一辆运输液化气的车辆在 B 区域发生了燃烧事故，其目的地正是 A 区域的餐馆。这个信息进一步验证了溯源分析的准确性。以本研究成果为参考，北京市政府后来启动了包括铺设天然气管道在内的簋街改造工程，这使得簋街告别了煤气罐时代。通过治理这一危险品运输的源头，簋街和沿途区域的安全风险大幅度降低。

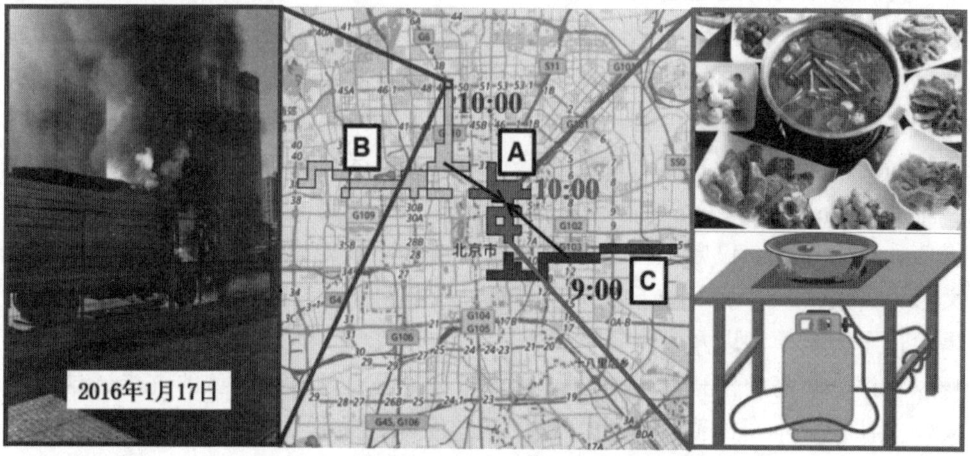

图 3　人机结合的风险溯源和簋街液化气治理

资料来源：Wang等（2017）。

这一案例是典型的人机交互。机器可以快速找出风险模式和疑似的风险源头，但机器无法根据常识或城市相关知识解读这一结果，因此无法形成有针对性的决策。有效的决策需要有专业知识和经验的人对机器分析结果进行分析和解读。现有研究也验证了这一原则。例如，Raisch 和 Krakowski（2020）指出机器学习能够实现自动化预测但不能运用常识，而人的常识和经验可以填补机器学习的不足；同时机器学习可以加强人决策的效率和科学性。信息系统的研究也发现，决策过程需要人和机器配合，机器提供科学的分析，而人基于这些分析，通过结合应用场景制订合适的行动方案（Carver and Turoff，2007；Fogli and Guida，2013）。

（四）第二阶段评估

第二阶段的系统设计取得了良好的效果。项目团队在第一阶段系统的基础上加入了“Risk Pattern”和“Causal Analysis”两个子模块，分别对应于风险模式发现与风险溯源，这使得城市安全管理工作的重点从实时网格预警成功地转向了实时网络预警之后，进一步由实时预警转向了事前预防，业务资源不再紧张，业务成效显著提升。项目团队利用大数据发现了北京市内包括簋街在内的 7 个重要的风险源头。到目前为止，北京市已经对多个源头进行了改造，改造之后这些区域的风险以及沿途运输区域的风险大幅度下降。

此外，项目组还通过数据模拟，在理论上验证了因果模型和溯源功能的有效性。虽然模拟的结果不能代表最终实际发生的情况，但这些结果将在一定程度上反映系统的使用效果。具体来说，研究团队首先基于因果模型得到风险模式重要性排名之后，选出前几名的风险模式；然后删除以这些模式为目的地的危险品运输车辆轨迹，进而重新计算新的危险品运输轨迹对任意一个风险模式产生的影响；轨迹删除前后该模式风险降低的百分比可以衡量溯源分析的潜在价值。结果显示，仅删除排名前 5 的风险模式，其他风险模式的风险指数 [定义参见公式（2）] 就下降了 50%，而整个城市的风险指数下降了 20%。这一结果验证了因果模型以及其支撑的溯源功能的有效性。此外，项目组发现删除自身风险评分较高的模式所带来的风险下降比例还不足目标模型的一半，这说明仅仅关注模式本身的高风险性而忽视模式之间的关联性，很难达到相同效果，这也进一步验证了因果模型的重要性。

（五）研究发现总结

本文的 ADR 研究共经历了两个阶段，分别针对风险预测和风险溯源这两类需求。通过两个阶段的系统设计，研究团队提出了 5 个核心设计原则，以及这些核心原则指导下的具体设计方案（如图 4 所示）。其中 3 个原则是风险预测和溯源都需要的，而“数据驱动决策”和“人机交互决策”原则分别针对风险预测和风险溯源的特殊需求。

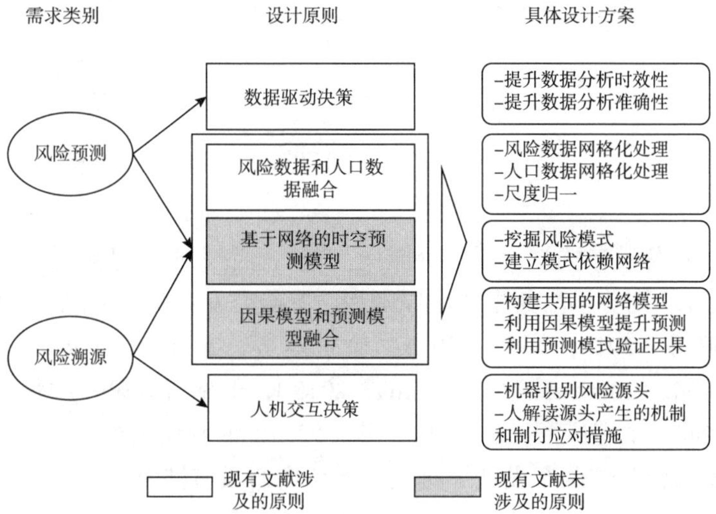

图 4　设计原则总结

5 个原则中，3 个原则得到了现有文献的支撑，2 个原则——基于网络的时空预测模型、因果模型和预测模型融合——则拓展了现有文献。首先，现有的大数据城市管理研究，针对风险预测和管理主要采用基于网格的时空分析（姜金贵、梁静国，2008；邬伦等，2017）。本研究指出，基于网格分析所产生的结果可能存在准确性、可行性和必要性不高的问题。而基于网络分析所产生的结果能够揭示长期、稳定的风险，因此具有较高准确性；能够聚焦重要的风险区域，对资源配置提出合理的需求，因此具有较高的可行性；能够追溯到重要的源头隐患，因此具有较高的管理价值。此外，现有大数据城市管理研究，主要将因果和预测模型分开讨论（刘茂等，2005；黄浪等，2018），本研究通过提炼二者共用的风险模式因果网络，将二者结合在一起，实现了二者的有效互补。

虽然本研究所得的设计原则来自危险品安全管理领域，但这些原则并不局限于这个特殊情境。这些原则揭示了城市安全管理系统设计的普适性规律，并得到了现有文献的支撑。研究团队在北京危险品管理 ADR 项目结束之后，参与了深圳市呼吸道传染病防控系统的 ADR 项目。在这个项目中，研究团队重复了本研究的思路。首先，通过分析城市传染病患者的分布数据和人口流动的分布数据，预测城市各区域的风险状态；其次，通过发现疫情风险模式并建立风险模式因果网络，识别出风险源头；最后，建议防控部门在风险源头部署更多资源，从而降低整个城市的传染病传播风险。在这一过程中，研究团队以上述5个设计原则为指导，研究最后取得了良好的效果，也证明了本研究发现的普适性。

五、结论

本研究的发现有重要的理论价值。首先，研究发现了城市安全管理系统的5个核心设计原则。虽然其中3个原则和已有研究发现一致（陈国青等，2018，2020；黄浪等，2018；郑宇，2015；徐宗本等，2014；Raisch and Krakowski，2020；Du et al.，2016；Fogli and Guida，2013），但本研究第一次将这些分散的发现整合在同一个理论框架。此外，“基于网络的时空预测模型”和“因果模型和预测模型融合”这两个设计原则是已有研究所没有涉及的，两个原则拓展了现有研究的发现。前者将现有研究提出的基于“网格”的时空预测拓展到了基于风险模式“网络”的时空预测，后者将“预测”和“因果”这两类经常被分开应用的模型整合在一起。两个拓展都大大提升了城市安全治理的效益。

此外，本研究所提出的风险溯源设计思路对大数据赋能城市安全管理研究有重要启发，以往研究主要关注应急响应和风险预测。虽然风险预测也是一种防患于未然的设计思路，但这种思路可能会在实践中产生大量资源消耗和浪费。相比之下，风险溯源是一种资源利用更加高效的设计思路。同时，现有事前阶段的安全管理系统研究主要关注应急预案和知识库的构建，而对于风险溯源这一更有价值的工作缺乏关注。本研究的发现为大数据赋能风险溯源提供了指导方案。

从学科交叉角度来看，本研究提出的设计原则借鉴了公共管理、城市计算、信息系统3个领域的研究成果，并对这3个领域的研究也进行了拓展。本研究将大数据公共安全管理研究从宏观政策层面拓展到具体操作层面，将城市计算研究从技术问题拓展到技术和应用场景交互的设计问题，将城市安全管理信息系统研究从事后响应和事中决策拓展到事前防范。

本研究的发现也有重要的实践价值。虽然大数据赋能城市安全管理已经得到了人们的广泛认可，但在很多城市还停留在概念层面，一个重要的原因是缺乏落地的安全管理系统。有的城市虽然开发了系统，但系统和城市安全管理实践脱节。本研究发现的设计原则能够有效指导城市安全管理系统的设计，帮助大数据赋能城市安全管理由概念走向实践。不同于以往实践关注如何提升管理人员“围追堵截”风险的能力，本研究提出了“治本”的新思路，大大减少了系统实时预警的风险数量和业务部门工作的压力。

最后，本研究将 ADR 这一前沿的研究方法引入中国管理研究，这一方法对研究中国管理问题有重要价值。ADR 的方法将理论研究和管理实践紧密结合，通过解决实际问题构建理论成果，这有助于解决长期以来存在的理论研究与管理实践脱节的问题，对于中国管理研究新范式的探索有积极的借鉴意义。

参考文献

[1] Carver, L. and Turoff, M., 2007, “Human-Computer Interaction： the Human and Computer as A Team in Emergency Management Information Systems”, *Communications of the ACM*, 50(3), pp.33~38.

[2] Du, B., Liu, C., Zhou, W., Hou, Z., and Xiong, H., 2016, “Catch Me if You Can： Detecting Pickpocket Suspects from Large-Scale Transit Records”, in Krishnapuram, B. and Shah, M., eds： *Proceedings of the 22nd ACM SIGKDD International Conference on Knowledge Discovery and Data Mining*, Association for Computing Machinery, pp.87~96.

[3] Du, C. and Zhu, S., 2012, “Research on Urban Public Safety Emergency Management Early Warning System Based on Technologies for the Internet of Things”, *Procedia Engineering*, vol. 45, pp.748~754.

[4] Fogli, D. and Guida, G., 2013, “Knowledge-Centered Design of Decision Support Systems for Emergency Management”, *Decision Support Systems*, 55(1), pp.336~347.

[5] Gregor, S. and Jones, D., 2007, “The Anatomy of a Design Theory”, *Journal of the Association for Information Systems*, 8(5), pp.312~335.

[6] Housel, T. J., EI Sawy, O. A. and Donovan, P. F., 1986, “Information Systems for Crisis Management： Lessons from Southern California Edison”, *MIS Quarterly*, 10(4), pp.389~400.

[7] Kapucu, N., 2012, “Disaster and Emergency Management Systems in Urban Areas”, *Cities*, 29(1), pp.S41~S49.

[8] Leidner, D. E., Pan, G. and Pan, S. L., 2009, “The Role of IT in Crisis Response： Lessons from

the SARS and Asian Tsunami Disasters", *Journal of Strategic Information Systems*, 18(2), pp.80~99.

[9] Leong, C. M. L., Pan, S. L., Ractham, P. and Kaewkitipong, L., 2015, "ICT–Enabled Community Empowerment in Crisis Response： Social Media in Thailand Flooding 2011", *Journal of the Association for Information Systems*, 16(3), pp.174~212.

[10] Liu, S., Liu, Y., Ni, L. M., Fan, J. and Li, M., 2010, "Towards Mobility–Based Clustering", in Rao, B. and Krishnapuram, B., eds： *Proceedings of the 16th ACM SIGKDD International Conference on Knowledge Discovery and Data Mining*, Association for Computing Machinery, pp.919~928.

[11] Majchrzak, A., Markus, M. L. and Wareham, J., 2016, "Designing for Digital Transformation： Lessons for Information Systems Research from the Study of ICT and Societal Challenges", *MIS Quarterly*, 40(2), pp.267~277.

[12] Mettler, T., 2018, "Contextualizing a Professional Social Network for Health Care： Experiences from an Action Design Research Study", *Information Systems Journal*, 28(4), pp.684~707.

[13] Mullarkey, M. T. and Hevner, A. R., 2019, "An Elaborated Action Design Research Process Model", *European Journal of Information Systems*, 28(1), pp.6~20.

[14] Nan, N. and Lu, Y., 2014, "Harnessing the Power of Self–Organization in an Online Community During Organizational Crisis", *MIS Quarterly*, 38(4), pp.1135~1158.

[15] Pan, S. L., Pan, G. and Leidner, D., 2012, "Crisis Response Information Networks", *Journal of the Association for Information Systems*, 13(1), pp.31~56.

[16] Pang, L. X., Chawla, S., Liu, W. and Zheng, Y., 2013, "On Detection of Emerging Anomalous Traffic Patterns Using GPS Data", *Data & Knowledge Engineering*, 87(3), pp.357~373.

[17] Raisch, S. and Krakowski, S., 2020, "Artificial Intelligence and Management： the Automation–Augmentation Paradox", *Academy of Management Review*.

[18] Sein, M. K., Henfridsson, O., Purao, S., Rossi, M. and Lindgren, R., 2011, "Action Design Research", *MIS Quarterly*, 35(4), pp.37~56.

[19] Tang, P. and Lai, S., 2019, "A Framework for Managing Public Security Risks with Complex Interactions in Cities and its Application Evidenced from Shenzhen City in China", *Cities*, 95(1), pp.1~13.

[20] Tong, H., Faloutsos, C. and Pan, J. Y., 2006, "Fast Random Walk with Restart and its Applications", *Sixth International Conference on Data Mining (ICDM'06), IEEE*, pp.613~622.

[21] Walle, B. A. and Turoff, M., 2007, "Emergency Response Information Systems： Emerging Trends and Technologies", *Communications of the ACM*, 50(3), pp.29~31.

[22] Wang, J., Chen, C., Wu, J. and Xiong, Z., 2017, "No Longer Sleeping with a Bomb： A Duet System for Protecting Urban Safety from Dangerous Goods", in Matwin, S., Yu, S. and Farooq, F., eds： *Proceedings of the 23rd ACM SIGKDD International Conference on Knowledge Discovery and Data Mining*, Association for Computing Machinery, pp.1673~1681.

[23] Wang, J., He, X., Wang, Z., Wu, J., Yuan, N. J., Xie, X. and Xiong, Z., 2018a, "CD-CNN： A Partially Supervised Cross-Domain Deep Learning Model for Urban Resident Recognition", *Thirty-Second AAAI Conference on Artificial Intelligence*, AAAI.

[24] Wang, J., Wang, X. and Wu, J., 2018b, "Inferring Metapopulation Propagation Network for Intra-City Epidemic Control and Prevention", in Guo, Y. and Farooq, F., eds： *Proceedings of the 24th ACM SIGKDD International Conference on Knowledge Discovery & Data Mining*, Association for Computing Machinery, pp.830~838.

[25] Wang, J., Wu, J., Wang, Z., Gao, F., and Xiong, Z., 2019, "Understanding Urban Dynamics via Context-aware Tensor Factorization with Neighboring Regularization", *IEEE Transactions on Knowledge and Data Engineering*.

[26] Yang, L., Su, G. and Yuan, H., 2012, "Design Principles of Integrated Information Platform for Emergency Responses： the Case of 2008 Beijing Olympic Games", *Information Systems Research*, 23(3), pp.761~786.

[27] Yuan, J., Zheng, Y. and Xie, X., 2012, "Discovering Regions of Different Functions in a City Using Human Mobility and POIs", in Yang, Q., eds： *Proceedings of the 18th ACM SIGKDD International Conference on Knowledge Discovery and Data Mining*, Association for Computing Machinery, pp.186~194.

[28] 曹策俊，李从东，王玉．大数据时代城市公共安全风险治理模式研究 [J]. 城市发展研究，2017(11).

[29] 陈国青，吴刚，顾远东，陆本江，卫强．管理决策情境下大数据驱动的研究和应用挑

战——范式转变与研究方向 [J]. 管理科学学报 , 2018(7).

[30] 陈国青 , 曾大军 , 卫强 , 张明月 , 郭迅华 . 大数据环境下的决策范式转变与使能创新 [J]. 管理世界 , 2020(2).

[31] 傅首清 , 梁爱民 . 信息化支撑环境下世界城市公共安全管理模式的研究 [J]. 电子政务 , 2010(11).

[32] 黄浪 , 吴超 , 王秉 . 大数据视阈下的系统安全理论建模范式变革 [J]. 系统工程理论与实践 , 2018(7).

[33] 姜金贵 , 梁静国 . 突发事件网格化管理的应急管理机制构建 [J]. 现代管理科学 , 2008(6).

[34] 刘茂 , 赵国敏 , 陈庚 . 建立城市公共安全系统的研究 [J]. 中国公共安全 (学术卷), 2005(1).

[35] 邬伦 , 宋刚 , 吴强华 , 朱慧 , 童云海 , 安小米 . 从数字城管到智慧城管 : 平台实现与关键技术 [J]. 城市发展研究 , 2017(6).

[36] 吴志敏 . 大数据与城市应急管理 : 态势、挑战与展望 [J]. 管理世界 , 2017(9).

[37] 徐宗本 , 冯芷艳 , 郭迅华 , 曾大军 , 陈国青 . 大数据驱动的管理与决策前沿课题 [J]. 管理世界 , 2014(11).

[38] 亿欧智库 . 2019 年中国智慧城市发展研究报告 [EB/OL]. https://www.iyiou.com/intelligence/insight100847.html, 2019-05-27[2020-02-01].

[39] 郑宇 . 城市计算概述 [J]. 武汉大学学报 (信息科学版), 2015(1).

物联网环境下的企业组织结构变革*

胡　斌　王莉丽
（华中科技大学管理学院）

摘要：物联网技术的进步，将改变企业传统的生产经营方式，引起企业组织结构的变革，为了探讨适应物联网技术特性的企业组织结构，本文介绍了物联网系统3层架构的特点，分析了物联网系统的追溯技术和平台技术的特性，阐述了企业受追溯性和平台性综合作用而产生的两类组织结构的机理，即点—线延伸结构和点—网辐射结构。以物联网典型应用行业的现代制造企业和现代物流企业为例，分析了企业两类组织结构的演变机理，研究揭示，随着物联网追溯能力、平台能力和计算服务能力的提高，物联网环境下企业组织结构变革的过程为：核心企业先由底层技术变革驱动顶层组织架构变革，再由核心企业驱动边缘企业，边缘企业完成由底层向顶层的变革，最终形成从早期点—线延伸结构向后期点—网辐射结构演变的过程。

关键词：物联网　组织结构　追溯　平台　供应链

一、引言

企业组织结构的变革，总是随着信息技术的进步而发展，从传统的塔式智能型组织结构，到矩阵型事业部结构，向扁平化联盟型组织结构演化，信息技术越发达，企业决策层掌控的幅度就能越大，模块化、扁平化和全球化的联盟趋势就更明显（Kim et al.，2015）。供应链就属于一种常见的联盟结构，传统的供应链由上下游企业构成主体，企业主体通过原材料的供应、产品的生产、商品的销售这样的物流发生交互关系，并相互串联形成纵向的链式结构。信息技术的不断发展，会促使这种链式组织的某一级结点对供应链各级结点的掌控幅

* 原载《管理世界》2020年第8期。

度都普遍增强，同一级就会有多家同类型可选结点出现，链式组织结构就向网络组织结构演化了。

但是，信息技术发展的不足，导致联盟组织始终存在外部边际有界性和内部模块异质性的问题（王傅强，2012），限制了联盟组织在规模上的扩张，外部有界性和内部异质性又反过来造成了联盟成员设置更复杂的沟通机制、更冗余的交互关系，来保障彼此的信息交流和商业合作。这从根本上带来联盟组织结构的冗杂和割裂、沟通成本居高不下、数据信息难以整合、组织关系协调不畅等问题。

为了解决这些现实问题，学术界进行了广泛的探索，从提高组织结构的鲁棒性和增强组织结构的灵活性两个层面（Monostori，2018），探讨了联盟组织结构的优化方法和改革方向，具体的策略和方法包括增加供应链渠道结构、提高安全库存水平等（Behzadi et al.，2017；Xu et al.，2020；Ro et al.，2016）。例如 Behzadi 等（2017）认为增加可选供应商的数量是提高鲁棒性的重要手段，他们以农产品供应链为背景探究了这种鲁棒性策略在农产品风险管理中的应用，运用运筹优化方法建立了两阶段随机规划模型，并验证了增加可选供应商的数量有效抵抗季节性风险的能力。Xu 等（2020）则梳理了有关供应链鲁棒性的概念、原则和方法，并通过案例分析说明安全库存对提高联盟结构稳定性的重要作用。Ro 等（2016）则通过实证研究方法，分析了鲁棒性结构策略对供应链组织结构的影响，得到了鲁棒性策略可以促进组织结构向高抗毁性方向演变的结论。

在提高组织结构灵活性的方法中，加强组织内部的协调整合是核心方法，而调整竞合关系（如决策模式、定价策略或订购策略等）和改变整体结构配置（如网络规模、网络复杂度、中心度等）是提高灵活性的主要手段。例如 Kahiluoto 等（2020）证实了联盟基础结构和订购策略对结构弹性的深层影响，而 Gligor 等（2019）则进一步论证了结构弹性和组织敏捷性间的内在交互关系，并且认为结构弹性是构成组织敏捷性的必要条件。Zhao 等（2011）利用复杂网络方法，通过改变供应网络的整体结构配置，提高了供应链网络结构的弹性，使得组织结构不断向高柔性方向进行演变。

然而，上述供应链组织结构的优化研究，都是在传统信息技术条件下开展的。传统通信技术条件下，消费者和企业的视角是局部的，消费者的选择范围不大，消费者之间的信息交互不频繁，消费行为难以出现频繁波动；企业组织规模不大，企业的生产和经营处在理想的环境下，并且经营理念主要是以自身为中心的、独立的以致封闭的视角，在这种环境和条件下产生的企业组织管理理论与方法，显然是无法面向新兴信息技术高速发展的今天。

当今物联网技术及其引起的整体环境的变化，会对消费者行为及企业的生产经营方式带来全新的冲击（胡斌、刘作仪，2018），从而导致企业组织结构根本性的改变。作为一种新兴的以“物”“网络”“信息”为三大导向的信息通信技术，传感技术、网络通信技术、追溯技术、平台技术等均是物联网技术群体的典型代表（Kim et al.,2015）。这些新兴的信息技术，以有机的形式相互组合、协同运作、交互影响，从而形成一体化的物联网智能系统（Monostori，2018）。它们在企业组织中被逐步采用并不断升级，其精准实时地对人和“物”的追溯特性和万“物”互联的平台特性，弥补了现有企业组织尤其是大规模联盟组织的结构缺陷（Behzadi et al.，2017），对联盟组织的结构特征及其运作模式产生了全面而深刻的影响。

本文将对物联网系统的架构、主要技术特性及其发展阶段进行梳理，在此基础上分析物联网环境下企业组织结构的变革原理，最终通过典型行业企业的案例，揭示企业组织结构在物联网环境下的演变规律。

二、物联网系统的技术构成和功能特性

（一）物联网系统的构成框架

物联网系统主要分为 3 个不同的层次，即感知层、网络层（或传输层）和应用层，如图 1 所示。

感知层的技术普遍具有物理世界感知和数字信息生成转换的能力，例如射频识别及其读写系统（RFID）、传感器和低频泛在网络组成的无线传感网络、全球定位系统、各类视频采集系统和电子终端（燕晨屹等，2011）。这些技术对“物”的属性和状态信息进行采集、处理、存储和传输，也是对“物”按照平台指令进行智能化操作处理的主要部分。网络层主要由各类无线通信网络构成，例如高频通信网络、低频泛在网络、互联网、各行业专网等（燕晨屹等，2011），是物联网中的信息传输介质。而应用层是对网络层传输的信息进行筛选、计算、分析、处理的平台体系、终端应用及其控制设备，如各种支撑平台、应用服务器、移动终端、个人电脑等。

感知层技术基于其泛在化末端智能感知能力，以及数据信息接受、生成和

转换能力，可以实现实时化精准智能操作，是物联网系统和物理世界进行交互的界面。该层技术的主要特点是具有追溯特性，即对“物”进行实时精准的追溯。追溯技术可以直接促使企业执行层与“物”相关的操作流程、运作方式的改革，执行层的改革进而带动企业智能层、战略层的改革，因此，物联网感知层的技术会自下而上地对企业组织结构产生影响。

图 1　物联网系统的 3 层体系架构

应用层是物联网系统信息汇集、进而对企业内外各类资源进行跨领域、跨系统、跨边界优化配置的平台，通过对企业内外碎片式的功能单元和资源进行统一调度和管理，实现企业内大规模运作或企业之间大规模集群运作，大规模组织架构的形成，反过来要求企业内部组织结构要做相应的调整，因此，物联网应用层会自上而下地对企业组织结构产生影响。

因此，为揭示企业组织结构在物联网环境下的变革机理，有必要对物联网系统的追溯特性和平台特性进行详细分析。

（二）物联网的追溯性和平台性

1. 追溯性

根据物联网的“实时能力”，即物联网是否可以实时地收集、分析、交互数据，可以将追溯技术划分为静态追溯和动态追溯两大类技术（Óskarsdóttir and Oddsson，2019）。其中静态追溯技术包含纸张记录、字母数字组合码、条形码和智能包装等；而射频识别 RFID 技术和无线传感器网络 WSN（Wireless Sensor Network）技术则属于动态追溯技术。

根据物联网的“自动感知”能力，即物联网是否可以自动监测产品状态（如温度、湿度、质量等指标），那么，又可以进一步将静态追溯技术分为“无感知型”和“感知型”，将动态追溯技术分为“追溯型”和“追踪型”（又称“网关型”）。我们平常熟悉的条形码追溯就是“无感知型”的典型代表，前面提到的“智能包装”是“感知型”的典型例子。动态追溯技术中的“追溯型”，则以 RFID 系统为主要代表，而“网关型”是针对 RFID 和 WSN 技术的互补性对两种技术进行集成的可追溯技术，即 RFID-WSN 整合技术。

RFID-WSN 整合技术是物联网追溯技术最理想的一种技术类型，同时具备了“实时能力”和“感知能力”，它将带有传感器的 RFID 标签安置在批量货物运送载具上，使得在途货物沿着物流路线运输时，带有传感器的 RFID 标签可以实时地感知、记录产品的质量安全状态，并由分布在物流沿途的检查站点采集，发送到物联网系统平台。

通过物联网追溯技术，“物”的精准状态信息能够被自主实时地获得，包括“物”的位置、时间、进度、状态等诸多属性，例如某个时刻特定“物”的物理形态、生化指标，“物”在供应链中的具体位置、所处业务阶段或物流环节等（胡斌、刘作仪，2018）。这种“物”的信息捕获不会只局限在企业内部，而是延伸到企业之间与“物”相关的原料生产、物料供应、入库加工、成本配送等诸多物流环节。

2. 平台性

物联网平台基础技术主要包括面向服务（SOA）架构技术、Web Service 技术、企业应用集成（EAI）技术和中间件技术（王喜富等，2013）。

面向服务的体系架构 SOA 是一个组件模型，它通过接口和协议将应用程序的不同功能单元（服务）联系起来。Web Service 就是通过 Web 描述、发布、定位和调用的模块化应用，兼容任何操作系统，一旦 Web Service 被部署，其他的应用程序或者 Web Service 就能够发现并调用这个服务。EAI 可以将各种异构或异质应用集成在统一的底层结构中，整合企业涉及的各类异构系统、应用和数据源，也可以实现大量企业系统间的无缝联结，同时将进程、软件、标准、硬件等集成到统一的跨企业系统框架中来，使整个系统框架成为有机的整体。中间件技术是软件构件化的一种表现形式，它建立在操作系统之上，为各类应用提供服务，它屏蔽软硬件平台的异构性，使得所构造的分布式系统具有可伸缩性，为最终用户提供一定程度的分布式透明性。中间件技术，使得用户可以通过一种简洁、方便的工具平台，使企业的计算系统开发、部署与管理变得轻松和便捷。

从上述技术特点可知，物联网基于这些技术，可以建立大规模、跨边界、超链接、高集成性的一体化平台系统。而物联网平台的核心任务在于打通各类信息系统、制造系统、资源系统间的隔阂，构造跨行业、多部门的超级链接，实现多源异质信息流的融合沟通和协同利用。企业借助物联网平台系统，可以实现深层的、广域的万物互联和智能计算，实现企业贯通全供应链、全联盟的大规模一体化管理。

显然，物联网系统的追溯性和平台性，将引发企业组织架构的变革，其变革呈现两个阶段的发展过程。

三、物联网环境下企业组织结构的演化原理与变革过程

（一）点—线延伸结构

企业组织的点—线延伸结构，是物联网环境下企业组织架构发展的早期形态。物联网追溯技术使得企业组织内部通过采集“物”的状态信息（客户需求、原材料、人员、设备、生产工艺、生产进程、环境安全等），进行实时数据分析，实现采购、生产、销售等生产经营过程的实时决策和智能管理。对组织外部而言，物联网追溯技术强化了企业组织自动化的外溢程度。物联网系统通过追溯技术，会促使核心企业加强同其上下游企业的物质联系，实现生产经营过程的敏捷调度和集中控制。而物联网基础设施在供应链中的应用和渗透，反过来又加强了核心企业对其上下游成员物料库存、生产调度、运输配送的全面把控能力。

点—线延伸结构的变革，在制造业较为突出，制造商首先进行技术变革，

以智能制造设备替代传统制造设备，实现制造设备的更新换代。其后，制造技术的升级（传统制造转向智能制造）和市场需求的改变（大规模生产转向大规模定制），进一步协同引发制造商内部由下而上的技术革新，使智能制造的集成信息平台逐步开发并臻于完善。这种依托智能制造流程的信息平台会对传统的供应链物流进行重组，只是此类智能制造平台，不同于跨企业的行业整合平台，还没有全面的“信息垄断”能力，而是通过较高成本的“订单垄断”或者“追溯链条垄断”向供应链上下游缓慢渗透。之后通过自动仓储、运输追溯、集成研发、智能制造等诸多核心业务，逐步实现对全供应链的物流控制。

总结来说，点—线延伸结构的形成，是先由底层向顶层、再由核心向上下游的链条式演化过程。在这种演化下，供应链组织可能会出现区块对角网络结构形态，即以模块化为特征的链条状形态，在各个模块和链条下实现以智能物流物料管理为核心的智能生产、调度、研发和制造。在实际行业中，重资产的高科技制造行业最有可能呈现出点—线延伸结构的组织变革模式。

（二）点—网辐射结构

企业组织的点—网辐射结构，是物联网环境下企业组织架构发展的后期形态。在点—线延伸发展充分后，中心结点企业通过物联网平台的多源异构数据管理、智能计算等功能，完成对异质性信息系统或者各类物联网软硬件智能设备的整合吸纳，吸引大量多元信息主体的接入，建立覆盖全供应链的信息交互体系。再通过对内信息共享的方式，打通体系内的各个系统，在体系的层面进行资源的统一调度和集中管理，协调系统之间的复杂交互，促进异质性企业成员的协同合作，最终实现供应链或联盟企业的跨领域互动和管理。

同时，相比于传统互联网平台，物联网系统平台可以吸纳更为多样繁复的主体成员，提供更为透明精确的商业信息，创造更为动态智能的合作流程。多种参与元素在平台作用下迅速聚集并相互作用，形成快速膨胀扩张的物联网生态，催生出全新的组织结构与管理模式。

点—网辐射结构的变革，在供应链组织中较为常见，供应链中间商作为核心企业，首先进行技术变革，发展物联网平台技术，通过“信息垄断”实现对供应链外绝大多数边缘成员的信息流控制。虽然该种模式凭借“垄断信息”入手，但通常会要求边缘成员首先提升智能设备，之后再通过智能设备由下而上逐步地实现信息平台和信息系统的对接。

总结来说，点—网辐射结构的形成，就是先由核心向边缘、再由底层向顶层的网络式演化过程。这种演化下，供应链组织或联盟组织通常会涌现出无标度网络结构形态，即核心企业高度互联，边缘企业之间没有直接交互，但是几乎全部与核心集群相连接，经由平台发生各种信息流的交互。在实际行业中，轻资产型的互联网行业及其供应链组织，最有可能呈现出点—网辐射结构的组织变革模式。

从上面的分析可见，无论点—线延伸还是点—网辐射，企业组织结构的变革，都是先从某个核心企业开始，该企业的组织结构变革，主要基于物联网感知层追溯技术和应用层的平台技术，当追溯技术和平台技术水平发达到一定程度后，为使整体效率和效益提高，会倒逼核心企业沿着供应、生产、销售供应链的线路，将其他企业吸纳为一体化体系进行管理，形成点—线延伸的组织结构；而随着物联网技术的进一步发展，核心企业有条件将更多可选企业甚至将核心业务之外的辅助性支撑企业（如金融、咨询、软件等）纳入一体化的管理体系中来，从而进入点—网辐射结构的发展阶段。

四、案例分析

（一）制造业组织结构的演变

华为集团近几年围绕物联网系统的建设进行了长期的部署，是高科技制造企业应用物联网技术建立智慧制造系统的典范。本节详细介绍华为集团智慧制造战略性发展过程，以期更深刻地理解制造组织在物联网环境下，点—线延伸、点—网辐射的组织结构变革机理和两阶段演化过程。

1. 初期呈点—线延伸结构特征

制造行业组织体系和物联网的关系如图 2 所示。智能制造组织不再局限于核心企业内部，它们按照各自的功能结构分布于物联网系统之中。在制造业背景下，物联网分为 3 个层次：基础设施层、网络传输层和平台应用层。基础设施层由应用在各企业中的智能设备构成；网络传输层则是网络服务提供商利用各类频谱网络形成的设备、物流、员工的互联网络；而平台应用层则包含了云制造平台及相关的支持技术。平台应用层以云制造平台为典型代表，该层次智能制造企业及上游的供应商、技术提供商、服务商、下游的客户以及处于同一层次的竞争者和合作者，经由平台相互链接，通过正式的交易关系和非正式的研发合作关系形成了网络共同体。

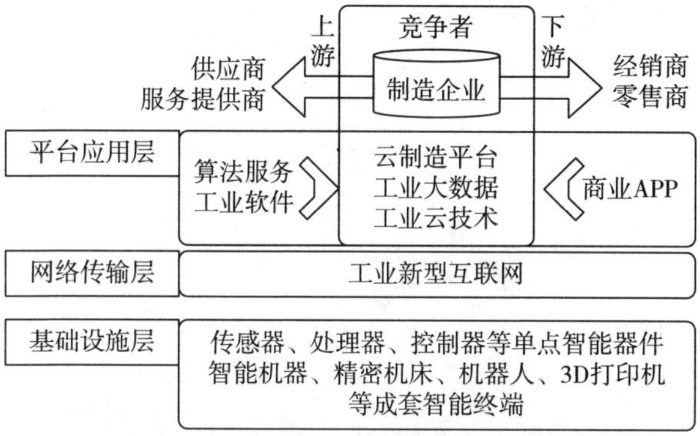

图 2　基于物联网系统的制造行业组织体系架构

华为集团建设智能制造系统的过程良好地体现了上述物联网制造组织的框架。华为智能制造系统主要从 3 个层次开展建设。一是以信息与通信技术为核心的人工智能设备研发，二是以 5G 网络、低频泛在网络基础通信设备为代表的工业网络铺设，三是以华为云技术为基础的云制造平台开发。其中人工智能设备是基础层铺设，工业互联网是网络层革新，而云平台是应用层建设。从 2018 年至今，华为云制造生态按照从内生部署到外部吸纳的战略进行了分批布局。

2018 年初，任正非在松山湖工厂公布了题为《从系统工程角度出发规划华为大生产体系架构，建设世界一流的先进生产系统》的华为工业 4.0 体系。同年，松山湖智能工厂示范项目立项，华为在这里启动了未来大生产体系建设的开端（任正非，2018）。

同年，松山湖智能工厂示范基地建成，并实现了工序自动化、设备自动化、线体自动化的全面自动生产线建造。之后，依托华为自身的智能技术基础，以精益制造为基础的生产系统完成了智能化设备的大面积铺设，同时制造数据结构同源设计和数字化工程设计也同步实现。凭借智能设备和数字技术的并行发展，华为初步具备了设备协同调度、物料精确管控的能力，能够实现制造设备的开放共享、仓储资源的统一协调、物料调度的集中运作等自动化控制与操作（顾硕，2018）。

随后，华为云平台初步搭建完成，各种平台技术同步引入松山湖示范园区，各类智能设备通过多类型接口大量接入云平台，云制造系统逐步落成。大规模云制造管理平台，可以实现分散资源集中使用，集中资源分散服务的管理模式，原本分散的成线状分布的企业群体可以进行开放的、动态的资源交换和信息共享，形成非稳定结盟的动态合作。在云计算、物联网等技术的支持下，实现对资源和服务的统一管理，形成面向服务的网络化制造新模式，即云制造模式

（台德艺等，2012），如图 3 所示。

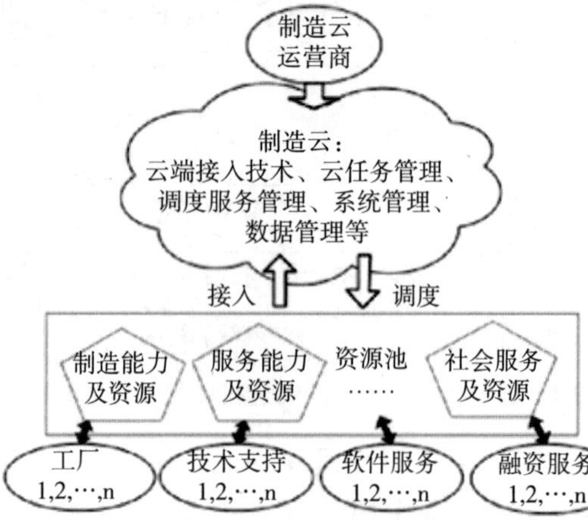

图 3 云制造模式示意图

2018 年底，华为在松山湖智能工厂实践经验的基础上，搭建生态联盟平台，汇聚众多的合作伙伴，面向其制造供应链中的上下游组织，开放式地提供了贯穿整个行业的设备资源和终端应用，为整体制造行业的网络运作、数字生产和智能升级赋能（王海峰，2018）。

至此，华为集团成功地将智能制造技术和智能工厂系统，渗透到制造业全生命周期的合作伙伴中，利用“物”或技术设备的紧密联系，使供应链中直接发生物质交互的上下游间形成无缝衔接式的合作，并将整体链条的紧密程度不断加深，同时促使其逐步地向链条的源头和汇点不断渗透，整个制造组织联盟呈现的是点—线状、自下而上的结构演化形态。这是制造组织在物联网作用下的第一阶段演化特征。

2. 后期向点—网状辐射结构演化

云制造平台的出现，为服务于各自独立市场或相互竞争的两个制造商提供了开展产能合作的机会。由于产能的合作，让两个原本独立的企业产生了关联，从结构上看，制造组织及其供应链的制造链条呈现出更为紧密化的特征。

仍以华为集团为例。2019 年初，华为在制造行业物联网生态联盟的基础上，面向中国所有行业企业，从全价值链角度厘清了不同行业间的特征性需求（徐直军，2018）。例如，半导体、电子产品行业通过技术升级赋予产品价值，技术壁垒是其主要的竞争手段；汽车或工业设备则基于整体工程设计和实施而获取不同的竞争价值，是面向工程价值链的行业；餐饮、服装行业以品牌为产品价值的主要载体，是面向品牌价值链的典型行业（王海峰，2018）。华为云平台根据这些需求，开放全行业应用。之后，华为计划通过物联网等技术将其上下游合作伙伴的资源、设备、应用接入平台，并通过虚拟化技术披露、整合各企业产能、资产、运营等全面的信息情况，形成云制造资源池。依托平台强大的数据存储和智能分析能力，将用户发出的需求任务经过系统分析处理、分解，在整合优化资源、能力、时间、地域、成本等诸多因素后，从云制造资源池中选择最优的制造资源和能力与之匹配，形成动态云制造资源服务链，从而高效、便捷地满足用户需求。

这体现了物联网大范围协调部门、大规模集成管理的平台特性，而以华为为核心的制造业组织结构也进入了点—网状辐射、核心—边缘辐射的演化阶段。

华为的案例还说明，在云制造下的产能共享需要考虑多维的信息，例如企业间可交换的产能量、工厂之间的距离（物流成本和时间）、所共享的产能带来的边际贡献。云平台下每个制造企业都有自身的属性特点，例如现有产能水平、技术水平、产能利用现状以及各企业所面对的不确定性需求等，因此每个企业都会基于自身属性特点，选择合适的制造商进行产能合作，包括两类合作模式，即长期稳定型资源共享联盟和动态重组型资源共享联盟。

为了应对市场需求或行业环境的动态变化，企业有动机彼此合作并进行长期稳定的资源共享，物联网制造平台为这种合作共享形式提供了技术上的支持和保障。随着时间的变化，企业可能面临非稳定的需求，实时动态地进行伙伴选择决策可能会导致高昂的合作成本，且不利于供应网络的可持续性。因此，从长期的角度，与合作伙伴构建稳定的资源共享联盟，不仅可以增强可持续性、改善客户满意度，还可以优化设备资源的利用，制造企业间的合作共享关系一旦形成，将会在长时间内维持稳定（Seok and Nof，2014a）。图 4 表示由 5 个制造企业所形成的两个联盟 {企业 1，企业 2} 和 {企业 3，企业 4，企业 5}。

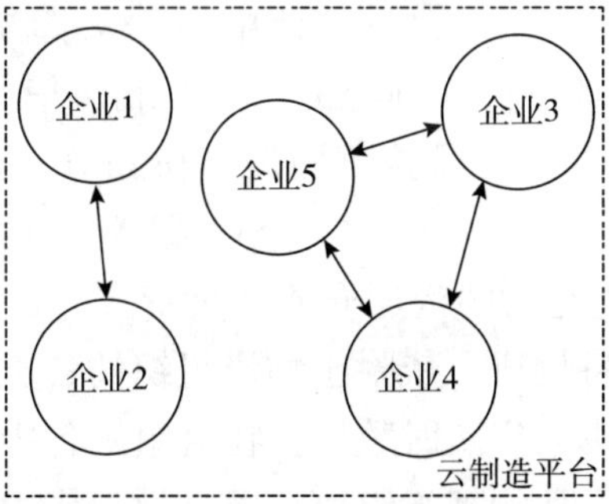

图 4　制造企业间形成长期稳定的资源共享联盟

当制造企业所面临的需求相对稳定，但产品价格、制造成本会出现一定波动时，制造企业间会根据内外部条件变化进行动态调整以维持合作的高效率。这种方式形成的资源共享联盟叫作动态重组型资源共享联盟（Seok and Nof, 2014b）。物联网平台制造环境下，制造企业可以实时获取潜在合作伙伴的资源能力信息，并基于自身情况，例如需求特征、产能状况等信息的更新，重新选择优质的合作伙伴，动态调整联盟结构。图 5 表示由 5 个制造企业所形成的联盟随时间变化而形成的结构演化。

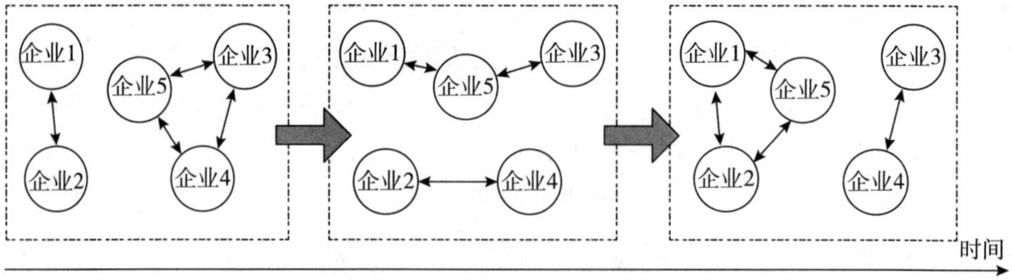

图 5 制造企业间形成动态重组型资源共享联盟

（二）物流业组织结构演变

在国内智能产业不断扩张的背景下，京东集团开始追寻最新的技术发展方向，在大规模建成自营仓储、配送等基础物流设施的基础上，把战略重点放在了未来智慧供应链的建设上。本节以京东集团智慧物流的战略发展为例，详细地分析电商物流组织在物联网环境下点—线延伸、点—网辐射的组织结构的变革原理以及两阶段演化过程。

1. 点—线延伸结构

在物流行业，基于物联网系统的物流组织体系架构如图 6 所示。物流组织的平台企业、大区物流中心、地区物流中心、终端物流中心处在应用层，大区物流中心是按全国地理方位来划分的，如东北、华北、西北、华东、华中、华南、西南等，地区物流中心覆盖范围按省份划分，而终端物流中心则直接面向顾客，管理数量庞大的社会化物流企业或个体加盟员工（胡斌、刘作仪，2018）。网络层是数字化运营的沟通介质，负责实时数据的传输与管理。感知层由智能感知技术和设备构成，依附于物流组织的各类资源（如员工、交通工具）与货物物品上，负责采集实时数据。物流组织各中心分为两层，即管理层和执行层，物联网感知层从物理组织执行层日常运作中采集实时数据，通过网络层传递给平台企业，平台企业通过网络对各级物流中心进行实时调度与管理。

图 6 所示的框架结构，在京东集团提出的智慧物流系统性发展体系中得到了很好的展现（任芳，2016）。其发展体系自上而下分为 3 个部分，包括智能化作业、数字化运营和智慧化平台。其中，智能化作业是“四肢”，由感知层的无人智能设备支持；数字化运营是“中枢”，由网络层执行这一任务；而智慧化平台是“大脑”，对应了应用平台层的功能。自 2015 年起，京东集团逐步实现了预设的战略布局。

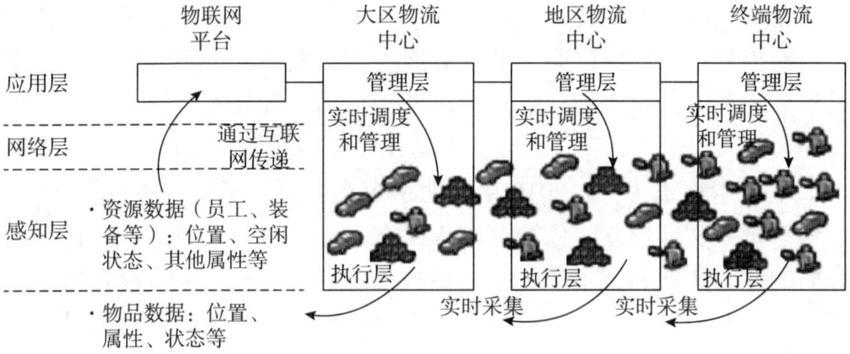

图 6　基于物联网系统的物流组织体系架构

2015 年，京东集团开始在“无人技术”上进行拓展探索，研发测试无人机、无人车、无人仓等无人智能设备，试验 RFID 等智能追溯系统的应用情景，并且在全球首家提出用无人机来构建短途航空物流网络（任芳，2016）。

2017 年，京东成立物流子集团，同年宣布京东全球物流总部、京东无人系统产业中心落成西安。之后，“无人技术”在京东多个“亚洲一号”智能物流中心实现入库、存取、拣选、包装、出库等环节无人化操作，无人机在多个地区完成无人机送货的试运营，“双十一”期间无人车也实现配送第一单（任芳，2016）。

可以看到，京东智慧物流的建设是从“四肢”开始的，物联网技术的发展首先推动了京东集团内部的智能设施改革，即感知层的技术革新。而凭借诸如无人车、无人仓、无人机、RFID 系统等智能设备提供的精准追溯能力以及自动化操作能力，京东集团在仓储节点中做到了末端操作自动化和数据采掘规模化。

2017 年下半年，京东宣告全球首个全流程无人仓建成；2018 年进入无人仓设备的常态化和规模化应用，总共建立自动化无人化仓库 98 个，并开始打造京东的中件无人仓。可以看到，智能设备层的技术铺设速度不断加快，程度不断加深（林庆谊，2018）。

2018 年京东提出京东云仓模式，意图整合全国实体智能设备，进行升级改造和普及发展，实现智能型追溯系统、智慧型企业信息系统支撑的数字化运营，使运营模式从自营仓库、多点开花的地网模式走向了“点—线”链接逐步渗透的智能整合模式。而其组织结构也相应地完成了“点—线”延伸、自下向上发展的变革过程。这也是物联网环境下，轻型互联网行业组织结构变革的第一阶段。

2. 点—网辐射结构

随着基础设施智慧赋能的不断深入，物流组织数据产生、采集、整合的能力也会不断提升。当物联网系统的计算服务能力发展到一定程度，平台企业就可以凭借其优越的信息流程或信息网络管理能力，管控大规模的中段干线企业和终端社会化加盟企业，实现企业集群运作（石岿然等，2017）。

依旧以京东集团为例。2018 年后期京东集团开始了对“中枢”和“大脑”的改造。京东智联云成立，依托京东集团在人工智能、大数据、云计算、物联网等方面的业务实践和技术积淀，提供包括公有云、私有云、混合云、专有云在内的多云、安全、可信赖的基础云服务；并围绕智能供应链的建设，提供数字化、智能化的产业互联网应用云服务。

2019 年，京东智联云 Neuhub 平台入选“智能供应链国家新一代人工智能开放创新平台”，进一步提升京东智能供应链对外输出能力，形成了从基础平台搭建、业务咨询规划、业务平台建设到运营维护的科技生态格局（康玲华，2019）。

这一阶段是物联网环境下物流平台企业组织变革的第二阶段。第一阶段无人云仓的建成和发展增加了物联网内透明性的“物”，即相关的“物”的质量、位置等信息，或相关产品的服务软件与系统，或硬件的智能设施、设备系统等，可以达到高水平的披露共享。这些透明的信息、软件系统、服务应用或硬件设备公共共享，客观上满足了物联网边缘集群运作的基本需求，即为集群运作提供了公共资源池（Shin，2014）。在这一阶段，不同企业之间存在密切的物流资源共享，最常见的资源共享包括云仓资源共享、物流设备资源共享、末端网点设施资源共享。

云仓资源共享是指通过在线互联网平台将广泛分布的仓库管理系统进行整合连接，从而打通实体仓库设施网络的互联互通，使实体仓库、仓库数据和云仓平台形成有机的一体化系统，基于物联网云和大数据分析提供的超计算能力，进行实体仓库系统的统一运筹、集中优化和整合管理，实现仓库资源配置的共享优化和实体仓库系统的网络运营（王继祥，2017）。

物流设备资源共享是指企业通过共享将仓储设备和货运装备与其他企业共用。这些设备包括物料搬运设备、输送分拣设备、货架系统、装卸装备、货运车辆等。企业通过物联网平台（如同城智能配送），对碎片型的车辆资源进行实时动态的整合、打散与重组，例如根据时间或事态的发展，在高峰期统筹规划平台车辆，以完成物流配送，在低谷时则再把闲置车辆重新交由平台管理，共享给其他高峰期任务，最终实现平台的智慧整合与调度（王倩、张丽婷，2019）。

末端网点设施资源的共享是指各物流企业携手建设“最后一千米”末端网点共享设施网络，如智能快递柜共享，通过共享信息、联合操作，快递员可以避免等待用户取件时间，提高配送效率（占明珍，2018）。

这些执行层设备设施的资源共享，倒逼物流企业建立在功能上包容性更强大的平台系统，再经由智慧化平台对整个物流行业前端、中段和终端企业进行跨边界动态整合和一体化调度管理，吸纳更多的支持性企业加入，实现全产业的物联网生态构建，其组织结构也完成了由点到网、由核心到边缘的辐射式发展过程。

京东集团在物联网环境下两阶段的组织变革过程表明，物联网环境下电商物流行业具有纵横交错、多元混合的组织结构形态。纵向结构形态中，组织分为 3 层：智能平台—大规模碎片化企业集群—公共资源池；横向结构形态中，中层的大规模企业集群呈网络化和扁平化趋势（胡斌、刘作仪，2018）。静态稳固的组织结构特征，被动态发展、多元混合等特征所取代，当外部市场环境出现轻微扰动时（例如市场上顾客行为或竞争者行为发生变化），集群组织中的异质性成分就可以随之发生变化，形成新的结构组合，平台管理系统和公共资源池提供的强大计算能力是动态组合得以实时发生的基本支撑，它们可以满足新组合的需求，适应外界环境的变化（胡斌、刘作仪，2018）。

五、结语

在物联网诸多技术中，实时追溯技术和平台管理技术，直接促使了企业的组织结构的变革。随着追溯技术和平台技术能力的不断进步，企业组织结构从点—线延伸结构向点—网辐射结构演变，供应链组织和联盟组织，成为物联网环境下企业组织表现形式的发展趋势。在组织结构的演变中，追溯技术和平台技术所发生的作用，离不开物联网系统计算服务能力的支持，计算服务能力的大小决定了企业组织的网络化规模的大小。

物联网的典型应用领域是现代制造业和物流业。在现代制造业中，制造商先依靠物联网技术实现生产和物流执行层的技术改造，以此驱动职能层、决策层的组织结构变革，形成智能制造企业，然后依靠追溯技术和平台技术，沿着物流供应链，将上下游企业集成起来，形成从早期点—线延伸组织结构向后期点—网辐射组织结构的演变。在现代物流业中，产品经历了从制造商出厂到最终顾客这一供应链沿线的各个环节，随着物联网计算服务能力的提高，供应链沿线企业逐渐向网络化的企业集群转化，物流组织实现了从点—线延伸结构向后期点—网辐射结构演变。

物联网零星技术和成套技术甚至整体物联网环境在制造业和物流业中的实际应用比其他行业更为常见，这就限制了本文案例分析的行业范围。随着今后物联网系统及其技术的进一步普及，我们将进一步结合现实案例深入揭示物联网环境下企业组织结构的变革机理。

参考文献

[1] Behzadi, G., O'Sullivan, M. J., Olsen, T. L., Scrimgeour, F. and Zhang, A, 2017, "Robust and Resilient Strategies for Managing Supply Disruptions in an Agribusiness Supply Chain", *International Journal of Production Economics*, vol. 191, pp. 207~220.

[2] Gligor, D. Gligor, N., Holcomb, M. and Bozkurt, S., 2019, "Distinguishing between the Concepts of Supply Chain Agility and Resilience", *The International Journal of Logistics Management*, vol.30, pp. 467~487.

[3] Kahiluoto, H., Mäkinen, H. and Kaseva, J., 2020, "Supplying Resilience Through Assessing Diversity of Responses to Disruption", *International Journal of Operations & Production Management*, vol. 40, pp. 271~292.

[4] Kim, Y., Chen, Y. S. and Linderman, K., 2015, "Supply Network Disruption and Resilience： A Network Structural Perspective", *Journal of operations Management*, vol. 33, pp. 43~59.

[5] Monostori, J., 2018, "Supply Chains Robustness： Challenges and Opportunities", *Procedia CIRP*, vol. 67, pp. 110~115.

[6] Óskarsd ó ttir, K. and Oddsson, G. V., 2019, "Towards a Decision Support Framework for

Technologies Used in Cold Supply Chain Traceability", *Journal of Food Engineering*, vol. 240, pp. 153~159.

[7] Ro, Y. K., Su, H. C. and Chen, Y. S., 2016, "A Tale of Two Perspectives on sn Impending Supply Disruption", *Journal of Supply Chain Management*, vol. 52(1), pp. 3~20.

[8] Seok, H. and Nof, S. Y., 2014a, "Collaborative Capacity Sharing among Manufacturers on the Same Supply Network Horizontal Layer for Sustainable and Balanced Returns", *International Journal of Production Research*, vol. 52(6), pp. 1622~1643.

[9] Seok, H. and Nof, S. Y., 2014b, "Dynamic Coalition Reformation for Adaptive Demand and Capacity Sharing", *International Journal of Production Economics*, vol. 147, pp. 136~146.

[10] Shin D., 2014, "A Socio-technical Framework for Internet of Things Design: A Human-centered Design for the Internet of Things", *Telematics and Informatics*, vol. 31, pp. 519~531.

[11] Xu, S., Zhang, X., Feng, L. and Yang, W., 2020, "Disruption Risks in Supply Chain Management: A Literature Review Based on Bibliometric Analysis", *International Journal of Production Research*, vol.58, pp. 1~19.

[12] Zhao, K., Kumar, A., Harrison, T. P. and Yen, J., 2011, "Analyzing the Resilience of Complex Supply Network Topologies Against Random and Targeted Disruptions", *IEEE Systems Journal*, vol. 5(1), pp. 28~39.

[13] 顾硕 . 华为以 ICT 技术引领未来智造 [J]. 自动化博览 , 2018(35).

[14] 胡斌 , 刘作仪 . 物联网环境下企业组织管理特征、问题与方法 [J]. 中国管理科学 , 2018(8).

[15] 康玲华 .2019 京东物流集团十件大事 : 为使命步履不停 为梦想山海不远 [EB/OL]. https://tech.sina.com.cn/roll/2019-12-27/doc-iihnzahk0418394.shtm,2019-12-27[2019-12-31].

[16] 林庆谊 . 京东物流开放云仓项目管理创新 [J]. 项目管理评论 , 2018(4).

[17] 任芳 , 肖军 . 京东强力发展智慧物流 [J]. 物流技术与应用 , 2016(21).

[18] 任正非 . 从系统工程角度出发规划华为大生产体系架构 , 建设世界一流的先进生产系统 [EB/OL]. https://www.sohu.com/a/294338813_654912,2019-02-12[2019-10-06].

[19] 石岿然 , 浦珏 , 孙玉玲 . 平台介入的多物流服务提供商合作模式研究 [J]. 中国管理科学 , 2017(25).

[20] 台德艺，徐福缘，胡伟．云制造合作思想与实现 [J]. 计算机集成制造系统，2012(18).
[21] 王傅强．基于物联网技术的供应链新型管理模式研究 [D]. 中南大学博士学位论文，2012.
[22] 王海峰．深一度，智能制造就有万种可能 [EB/OL]. https://m.sohu.com/a/278518776_251620/, 2018-11-29[2019-02-22].
[23] 王倩，张丽婷．互联网背景下民营物流企业服务创新研究——以京东物流为例 [J]. 物流平台，2019(7).
[24] 王喜富，苏树平，秦予阳．物联网与现代物流 [M]. 北京：电子工业出版社，2013.
[25] 王继祥．中国共享物流创新模式与发展趋势 [J]. 物流技术与应用，2017(2).
[26] 徐直军．打造无所不及的智能，构建万物互联的智能世界 [R]. 华为全连接大会报告，2018.
[27] 燕晨屹，史方彤，王喜富．基于物联网的物流信息平台运营模式研究 [J]. 物流技术，2011(12).
[28] 占明珍．短期巨额交易下的我国网购物流瓶颈及对策研究——以双十一为例 [J]. 物流工程与管理，2018(12).

工业互联网之价值共创模式*

马永开　李仕明　潘景铭
（电子科技大学经济与管理学院）

摘要：不同于消费互联网，作为物联网应用的主场，工业互联网的发展还处于初级阶段。除行业知识多样性和企业数字化水平差异大外，还有一个重要原因是缺乏成功的价值共创模式。本文在对 50 多个国内外企业的工业互联网探索实践进行深入调查 / 调研，以及价值共创理论进行梳理和分析基础上，剖析工业互联网发展进程与价值过程，研究工业互联网的价值共创模式构建方法，提出工业互联网的"三联"价值共创模式，进而丰富价值共创理论。

关键词：物联网应用　工业互联网　价值共创　价值共创模式

一、引言

物联网（Internet of Things）主要解决物与物（Thing to Thing，T2T）、人与物（Human to Thing，H2T）、人与人（Human to Human，H2H）之间的互联 [国际电信联盟（ITU），2005]。十多年来，物联网技术助力消费互联网快速发展，催生了一批国际知名的消费互联网平台企业（如阿里巴巴、腾讯、优步等）。同时，以通用电气（GE）和西门子（Siemens）为代表的一批制造企业正在向数字工业转型，努力架构工业互联网。据麦肯锡预测，2025 年全球物联网将创造 3.9 万亿 ~11.1 万亿美元价值，其中工业互联网将贡献 70%（李健、王莹，2019）。

物联网应用的本质是价值共同创造（价值共创）。消费互联网主要关注"消费者体验"；消费者体验往往具有一些共性特征（如共享单车解决"最后一千米"问题，共享出行解决"随时叫车到指定地点"问题等），而且消费者接入比较容易（连接成本低）；只要抓住共性特征和采用适宜的物联网技术（包

---

* 原载《管理世界》2020年第8期。

括安全技术），就可以设计出恰当的消费者体验价值共创模式，迅速发挥规模效应做大做强消费互联网平台。就工业互联网发展而言，工业体系类目众多造成了物联网应用场景碎片化现象十分严重，而且各应用场景之间的架构、原理、行业形态等差异化极大；此外，工业体系（甚至同一行业）中企业工业互联网基础设施的发展水平差异极大，导致连接成本差异极大；这些因素迫使制造业巨头、网络科技平台公司、软件公司和工业解决方案提供者从自身在产业链中位置出发，探索工业互联网价值共创模式。从当前的物联网应用实践来看，消费互联网发展速度和成熟度远高于工业互联网，工业互联网发展还处于初期阶段①。

21世纪以来，学术界从价值共创概念与内涵、价值共创维度（环境、要素和结果等）及其关系概念模型、消费互联网价值共创和价值共创管理等方面不断丰富价值共创理论，但鲜见工业互联网价值共创研究文献。工业互联网先驱者通用电气的Predix平台发展受挫说明，工业互联网发展不能照搬消费互联网发展模式。因此，如何设计工业互联网价值共创模式，构建工业互联网生态系统，这是业界和学者亟待解决的问题。

本文在对50多个国内外企业的工业互联网探索实践进行深入调查/调研，以及价值共创理论进行梳理和分析基础上，剖析工业互联网发展进程和价值过程，研究其价值共创模式构建方法，提出工业互联网的“三联”价值共创模式。一方面，丰富价值共创理论；另一方面，为实现我国走向制造强国之路的企业实践提供方法论。

二、价值共创与工业互联网

（一）互联网发展赋能价值共创实践与研究

直到20世纪80年代，商品的供给还不丰富，消费者的需求也比较简单（主要是消费者选择空间小），厂商可以了解消费者的真实需求（Anderson，1983；Amit，1985；Hunt，1976，1990；Zinkhan and Hirschheim，1992）。厂商通过生产过程将价值赋予商品，消费者购买并消费商品，是价值的消耗者。这种商业逻辑就是商品主导逻辑（Vargo and Lusch，2004）。

---

① 韩舒淋：《从GE数字化业务大调整看工业互联网未来》，http://www.cinn.cn/gyrj/201901/t20190108_204128.html，2019年1月8日[2019年3月1日]。

20世纪90年代以来，随着科学技术和互联网经济发展，商品市场极大丰富。人们发现，消费者的选择空间越来越大，但满意度却越来越低；可供厂商选择的策略越来越多，但利润空间却越来越小（Prahalad and Ramaswamy，2000）。业界开始探索新的商业逻辑，如通用汽车为开发消费者满意的汽车产品，邀请供应商参与产品设计；微软在开发Windows 2000时，邀请用户参与产品测试。学界先驱者们受这些商业实践启发，提出了共同生产（co-production）概念（Ramirez，1999），指出价值创造焦点正在从公司的研发部门转向公司与客户之间的互动，即价值共创（Prahalad and Ramaswamy，2000），商业逻辑正转向服务主导逻辑（Vargo and Lusch，2004）和客户主导逻辑（Prahalad and Ramaswamy，2004a），形成了价值共创的两个逻辑基础。这些学者的工作开创了价值共创研究先河，引发了价值共创实践和研究热潮。

随着移动互联网的发展，客户可以通过智能手机低成本地接入企业网络平台，企业通过“共同生产”与客户进行价值共创的案例不断涌现。企业可以直接或间接“与客户合作”或邀请客户参与产品/服务设计过程，客户参与可能表现为在企业流程外围的促进作用，或通过应用知识和与企业共享信息而发挥积极作用。如手机厂商邀请消费者参与设计（小米手机设计的1/3创意来自消费者），房地产开发企业邀请消费者参与房型设计和建造过程监管，消费者参与服装设计，等等。众多学者的案例研究发现，共同生产应该包括3个基本要素：知识共享、互动和公平。当客户在共同生产过程中投入资源（包括知识、经验和技能）时，它既被认为是一种快乐和满意的合作行为，也被认为是公司的利润最大化策略；虽然大多数共同生产案例的控制点在于企业（它定义了共同生产的性质和范围），但它并不排除客户在心理上参与共同生产过程的可能性，互助、开放和非命令关系往往是影响共同生产成效的重要因素；同时，共同生产需要外部利益相关者的主人翁意识，这在某种程度上取决于公平（Ranjan and Read，2016）。

同时，消费者还可以通过智能手机将资产（如汽车、住房等）接入网络平台共创使用价值（value in use），涌现出各类知名共享经济平台。针对共享经济平台这一价值共创场景，江积海和李琴（2016）探讨了平台型商业模式创新中利益相关者的结构特征和连接属性对价值共创的影响机理；杨学成和涂科（2017）对用户参与优步价值共创活动的机理进行案例研究，研究发现：用户连接阶段的价值创造方式是遵循用户主导逻辑的价值共创，用户接触阶段的价值创造方式是遵从用户主导逻辑的用户价值独创，用户分离阶段的价值创造方式是服从供应方主导逻辑的价值共创；Nadeem等（2020）在社会支持理论、关系质量理论、价值共创和营销伦理文献的基础上，提出了解释消费者参与共享经济平台价值共创意愿形成的理论模型，实证研究揭示出“社会支持”“消费者伦理观”和“关系质量”对消费者参与共享经济平台价值共创意愿的影响机理。

结合物联网技术和移动互联网，企业可以将其产品或服务接入企业网络平台与其用户共创使用价值，典型案例有：特斯拉的车联网平台、通用电气的设备健康维护平台、沈阳机床的i5智能共享机床平台和三一重工的EVI工业互联网平台等。使用价值来源于用户的使用情景和过程，包括体验、关系和个性化；体验是用户对产品或服务主张的经验评估，超出了其功能属性，并符合其动机、专门能力、行动、过程和绩效；用户的网络关系强化了他们自己的信念和认同，并与丰富用户的主张相关联；此外，用户依据其心理模式将其感知价值依附于使用过程，而这些心理模式具有特殊性和独特性，即个性化（Ranjan and Read，2016）。

价值共创理论中的“价值”特指终端消费者的价值，价值共创的理想状态是满足所有消费者的个性化需求。为此，我们必须颠覆传统工业时代B2C模式，基于互联网重构整个商务的全链路，从传统的供应链管理走向网络协同的商业范式革命，即C2B（企业按消费者的需求提供个性化产品和服务）模式。然而，就目前商业现状而言，完成这个革命依然任重而道远。阿里巴巴前执行副总裁曾鸣认为，一个可能的发展路径是S2B2C模式，即一个强大的供应链（网络）平台（S），与千万个直接服务客户的商家（B），结合人的创造性和系统网络的创造力培育出一个全新的赋能平台，服务消费者（C）的个性化需求，迎接大规模C2B的到来。

无论选择什么样的新商业发展路径，C2B模式能否大规模实施，高度依赖于消费互联网和工业互联网的各自发展水平以及融合程度。从前文可知，以“移动互联网＋智能终端”为特征的消费互联网发展迅速，涌现出许多成功的价值共创模式，而工业互联网发展还处于初级阶段。可以预见，随着工业互联网的发展，可以给我们提供更大的价值共创空间，产生更多的价值共创机会、案例和研究课题。

（二）工业互联网发展需要新的价值共创模式推动

2000年以来，依托“移动互联网＋智能终端”，商界出现了一批共创消费者体验价值的成功模式，如“工具＋社群＋电商”模式（如微商）、跨界模式（如余额宝）、免费模式（如百度地图）、O2O模式（如阿里的全渠道模式）、共同生产模式（如小米）和平台商业模式（如滴滴），等等。这些模式快速地释放了巨大的流量经济红利，推动了消费互联网的蓬勃发展，改变了人们的生活方式和思维，形成了平等、开放、互动、迭代、共享等互联网思维。

随着工业物联网技术的发展，人们将互联网思维和消费互联网的价值共创模式引入工业界，出现了诸如共享生产设备模式（如沈阳机床的i5智能共享机床平台）、共享产能模式（如阿里巴巴的淘工厂）、工业物流服务平台模式（如返空汇）和生产设备健康维护平台模式（如通用电气的Predix）等与工业用户共创价值的模式。然而，这些模式并没有快速发挥出规模经济效应和范围经济效应，导致工业互联网发展远低于人们的预期。

一方面，在消费互联网中，消费者的消费体验同质性可以体现出流量优势，带来流量红利，实现（体验经济的）规模经济效应；但在工业互联网中，行业、设备和应用差异很大，流量优势被这些异质性消解得无影无踪了，只能通过价值经济来推动。另一方面，智能手机的平民化，使得消费端数字化成本低；但工业互联网需要制造生产全过程（甚至还包括产品）数字化，与消费互联网相比需要极大的投资成本，而且该成本具有行业差异（甚至在同一个行业中，不同企业的数字化发展水平不同，也会导致这种成本的差异）。因此，工业互联网发展必须要有新的价值共创模式来推动。

在价值共创理论中，有两个核心概念可以帮助构建工业互联网的价值共创模式。一个是“共同生产”，它强调工业互联网参与者应该共同参与生产过程，协同为用户创造价值。另一个是“使用价值”，它强调价值是在用户使用过程中实现的；使用价值包括两个部分：一是产品/服务的功能属性带来的价值，二是体验价值。虽然共同生产和使用价值的两者结合在价值共创理论上是必要的，但接近80%的研究文献只考虑其中一个（Ranjan and Read，2016）。在考虑共同生产和使用价值的两者结合的文献中，没有澄清研究场景何时涉及学术界和何时涉及业界（Hansen，2019）。

价值共创理论中关于价值共创管理的文献对工业互联网的价值共创模式设计有借鉴意义。许多学者从各自观察到的价值共创场景、现象或案例出发，按照各自视角，探索价值共创机理、方法和架构。

Prahalad和Ramaswamy（2004b）最早提出价值共创管理DART模型，它包括：（1）对话（Dialogue），是指双方的互动、接触和行动倾向，不仅要倾听客户的意见，还需要平等的问题解决者之间共享学习和交流，创造并维持一个忠诚的社区；（2）接入（Access），包括接入工具（渠道）和信息共享；（3）风险评估（Risk assessment），是指各利益相关方受到伤害的概率；（4）透明（Transparency），是指各参与方不能利用自己拥有的不对称信息从事机会主义活动。

在价值网络视角下，杨学成和陶晓波（2015）在传统价值链理论的基础上提出柔性价值网络的概念，指出因重构、链接和互动而形成的柔性价值网络是社会化商务环境中价值共创的最终结果，并基于此总结提出社会化商务背景下企业价值共创亟须关注的研究命题，旨在提高企业进行动态、可持续价值创造的能力；武柏宇和彭本红（2018）以动态能力为中介变量，构建服务主导逻辑、网络嵌入影响网络平台价值共创的概念模型，探讨网络平台多行动者视角下服务主导逻辑、网络嵌入影响参与者动态能力进而影响价值共创的微观机理，在问卷调查基础上利用结构方程模型对四者之间的关系进行实证分析；余义勇和杨忠（2019）首先对价值共创的研究现状进行梳理，厘清价值共创的概念及发展历程；其次基于生产领域、消费领域和网络环境 3 个视角对价值共创内涵进行论述；最后分别阐述不同视角下价值共创的前因—过程—结果等内在作用机理。

在价值共创管理系统架构方面，Corsaro（2019）基于对不同行业的客户和供应商公司经理的 86 次访谈，构建了一个考虑 4 个相互关联的价值过程（即价值沟通、价值分配、价值度量和价值表述）的价值共创模型，指出价值共创管理需要考虑与其他价值过程的复杂相互联系模式，揭示价值分配对价值共创的中心作用，以及价值表述对协调各种想法和发现未来价值共创机会的重要性。

目前，虽然越来越多的学者从事价值共创研究工作，试图构建价值共创理论体系，但还存在一些不足。（1）理论研究滞后于管理实践。例如，自通用电气（2012）提出并探索实施工业互联网以来，已经出现很多基于工业互联网的价值共创成功或失败案例（如通用电气的 Predix 和西门子的 MindSphere 等），但鲜见关于工业互联网价值共创管理研究文献。（2）理论研究脱离于管理实践。学者致力于构建具有一般意义的价值共创理论体系，使得这些理论很难被实践者理解和实施（Holtgrave et al.，2017）；此外，价值共创实践需要成功的价值共创模式指导，但在已有文献中，鲜见关于价值共创模式的研究文献。（3）价值共创理论体系呈现碎片化。除前文中提到的学者主要研究成功的价值共创案例外，还有一些学者研究价值共创失败（价值共毁）的案例（如 Grayson and Ambler，1999；Anderson and Jap，2005；Chowdhury et al.，2016；Vafeas et al.，2016；Jrvi et al.，2018；Dolan et al.，2019；Yin et al.，2019），他们大都是从价值共创系统某个局部或某些方面展开研究，没有考虑整个价值共创全局系统。此外，价值共创过程中互动性、相互依存性和动态性是学者和实践者都必须面临的一个特别具有挑战性的问题（Corsaro，2019；Darbi and Knott，2016），目前，鲜见关于价值共创过程演进路径的研究文献。

三、工业互联网的发展阶段划分与价值过程分析

（一）工业互联网的发展阶段划分

工业互联网的概念提出不久，一些业界人士从短期和长期对工业互联网发展演化进行了展望，给出了工业互联网的采纳和影响路径（如图1所示）（O’Halloran and Kvochko，2015）。

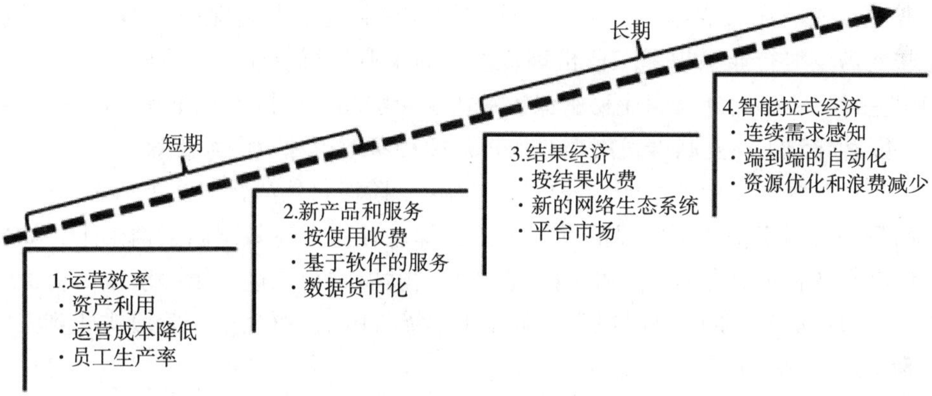

图1　工业互联网的采纳和影响路径

从短期来看，工业互联网发展可以分为两个阶段：运营效率提升阶段（第一阶段）和新产品/服务提供阶段（第二阶段）。当时受访的大多数制造商、能源公司、农业生产者和医疗保健服务提供者认为，采用工业互联网的商业初衷是增加收入或节约成本。如工业互联网最广泛的应用是预测维护和远程资产管理，它可以根据现有的操作数据减少设备故障或意外停机时间；另一个工业互联网的早期价值机会是改善工人的安全和工作条件，以及提高工人生产率；它们是运营效率提升阶段的价值来源。新产品/服务提供阶段的主要价值机会有产品即服务、软件即服务以及数据货币化等。即不卖产品和软件给用户，而是卖产品和软件提供的服务，对用户采用按使用收费模式；在工业互联网运行过程中，必然会产生大量数据，要使用这些数据开发新的业务。

从长期来看，工业互联网发展也分为两个阶段：结果经济阶段（第三阶段）和智能拉式经济阶段（第四阶段）。“结果经济”就是在工业互联网平台生态系

统支撑下的“按结果收费模式”。例如，有一家喜剧剧场 TeatreNeu（位于巴塞罗那）无须观众付入场费，而是按脸部辨识系统统计的笑容次数收费。另一个例子是，一家软件公司 Taleris（通用电气和埃森哲合资）在其工业物联网生态系统平台支持下，为航空公司提供故障担保，对所有引起航班延误和取消的设备故障负责。第四阶段是工业物联网发展的终极形态，工业互联网和消费互联网高度发展与融合，智能满足所有消费者的个性化需求。

从工业互联网发展现状来看，没有达到当时受访者们的预期。除工业互联网技术发展水平外，可能的原因主要有两个。一是没有考虑工业互联网建设成本。企业接入工业互联网（平台）的先决条件是数字化，而数字化成本往往较大。企业在进行是否接入工业互联网决策时，不但要考虑接入的增量收益，还要考虑接入的投入成本。二是跨行业知识壁垒和商业秘密保护（信任）。工业互联网需要对行业知识和工业机理建模，而工业界行业众多，不同行业的行业知识差异显著。此外，商业秘密保护动机也会削弱企业接入工业互联网的意愿。这些因素导致工业互联网发展很难发挥规模经济效应和范围经济效应。

工业互联网发展的第四阶段可以作为第三阶段自然演化的终极形态，因此，我们只需要考虑前 3 个阶段的发展模式，即在存在上述限制因素情形下，如何设计动态的价值共创模式，推动工业互联网发展顺利地进入第一阶段（初级阶段），然后从第一阶段演化到第二阶段（中级阶段），再从第二阶段进化到第三阶段（高级阶段）。

（二）工业互联网的价值过程分析

无论工业互联网发展到哪一阶段，都需要适当的价值共创模式推进。在价值共创模式构建过程中，管理者更为关注每一阶段的价值实现过程，即价值过程。根据价值共创管理文献和 50 多家企业工业互联网项目经理对于价值过程和价值共创活动的认知与理解，将价值过程划分为价值共创（价值形成与增值）、价值度量（测度与评价）、价值分配（包括交换分配与消费）、价值沟通（包括价值表述与沟通）4 个主要价值活动（环节）。

1. 各价值活动的构成

每一个价值活动都需要相应的基本价值行动来完成，并且呈现出一种基本的“价值功能”。

（1）价值共创活动的基本价值行动。

①顺应：顺应“客户价值”诉求，和客户一起解决客户问题，实现价值共

创。在目前工业物联网发展初始阶段，平台企业 [数字化制造企业（如通用电气和西门子）、互联网企业（如亚马逊、阿里）、工业软件企业（如 PTC、用友）和工业解决方案提供商（如 ABB）等] 在价值网络中占据一个（或几个）节点，仅和部分节点有业务关系。而不同节点有不同的行业知识（往往包括商业机密），有不同的数字化水平。平台企业应该首先选择“垂直业务”策略推广其工业互联网平台应用，即在既有业务基础上，顺应客户需求，提供数字化服务业务。如通用电气和西门子顺应其医疗设备用户的设备健康管理效率提升诉求，开发数字化医疗设备健康管理系统，提高了设备使用效率，降低了健康维护成本，实现了价值共创，建立了信任（数字化）联结。

②桥接：在客户的商业关系集合中寻找新的商业机会。通用电气于 2013 年率先推出工业互联网平台 Predix，期望其成为工业互联网“安卓”系统。2018 年，由于其平台发展规模低于市场预期，绩效得不到资本市场认可，导致其发展受挫。问题是，如何扩展工业互联网平台规模？除数字化成本因素外，工业互联网平台规模拓展的障碍主要表现在行业知识和信任，消除这种障碍的一种方法是，平台企业和平台客户一起在客户的商业关系集合中寻找价值共创机会（客户了解其关系企业行业知识，同时，平台通过客户可以和其关系企业建立信任关系），将其引入工业互联网平台，和平台成员联动共创价值，拓展平台规模。

③顾问：基于大数据精准了解客户需求，为客户提供精细化顾问（解决方案）服务。在消费互联网中，要满足消费者个性化需求，需要基于大数据的感知、分析和行动 3 个环节，实施效果取决于每个环节的执行效率和精度，它依赖平台生态系统完善程度。如同消费互联网，当工业互联网网络流量具有一定规模时，平台服务（PaaS）商就会有足够数据精准了解平台客户需求，吸引更多基础设施服务（IaaS）商、软件开发服务（SaaS）商和其他服务提供商参与，为客户提供更精细化顾问服务；更精细化顾问服务又会吸引更多客户加入工业互联网平台，形成价值共创联合生态体。这是工业互联网发展的高级型态。

三项基本价值行动实现的“价值功能”：达到价值共创活动的相互信任协同。

（2）价值分配活动的基本价值行动。

①公平：防止机会主义，努力实现公平公正。在笔者走访企业过程中，大多数工业互联网项目管理者反映，如果合作者在价值共创中的贡献与其所占价值不对等，可能会产生不平等、紧张、误解和挫折感，影响项目的可持续发展，甚至导致价值共毁。

②平等：努力实现双方从商业关系的“商业伙计”转型为“商业伙伴”的

“一家人”。笔者参与某发电设备制造商的设备健康维护平台筹建工作，该项目最终流产。以前，该企业利用其市场地位对其中小用户的设备维护收取高费用（2~3 倍市场价格），导致其用户除核心部件从该企业购买外，设备维护服务外包或自服务。因此，大多数用户认为该企业没有将它看作平等的商业伙伴，不信任该企业的设备健康维护平台，所以选择不接入。

③绑定：基于总体价值的共同绑定，将单个公司的业绩与参与共同创造过程的其他参与者的业绩联系起来。工业互联网发展缓慢，除行业知识差异化显著和信任两个障碍外，还有各企业的工业互联网基础设施发展水平差异大，在中国尤为明显，很多企业的发展水平低（几乎为零）。然而，工业互联网基础设施建设投资巨大，很多企业受财力约束，无法投资联网。基础设施厂商（如智能设备供应商）应该改“一次性卖出”为“定期按共创价值收取服务费”，减少建设企业的一次性投入，降低联入工业互联网的门槛，加快工业互联网发展速度。

三项基本价值行动实现的“价值功能”：达到价值分配活动生态可持续。

（3）价值度量活动的基本价值行动。

①一致性：各参与方从商务关系开始时就明确使用各自的关键绩效指标（KPI），同时也承认合作方的 KPI，即价值度量指标的一致性。大汇物联完成国家能源大渡河流域水电开发科技有限公司数字化工程后，希望独立为第三方水电发电设备健康维护工业互联网平台，所有技术和架构都在大渡河水电数字化过程中成功开发和运用。但在推广过程中，遇到的最大问题是，假如联入你的平台，你能为我的水电站创造多少价值？这是一个非常重要且棘手的问题。

②贡献度：价值度量活动还包括制定整个价值共创网络的网络化关键业绩指标，参与方个体业绩度量应附有反映整个网络业绩的价值度量标准，其中对协作做出更大贡献的参与方应得到更高比例的合作价值。笔者研究团队在企业调研过程中，发现某著名制造企业在推广其工业物联网平台时，以其高服务质量为由，设置高门槛并收取高价，没有考虑用户企业对其规模效益的贡献度。

③场景化：度量指标适度和恰当的场景化调整。在工业互联网价值网络中，每个节点处往往有不同的决策场景，管理者决策（如解决方案或关系选择）依赖不同的业绩指标。因此，工业物联网平台企业应该考虑设置适度业绩指标代理，使其适合每个节点企业的决策场景，使各参与方都能理解其业绩指标的内涵，达成整个价值共创网络协同优化。此外，工业互联网平台提供的服务也应该能够满足各节点客户的个性化需求。

三项基本价值行动实现的“价值功能”：达到价值度量活动科学准确。

（4）价值沟通活动的基本价值行动。

①表述：清晰而具有前瞻与包容的价值表述，以利于建立价值共识。工业互联网中各种应用原理技术性强，没有相关技术背景的管理者很难理解其应用价值，应该用直观方式展示其价值。笔者在考察 GE 数字集团（中国）和西门子数字化工厂（成都）时发现，他们用非常直观的可视化方式展示每个工业互联网应用项目的价值。此外，由于价值主张往往会随着各参与方交互深入而发生变化，价值表述也应该随之演进。“返空汇”是一家工业物流互联网企业，创办之初，其价值主张是降低货车“返空率”；通过和车主的深入交互，他发现车主真正的痛点是“平均每辆货车运 1 天货要闲置 1.9 天”，随即修正了价值主张，重构其商业模式和运营模式。

②越障：实现更加个性化的沟通，有效跨越文化障碍。GE 数字集团（中国）和西门子数字化工厂（成都）是通用电气和西门子在中国开展数字化业务的分支机构，其业务推广工作已融入中国情景。随着中国制造企业走出国门，中国企业主导的工业互联网也必将走出国门，必须具备价值表述越障能力。

③跨界：实施沟通的跨界和互动，发现新的价值创造的机会与空间，驱动更大网络的价值共创。随着工业互联网平台生态系统逐渐形成，其跨界用户越来越多，他们的差异化场景之间日益相互关联，出现新的商业机会可能性增大。平台应该创造他们之间交流和互动机会，倡导用最简单、最直截了当的方式交流各自的问题，将复杂的想法简化为跨界人士可以理解的有价值见解。

三项基本价值行动实现的“价值功能”：实现价值沟通活动的共识与互动。

2. 各价值活动之间的关系

价值共创活动与价值分配活动构成价值过程的主体性架构。人们通常将价值分配活动视为价值创造之后的一个环节，从时间上来看，价值分配确实位于价值创造之后；但从心理动力学来看，正是因为对于价值分配的期许驱动了价值创造——除了某种外力的“迫使”，有意识的行为都是“三思而行”：一思所为结果几何；二思结果价值几何；三思结果归己几何。若欲实现价值共创，必须科学设计价值分配活动。一个“理想”的价值分配必然是有助于新的价值创造。因此，价值共创与价值分配必然互为因果。

价值度量与价值沟通是价值过程必不可缺的辅助环节。价值共创共享的基础是信任，信任是沟通的产物，因而在价值共创活动之中，沟通成为最为经常的活动。价值度量是公平公正的价值分配的前提，并以价值共创为前提。因此，价值沟通和价值度量则是有序、有效推进价值共创、价值分配必要的“气氛”“氛围”或者环境。一个理想、期待与优化的价值过程，必然要求 4 个价值活动的“木板”匹配，没有短板，没有破板。一个全景式的价值过程（包括价值活动、价值行动和价值功能）如图 2 所示。

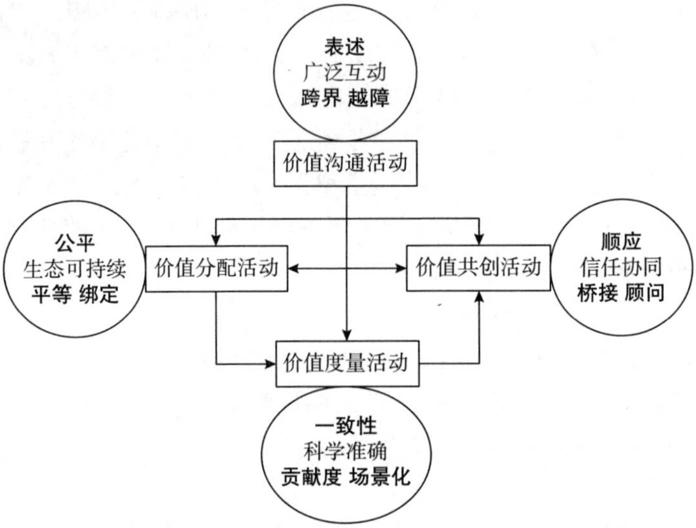

图 2　价值过程的 4 个价值活动及其关系

四、工业互联网的“三联”价值共创模式

“三联”价值共创模式中的“三联”是指工业互联网中价值共创主体通过“联结”“联动”创造价值并最终构建为价值共创共享的“联合生态体”（以下简称联体）。“联结”“联动”与“联体”仅仅是现象，深藏于“三联”背后的是价值共创的“驱动力模式”。

（一）“三联”价值共创模式的3种基本架构

1. 基于“联结”的价值共创模式

在市场经济体系下，有着许许多多的市场主体，在一个简化的市场中，不考虑政府和竞争对手，有 4 类处于离散状态的参与主体：制造商、供应商、零售商、顾客。起初，它们是一种通过交易连接的普通的供应链关系。

随着物联网技术的出现，人们发现可以利用物联网技术对生产 / 交易的某些环节进行数字化，构建一个简易的工业互联网来帮助供应链 / 节点企业提高运营效率（如供应链协同效率、节点企业资产管理 / 健康维护效率和节点企业的生产率等）。制造商（为表达方便，这里用制造商指代任一节点企业或者独立第三方）可以“顺应”这一价值共创诉求，搭建一个以制造商为中心的简单工业互联网，将利益相关者联结起来，架构一个基于“联结”的交易驱动的价值共创模式。这一模式如图 3 所示。

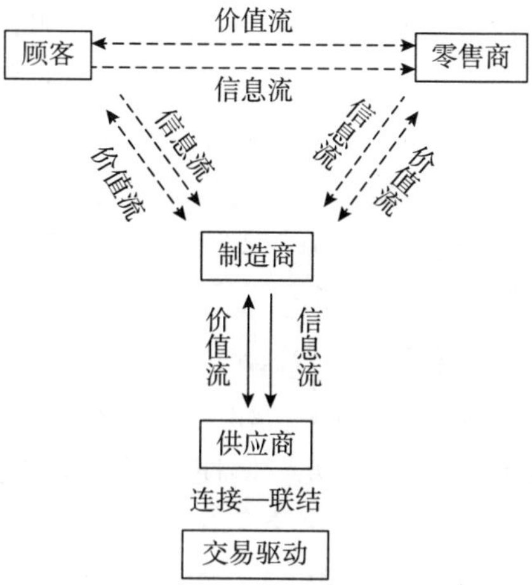

图 3 基于“联结”的价值共创模式

这是工业互联网的价值共创模式初级形态，对应工业互联网的初级阶段。它的价值过程中价值共创活动应该以“顺应”行动为主，即顺应交易伙伴提升运营效率的诉求。前文中已列举了一些如西门子和通用电气主导的成功案例。本部分及后续内容将以“返空汇”为例，详细说明每种模式的价值共创活动。“返空汇”全称“成都返空汇网络科技有限公司”，目前是一家“互联网 + 物联网”工业物流平台企业。“返空汇”的创始人在水泥行业的工作经历使其了解到采矿、冶炼、建筑和火力发电等产业的很多大宗物流都是由社会车辆完成的，而且效率低下。瞄准“降低货运车辆的返空率”这一商机，于 2014 年创办了该企业。“返空汇”使用物联网技术对货主企业仓库进行数字化改造接入平台，货车通过智能终端接入平台，通过基于“互联网 + 物联网”的工业物流服务优化，提升物流服务效率，实现货主、车主和平台的联结。

价值共创活动能否成功还取决于价值过程的其他 3 个价值活动：价值度量、价值分配和价值沟通。在管理实践中，按照前文的要求进行设计，不再赘述。

基于“联结”的价值共创模式，以前期交易建立的信任为基础，采用垂直发展工业互联网思路，“顺应”交易伙伴的“提升运营效率”诉求，采用物联网技术“联结”各利益相关方，搭建（初级版）工业互联网（平台）。

2. 基于“联动”的价值共创模式

（初级版）工业互联网平台成功运营后，接下来就要考虑工业互联网的迭代发展问题，即增加工业互联网平台的交易量。在此过程中，信任问题是最大的障碍。解决信任问题的一个思路是，在工业互联网已有用户的交易伙伴中发展新用户，实现“A 信任 B，B 信任 C，A 就信任 C”的信任传递。这种信任机制需要工业互联网平台（C）和老用户（B）进行“联动”，以“资源共聚—活动共力—价值共享”的运营逻辑为信任内核，通过“对话—接入—风险—透明”等活动实现信任演进。同时，考虑市场竞争关系，应将工业互联网平台企业独立为第三方，必要时，平台企业也可以与新用户直接“联动”，对新用户进行专用性数字化投资，以增强信任关系。

“联动”还体现在工业互联网平台、老用户和新用户互动，设计接入增值业务。新用户的接入，往往会提升老用户和新用户的数字化水平，新的数字化往往可以为工业互联网平台增加新业务。即使仅仅将老业务移植到新用户，也可以增加老业务的业务量。

按照上述思路，我们可以架构基于“联动”的业务驱动价值共创模式，如图 4 所示。在该模式的价值过程中，价值共创活动应该以“桥接”行动为主，即和老用户联动，在老用户的商务关系集合中发展新用户，开发新业务；配以适当的价值度量活动、价值分配活动和价值沟通活动，不断产生新的业务和业务量的增量。经过不断迭代，助力工业互联网从初级版升级为中级版。

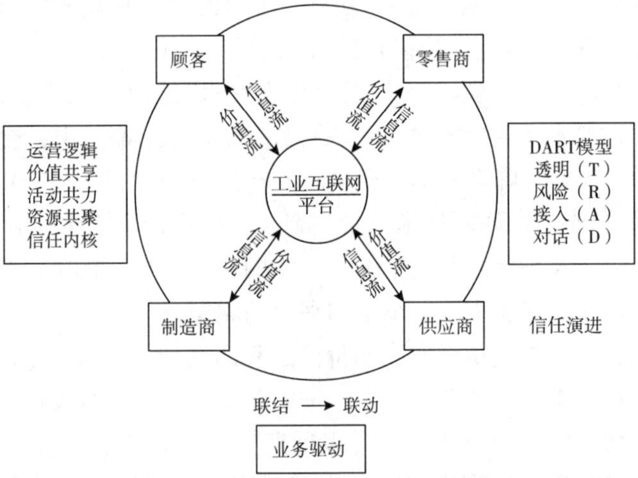

图 4　基于联动的业务驱动价值共创模式

“返空汇”最早在自己熟悉的水泥行业开展大宗工业物流（无车）承运服务，探索出基于“互联网 + 物联网”的大宗工业物流服务运营模式，该模式可以大大提高大宗工业物流服务效率。随着大量货车联结到平台，“返空汇”发现：车主真正的痛点不是“返空率”，而是“空闲率”。在“返空汇”的案例中，车主平均的空闲率为 60%，大体上是：车主运货一天，就要空闲 1.9 天。亟须发展更多货主企业联结到平台，增加平台货源数量，使平台更具商业价值。他们与已联结到平台的建筑材料销售企业“联动”，在吸收更多水泥企业联结到平台的同时，不断发展钢铁企业及其上下游企业联结到平台，吸引钢材、水泥、煤炭、矿石等大宗产业物流货源入网，从而创造更多的联结和联动。随着大宗产业物流货源的不断融入，联结的密度和联动的强度不断提升，各主体间的信任增加，平台联结的货主、车主规模不断扩大。同时，平台与车主联动，将与其有商务关系的金融、保险和货车厂商等机构联结到平台，开展物流费用结算支付、加油加气、车辆与货品保险、车辆租赁、物流金融服务等众多新业务。目前，“返空汇”平台运营进入良性循环。2019 年平台运费交易额超 200 亿元。

3. 基于“联体”的价值共创模式

随着基于联动的价值共创模式的连续实施，在（中级版）工业互联网平台中，与平台联结的企业数字化程度逐步提高，平台的价值创造能力随平台联结企业的数字化程度提高而厚积薄发，业务量和业务种类增长速度呈现先慢后快的态势；平台联结企业在价值共创中分享的价值增长速度加快，诱使企业自愿加快数字化进程，参与平台更多的价值共创业务。

同时，越来越多的企业加入，越来越多的业务开展，越来越多的数据产生，越来越多的价值共创机会形成，使得平台的吸引力不断增强，吸引其他数字化服务平台（可能是消费互联网平台，也可能是工业互联网平台，这里称为“联动者”）主动接入平台，与平台智能协同，共创衍生业务。工业互联网平台的价值共创渐入自组织、自循环的佳境。经过不断循环进化，平台成为价值共创共享的“联合生态体”。呈现出基于“联体”的价值共创模式，如图 5 所示。

基于“联体”的价值共创模式的成功实施，会推动工业互联网平台从中级版升级为高级版。从价值过程来看，价值共创活动能否成功主要取决于“顾问”行动，即平台基于物联网、大数据、区块链、数据挖掘、云计算和人工智能等方法，进行数据驱动的运营优化与监控能力，以及为平台联结企业提供数据驱动的智能咨询服务能力。同时，还取决于数据驱动的价值度量活动、价值分配活动和价值沟通活动的设计。目前，还没有成功案例可循，这是全新的管理实践难题和学术研究课题。

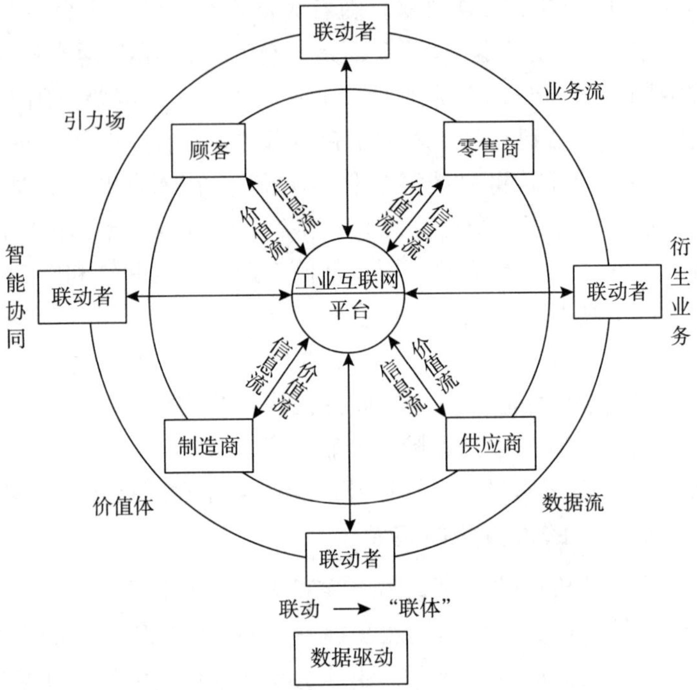

图 5　基于"联体"的价值共创模式

（二）"三联"价值共创模式的动态演进

"三联"价值共创模式是动态演进、创新的模式，是一个由初创到不断完善的演变过程。

在演进过程中，早期、较低形态的价值共创模式并不是被消灭消失，而是被后续、更高形态的价值共创模式吸纳和消融。在工业互联网发展的初级阶段，核心企业（平台）采用交易驱动策略，在自己的已有交易关系集合中，探索并实践基于联结的价值共创模式，开拓工业互联网服务业务。随着交易关系集合中大多数企业已联结到网络（平台），基于联结的价值共创模式日趋成熟，开始考虑开疆拓土。

工业互联网发展进入中级阶段，平台开始实施业务驱动策略（寻求业务增量和新业务），探索和实践基于联动的价值共创模式，在老用户的交易关系集合中发展新用户（从老用户层面来看，实际上是交易驱动）。为使新用户联结到平台，平台需和老用户一起联动，实施基于联结的价值共创。因此，基于联动的价值共创模式应该包括“基于联结的价值共创模式（相对于初级阶段版本来说，它可能是升级版）”模块。

当工业互联网平台出现自组织的价值共创活动时，标志平台发展开始进入高级阶段。组织者无论是在自己的交易关系集合中为平台发展新用户（新业务），还是在平台其他用户的交易关系集合为平台发展新用户（新业务），都需要平台提供“基于联结/联动的价值共创模式”设计的顾问服务，因此，平台在探索和实践基于“联体”的价值共创模式时，必须考虑“基于联结/联动的价值共创模式”数字化模块。价值共创模式的这种演变如图6所示。

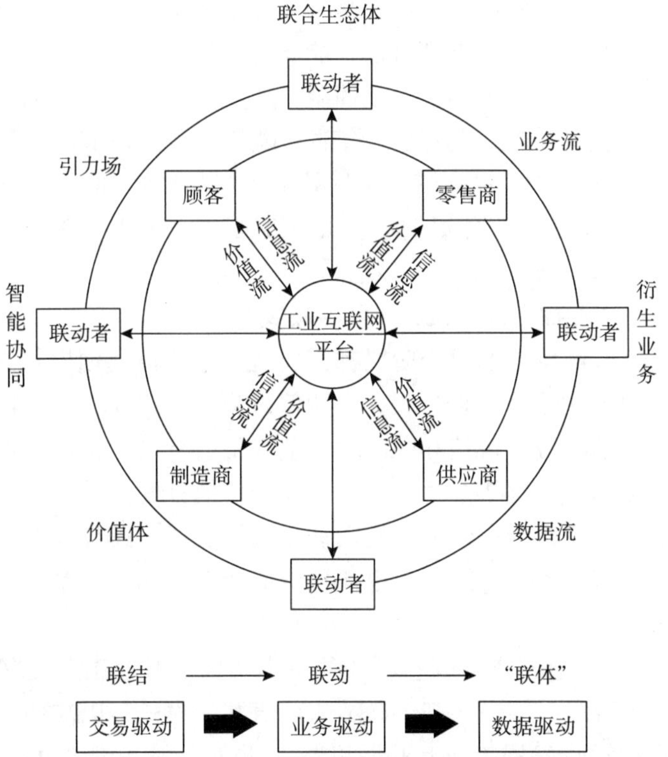

图6 价值共创“三联”演进模式

五、结束语

2020年3月发布的《工业和信息化部办公厅关于推动工业互联网加快发展

的通知》，将工业互联网基础设施建设作为新基建的重要内容，主要包括工业互联网内外网、标识解析体系、工业互联网平台、安全态势感知平台、工业互联网大数据中心等。上述工业互联网基础设施将方便企业将设备接入工业互联网平台，假如每台设备的维护费降低一点、使用效率提升一点、加工产品质量提高一点，所产生的效益将非常巨大。很多中小企业将从中受益，进而促进实体经济振兴，推动形成强大国内市场。

为助力我国工业互联网的发展，本文在调研和分析价值共创研究文献和工业互联网的价值共创实践基础上，从管理者视角，研究工业互联网的价值共创模式的构建方法。得到以下几点研究结论。

（1）工业互联网发展的终极形态是工业互联网平台生态系统支持下的拉式经济，即消费者的个性化需求都可以智能满足。然而，工业互联网的应用场景碎片化和高投入决定其发展不会一蹴而就，要经历一个较长的时期，历经 3 个阶段。运营效率提升阶段（初级），将部分设备和生产环节数字化，接入工业互联网和商业伙伴协同，提高资产利用效率、产品质量和工人的劳动生产率，降低生产成本。新产品 / 服务提供阶段（中级），按照产品即服务、软件即服务以及数据货币化理念开发新业务。结果经济阶段（高级），逐步实施在工业互联网平台生态系统支撑下的“按结果收费模式”。

（2）工业互联网发展的每个阶段都需要适当的价值共创模式推动。价值共创模式设计必须关注价值实现过程，即价值过程。它由 4 个价值活动构成：价值共创活动，包括顺应、桥接和顾问 3 个基本价值行动；价值度量活动，包括一致性、场景化和贡献度 3 个基本价值行动；价值分配活动，包括公平、平等和绑定 3 个基本价值行动；价值沟通活动，包括表述、跨界和越障 3 个基本价值行动。每个价值活动设计既要考虑 4 种价值活动之间的关系，又要具体到价值基本行动的选择。

（3）“三联”价值共创模式包括 3 种基本架构，对应工业互联网发展的初级、中级和高级阶段。第一，基于联结的价值共创模式，以前期交易建立的信任为基础，采用垂直发展工业互联网思路，“顺应”交易伙伴的“提升运营效率”诉求，采用物联网技术联结各利益相关方，搭建（初级版）工业互联网平台。第二，基于联动的价值共创模式，通过老用户“桥接”其交易伙伴，发展新用户，开发新业务增量或新业务；如此不断迭代，工业互联网发展进入扩张期。第三，基于“联体”的价值共创模式，通过为平台用户提供数据驱动的智能“顾问”服务，平台的价值共创渐入自组织、自循环的佳境，使平台循环进化为价值共创共享的“联合生态体”。在这 3 种基本架构中，早期、较低形态的价值共创模式并不是被消灭消失，而是被后续、更高形态的价值共创模式吸纳和消融，体现“三联”价值共创模式的动态演进过程。

本文开展的工业互联网的价值共创模式研究工作，有助于工业互联网时代下价值共创模式创新方面更广泛深入的学术探索和应用实践。随着工业互联网的发展从初级阶段进入中级和高级阶段，本文提出的一些思路/思想还有待未来的实证研究和案例研究检验。同时，在基于“联体”的价值共创模式设计思路中，有些概念如何落地还没有具体思路，如数据驱动的价值共创活动、数据驱动的价值度量活动、数据驱动的价值分配活动和数据驱动的价值沟通活动等，它们有待管理者和学者的进一步实践和探索。

参考文献

[1] Amit, J., 1985, “On Making Marketing Science More Scientific： Role of Orientation, Paradigms, and Puzzle Solving”, *The Journal of Marketing*, Vol.49, pp.11~23.

[2] Anderson, E., and Jap, S. D., 2005, “The Dark Side of Close Relationships”, *MIT Sloan Management Review*, 46(3), pp.75~82.

[3] Anderson, P. F., 1983, “Marketing, Scientific Progress, and Scientific Method”, *The Journal of Marketing*, 47(4), pp.18~31.

[4] Chowdhury, I. N., Gruber, T. and Zolkiewski, J., 2016, “Every Cloud Has a Silver Lining–exploring the Dark Side of Value Co–creation in B2B Service Networks”, *Industrial Marketing Management*, Vol. 55, pp.97~109.

[5] Corsaro, D., 2019, “Capturing the Broader Picture of Value Co–creation Management”, *European Management Journal*, Vol.37, pp.99~116.

[6] Darbi, W. P. K. and Knott, P., 2016, “Strategising Practices in an Informal Economy Setting： A Case of Strategic Networking”, *European Management Journal*, 34(4), pp.400~413.

[7] Dolan, R., Seo, Y. and Kemper. J., 2019, “Complaining Practices on Social Media in Tourism： A Value Co–creation and Co–destruction Perspective”, *Tourism Management*, Vol.73, pp.35~45.

[8] Grayson, K. and Ambler, T., 1999, “The Dark Side of Long–term Relationships in Marketing Services”, *Journal of Marketing Research*, 36(1), pp.132~141.

[9] Hansen A. V., 2019, “Value Co–creation in Service Marketing： A Critical (Re)View”,

International Journal of Innovation Studies, 3(4), pp.73~83.

[10] Holtgrave, M., Nienaber, A. M. and Ferreira, C., 2017, "Untangling the Trust-control Nexus in International Buyer-supplier Exchange Relationships: An Investigation of the Changing World Regarding Relationship Length", *European Management Journal*, 35(4), pp.523~537.

[11] Hunt, S. D., 1976, "The Nature and Scope of Marketing", *The Journal of Marketing*, 40(3), pp.17~28.

[12] Hunt, S. D., 1990, "Truth in Marketing Theory and Research", *The Journal of Marketing*, 54(3), pp.1~15.

[13] Järvi, H., Kähkönen, A. K. and Torvinen, H., 2018, "When Value Co-creation Fails: Reasons That Lead to Value Co-destruction", *Scandinavian Journal of Management*, Vol.34, pp.63~77.

[14] Nadeem, W., Juntunen, M., Shirazi, F. and Hajli, N., 2020, "Consumers' Value Co-creation in Sharing Economy: The Role of Social Support, Consumers' Ethical Perceptions and Relationship Quality", *Technological Forecasting & Social Change*, Vol.151, pp.1~13.

[15] O' Halloran, D. and Kvochko, E., 2015, *Industrial Internet of Things: Unleashing the Potential of Connected Products and Services*, World Economic Forum, Switzerland: Davos-Klosters.

[16] Prahalad, C. K., and Ramaswamy, V., 2000, "Co-opting Customer Competence", *Harvard Business Review*, 78(1), pp.79~88.

[17] Prahalad, C. K. and Ramaswamy, V., 2004a, "Co-creating Unique Value With Customers", *Strategy & Leadership*, 32(3), pp.4~9.

[18] Prahalad, C. K. and Ramaswamy, V., 2004b, "Co-creation Experiences: The Next Practice in Value Creation", *Journal of Interactive Marketing*, 18(3), pp.5~14.

[19] Ramirez, R., 1999, "Value Co-production: Intellectual Origins and Implications for Practice and Research", *Strategic Management Journal*, 20(1), pp.49~65.

[20] Ranjan, K. and Read, S., 2016, "Value Co-creation: Concept and Measurement", *Journal of the Academy of Marketing Science*, 44(3), pp.290~315.

[21] Vafeas, M., Hughes, T. and Hilton, T., 2016, "Antecedents to Value Diminution a Dyadic Perspective", *Marketing Theory*, 16(4), pp.469~491.

[22] Vargo, S. L. and Lusch, R. F., 2004, "Evolving to a New Dominant Logic for Marketing", *The Journal of Marketing*, 68(1), pp.1~17.

[23] Yin, J., Qian, L. and Shen. J., 2019, "From Value Co-creation to Value Co-destruction? The Case of Dockless Bike Sharing in China", *Transportation Research Part D*, 71(June), pp.169~185.

[24] Zinkhan, G. M. and Hirschheim, R., 1992, "Truth in Marketing Theory and Research: An Alternative Perspective", *The Journal of Marketing*, 56(2), pp.80~88.

[25] 江积海，李琴．平台型商业模式创新中连接属性影响价值共创的内在机理 [J]. 管理评论，2016(7).

[26] 李健，王莹．工业物联网是物联网的主要价值体现，我国应用潜力巨大 [J]. 电子产品世界，2019(7).

[27] 武柏宇，彭本红．服务主导逻辑、网络嵌入与网络平台的价值共创 [J]. 研究与发展管理，2018(1).

[28] 杨学成，陶晓波．社会化商务背景下的价值共创研究 [J]. 管理世界，2015(8).

[29] 杨学成，涂科．出行共享中的用户价值共创机理 [J]. 管理世界，2017(8).

[30] 余义勇，杨忠．价值共创的内涵及其内在作用机理研究述评 [J]. 学海，2019(2).

数字农业运营管理：关键问题、理论方法与示范工程*

阮俊虎[1]　刘天军[1]　冯晓春[1]　乔志伟[2]　霍学喜[1]　朱玉春[1]　胡祥培[3]
（1 西北农林科技大学经济管理学院；2 北京京东尚科信息技术有限公司；3 大连理工大学经济管理学院）

摘要: 正在发生的以万物为连接主体的物联网革命给整个世界带来的影响会远远超过以计算机和手机为连接主体的传统互联网和移动网络带来的影响，为我国赶超发达国家进而引领正在发生的数字经济提供了巨大机遇。自 2015 年受国家自然科学基金“物联网环境下的管理理论与方法”重点项目群资助以来，我们团队在对数字农业运营管理基本特征进行界定的基础上，从基础建设、应用升级和成熟爆发 3 个阶段识别出数字农业运营管理面临的关键问题，形成由数字农业流程重组、数字农业产业融合、数字农业知识管理等构成的数字农业运营管理理论方法，与京东集团合作开展了京东农场示范工程建设项目，构建出数字农业创新商业模式与一体化技术解决方案，有利于促进我国现代农业从机械化电气化到数字化智能化的跨越和数字农业运营管理这一新兴领域中国学术话语体系的构建。

关键词: 数字农业　运营管理　关键问题　理论方法　示范工程

一、引言

工业文明促成了现代经济管理理论的产生与发展，然而其主要学术话语体系主要掌握在西方发达国家，导致我国在经济管理领域的不少学术研究尤其是

* 原载《管理世界》2020年第8期。

在基础理论方面缺少中国本土情景（郑杭生，2011；陈春花等，2019）。改革开放以来我国取得的巨大经济发展成就和重大项目管理实践，孕育着新的经济发展规律和丰富的科学管理思想，亟须提炼形成中国特色经济管理理论体系，以改变经济管理领域的现有世界学术格局，为全球经济社会发展贡献中国思想、中国理论和中国模式（盛昭瀚等，2019）。

进入 21 世纪以来，互联网带来的网络经济已经重塑了全球产业结构与商业生态，促进了我国经济社会的“变轨式”跨越发展（Hu et al.，2019）。目前以计算机为连接主体的传统网络已经基本完成了向以手机为主体的移动网络的转换，正在转向以万物为连接主体的物联网时代，而物联网环境下的网络经济具有更大的渗透性和外部性，为我国赶超发达国家进而引领正在发生的数字经济革命提供了巨大机遇（谢富胜等，2019；刘业政等，2020）。为了抓住这一战略机遇，我国已经实施的一些重大战略（例如“感知中国”）极大促进了物联网技术基础性研究以及在城市和工业领域的应用进程。

党的十九大提出乡村振兴战略以来，国家积极推动新兴信息与通信技术在农业农村中的应用。2019 年 1 月，中共中央、国务院印发了《关于坚持农业农村优先发展做好“三农”工作的若干意见》，指出“实施数字乡村战略。深入推进‘互联网 + 农业’，扩大农业物联网示范应用”。2019 年 5 月，中共中央办公厅、国务院办公厅印发了《数字乡村发展战略纲要》，对我国数字乡村发展进行了战略部署。农业农村部、中央网络安全和信息化委员会办公室编制了《数字农业农村发展规划（2019—2025 年）》，为贯彻落实数字乡村战略作出全面设计。企业实践方面，京东、阿里巴巴、腾讯和网易等互联网企业均宣布应用物联网技术于种植业与养殖业，积极研发数字农业技术解决方案，助力国家数字乡村战略的实施。

新兴信息与通信技术在我国农业中的不断应用与推广，势必促进农业物联网的形成与发展。农业的基础性和物联网的渗透性，加上现有互联网已经积累的巨大网络价值效应，会给我国现代农业甚至是整个社会商业生态带来巨大变革，同时也会孕育出新的农业经济管理理论。为了促进我国在农业物联网实践中引领地位的形成和数字农业运营管理这一新兴领域学术话语体系的构建，亟须探讨物联网环境下数字农业运营管理的基础性问题。数字农业运营管理是一个多学科交叉领域，涉及信息科学、管理科学与工程、农林经济管理和运营管理等学科知识与理论，目前学术界和企业界都尚未对其概念进行明确界定。自 2015 年受国家自然科学基金“物联网环境下的管理理论与方法”重点项目群资助以来，我们团队持续钻研物联网环境下的农业管理问题，在对数字农业运营管理概念特征进行界定的基础上，识别出数字农业发展不同阶段面临的关键问题，从流程重组、产业融合、知识管理、运筹优化和网络经济等视角构建出数字农业运营管理的主要理论方法，与京东集团合作开展了京东农场示范工程建设项目，构建出数字农业创新商业模式与一体化技术解决方案，为数字农业实践的发展及其运营管理理论与方法的形成进行了开创性探究。

二、数字农业运营管理的基本特征

广义上来说，数字农业属于数字经济的一部分。2016 年在二十国集团（G20）峰会上发布了《二十国集团数字经济发展与合作倡议》，把数字经济定义为：以使用数字化的知识和信息作为关键生产要素、以现代信息网络作为重要载体、以信息通信技术的有效使用作为效率提升和经济结构优化的重要推动力的一系列经济活动。该倡议提出要“促进农业生产、运营、管理的数字化”。可见，数字农业最基本的特征是把数字化的农业知识与信息作为关键生产要素。运营管理的概念是从生产管理延伸出来，是指与产品生产和服务创造过程及系统密切相关的各项管理工作，涉及计划、组织、实施与控制等（Stevenson，2015）。农业生产管理是指对农业生产活动的一系列管理，而农业运营管理的对象除了农业生产活动，还包括与农产品有关的各项过程与系统。与传统农业运营管理不同，数字农业运营管理的对象主要包括两个大的方面：一是与农业数字化相关的过程和系统，二是与农业数字资源使用相关的过程和系统。

根据以上分析，我们形成数字农业运营管理的以下定义：采用新型物联网系统为基础支撑体系，对农业要素和过程进行数字化以及对形成的数字资源进行分析使用的过程中产生的与农产品生产和服务创造密切相关的计划、组织、实施与控制等各项管理工作，其目标是实现农业投入产出控制的精准化、农业知识经验传承的显性化、农产品交易过程的透明化和农业对环境负面影响的最小化。可见，数字农业运营管理是以信息通信技术在农业中深入应用为前提，以农业要素与过程的数字化和数字资源的创新使用为主要管理对象，以实现农业可持续发展满足人类需求为最终目标，主要具有 6 个基本特征，如图 1 所示。

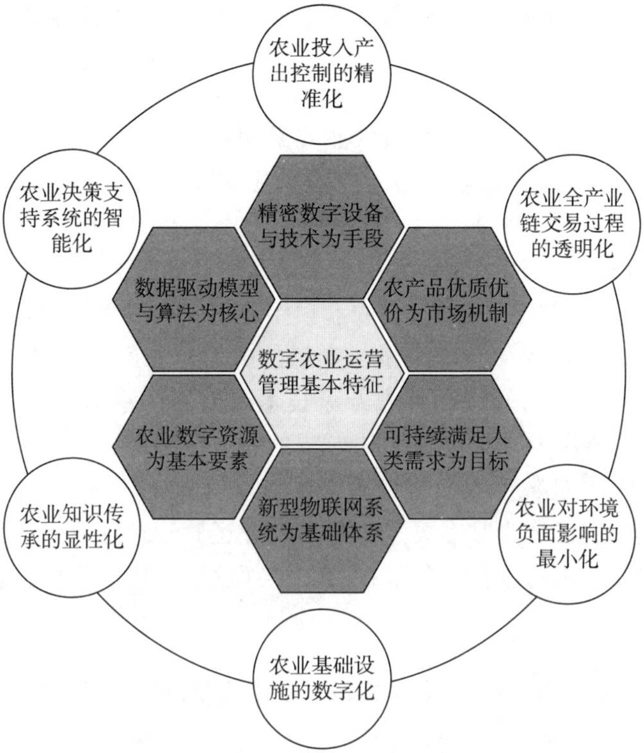

图 1　数字农业运营管理的基本特征

（一）新型物联网系统为基础体系，促进农业基础设施的数字化

经历了机械化和自动化之后，现代农业正在走向数字化和智能化，而影响这次农业革命进程的一个重要因素就是新兴信息与通信技术在农业中的应用程度。遥感技术、地理信息系统和全球定位系统等 3S 技术在农业中的应用已经比较成熟，但农业数字化和智能化的真正实现需要由新兴的传感技术（传感器、红外感应器和无人机等）、计算技术（云计算、边缘计算和区块链等）以及网络通信技术（5G 等）共同构成的新型农业物联网系统（Walter et al.，2017；Ruan et al.，2019b）。如何采用运营管理的思想与方法建设新型农业物联网系统以完成农业基础设施的数字化革命，是数字农业运营管理的首要任务。只有完成了这一首要任务，才能出现数字农业运营管理的基本场景，进而经过科学研究和实践检验才形成数字农业运营管理理论与方法体系，最终促进农业数字化、智能化和精准化的真正实现。

（二）农业数字资源为基本要素，促进农业知识传承的显性化

农业数字化是指采用遥感、全球定位系统、传感器、无人机、云计算和边缘计算等各种信息与通信技术采集农业要素和农业模型并转换为计算机可以处理的二进制数字的过程。其中，农业要素主要包括 4 个方面：生物要素（例如茎流量、叶面温度和果径大小）、环境要素（例如空气温湿度、光照强度和风力风向）、技术要素（例如农药效果、飞防效率和收割效率）和社会经济要素（例如农产品价格和农产品需求）；农业模型是指农业过程间的内在规律与外在关系，例如作物生长规律、施肥量与产量的关系、农产品产量与价格的关系，这些往往属于农业现有知识和涉农专家技术人员的经验（李皓等，2020）。可见，经过农业要素和农业模型数字化形成的农业数字资源，是进行农业精准智能控制的前提，也是数字农业运营管理的基本对象（汪懋华，1999）。也可以看出，以农业数字资源为基本要素的数字农业运营管理理论与方法的形成，可以有效促进农业知识经验传承的显性化，进而可以加快农业技术发展和农业知识创新。

（三）数据驱动模型与算法为核心，促进农业决策支持系统的智能化

数字农业运营管理模型与算法的功能主要体现在两个过程。首先，在采用新兴信息与通信技术对农业要素进行数字化的过程中，要素数据采集环节与设备的优化配置、数据传输网络以及传输路径的优化设计、数据存储与计算资源的合理分配等都需要相应的模型与算法，才能形成合理有效的农业要素数字化方案，同时也需要把现有农业知识和农业专家技术经验转化成计算机可以处理的模型与算法。其次，在搭建新型农业物联网系统之后，农业要素状态实时被感知并传输到数据处理中心，作为农业决策支持系统的输入，需要经过模型与算法的识别、判断与优化，确定是否进行调控以及调控的精度，然后输出到农业物联网系统中实施。可见，数据驱动的模型与算法是进行数字农业运营管理的核心，也是实现农业决策支持系统智能化的关键所在。

（四）精密数字设备与技术为手段，促进农业投入产出控制的精准化

经过模型与算法处理得到的新型农业物联网系统搭建方案和系统运行过程中的调控方案相当于运营管理的计划功能，是否最终实现需要精准的实施与控制，这就需要精密的数字设备与管控技术。首先是精密的数字控制设备，需要

研发新一代传感器和制动器，对农业要素进行更加精准的感知与控制，例如运用材料科学和纳米技术等创造新型纳米生物传感器和制动器，实现对农业循环系统中的微生物、病原体和水分子等进行管控（National Academies of Sciences, Engineering, and Medicine, 2019）。同时，也需要在新型物联网环境下对农业全产业链管控技术进行创新，一方面要采用新兴信息与通信技术重塑农业全产业链，实现全链条的精准优化，淘汰多余的运行环节、管理层级和工作岗位，另一方面要采用可现场部署的移动传感网络技术，实现对农业要素更加精准的动态管控。只有实现精准化的农业投入产出控制，才能真正实现精准农业，以持续提高农产品质量与产量。

（五）农产品优质优价为市场机制，促进农业全产业链交易过程的透明化

农业物联网系统的布置往往能够提高产量和品质，但如果缺少农产品优质优价市场机制，可能给农场带来的是损失而不是收益的增加。而农场对新兴信息与通信技术的采纳行为往往受其感知的有用性程度所影响，因此，优质优价的市场机制是驱动农场主动加入新型农业物联网系统的一个必要条件（朱玉春等，2011；Ruan et al., 2019c）。加入农业物联网系统的农场数量增加到一定程度，会形成巨大的农业要素数据网和农业模型算法库，此时农业物联网的巨大网络价值才会凸显，而在这一网络中信息获取和各种交易机会成本会接近于零，使得农业全产业链交易过程实现透明化，进而会保障农产品优质优价市场机制的持续运行。同时，新型农业物联网环境下，由于信息的透明化和交易机会成本的消失，会在农业产业链条之间形成开放式、分布式、协同式的横向规模经济体系，进一步降低农业生产和农产品流通成本。可见，农产品优质优价市场机制是进行数字农业运营管理的重要场景和导向目标。

（六）可持续满足人类需求为目标，促进农业对环境负面影响的最小化

农业是满足人类物质需求和支持国家发展的基础产业，因此数字农业运营管理的最终目标是在新兴信息与通信技术的支持下提高农产品的产量与品质，持续地满足人类生活基本的物质需要。数字农业运营管理可以从以下两个大的方面实现可持续农业的目标。一方面，利用农业物联网系统精准监测农业活动

对环境的影响，设计最小化环境负面影响的农业活动计划、组织、实施与控制方案。例如，利用农业物联网系统监测农业面源污染和农药化肥过量使用情况，提出相应的绿色农业生产管控措施。另一方面，是利用运营管理理论与方法优化农业物联网系统建设与数据采集传输方案，以最小化物联网系统本身对环境的负面影响。固定传感节点布置优化、移动传感节点路径优化以及传感节点数据上传间隔时间的优化设置等都可以应用运作优化模型与算法找出最优方案以最小化物联网系统对环境的负面影响（Ruan et al.，2019a；Ruan et al.，2019b；Ruan et al.，2019c）。

三、数字农业运营管理的关键问题

为了促进农业物联网实践的发展与数字农业运营管理理论的形成，需要解决面临的关键问题。我们从不同阶段和视角识别出数字农业运营管理的 6 个关键问题，如图 2 所示。在数字农业基础建设阶段，需要聚焦农业数字化标准体系构建和农业物联网基础设施建设这两个关键问题，应用升级阶段的两个关键问题是数据驱动模型与算法的设计和数字农业经营主体的培育，在此基础上会爆发各种数字农业商业运作模式，最终实现数字农业经济的巨大变革，而在以上各个阶段都需要政府对数字农业的发展进行科学治理。

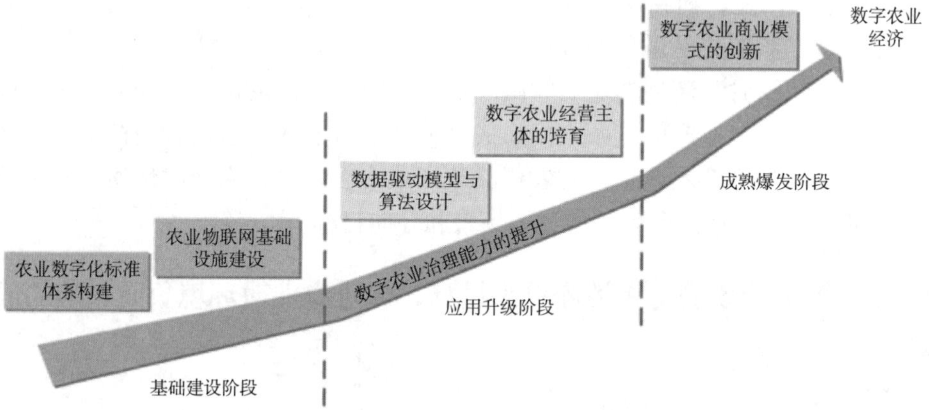

图 2　数字农业运营管理的关键问题

（一）农业数字化标准体系构建

与计算机网络和移动网络的建设过程类似，物联网的网络建设也必须标准先行。然而，物联网建设面临的主要挑战是万物的异质性，难以形成像面向计算机和手机那样的通用标准体系，加上农业种类与要素的多样性以及不同国家不同地区农业发展模式和阶段的异质性，使得农业物联网尤其是末端传感网的建设面临很大的差异性。同时，农业技术知识是实现农业智能化的核心要素，需要规范化的方法与技术把现有的农业技术知识和实践中形成的生产经验转化为可以输入农业物联网系统中的数据。因此，如何采用新兴信息与通信技术构建出农业数字化标准体系以规范农业物联网的建设和农业技术知识的数字化过程，是首先要解决的关键科学问题。这一问题的解决需要结合现有农业生产标准，在利用信息与通信技术对农业产业链进行流程重组和产业融合的基础上，按照农业类型分别建立不同情景下的标准体系。同时要充分考虑标准体系的层次性和衔接性，形成以国家标准为基础、行业标准为主导和企业标准为补充的农业数字化标准体系。

（二）农业物联网基础设施建设

网络经济的一个重要特征是边际效益递增性，主要是因为随着网络规模的扩大，加入网络的边际成本呈现递减而信息累积的增值报酬呈现递增。物联网环境下的网络经济这一特征更加突出，然而，这也意味着物联网基础设施建设阶段的加入成本是最高的而收益是最低的。因此，如何开展农业物联网基础设施的建设工作使得网络尽快增值到一定程度以促进企业和个体积极主动加入农业物联网，是数字农业基础建设阶段的另一个关键性问题。考虑到农业类型的多样性和异质性，以价值较高的重要农产品为对象构建特定农业全产业链的物联网系统是政府和企业应该采取的策略。物联网发展到一定程度势必促进新一代平台企业的产生，进而带来全新的商业模式（Ruan et al.，2019c；Ruan et al.，2020）。因此，以拥有巨大顾客群体的现有互联网平台企业为龙头，充分利用现有互联网累积的报酬递增效益，构建农业物联网电商平台应该是互联网平台企业亟须部署的战略。同时，政府要积极长远保护农业物联网建设主体的数据收益权利，以促进企业投资物联网基础设施建设的积极性。

（三）数据驱动模型与算法设计

如前分析可知，运作优化是农业物联网构建与运营过程中的核心，只有实现了农业运作的最优化才能促进精准农业的实现。然而，物联网环境下的农业运作优化面临诸多新的挑战：首先是如何处理多维异构大数据的输入，也就是如何把农业生产过程中产生的视频、音频和图片等非结构化数据转换成满足运筹优化模型要求的结构化数据，或者说，如何改进或者重构运筹模型以有效处理物联网环境下产生的这些异构大数据（孙新波等，2019；卞亦文等，2019；Ruan et al.，2020）；其次是如何基于流数据设计出快速模型求解算法，尤其是要解决最优化理论面临的数据“维度灾难”难题，以实时生成数字农业在操作层面的运作方案；最后面对农业全产业链中的各种干扰事件，如何在既有计划的基础上形成新的调整方案，以使干扰事件对原计划的负面扰动最小化。同时，如何把非结构化的农业技术知识融入结构化的运作优化模型与算法也亟须解决（Ruan et al.，2019a；冯晓春、胡祥培，2018）。

（四）数字农业经营主体的培育

在数字农业的应用升级阶段，新型农业经营主体的培育是另一个关键问题。物联网环境下的数字农业可以实现多个环节的重组融合，对传统农业经营主体所要求的能力和素质会有很大变化，同时也会产生全新的数字农业经营主体。在实施数字农业过程中，首先碰到的问题是从事农业的相关经营主体对农业物联网的认知与意愿问题。由于物联网系统实施成本较高、相关技能培训机构的缺失、数据质量控制较难等各方面因素的影响，多数传统农业经营主体会对物联网系统的采用持消极或观望态度（Kountios et al.，2018；Ruan et al.，2019c）。农产品优质优价市场机制的形成和农业物联网增值报酬的显著提高，可以提高采用农业物联网系统带来的边际收益，进而能够有效提升现有农业经营主体的正向认知和参与意愿。同时需要形成农业物联网技术培训体系，以满足数字农业经营主体的技术学习需求。另外，也要促进数字农业全新农业经营主体的培育，例如无人机飞防业务经营主体和农业技术知识模型库运营商等。

（五）数字农业商业模式的创新

在互联网时代，数据已经成为网络经济最重要的生产力，催生了各种各样的互联网商业模式，大大改变了传统商业生态系统，成为国家和企业发展的新动能（Brynjolfsson et al.，2003；赵光辉、李玲玲，2019）。同样，数字农业时代真正到来的主要标志是围绕数字农业爆发了物联网环境下的各种农业创新商业模式，使得农业物联网系统中大数据要素的巨大价值得到充分表现。由于农业的基础性和物联网的无界性，数字农业商业模式的创新不仅仅是基于农业单一产业的创新而是基于产业融合的创新，这些商业模式具有极高的渗透力和变革力，改变的不仅仅是农业产业而是整个社会领域的商业生态。值得强调的是，数字农业商业模式爆发的基础是农业物联网系统中积累的大数据，而这一积累过程是源于数字农业的基础建设阶段和应用升级阶段。可见，如何创新和布局物联网环境下数字农业商业模式，是值得学术界进行研究的科学问题和企业界进行部署的战略问题。

（六）数字农业治理能力的提升

作为基础产业的农业，直接影响到国家的粮食安全和社会稳定，其发展必然需要国家政府的有效管制。物联网环境下的数字农业发展能够为政府提供更全面、更精准、更及时的农业要素数据，为国家农业农村治理体系的构建和治理能力的提升带来了巨大机遇，然而也面临诸多新的挑战。如图 2 所示，数字农业治理体系的构建与治理能力的提升是一个全过程的系统工程，在数字农业发展的不同阶段有着不同的治理重点。基础建设阶段的治理重点主要有以下两个方面：一是如何制定系统合理的农业数字化国家标准体系，以规范而又不限制行业与企业标准体系的形成与发展；二是如何确定一个长效机制以促进国家和企业积极协同建设农业物联网基础设施。应用升级阶段的治理重点包括：如何促进国家级农业知识模型库与智能计算服务平台的构建和数字农业经营主体培训服务体系的形成。成熟爆发阶段的数字农业已经融入社会各商业生态系统，因此其治理范围是全方位的，终极目标是促进数字农业经济的实现与繁荣。

四、数字农业运营管理的理论方法

为了指导数字农业运营管理关键问题的解决，我们根据数字农业实践和相关学科交叉过程，构建出数字农业运营管理的理论方法体系，如图 3 所示。信息与计算科学、机械与电气工程、管理学和经济学等学科理论与技术在农业中的应用形成了农业电气化工程、农业机械化工程、管理科学与工程、农林经济管理和农业系统工程等传统交叉学科，这些交叉学科的发展实现了现代农业的机械化和电气化进程。在深入分析物联网、区块链等新兴信息通信技术为农业生产管理带来影响的基础上，我们把流程重组、产业融合、知识管理、运筹优化、质量管理、价值共创和网络经济等理论方法引入现代农业运营管理过程中，为数字农业运营管理关键问题的解决提供思想方法，促进现代农业数字化智能化的实现和数字农业运营管理理论与方法的形成。

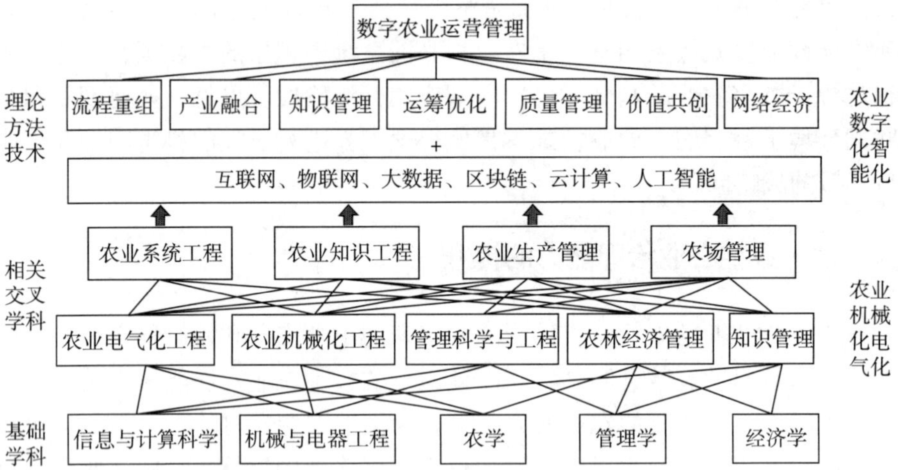

图 3　数字农业运营管理的学科基础与理论方法

（一）数字农业流程重组

业务流程重组由 Michael Hammer 和 James Champy 提出，强调利用先进的思想和技术对现有业务流程进行根本的再思考和彻底的再设计（Buzacott，1996；Bruccoleri，2019）。近些年，信息技术尤其是互联网技术已经对诸多领域进行了较大或者彻底改变，如零售业、金融业和运输业等，这些领域在互联网环境下的运作流程已经远远不同于传统流程。新型物联网技术的应用会给这些流程带来更大的变革，在农业领域主要体现在以下 3 个方面：农业生产资料的库存会实现自动化无人化管理，具有实时监测、自动订货和自动入库等功能；农业生产过程会应用更多的监测与控制系统，包括无人机遥感与飞防一体化系统、农业信息全景感知的移动传感系统和农业生产要素在线优化调度系统等；在农产品流通与消费环节，会实现基于物联网和区块链的农产品溯源功能和农产品消费精准追踪与召回功能等（Ruan et al.，2019b；Ruan et al.，2019c）。可见，物联网环境下的数字农业运作流程与传统农业生产管理过程会有巨大不同，进而会导致其运营管理的计划、组织、实施与控制功能的实现方式也有很大变化，需要采用业务流程重组的思想对其进行优化设计。

（二）数字农业产业融合

产业融合是指随着不同产业的技术知识、产品业务、消费市场或价值链交叉整合，使得这些产业间的边界变得模糊的过程（Hacklin et al.，2013；Heo and

Lee，2019）。技术创新是产业融合的内在驱动力，随着信息与通信技术对农业产业链、信息链和价值链的重构，势必加剧传统工业、服务业以及新兴的信息业、知识业和文化业与农业的融合。物联网环境下的数字农业是多产业融合的农业，需要应用产业融合的相关理论与方法来指导数字农业运营管理这一领域的发展。放松管制是产业融合的另外一个重要推动力（Heo and Lee，2019），因此，为了促进我国数字农业实践的发展及其管理理论方法的形成，需要国家柔性设计信息产业与农业的相关管理体制以促进物联网环境下我国现代农业的持续发展。范围经济是指企业产品类型增加导致平均成本降低的经济现象（王大树，2004），是产业融合的一个基础理论，也是数字农业运营管理的一个支撑理论。数字农业产业链的设计与控制需要考虑链条上的业务活动是否满足范围经济，如果满足，就可以考虑通过技术和市场的融合，实行多元化经营战略。

（三）数字农业知识管理

知识是人类进步的根本性动力，网络经济的到来促成了现代知识管理理论体系的形成。知识分为显性知识和隐性知识，前者能够格式化表达，后者难于格式化表达（王众托，2004）。日本学者野中郁次郎揭示了显性知识与隐性知识的4种转换关系：群化（隐性→隐性）、外化（隐性→显性）、融合（显性→显性）和内化（显性→隐性）（Nonaka and Takeuchi，1995）。传统农业生产过程由于缺少对农业元素数据的系统收集与长期积累，主要通过局部的经验交流来促进农业的发展，农业知识的形成与传承进程比较缓慢，而新型物联网环境下的数字农业会破除传统农业发展的数据制约因素。因此，数字农业运营管理的一个重要内容是如何利用新兴信息与通信技术构建出物联网环境下的农业知识管理系统以实现以下功能：转换现有农业显性知识为模型算法，形成智能化的农业决策知识系统，进一步促进农业领域的知识融合和加快农业经营主体知识内化过程；通过农业知识的应用和技术经验的实践积累，产生群化隐性知识并以数字化的形式输入农业决策知识系统，进而促进新增农业知识的外化与积累。通过以上功能的循环实现，农业知识可以在物联网环境下得到持续传承与快速发展，为智慧农业和精准农业的最终实现提供有力支持。

（四）数字农业运筹优化

运筹学主要思想是运用数学模型和逻辑模型对现实问题进行刻画，通过最优化方法和计算机技术求解建立的运筹模型以找到解决现实问题的最优方案

（Buyuktahtakin and Haight，2018）。在利用信息与通信技术对农业产业链进行重组融合和对农业技术知识进行显性化的过程中以及新型农业物联网系统运行中，需要进行操作层面的运筹优化（例如：农业传感网络的优化设计、智能农机的自动驾驶路线优化、数据上传间隔时间的优化设置等），才能实现数字农业的智能化和精准化，以最小化运营成本和最大化农业收益。因此，运筹优化理论与方法是数字农业运营管理理论方法体系的另一个重要方面。然而，面向农业物联网的多维异构性、动态实时性和高度不确定性等特点，需要对传统的运筹优化理论进行改进或者重建，才能为数字农业运营管理提供有效支持。

（五）数字农业质量管理

物联网和区块链等技术在农业中的应用，会为农业质量管理提供变革性解决方案（Ruan et al.，2019c）。传统农业生产管理过程中，由于各环节信息的缺乏导致难以有效管控农产品质量。而在新型物联网环境下，可以构建基于"信息链—证据链—信任链"的低冗余存储且安全性能高的农产品供应链置信溯源系统，对农产品实现全面质量管理。具体如下：首先通过覆盖农产品生命周期的物联网信息采集系统，形成从生产到销售全过程的基于区块链机制的分布记账式信息链；每一次针对特定农产品质量追溯是基于区块链内存储数据及链外关联数据的置信求证和规则推理，找出与农产品质量安全风险相关的证据链；进而结合网络节点本身属性（如在线平台信誉、个体农户声誉等）映射到信任网络中，构建一条贯穿上下游成员间的信任链，并动态调整、更新信任网络。这种以"信息链—证据链—信任链"为主线的农产品质量置信溯源方法，可以快速实现农产品溯源查询、证据推理、置信求证、信任融合等置信分析过程，为解决农产品质量难题提供新技术。

（六）数字农业价值共创

消费者需求具有动态化、小批量和个性化的特征，"孤军奋战"创造价值的商业模式已不能很好地应对市场变化，价值共创的产业互联模式正受到业界的广泛关注（吴瑶等，2017）。由于农业物联网基础设施投资的短期低效益性和农业物联网网络价值的规模递增性，需要利用价值共创的思想设计出农业全产业链协同合作机制，促进基础设施投资者、农业经营主体、农业技术专家、电商平台企业、政府相关部门以及农产品消费者等多方利益主体共建数字农业良好产业生态系统，促进农业物联网基础设施建设、数字农业经营主体培育和数字农业商业模式创新等关键问题的解决。尤其是要设计出公平合理的收益分配机制，以确保各参与主体积极合作，形成良性的价值共创循环网络体系。为此，需要建立基于物联网和区块链的农产品供应链网络合作博弈模型，在有效处理多方利益主体竞合关系的同时充分发挥各主体拥有资源禀赋和服务能力的差异化优势。

（七）数字农业网络经济

网络经济是指建立在互联网上的生产、分配、交换和消费的经济关系，具有高渗透性、边际效益递增性、自我膨胀性和外部经济性等特征（Kim et al.，2002；Brynjolfsson et al.，2003；陈国青等，2018）。物联网是新一代互联网，把传统以计算机和手机为连接主体的互联网扩展到以万物为连接主体，因此，物联网环境下的网络经济会给这个世界带来更大的变革。随着传感器价格的降低和新型传感系统的应用，农业物联网势必形成，进而会引爆农业领域的网络经济，因此，网络经济及相关理论（例如平台经济和共享经济）是数字农业运营管理的重要支撑理论。随着农业物联网基础设施的形成和农业经营主体参与意愿的提升，农业物联网电商平台会突然出现，进而会给现有农业经济体系带来颠覆性变化，新型的农业投融资关系、新型的农业生产服务关系、新型的农产品交易关系等都会随之而来，经过数字农业发展实践的检验与论证，最终会形成数字农业网络经济相关理论与方法（Ruan et al.，2019b）。

五、数字农业运营管理的示范工程

在国家自然科学基金“物联网环境下的管理理论与方法”重点项目群的资助下，项目团队分别从物联网诱发的组织变革、数据挖掘与群智感知、数据驱动的质量管理、商业模式与价值共创、在线智能优化调度 5 个方面对物联网环境下的管理理论与方法开展了较为深入的研究。基于这些研究成果，形成了解决数字农业运营管理关键问题的学术思想和理论方法，并且自 2018 年以来与京东集团合作，开展了京东农场示范工程建设项目，构建出数字农业创新商业模式与一体化技术解决方案。

图 4 显示了京东农场商业模式的总体框架：生产端依托京东农场合作基地进行物联网环境下的标准化和规范化生产种植，搭建全程可视化溯源体系，进行高品质农产品生产与加工；销售端搭建以京品源旗舰店为核心的京东商城电商生态平台，按照优质优价原则，搭建起从农场到家庭一站式销售模式；流通

端通过京东强大的物流配送系统，整合配送资源，减少流通成本，提升配送效率。经过两年来的合作建设，目前已经在全国建立了 20 余个京东农场基地，覆盖粮食和果蔬等多种农业类型。

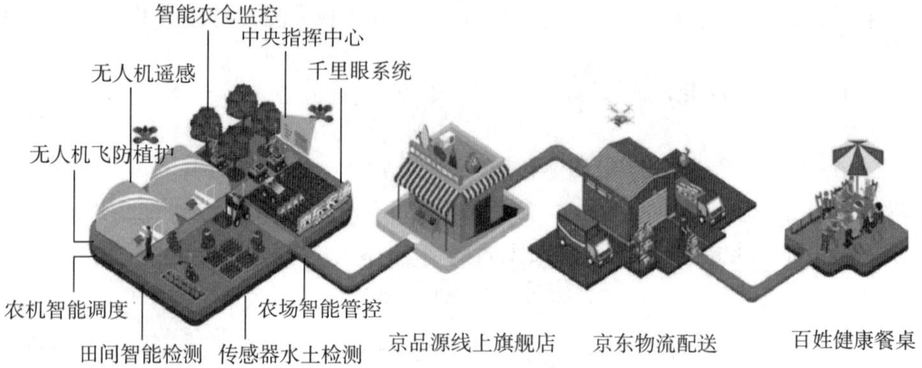

图 4　京东农场总体模式示意图

资料来源：北京京东尚科信息技术有限公司。

结合我国农业发展和行政单元划分实际情况，我们依据数字农业运营管理的支撑理论，提出京东农场县域数字农业一体化技术服务方案，针对数字农业治理能力的提升、农业物联网基础设施建设、农业数字化标准体系构建、数字农业经营主体的培育和数字农业商业模式的创新等关键问题提出了相应解决思路与技术支撑，如图 5 所示。

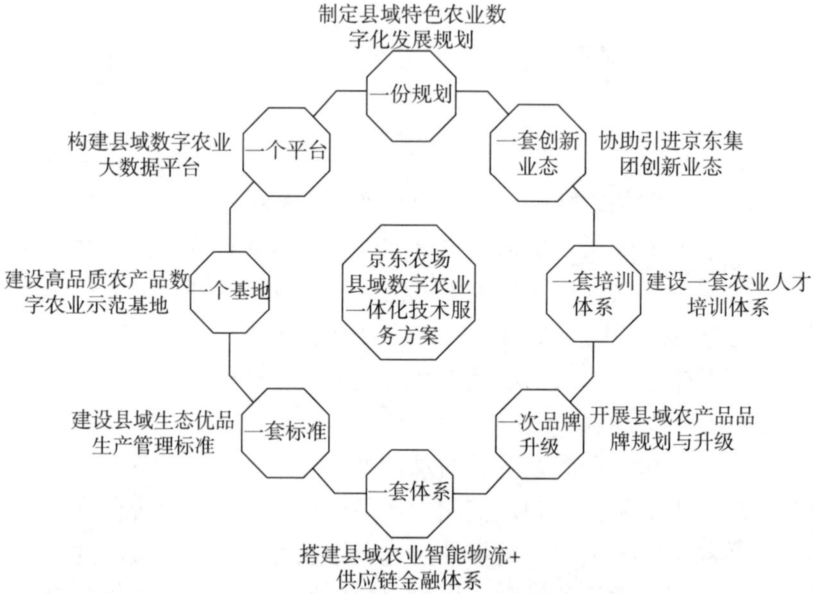

图 5　京东农场县域数字农业一体化技术服务方案

我们形成的京东农场县域数字农业一体化技术服务方案，具体包括以下几点。

（1）制定县域特色农业数字化发展规划。围绕着县域特色农业，协助政府制定中长期数字农业产业发展规划，为政府厘清农业发展思路，全面提升农业农村生产智能化、经营网络化、管理高效化、服务便捷化水平，用数字化引领驱动县域农业农村现代化，为实现乡村振兴提供有力支撑。

（2）构建县域数字农业大数据平台。依托物联网、区块链和大数据等方面技术能力，为政府搭建起基于空、天、地一体化的全域农业大数据智能管理平台，通过建设统一的数据汇聚和分析决策系统，实现数据监测预警、决策辅助、展示共享，为县域农业农村发展提供数据支撑及决策依据。

（3）建设高品质农产品数字农业示范基地。优选合作县域特色农业产业资源，落地京东农场高品质农产品示范基地，以基地为依托，打造县域数字农业产业转型升级试点项目，形成产业示范样板，引领和带动县域内其他优势及特色农业产业发展和升级。

（4）建设县域生态优品生产管理标准。依托京东农场合作示范基地，起草制定相关农产品生产管理地方标准，为农业生产品质提升夯实基础，同时推动同类农产品在不同地区的企业进行标准共建，打造行业团体标准，逐步推进形成行业标准。让每个参与标准制定的企业，享受标准带来的价值和红利。

（5）搭建县域农业智能物流 + 供应链金融体系。协助政府搭建智慧化物流与金融供应链服务体系，推动生产企业、加工企业、原材料企业、物流公司、金融机构等各类市场主体之间的互联互通与深度合作，共同促进县域农业产业物流与供应链金融行业健康发展。

（6）开展县域区域农产品品牌规划与升级。农产品区域品牌建设，成为新时代农业供给侧改革和乡村振兴的战略抓手，成为实现产业兴旺和区域经济发展的现实路径，通过县域特色农产品区域品牌建设，打造一批“品质可溯、品牌可信”的地标产品，助推县域农产品品牌价值提升及农产品溢价能力提升。

（7）建设一套新型农业人才培训体系。依托京东集团丰富的电商运营经验，联合专业培训机构和相关专家，为政府定制互联网、电子商务专业培训，培养专业电商产业人才，同时针对县域农业企业带头人举办专业技术培训，开展国内外农业考察交流，培养和发展新型职业农民。

（8）协助引进京东集团创新业态。通过整合京东集团多种创新业态，协助合作县域落地创新模式，推动县域产业在互联网平台的快速崛起，加快地方经济实现创新驱动发展，以县域 + 互联网 + 技术创新形式助力乡村振兴。

六、研究结论与展望

新型农业物联网的形成会促使数字农业的最终实现，对缓解世界日益增长的人口带来的物质需求压力具有重大意义。在构建和运营新型农业物联网的实践过程中，急需相应的理论与方法指导。通过对数字农业运营管理概念和特征进行界定，本文识别出数字农业运营管理的关键问题和理论方法，形成了建设农业物联网的创新商业模式与一体化技术解决方案，为我国数字农业的发展实践和学术研究提供了指导。主要结论包括以下几点。

（1）数字农业运营管理是以新型物联网系统为基础体系、农业数字资源为基本要素、数据驱动模型与算法为核心、精密数字设备与技术为手段、农产品优质优价为市场机制和可持续满足人类需求为目标的综合性管理策略，能够促使农业基础设施的数字化、农业知识传承的显性化、农业决策支持系统的智能化、农业投入产出控制的精准化、农业全产业链交易过程的透明化和农业对环境负面影响的最小化。

（2）新型农业物联网系统的构建需要基于农产品全产业链融合的视角，充分利用传感器、无人机、区块链、大数据等最新技术对现有农业运营管理流程进行彻底的再设计，进而要建立物联网环境下的农业知识管理系统和多维异构大数据驱动的优化模型与算法，实现农业知识的持续传承和精准控制方案的快速生成。农业物联网发展到一定程度带来的网络经济会改变整个农业的商业生态体系。

（3）在数字农业基础建设阶段，需要聚焦农业数字化标准体系构建和农业物联网基础设施建设这两个关键问题，应用升级阶段的两个关键问题是数据驱动模型与算法的设计和数字农业经营主体的培育，在此基础上会爆发各种数字农业商业运作模式，最终实现数字农业经济的巨大变革，而在以上各个阶段都需要政府对数字农业的发展进行科学治理。

新型农业物联网的发展为我国引领农业数字经济和形成中国学术话语体系提供了巨大机遇，然而需要解决诸多难题。本文从宏观和理论层面识别出关键问题和理论方法，构建出县域农业数字化一体化解决方案，对我国农业物联网的发展具有一定的指导性作用，但具体实施过程需要针对每个方面进行更深入、更具体的研究。

参考文献

[1] Bruccoleri, M., Riccobono, F. and Grossler, A., 2019, "Shared Leadership Regulates Operational Team Performance in the Presence of Extreme Decisional Consensus/Conflict: Evidences from Business Process Reengineering", *Decision Science*, 50(1), pp.46~83.

[2] Buyuktahtakin, I. E. and Haight, R. G., 2018, "A Review of Operations Research Models in Invasive Species Management: State of the Art, Challenges, and Future Directions", *Annals of Operations Research*, 271(2), pp.357~403.

[3] Buzacott, J. A., 1996, "Commonalities in Reengineered Business Processes: Models and Issues", *Management Science*, 42(5), pp.768~782.

[4] Brynjolfsson, E., Hu, Y. and Smith, M. D., 2003, "Consumer Surplus in the Digital Economy: Estimating the Value of Increased Product Variety at Online Booksellers", *Management Science*, 49(11), pp.1580~1596.

[5] Hacklin, F., Battistini, B. and Von Krogh, G., 2013, "Strategic Choices in Converging Industries", *MIT Sloan Management Review*, 55(1), pp.65~73.

[6] Heo, P. S. and Lee, D. H., 2019, "Evolution Patterns and Network Structural Characteristics of Industry Convergence", *Structural Change and Economic Dynamics*, vol. 51, pp.405~426.

[7] Hu, X., Dang, Y., Sun, L., Li, X., Li, W. and Guo, C., 2019, "Information and Logistics Management in Newly Emerging E-commerce in China", *Science* (Dalian University of Technology: 70 years of innovation and openness), 2019(7), pp.15~18.

[8] Kim, B., Barua, A. and Whinston, A. B., 2002, "Virtual Field Experiments for a Digital Economy: A New Research Methodology for Exploring an Information Economy", *Decision Support Systems*, 32(3), pp.215~231.

[9] Kountios, G., Ragkos, A., Bournaris, T., Papadavid, G. and Michailidis, A., 2018, "Educational Needs and Perceptions of the Sustainability of Precision Agriculture: Survey Evidence from Greece", *Precision Agriculture*, 19(3), pp.537~554.

[10] National Academies of Sciences, Engineering and Medicine, 2019, Science Breakthroughs to Advance Food and Agricultural Research by 2030, The National Academies Press.

[11] Nonaka, I. and Takeuchi, H., 1995, *The Knowledge-Creating Company*, Oxford University Press.

[12] Walter, A., Finger, R., Huber, R. and Buchmann, N., 2017, "Smart Farming is Key to Developing Sustainable Agriculture", *Proceedings of the National Academy of Sciences of the United States of America*, 114(24), pp.6148~6150.

[13] Ruan, J., Hu, X., Huo, X., Shi, Y., Chan, F. T. S., Wang, X., Manogaran, G., Mastorakis, G., Mavromoustakis, C. X. and Zhao X., 2020, "An IoT Based E-business Model of Intelligent Vegetable Greenhouses and Its Key Operation Issues", *Neural Computing and Applications*, article in press, doi： 10.1007/s00521-019-04123-x.

[14] Ruan, J., Jiang, H., Li, X., Shi, Y., Chan, F. T. S. and Rao, W., 2019a, "A Granular GA-SVM Predictor for Big Data in Agricultural Cyber-Physical Systems", *IEEE Transactions on Industrial Informatics*, 15(12), pp.6510~6521.

[15] Ruan, J., Jiang, H., Zhu, C., Hu, X., Shi Y., Liu, T., Rao, W. and Chan, F. T. S., 2019b, "Agriculture IoT： Emerging Trends, Cooperation Networks, and Outlook", *IEEE Wireless Communications*, 26(6), pp.56~63.

[16] Ruan, J. and Shi, Y., 2016, "Monitoring and Assessing Fruit Freshness in the IOT-based E-commerce Delivery-Using Scenario Analysis and Interval Number Approaches", *Information Sciences*, vol. 373, pp.557~570.

[17] Ruan, J., Wang, Y., Chan, F. T. S., Hu, X., Zhao, M., Zhu, F., Shi, B., Shi, Y. and Lin, F., 2019c, "A Life-Cycle Framework of Green IoT Based Agriculture and Its Finance, Operation and Management Issues", *IEEE Communications Magazine*, 57(3), pp.90~96.

[18] Stevenson, W. J., 2015, Operations Management (12th Edition), Tata McGraw-Hill Publishing Company Limited, 2015.

[19] Telldahl, C., Hansson, H. and Emanuelson, U., 2019,"Modelling Animal Health as a Production Factor in Dairy Production-A Case of Low Somatic Cell Counts in Swedish Dairy Agriculture", *Livestock Science*, vol. 230, Article Number： UNSP 103840.

[20] 卞亦文，闫欣，杨列勋．社会学习视角下运营管理决策研究 [J]. 管理科学学报，2019(5).

[21] 陈春花，朱丽，钟皓，刘超，吴梦玮，曾昊．中国企业数字化生存管理实践视角的创新研究 [J]. 管理科学学报，2019(10).

[22] 陈国青，吴刚，顾远东，陆本江，卫强．管理决策情境下大数据驱动的研究和应用挑战——范式转变与研究方向 [J]. 管理科学学报，2018(7).

[23] 冯晓春 , 胡祥培 . 蔬果商品 B2C 直销的拣货包装序列优化研究 [J]. 管理工程学报 , 2018(3).

[24] 胡瑞法 , 黄季焜 . 农业生产投入要素结构变化与农业技术发展方向 [J]. 中国农村观察 , 2001(6).

[25] 胡祥培 , 孙丽君 , 王征 . 基于物联网的在线智能调度方法的相关思考 [J]. 管理科学 , 2015(2).

[26] 李皓 , 阮俊虎 , 胡祥培 , 肖红喜 , 冯晓春 . 基于物联网的设施果业智能管控系统与示范工程 [J]. 复杂科学管理 , 2020(1).

[27] 刘业政 , 孙见山 , 姜元春 , 陈夏雨 , 刘春丽 . 大数据的价值发现 :4C 模型 [J]. 管理世界 , 2020(2).

[28] 盛昭瀚 , 薛小龙 , 安实 . 构建中国特色重大工程管理理论体系与话语体系 [J]. 管理世界 , 2019(4).

[29] 孙新波 , 钱雨 , 张明超 , 李金柱 . 大数据驱动企业供应链敏捷性的实现机理研究 [J]. 管理世界 , 2019(9).

[30] 王大树 . 关于范围经济的几个问题 [J]. 管理世界 , 2004(3).

[31] 汪懋华 . “精细农业”的实践与农业科技创新 [J]. 中国软科学 ,1999(4).

[32] 王众托 . 关于知识管理若干问题的探讨 [J]. 管理学报 , 2004(1).

[33] 吴瑶 , 肖静华 , 谢康 , 廖雪华 . 从价值提供到价值共创的营销转型——企业与消费者协同演化视角的双案例研究 [J]. 管理学报 , 2017(4).

[34] 谢富胜 , 吴越 , 王生升 . 平台经济全球化的政治经济学分析 [J]. 中国社会科学 , 2019(12).

[35] 赵光辉 , 李玲玲 . 大数据时代新型交通服务商业模式的监管——以网约车为例 [J]. 管理世界 , 2019(6).

[36] 赵云辉 , 张哲 , 冯泰文 , 陶克涛 . 大数据发展、制度环境与政府治理效率 [J]. 管理世界 , 2019(11).

[37] 郑杭生 . 学术话语权与中国社会学发展 [J]. 中国社会科学 , 2011(2).

[38] 朱玉春 , 唐娟莉 , 罗丹 . 农村公共品供给效果评估 : 来自农户收入差距的响应 [J]. 管理世界 , 2011(9).

重大工程决策"中国之治"的现代化道路*
——我国重大工程决策治理70年

盛昭瀚[1]　刘慧敏[1]　燕　雪[2]　金　帅[3]　邱聿旻[4]　董　梁[1]
（1 南京大学工程管理学院；2 南京审计大学金融学院；3 江苏大学管理学院；
4 南京财经大学会计学院）

摘要：新中国成立70年既是我国重大工程建设不断创造奇迹、取得举世瞩目成就的70年，也是不断发展和完善我国重大工程决策治理体系和治理能力的70年。本文以三门峡工程、三峡工程、改革开放以来的长大桥梁工程群以及港珠澳大桥等我国重大工程典型案例链为基础，把我国70年来重大工程决策"中国之治"，即中国重大工程决策治理现代化与中国化一体化的实践及创新，放在我国社会主义建设，特别是近40年改革开放、民族振兴以及大国治理的历史情境中进行全景式的分析和解读，并在我国重大工程决策"中国之治"70年现代化道路发展历程的文化记忆中，总结其基本经验、揭示其内在逻辑，再通过体现历史逻辑与辩证思维原则的反思，提炼对新时代我国重大工程决策治理的现实启示。

关键词：重大工程　决策治理　现代化　回顾　反思

一、引言

任何一个时代都是人类历史发展长河中的一个阶段。在它之前，有着"过去的"时代，在它之后，有着"未来的"时代，任何"当下的"时代一定是承上启下、承前启后的（Sheng，2018）。所以，一个时代的管理学术，一定包含着对过去时代人类管理学术的肯定和继承，也一定会包含着相对于未来时代的不足和局限。正如马克思、恩格斯所说，"我们只能在我们时代条件下去认识，而且这些条件达到什么程度，我们就认识到什么程度"（马克思、恩格斯，

* 原载《管理世界》2020年第10期。

2009）。这意味着，任何管理学术中一定蕴含着一种自我回顾、总结、反思的品格，即对管理学术的文化记忆。

在过去一段较长时期，我国管理学术的“大头”属于“在中国的管理学术”阶段。这一阶段的基本形态是中国学者主要按照西方管理思想与学术范式来研究各类管理问题，这是中国现代管理学术发展的以“引进吸收”为主的“照着讲”阶段。

目前，这一阶段正在向“管理学术中国化”阶段提升和进化。这一新的阶段的基本形态是中国学者更注重扎根于我国管理的实践土壤，坚持实际问题导向，关切与回应国家重大实践需求，并以自主性学术创新自立于世界管理学术之林，这是中国现代管理学术发展的以“自主创新”为主的“接着讲”阶段（盛昭瀚，2019）。

从以“照着讲”为主到以“接着讲”为主、从以“引进吸收”为主到以“自主创新”为主是中国管理学术的重大历史性转折，它体现了中国管理学界经过几十年的成长而表现出强烈的主体意识、文化自信与理论自觉，同时也反映了中国管理学术正逐渐成为当代世界管理学术格局中一个相对独立的重要的组成部分（盛昭瀚，2019）。

“管理学术中国化”不再仅仅表现为我国管理学界发表学术论文数量上的增加，也不仅仅是在微观层次对某些具体问题与方法的研究，而是努力在确立重要学术思想、形成理论体系与构建话语体系等宏观层次上为我国也为国际管理学术发展做出更大贡献；这是历史给我们中国管理学者一次难得的机会，这一机会源于这样一个“临界点”，即全球原有的整体性管理学术格局、秩序与资源供给正开始发生结构性变化，其中就包括“管理学术中国化”的成长壮大。

“管理学术中国化”是一种整体性的学术系统形态的演变，是深刻的学术创新机理变革与持久张力作用的结果。其中，不仅有当前人们的不懈努力，也有我们对历史先辈学术的传承。任何管理思想与学术都是那个时代管理活动规律相对广度、深度与高度的总结与提炼，也必然会有自身相对的不周、不足与不真。黑格尔说，“哲学的认识方式只是一种反思——意指跟随在事实后面对既有经验和现实对象的反复思考”。因此，“管理学术中国化”历史性转折的基本动因之一就是中国管理学术的自我总结与自觉反思。凡是具有高度生命活力的管理学术必然具有不断深化和修正的自我完善与自我成长的自觉性，这是管理学术永不停顿和与时俱进的基本能动力，特别是，在当今充分体现自主性和本土化的“管理学术中国化”转折时期，对我国管理学重要领域的学术历史实践与进化道路进行回顾、总结与反思意义尤其重大。

这就是在中国成为全球重大工程建设大国、实践成就世界一流、相关学术研究取得重要进展的背景下，我们写作本文的初衷。

本文的主题决定了这是一个大时空尺度，涉及政治、经济、社会、文化及重大工程管理等多个领域的科学问题。显然，要把新中国成立 70 年来复杂曲折的重大工程决策治理历史浓缩至一篇文章中，除了需要明晰的学术思维主线外，还需要积累大量一手资料。为此，我们从 2011 年开始前后花了 8 年多时间，实地调研了全国 16 个省市的近 30 个重大工程，搜集并阅读了数百篇相关论文、300 余万字著作并查阅了 500 余份原始档案，访问了一些年逾古稀甚至已到耄耋之年的当事人，召开了许多次座谈会和进行专家访谈，整理了约 80 万字的基础性资料，形成了 30 余万字的中间成果；特别的，自 2008 年起我们以港珠澳大桥工程管理顾问单位的身份，持续 12 年参与港珠澳大桥管理咨询工作，并和港珠澳大桥的专家们一起完成了《中国港珠澳大桥工程决策理论与实务》等专著，在以上工作的基础上，终成本文。

本文努力站在当今时代发展的新高度和新起点，突破单体工程案例和单一管理专题的狭小范围，首次把重大工程这一我国新名片、决策治理这一工程管理核心问题、“中国之治”这一中国管理特色、现代化道路这一中国独特国情融合进新中国 70 年这一大时空尺度中，全景式地展现为我国 70 年来重大工程决策“中国之治”与我国社会主义建设，特别是近 40 年来改革开放、民族振兴一路同行的生动画卷，揭示我国大国治理历史情境中重大工程决策“中国之治”的历史进步与基本规律，并从历史基本经验的总结与反思中提炼出对新时代我国重大工程决策治理的现实启示（盛昭瀚等，2020）。

二、重大工程决策“中国之治”的70年道路

（一）总体性研究路线

在过去的 70 年间，我国政治社会经济文化大体制、大环境、大方向对重大工程决策“中国之治”有着巨大的主导力、决定力与影响力，因此，70 年中国重大工程决策之治现代化道路的大走向、主航道、里程碑都深深铭刻着中国独特的国情与文化烙印。而这样的烙印最集中体现在过去 70 年中我国典型重大工程决策治理的典型案例的情景之中。本文拟通过 70 年来我国若干典型工程的决策治理案例来认知、分析和揭示 70 年重大工程决策“中国之治”现代化道路的基本形态和演化规律。

从时间上讲，70 年是重大工程决策“中国之治”现代化道路的时间演进“全景”，而道路进程“全景”又是由许多典型的单体工程案例“景点”所组成，所以，看“全景”必然要通过看典型案例“景点”才会使我们对 70 年重大工程决策“中国之治”现代化道路有完整的认识。

在上述总体研究路线框架下，我们设计了如下具体的研究方略。

（1）既然研究对象是 70 年我国重大工程决策治理“全景”，那最好要对 70 年时段进行全覆盖，因此，我们选择了 1949 年就开始筹划的三门峡工程为 70 年起始案例，中间有决策时间前后长达 30 余年的三峡工程、我国改革开放 40 年来数十座连绵不断的长大桥梁工程群，最后以 2018 年刚刚通车运营的港珠澳大桥工程为 70 年结束案例，这样的以时间为序的“抓两头、带中间”典型案例和以“点”（三门峡工程、三峡工程、港珠澳大桥工程等）、“线”（我国改革开放以来近 40 年数十座长大桥梁工程等）相结合的案例链，能够完整地体现 70 年重大工程决策“中国之治”现代化道路的“全景图”。

（2）本文这样的选材不仅以“我们正在做的事情为中心”，而且能够从不同角度“原生态”体现重大工程决策“中国之治”的丰富内涵和本土特色，如三门峡工程是新中国重大工程建设的“开场锣鼓”、三峡工程是当今世界级超级工程并且决策治理过程曲折起伏、港珠澳大桥工程决策治理的“一国两制”最具当代中国特色，而数十座长大桥梁工程案例群则整体性地揭示了在突飞猛进的改革开放 40 年间，我国重大工程战略决策、立项决策和投融资决策等重大工程决策治理现代化的基本形态与演化路径。因此，这样的选材最尊重客观历史事实、最表现“中国之治”的丰富内涵，也使我们关于重大工程决策“中国之治”的文化记忆最鲜活、深刻而精准。

（3）70 年来我国重大工程决策治理的内涵不是静止、固化的，而是动态、发展和不断与时俱进的，相应的学术与理论也在不断发展和深化。总体上说，先前我国重大工程决策治理活动都是后续治理活动的幼芽、雏形，甚至是今天决策治理精彩大戏的“开场锣鼓”，因此，我们既不能在决策治理前进道路上停步不前，更不能站在当下决策治理理论体系与话语体系的制高点上俯视历史上那些“曾经的”决策治理活动现实而“一览众山小”。回顾与反思 70 年我国工程决策治理现代化道路不是也不能完全用当今决策治理学术概念简单套用在先前历史中，并将其纳入当今决策治理学术框架之中。我们要做的是尽量梳理清楚历史上那段重要、不可或缺的典型案例的现实逻辑与历史逻辑，并将其中决策治理的核心思想与认知精髓作为国家与民族的文化记忆保存下来，转化为我们今后继续前行的精神力量。也就是说，系统回顾与反思这段历史不仅让我们认识到过去 70 年重大工程决策“中国之治”道路的崎岖曲折，更能感受到未来重大工程决策“中国之治”现代化仍然是一项任重而道远的艰巨事业。

（4）重大工程决策“中国之治”现代化道路是一个既具有高度现实依赖性又具有深刻理论内涵的科学问题，研究这一问题不能简单运用现成的西方治理学术思想和理论的“剪刀”来剪裁如此博大深厚的中国故事，唯一的办法是在中国实践的大地上开展大量的工程案例调查，尽可能掌握详细的工程决策治理情景细节、行为细节、操作细节等第一手资料，同时以中国特色国家治理理论为指导，以中国现实国情为背景，在理论与实践充分融合的基础上形成自主性的研究结论。

下面为本文的核心部分，即通过我国 70 年重大工程典型案例链开展对重大工程决策“中国之治”现代化道路的文化记忆。

（二）三门峡工程

黄河是中华民族之根，承载着中华民族的历史沉淀与人文精神；而同时，黄河流经黄土高原，大量泥沙进入黄河并在下游淤积，历史上下游经常决口改道、洪水泛滥成灾。几千年来，虽经中华民族祖先不屈不挠治水，终因治理黄河水患工程巨大而复杂，历史上屡屡战乱或腐败，加之生产力和技术水平低下，完成如此大任是不可能的。

1. 曲折的宏观决策过程

黄河潼关和洛阳段附近河床中有岩石岛，将黄河水分成三股由西向东，北面一股名为“人门”，中间一股名为“神门”，南面一段名为“鬼门”，故称三门峡。三门峡以西是渭河、洛河的汇合处，两水汇合后再向东流到风陵渡入黄河，而邙山之间的三门峡是黄河流进华北大平原最后一段峡谷地带。近代以来，社会普遍认为，此处地质条件良好，可筑高坝实行蓄水拦沙，并产生水电效益，因此，建设三门峡水利枢纽是确保黄河下游防洪安全和开发黄河水利的首善之举。但是，即便如此，三门峡建库方案在中华人民共和国成立初期的短短 4 年内仍然经历了“三起三落”。

1949 年 8 月，正值“解放全中国、筹建新中国”之际，黄河水利委员会（以下简称黄委会）提出兼顾发电、灌溉和防洪，在三门峡建蓄水水位 350 米的大坝。水利部复勘后，综合考虑了当时的国家政治形势、经济实力、技术条件后，认为在黄河干流上建设如此宏大的工程尚不适宜，此谓“一起一落”（李文凯，2006）。

1952 年，被邀的苏联专家在勘察现场后提出了三门峡高坝方案，因要淹没八百里秦川而被舍弃，转为研究淹地较少的邙山建库。1953 年，又因“投资大，效益少”，邙山建库方案被弃，此谓“二起二落”（李文凯，2006）。

同年，三门峡工程方案又被提上议事日程，但因水利部“上游建库花钱不能超过 5 亿元、移民不能超过 5 万人”的要求，方案再遭搁置，此谓“三起三落”（包和平，2006）。

显然，这段时间的“三起三落”主要是因为国家大形势、大环境和不具备足够的资源支撑而使开工建设三门峡工程缺乏可行性，当时，国家领导人主要精力正放在新中国恢复经济和国家安全上，对三门峡工程决策的关注度与推动力自然也不够。

1953 年，我国开始实行第一个五年计划，其主要任务是集中力量发展重工业，建立国家工业化和国防现代化的初步基础，发展交通运输业、轻工业、农业、商业和培养建设人才（刘国光，2006）。第一个五年计划制定后，全国人民建设社会主义工业国的热情空前高涨，工业化建议和各领域重大项目纷纷上马，这给三门峡工程决策带来了一次新的重要的历史性转机。

在三门峡工程决策治理历史上，1954 年是非常重要的一年，因为这一年根据第一个五年计划安排的苏联对华 156 项重点援建项目公布，其中就包括河南省的三门峡水利枢纽工程。这样，三门峡工程再一次顺理成章地出现在党和国家战略性工程建设任务的清单之中。

中华人民共和国成立初期，毛泽东同志多次提出要在经济建设问题上学习苏联现成的成功经验。毛泽东同志对苏联领导人说过，我们搞建设，是没有经验的，我们要当你们的学生，学习你们搞建设的经验①。所以，当时要建设三门峡工程，自然会请苏联专家，也自然会依赖苏联专家的意见。

1954 年 2 月始，中苏专家代表团 120 余人历时 110 余天完成了对黄河的实地大勘察。苏联专家团在勘察过程中肯定了三门峡坝址，并且竭力推荐在三门峡建库，认为三门峡水利枢纽与黄河其他水利枢纽比较，是唯一可能全面解决黄河下游防洪、供电、灌溉、航运等综合任务的水利枢纽。苏联专家团团长柯洛略夫赞赏三门峡是个难得的好坝址，明确指出：三门峡是最好的一个坝址，它可以综合地解决防洪、灌溉、发电等各方面的问题。经黄河查勘团反复讨论研究，最后一致同意苏联专家组的意见，修建三门峡水利枢纽工程（顾永杰，2011）。

---

① 霞飞：《三线建设：毛泽东的一个重大战略决策》，载于《党史纵横》，2008年第1期。

1954 年 4 月，黄河规划委员会成立，着手编制黄河流域规划，同年 12 月底，完成了苏联专家参与设计的三门峡枢纽大坝和水电站的《规划报告》，该报告将三门峡水利枢纽选定为黄河综合利用的一期重点工程，具体方案为：三门峡水库将蓄水至 350 米高程，总库容 360 亿立方米，设计允许泄水量 8000 立方米每秒。该方案能够全部解除黄河下游洪水威胁，同时，带来巨大的灌溉、发电、下游航运等综合效益，一举解决千年历史的“治黄”难题。

1955 年 2 月 15 日，《规划报告》被呈报至党中央领导人；5 月上旬，这一方案在中共中央政治局会议上通过；7 月中旬，国务院会议通过；7 月 18 日，当时的国务院领导在第一届全国人民代表大会第二次会议上作了《关于根治黄河水害和开发黄河水利的综合规划的报告》；7 月 30 日，全国人民代表大会一届二次会议通过决议。

1956 年 4 月，苏联专家完善了《三门峡工程设计要点》，将水库高程从 350 米调整至 360 米，高出 10 米水库高程意味着要淹没农田 333 万亩，移民多达 90 万，远超《规划报告》中的 60 万移民（张伟、沈四，2009）。

最后，国家建委会同意了 360 米方案；1957 年 4 月 13 日，三门峡工程正式开始施工。

2. 可贵的科学抗争精神

虽然在三门峡决策过程中，工程上马的大势已定，但它自身客观存在的风险以及被革命激情与浪漫情怀暂时搁置在一旁的现实问题终究还存在，就连受到一致肯定的《关于根治黄河水害和开发黄河水利的综合规划的报告》也明言存在两个严重问题：一是 60 万移民问题怎么解决，二是虽预留了一定的库容来对付上游泥沙，但若无其他减沙措施，水库在 25~30 年后将被淤平。那为什么在这两个问题没有解决之前，就通过这样重要又有严重潜在风险的决策方案呢？

一个重要的事实是：柯洛略夫被任命为三门峡水利枢纽设计总工程师。在当时的政治情境下，苏联专家有着绝对的话语权，他提出了一个“免不了”的理由，即“想找一个既不迁移人口又能保证调节洪水的水库，这是不可能的幻想、空想，没有必要去研究。为了调节洪水，需要足够的水库库容，但为了获得足够的库容，就免不了淹没和迁移”（任彦芳，2010）。

另一个重要事实是：三门峡工程决策论证主要是在苏联专家主导下完成的，苏联境内多为清水河，而黄河则是泥沙河，苏联来华专家组中没有泥沙方面的专家，这从学理上表明治理黄河的重要瓶颈问题是无法依靠苏联专家来解决的。但是，在如此复杂的重大工程的决策治理问题上，用简单的“免不了”这样一般性常识来做决策依据是严重违背重大工程决策治理科学精神的，但正是中华人民共和国成立初期中苏之间亲密关系而普遍产生的对苏联专家的迷信态度使“免不了”获得上上下下的广泛“理解”，也因为当时把是否同意苏联专家意见看作衡量个人政治立场标尺而导致许多人在严谨的科学面前“失语”，而高涨的建设热情又让“免不了”一笔勾销了许多原本应该开展的严谨的工程决策技术分析与风险评估工作，所有这些综合在一起，最终给三门峡工程日后的巨大损失埋下了“种子”。

但是，即使在当时那样“一边倒”情况下，清华大学黄万里教授仍坚持实事求是的科学精神，指出了在黄河干流上建坝会因黄河水多泥沙，使得潼关以上流域会不断向上游堆积淤泥，到时不仅会造成发电困难，同时还要淹掉大片土地，“今日下游的洪水他年必将在上游出现”（李文凯，2006）。

1956 年 5 月，黄万里教授提出两点修改意见，一是降低水库设计水位，二是不要堵死 6 个施工泄洪排沙孔，以用于泄水排沙，减缓淤积。

1956 年 12 月和 1957 年 3 月，电力部的温善章分别向国务院和水利部陈述了《对三门峡水电站的意见》（郑晓光，2017）。为减少淹没迁移，他提出建设水位 335 米、容量 90 亿立方米的低坝水库和滞洪排沙的方案。这一方案可将三门峡移民降到 15 万人以下。当时的水利部领导人也表示了决策层对温善章观点的支持（李文凯，2006）。

周恩来同志在得知这些不同意见后，指示有关部门充分讨论，民主决策①。1957 年 6 月，经周恩来同志批示，水利部组织多名专家，就三门峡工程的治水问题进行讨论②。会上无人反对建设三门峡工程，并且大多数专家都同意苏联专家的高坝大库蓄水拦沙的设计方案，只有三四位专家支持温善章的排沙降低设计水位方案。黄万里认为，如若在这个淤积段上建坝，黄河下游的水患将移至中游关中平原，今后还将淤没田地，造成城市灾害。但是考虑到出席会议的大多数专家的态度，黄万里退而提出，若一定要修此坝，建议不要堵塞 6 个排水洞，以便将来可以设闸排沙。全体参会专家同意黄万里提出的修坝时留下 6 个排水洞用于设闸排沙。然而施工时，苏联专家坚持把 6 个底孔都堵死。事实证明，正是泥沙淤积与淹土移民成为三门峡工程决策失误的两大要害。

国务院收到讨论会上报的《三门峡水利枢纽讨论会综合意见》，并将报告批转给山东、河北等六省份征求意见，但是各省份对黄、温两人的意见大都没有什么回应。只有陕西省由于面临数百万亩良田即将被淹和直接出现近百万移

---

①② 杨献珺：《周恩来与三门峡水利枢纽建设》，人民网-中国共产党新闻网，2017年5月9日，http://dangshi.people.com.cn/n1/2017/0509/c85037-29264033.html。

民的严酷现实表示方案造成的损失太大，提出要求降低水位份、缩小工程规模。这反映了当时在三门峡决策治理过程中，多主体利益均衡等基本原则的缺失和单一的自上而下的行政权力运作方式对三门峡工程决策治理科学性与民主性的确造成了明显的伤害。

1957 年 11 月 13 日，《人民日报》发表社论，提出了“大跃进”的口号。1958 年 4 月，周恩来赶到三门峡工地召开现场会议，进一步听取各方意见，做好最后的协调工作。

在 1958 年我国那特殊的“大跃进”运动高潮前夕，在我党局部服从全局、下级服从上级、全党服从中央的政治路线下，陕西省表示支持“淹一家救万家”“有困难，也服从中央决定”。而此时大坝的设计标准改为 360 米，施工标准为 350 米，1967 年，最高运行水位低于 340 米（李文凯，2006）；降低泄流孔底，增加随水排出泥沙的机会。经过这样修改的决策，使 90 万移民有一大半不需背井离乡，能够留在故土。

但是，历史后来告诉我们，即便周恩来等同志为了降低水位殚精竭虑，也没能抵消三门峡工程决策治理的重大方向性错误。黄万里教授关于三门峡工程修建的预见，后来被一一验证。三门峡工程建成后，黄河流域的水土日益恶化，1972 年黄河开始出现断流，下游河水所剩无几，之后平均每年断流 100 多天。

随着时间流逝，如何妥善处理和应对三门峡工程由于决策失误而造成的各方面问题，显得越加棘手，这么多年来，三门峡工程在当地涌现出许多新的负面问题，变得越来越积重难返，不同部门利益协调机制失灵问题也愈加突出，难以得到有效解决。

3. 三门峡工程决策“中国之治”的总结

三门峡工程是新中国水利史上第一座高坝大库，工程决策正值中华人民共和国成立初期，当时我国重大工程资源匮乏、工程决策治理概念薄弱、治理经验不足，但全国上下充满了对新中国和新社会的憧憬与改造自然、建设国家的热情，政治家和领导人作为三门峡工程的决策治理主体在决策过程中表现出的治理理念、思维逻辑、对问题判断的标准，无不凸显出新中国初期特有的政治思想革命性历史烙印。

具体地说，三门峡工程的决策治理过程可以分为两个阶段：第一阶段 1949—1953 年，表现为“三起三落”；第二阶段 1954—1956 年，表现为快速决断。

第一阶段：中华人民共和国成立初期的四年，中央领导层在三门峡水利工程决策问题上表现为“三起三落”。如此审慎的“举棋不定”，第一，反映了我国当时政治经济财政大形势的困难，的确难以支撑这一重大工程建设。第二，一方面反映了中央领导对解决黄河下游的千年水患的强烈愿景与情怀。1952 年 10 月 30 日毛泽东同志在河南视察黄河谈到三门峡工程时就说，这个大水库修起来既能解决困扰几千年的黄河水患，也能灌溉沿岸流域平原的几千亩农田，还能发电 100 万千瓦，并创造轮船通行的条件，是可以研究的。当时的国务院领导人于 1953 年 5 月 31 日写信给中央最高领导人：关于当前防洪临时措施，我意亦可大体定夺，第一个五年先修芝川、邙山两个水库……度过五年十年，我们国家即将有办法来解决更大工程与更多的移民问题（李文凯，2006）。另一方面，即使中央领导对三门峡工程如此憧憬，但面对如此庞大的工程仍然非常谨慎，认为三门峡工程还处在“可以研究的”阶段。究其原因，可以深切感受到，面对三门峡工程将导致八百里秦川良田被淹和让生活在富庶的黄河中游地带的数十万农民移居他乡这一严酷现实，当时中央领导人的心中充满悲悯。

第二阶段：在中华人民共和国成立之初的 4 年中“三起三落”的三门峡重大工程却在后来短短两年左右时间里不仅迅速通过了宏观规划论证工作，且拿出了具体的工程总体方案。前后反差巨大有以下两个重要的“催生”因素。

第一，经过 4 年左右的奋斗，新生的国家政权得到了巩固，初步恢复了国民经济，建立起一批国家工业化所必需而过去没有的基础工业，并开始重点考虑三门峡工程这样具有重大影响而一时被搁置的工程建设，整个社会把它当作新中国建设成就的标志，并赋予其过多的政治意义。全国普遍高涨的建设热情与革命乐观主义情绪又进一步加剧了上上下下根治黄河的强烈愿望。这样的政治社会大环境一方面会给重大工程建设带来难得的战略机遇期，另一方面，也容易造成高涨热情下对将决策治理视为生命的严谨科学精神的冲击。

第二，三门峡工程被安排在第一个五年计划苏联对华 156 项重点援建项目之中，这在很大程度上解决了工程建设资金的“瓶颈”，加之当时我们自己缺乏重大工程决策治理的意识与经验，严重低估了三门峡工程决策问题的复杂性与各类潜在风险，简单认为苏联建设经验、科技水平和专家意见能够解决一切问题。在这样的政治气候与环境下，柯洛略夫提出的“免不了”理由，本来仅仅是认识论上的一种常识逻辑，并不能作为三门峡这样复杂工程决策治理的科学决断准则。但是，恰恰当时普遍存在的对苏联专家的迷信与依赖让这个简单的常识逻辑变成了特定历史环境下三门峡工程决策治理失误的直接

“催化剂”。

即便如此，1957 年 6 月，70 名专家还是聚集北京召开了“三门峡水利枢纽讨论会”，给苏联专家的方案提意见。会上，黄万里不迷信苏联权威，与主张建坝的人展开了数天的争辩，但当时社会普遍已把是否同意苏联专家的意见看作个人政治立场和态度问题，所以，黄万里的意见没有起到任何实际作用。

三门峡工程特别值得历史和后人深刻思考的是，在重大工程决策治理过程中，对自然规律的敬畏、对科学精神的尊重、对不同科学观点的民主态度是多么重要。

更高层面上，让我们敬佩和感动的是，虽然在 20 世纪 50 年代“大跃进”那样的大形势下，周恩来同志为纠正人们在三门峡工程决策上不切实际的做法已经竭尽所能，直到 1964 年，周恩来同志还依然在多次讲话中对三门峡工程的决策进行自我反思。他说：三门峡工程我们打了无准备的仗。……建国才五六年就兴建三门峡工程，当时想要黄河清，志向很大，夸下了海口，但科学态度不够……①

今天，关于重大工程决策治理在学术上已经有着自己的内涵与话语体系，而在近 70 年前的三门峡工程时期，作为一个科学体系的“重大工程决策治理”，无论概念、原理、范式、手段等都几近空白。三门峡工程决策治理主体们在面对三门峡工程建设时，很自然地将他们治理国家大事的经验和追求国家强盛、为民造福的历史责任“移植”到三门峡工程决策治理实践中，再加上中华人民共和国成立初期特有的国内外环境综合构成了今天我们见到的鲜活的“三门峡故事”和它显现出的历史逻辑。三门峡工程决策治理是新中国重大工程决策“中国之治”的首次“亮相”，它的决策治理实践连同它的失误已在我国重大工程决策治理现代化道路中留下了深深的“拓荒者”历史印记。

（三）三峡工程

长江三峡水利枢纽工程（以下简称三峡工程）是迄今为止全球规模最大的水力发电枢纽工程，位于湖北省宜昌市的三斗坪镇境内，其主要功能包括航运、防洪、发电等。

1992 年召开的全国人民代表大会上，三峡工程提案得到批准。两年后开工建设，整个建设过程分为 3 个阶段，2009 年竣工，总投资金额为 3320 亿元。三峡工程的大坝高度为 185 米，蓄水的最大安全高度为 175 米，整个水库长达

① 许水涛：《黄万里与三门峡工程的旷世悲歌》，载于《炎黄春秋》，2004年第8期。

2335 米。在生产发电方面，三峡水电站可安装 32 台水电机组，其单机容量可达 70 万千瓦。

三峡工程建设全过程的一个罕见现象就是超长的决策时间，从最早提出起前后连贯起来用了 70 余年。不仅如此，关于该工程的决策，从对它构想的那一刻起，便始终伴随着巨大的争议，直至工程竣工投产多年后的今天，这类争议仍然还在持续着。这充分反映了三峡工程决策活动与过程的极其深刻的复杂性和决策治理历程的崎岖性。特别是，关于新中国三峡工程决策治理活动从 20 世纪 50 年代中期一直持续到 20 世纪 90 年代初，这是一个贯穿我国从高度计划经济体制到改革开放和向市场经济体制过渡的重要变革时段，新中国主要创始人先后都深度参与了三峡工程决策治理活动，从而使三峡工程决策治理成为我国当代甚至世界重大工程决策治理史上的一幕“大剧”。

为了尽量梳理清楚这出“大剧”的历史脉络，在过去的 6~7 年时间内，我们搜集并阅读了相关论文数百篇、著作 300 余万字，通过多种渠道查阅了原始档案 350 余份，访问了一些年逾古稀甚至已到耄耋之年的当事人，编辑了一批访谈记录，所有这些都成为还原、再现和定格那段决策治理情景的重要构件。

由于篇幅限制，我们不可能按照编年史样式来展开，而主要依据重大工程决策治理一般逻辑来表述浓缩型的三峡工程决策治理“大剧”的“剧本梗概”。

1. 三峡工程决策的早期提出

兴建三峡工程的构想最早由孙中山先生提出。1919 年，孙先生提出了《建国方略之二——实业计划》。他在书中谈到，需要对长江上游的水路进行改良，防止出现洪水隐患。随后，孙先生在 1924 年再一次在“民生主义”的演讲中论及三峡大坝，提出可以在三峡大坝装 3000 万匹马力的发电机进行发电，从而造福百姓。到 20 世纪 40 年代，国民政府开始对三峡工程进行勘探和初步设计研究，像葛洲坝、黄陵庙两地的低坝方案就是在 1932 年由国民政府组建的建设委员会拟定的。这项工作开创了中国开发三峡水力资源的先河，具有积极意义。然而，当时中国正处于水深火热中，国力不堪，无法单独兴建该大坝，因此与美国进行合作，于 1946 年正式签订合约。1947 年 5 月，国民政府终止了该计划的实施，至此，三峡工程早期决策的大幕落下了（陈红其等，2006）。

2. 三峡工程决策的初期推进

1949 年中华人民共和国成立后，毛泽东同志始终非常重视长江防洪情况。1953 年 2 月，他在湖北视察长江水利建设情况，当了解到长江干流与支流上正在兴建一批梯级水库时，就询问长江水利委员会负责人：为什么不在三峡这总口子上卡起来，毕其功于一役呢？就先修那个三峡水库，怎么样？并要求尽快对三峡工程进行技术论证和坝址勘察[①]。

1954 年，新中国遭遇了一场突如其来的自然灾害——长江流域的特大洪水使汉口堤防决口，湖北省内的数万亩农田被洪水淹没，数百万百姓受到严重影响。灾情使党和国家领导人认识到，必须要从根本上治理长江水患，而欲治水患必造三峡大坝。灾情过后，毛泽东同志邀请苏联专家来华，在苏联经验的帮助下完成了长江流域的规划[②]。

当时，三峡工程决策问题暴露出空前的复杂性和国家建设重大工程能力与条件的限制，对于三峡工程是否能够立即上马，专家们的意见出现了分歧，并于 1956 年在报刊上公开论争（荣刚，2004）。支持派以长江水利委员会负责人林一山为代表，认为“三峡是防洪性能最好的地区……修建三峡水库也能够使长江中下游平原地区的洪涝灾害问题迎刃而解”，若蓄水位定为 235 米，可以装机 2300 千瓦，每年可发电 1500 亿度，可以一定程度上改善川江航道，以上这些都是三峡工程在修建成功后能够带来的益处（林一山，1956）。而在电力工业部任职的李锐则认为修建三峡工程是一把“双刃剑”。虽然水患问题在修建三峡大坝以后可以得到解决，但 125 万人口需要因此从长江三峡地区迁移，被迫离开家园，120 万亩的土地会被淹没，这一做法与综合利用的原则相违背。因此，先修支流水库、再建干流水库的初步设想就被提了出来。修建大坝是循序渐进的过程，不能急于求成，只有这样才能逐步提升长江防洪标准（李锐，1956）。

1956 年夏天，三峡工程勘查、测量和科研工作由长江水利委员会完成，并上报给毛泽东同志。他们的工作成果得到了毛泽东同志的认可。“更立西江石壁，截断巫山云雨，高峡出平湖”便是毛泽东当年 7 月在武汉时挥笔写下的诗句，诗中再一次表达了他对三峡建坝的神往和决心[③]。

20 世纪 50 年代中期，毛泽东同志说：在经济建设问题上，我们要考虑中国的实际，不能完全按照苏联方面的意见办。他们说得对的，要听；不对的，就不要听。总之要有我们自己的主张[④]。显然，毛泽东同志这时对待苏联建设经验的实事求是、一切从实际出发的态度标志着我们党和国家相比于新中国

① 熊坤静：《三峡工程决策始末》，载于《党史文苑》，2010年第10期。

② 魏廷琤：《三峡工程的提出和决策》，载于《百年潮》，2009年第11期。

③ 陈红其、杨兴元、向宗均：《三峡工程论证决策始末》，载于《党史天地》，2006年第2期。

④ 霞飞：《毛泽东与三线建设》，载于《党史纵览》，2004年第11期。

成立之初，在我国经济建设问题上的马克思主义实践论思想的升华。事实正是如此，在三峡工程决策治理上，即使毛泽东同志本人有着尽快上马的强烈愿望，但他仍然保持着严谨审慎的态度来对待国内外各方面的意见，在没有掌握充分的决策证据前，采取“深入调查研究”而不轻易“拍板”的原则。这在 1958 年 1 月中共中央召开的南宁会议上留有难得的历史记录。这一记录不仅对 20 世纪 50 年代中期以后国家关于三峡工程决策治理工作的方针具有极大的指导意义和决定作用，而且是重大工程决策“中国之治”70 年历程中的精彩瞬间。

1958 年 1 月，全国正处于“大跃进”高潮的前夕，中共中央召开了南宁会议，这是一次对三峡工程决策具有深远影响和决定性作用的会议。毛泽东同志在会上提议要建三峡工程，但是，当时毛泽东同志并没有用他个人的崇高威望与政治权力直接来决断这一重大工程建设，而是听取其他领导的建议，将对修建三峡工程持主建与反对态度的两位代表召集到南宁面谈①。听取了反对修建三峡工程的代表的意见后，毛泽东同志指示继续对三峡工程组织力量开展充分可靠的论证工作。

1958 年 3 月，周恩来同志带领国务院有关部门和湖北、四川、重庆等地负责人及中外专家，对长江三峡直至重庆沿江地区进行考察。他指出：三峡工程必须搞，而且也能搞，技术上也是可靠的。搞好了三峡，在政治和经济上都具有伟大意义。他还说：大家对这项工程的争论是好事，两年来的争论是必要的，真理越辩越明，今后还允许有反对的意见，只要不妨碍工程，有利于工作，就应当提倡和鼓励②。同时，他又以极其严谨的科学态度，主持起草了《中共中央关于三峡水利枢纽和长江流域规划的意见》。该意见指出，三峡工程要从国家长远的经济发展和技术条件两个方面考虑，三峡水利枢纽是需要修建而且可能修建的；但是最后下决心确定修建及何时开始修建，要待各个重要方面的准备工作基本完成之后，才能做出决定；要防止集中三峡一点、不及其他，在防洪问题上，要防止等待三峡和有了三峡就万事大吉的思想；估计三峡工程的整个勘测、设计和施工的时间约需 15 年到 20 年。现在应当采取积极准备和充分可

① 《毛泽东周恩来与三峡工程:孙中山最早提出设想》，中国新闻网，2009年11月18日，https://www.chinanews.com.cn/cul/news/2009/11-18/1971640.shtml。

② 吴光祥：《中央三代领导人与“三峡工程”决策》，载于《党史纵横》，2009年第11期。

靠的方针，进行各项有关工作[①]。在该意见制订的过程中，周恩来同志不断征求专家的意见。当年 3 月末的中共中央成都工作会议，审议通过了周恩来同志主持起草的《中共中央关于三峡水利枢纽和长江流域规划的意见》。

这是我国三峡工程决策治理过程中一个重要转折，由此前高层在总体上倾向于尽快上马到还需要较长时间进行勘测、设计，这一战略性转变不仅反映了高层对三峡工程建设复杂性认识的加深，更主要是毛泽东主导性的细思慎为态度起了决定性作用的结果。

之后，因为“大跃进”时期错误思想的指导以及频频发生的自然灾害，我国从 1959 年至 1961 年进入全国性的“三年困难时期”，其间，中苏关系恶化，苏联撤回专家，催逼还债，我国经济建设遇到了罕见的困难，许多重大工程项目包括三峡工程不得不停建或缓建。

1960 年 4 月，中共中央在广州召开会议，讨论并打算来年开展建设三峡大坝工程，规划在我国“二五”期间对其投资 4 亿元（唐代望，1998）。但在 8 月的北戴河长江规划工作会议上，周恩来同志及时调整了部署，强调了建设长江三峡“雄心不变，加强科研”[②]；随后的一年里，参与三峡工程设计的人数大幅缩减，由原来的上千人减少到数十人。1962 年 12 月，三峡科研领导小组扩大会议于北京召开，三峡科研计划由原本的 2 年拉长到了 10 年，这样一来，三峡工程上马的希望因为期限的延长变得更加渺茫。把这一连串在不长时间内发生的、似乎缺乏逻辑连贯性“调整三峡工程建设步伐”的事件放在当时的我国国内外大形势、大国情中去认识，充分说明对重大工程建设而言，决策战略机遇期是多么主要的时间“窗口”。

之后，由于 1966 年“文化大革命”的爆发，三峡工程逐渐从我国建设规划进程中销声匿迹，不被提及。

回顾这一段时期（主要是新中国成立后到“文化大革命”前）三峡工程决策治理过程，有几点极其深刻的印象：①三峡工程的重大战略意义、工程对全国经济建设的全局性影响、三峡工程决策所涉及的各领域各部门重要事项以及工程所需巨额资金决定了该工程决策治理必然是一件“国家大事”，必然由我国党和国家最高领导人亲自领导、直接参与。②在新中国初期，即使党和国家最高领导人对三峡工程建设有着高度的愿景认同，也有足够的“拍板”权力，

① 《中共中央关于三峡水利枢纽和长江流域规划的意见》（一九五八年三月二十五日成都会议通过，同年四月五日政治局会议批准），中国经济网，2007年6月5日，http://www.ce.cn/xwzx/gnsz/szyw/200706/05/t20070605_11605652.shtml。

② 吴光祥：《中央三代领导人与“三峡工程”决策》，载于《党史纵横》，2009年第11期。

但领导人表现出充分的民主作风和实事求是的态度，并且在党的重要工作方针决议中真正汲取了专家们的科学意见，表现了继三门峡工程后，我国重大工程决策治理科学性与民主性水平的长足进步（见图 1）。

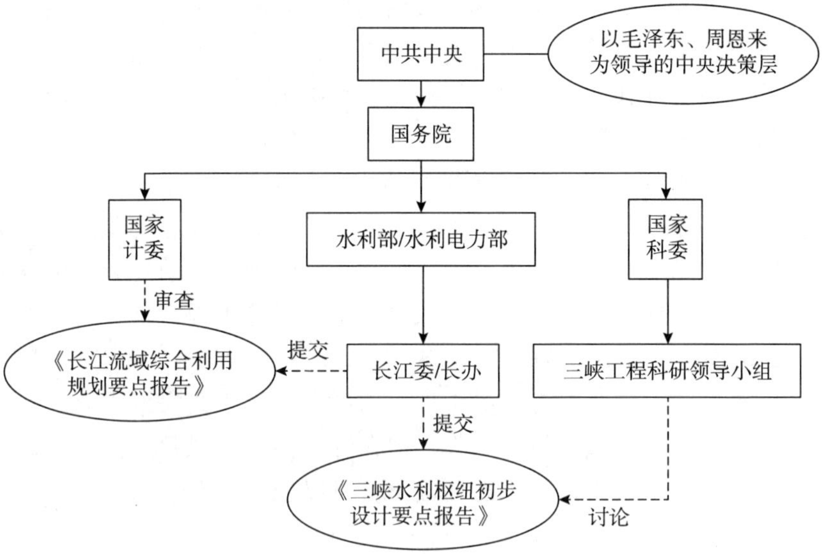

图 1　三峡工程前期规划阶段决策组织构成

注：长江委，即水利部长江水利委员会；长办，即长江流域规划办公室；国家科委，即国家科学技术委员会；国家计委，即国家计划委员会。

3. 三峡工程决策的中期徘徊

1966 年，“文化大革命”开始了，3 年狂热过后，社会稍许平稳。之后，发展重心逐步向经济建设转移。1970 年 3 月，五年计划准备会在北京饭店礼堂召开，周恩来同志主持会议并提出：长江三峡工程是毛泽东同志的伟大理想，我们一定要抓紧，不要耽误了这件事，如果不能让主席在他的有生之年看到工程的开工建设，我们将对不起党，对不起人民，对不起毛主席[①]。但当时有人对此提出顾虑，认为从战争方面进行考虑，如果在有原子弹的前提下爆发战争，那么建成后的三峡大坝可能会成为战局的包袱和负累。1970 年 9 月，在五年计划准备会的讨论基础上，水电部与湖北省及武汉军区联名向中共中央提议首先建设葛洲坝水利枢纽，该建议很快得到首肯。究其原因，主要是当时的最高领导层认为，葛洲坝水利枢纽作为三峡工程的反调节水库，从该工程入手可为后期全面

① 魏廷琤：《三峡工程的提出和决策》，载于《百年潮》，2009年第11期。

建设三峡工程进行前期探索和试验，葛洲坝的成功建设将为三峡工程夯实基础、积累经验①。

但是，与20世纪50年代三峡工程决策治理过程中高层领导多次反复思考、广泛召集上百名专家听取意见并认真采纳相比，葛洲坝工程作为我国一个特定政治背景下三峡工程决策的一项前期关联决策，在决策治理的规范性、科学性与民主性等方面都存在许多问题。葛洲坝工程决策时间短、仅仅是最高领导层对一次请示的回复，特别是，由于当时国家正常的治理体系与秩序已经被“文化大革命”严重破坏，国家原来领导集体中的不少成员都被“靠边站”，而作为决策支持“智囊团”的专家们更没有可能像50年代那样参与重大工程决策治理活动并能够大胆发表真知灼见，因此，关于葛洲坝工程的决策治理环境、资源与程序不可避免地存有先天缺失和风险隐患。对此工程，林一山与李锐表现出基本一致的态度。李锐认为，反调节水库不应该先行修建，而且论证不充分，技术复杂，有不少问题还没有解决；林一山也在中央正式决策之前，陈述了他的不同意意见，如尚未做出设计工作、存在许多不确定风险等。但是，在当时的政治社会大形势和决策治理生态环境下，可以想见，专家们的这些意见的作用必然微乎其微。

毛泽东同志于1970年12月26日对葛洲坝工程做出了专门批示：赞成兴建此坝。现在文件设想是一回事，兴建过程中将要遇到一些想不到的困难问题，那又是一回事。那时，要准备修改设计②。但是，重大工程缺失深入、详尽的论证设计方案是严重违背决策治理基本原则的，也必然会给葛洲坝水利枢纽工程后来的建设实践带来许多重大问题。事实上，葛洲坝不断出现的施工风险最终导致国务院于1972年11月紧急召开由周恩来同志主持的葛洲坝工程汇报会。周恩来同志在认真听取工程设计专家的相关汇报后，经过慎重考虑，宣布暂时停建葛洲坝工程，并对葛洲坝工程决策层进行改组。1974年10月，该工程继停工1年10个月后正式复工，最终在1990年，葛洲坝工程竣工③。

葛洲坝工程几经反复和曲折建设成功，一方面在工程组织、技术进步、人才培养等方面为后来的三峡工程建设积累了经验、奠定了基础，另一方面在重大工程决策治理方面也留给我们许多值得深刻反思的经验教训。它以不可抗拒的事实让我们再一次体验和认识到重大工程决策治理的一项核心任务就是通过高水平的决策论证设计来深刻认识工程建设的客观规律，并对这一客观规律怀

---

①② 魏廷琤：《三峡工程的提出和决策》，载于《百年潮》，2009年第11期。

③ 吴光祥：《中央三代领导人与“三峡工程”决策》，载于《党史纵横》，2009年第11期。

有敬畏感和敬重心。正如马克思所说，人类历史上任何不以自然规律为依据的人类计划，最终带给人类的只是灾难。列宁在《唯物主义和经验批判主义》一文中也进一步指出，自然界的必然性不是人类的或逻辑的必然性，人类不能运用人类自身的尺度去理解和认识自然本身。当然，我们可以通过设计严谨的决策治理体系来降低为获得这方面体验和认识而付出的成本，也可以通过关于决策治理的文化记忆让我们牢记相关的历史教训。

回顾这一段时期（主要是“文化大革命”时期）三峡工程决策治理过程，有几点让人印象非常深刻。①总体上，“文化大革命”造成的动乱和对当时经济发展的破坏已经使科学、规范的三峡工程决策治理失去了必要、基本的生态环境与资源，因此，三峡工程建设只能被“束之高阁”。②虽然在这段时间内也为三峡工程决策做了一些“试探性”工作，也完成了一系列与三峡工程有着紧密关联的前导性工程的决策，但由于当时关于三峡工程决策治理的正常秩序和程序已遭破坏，因此，基于单纯政治权力做出的重大工程决策方案，往往科学性不够并会导致后续工程建设隐患频现。③进一步证明了，以多领域、多学科专家组成的重大工程决策支持体系对保证重大工程决策治理质量是不可或缺的。

4. 三峡工程决策的后期冲刺

（1）冲刺中的首轮论证阶段（1978—1984 年）。

1976 年，我国历史翻开了厚重的一页。这一年秋，“文化大革命”造成的十年动乱终于结束，国家不仅从总体上逐渐恢复了正常、规范的社会秩序，而且划时代地掀开了改革开放新篇章，经济的快速发展导致用电量急剧增长，修建三峡工程以缓解电力紧张局面自然成为当时的一个“首选”方案。

1979 年 5 月 23 日，党中央再次启动三峡决策工作，国务院领导接见了参加三峡选坝会议的部分代表，阐明了兴建三峡工程的重要意义和党中央的决心，并强调：不建和缓建三峡工程的看法是不对的，这个工程一定要尽可能快搞，越快越好，越早越好；修建三峡水利枢纽的首要目的是防洪，其次才是发电和航运。

1980 年 7 月 11 日，邓小平同志在时任湖北省领导的陪同下，坐船以重庆为起点，顺长江向东而下，对葛洲坝工地和三峡坝区进行实地考察，对三峡工程研究的经过、工程规划设计、施工方案、设备制造、资金筹集等问题进行了详细的了解，并指出后期三峡工程一定要注重借鉴应用葛洲坝工程建设过程中积累的宝贵经验[①]。

① 陈红其、杨兴元、向宗均：《三峡工程论证决策始末》，载于《党史天地》，2006年第2期。

长江中下游地区在20世纪80年代发生了多次特大洪水灾难，不仅危害了当地人民的生命财产安全，而且给国家经济造成了重大损失，在此背景下，呼吁三峡工程尽快上马的声音再次响起。1980年，关于三峡工程的论证工作正式开始。1981年，长江流域规划办公室提出高低坝4个备选方案，1982年，邓小平听取了相关同志关于兴建三峡工程的报告，对此回复：看准了就下决心搞，不要动摇[①]。之后三峡工程在当时党和国家领导人的支持下，不久便被提上了政府议事日程。

1983年初，遵照国务院的指示，并考虑到当时的国情，长江流域规划办公室编制了《三峡水利枢纽150米方案可行性研究报告》，尽量做到减少水库淹没，同时建设规模适当。同年5月，在国家计划委员会的召集下召开了《三峡水利枢纽150米方案可行性研究报告》的审查会议。姚依林在会上再次强调：如果能亲手在长江三峡兴建水利枢纽工程，实现毛泽东同志生前"高峡出平湖"的夙愿，将是世界瞩目的大事（陈夕，2014）。尽管大部分参会人员表示赞成可行性报告提出的方案，但也有小部分代表认为为了更大地发挥防洪、发电和航运方面的效益，有效利用资源，应该提高正常蓄水位和坝高（薛世仪，1987）。因此本次会议虽然原则上同意这一报告，但对水库蓄水位仍有不同意见。

1984年4月5日（84）国函字57号文件颁布：上述水位方案获得了原则性批准，并且根据水电部提交的意见，将方案修改为坝高提高到175米，正常蓄水位150米，同时决定成立三峡工程筹备领导小组，立即启动三峡工程建设施工的各项筹备工作（卢跃刚，1993）。

回顾中期这段时期（见图2），我国党和国家高层迅速恢复了中断十余年的三峡工程决策治理工作，在党的十二大确定的全面开创社会主义现代化建设新局面的精神指引下，中央领导集体根据20世纪五六十年代老一辈领导人关于建设三峡工程的基本战略，以国家权力为主要动能强有力地推动了三峡工程决策治理工作的重新启动，从工程战略规划到重要建设方案决策，基本上都由中央领导集体直接参与或在他们的直接领导下由中央政府部门提出具体方案。

---

① 《"看准了就下决心搞，不要动摇！"》，人民网，2013年9月6日，http://cpc.people.com.cn/n/2013/0906/c69113-22830869.html。

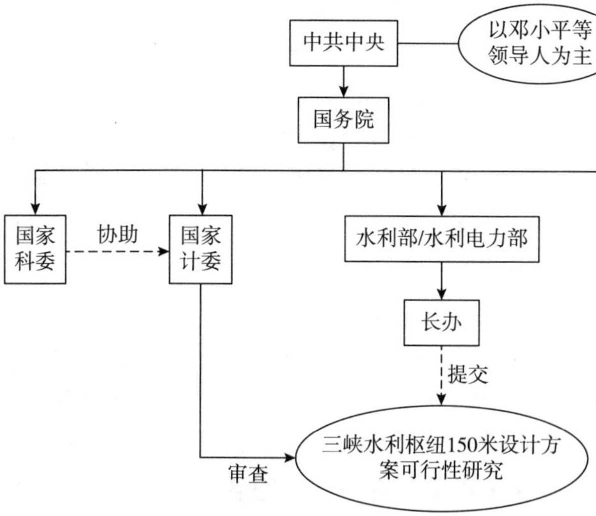

图 2　三峡工程首次论证阶段决策组织构成

尽管领导人多次表现出对三峡工程决策的审慎态度，但总的来说，面对这样一个空前复杂的世界级重大工程，这一时段的决策过程总的来讲比较匆忙、专家参与的广泛性与深度、重大工程决策治理程序的规范性等均不够完善和充分。

（2）冲刺中的再论证阶段（1984—1988 年）。

相对而言，20 世纪 80 年代，关于三峡工程决策的信息社会化程度要比 50 年代公开得多，主要表现在学术界通过各种渠道和方式介入这一工程决策问题的讨论，各种不同意见都得以充分发表。因此，（84）国函字 57 号文件一经公布，除重庆市政府提出希望增加坝高外，立即引发了社会各界人士就防洪、投资、移民、蓄水位、生态等诸多问题提出了自己的质疑（唐代望，1998）。

1985 年 1 月，在听完三峡工程汇报后，邓小平专门指出：三峡工程是特大的工程项目，要考虑长远利益，我们应该为子孙后代留下一些好的东西[①]。同年 2 月，国家计委、科委受命于国务院，重新论证三峡工程水位。

1985 年 7 月，在进入库区进行详细考察后，调查组回京后向中央提交了建议报告（荣刚，2004）。这份名为《三峡工程近期不能上》的建议报告，从防洪、航运、地震等方面指出了目前工程方案的弊端。

同时，著名科学家周培源等则明确提出，三峡工程项目应邀请具有不同研

① 王亦楠：《当年反对建三峡的那些“预言”应验了吗？我们为什么需要三峡？》，载于《中国经济周刊》，2020年7月号。

究方向、不同意见的专家参加，更加深入地论证三峡工程。

最高领导层非常重视这些不同意见，进而转变为关于三峡工程上马决策更加审慎的思考。1986 年 3 月 31 日，邓小平回答外宾关于三峡工程问题的提问时慎重地说，兴建三峡工程这样关系千秋万代的大事，中央政府一定会周密考虑，有了一个好处最大、坏处最小的方案时，才会决定开工，是决不会草率从事的[①]。这实际上是邓小平向全世界公开明确地宣示我国在三峡工程决策治理问题上的严肃、严谨的态度。

在综合对三峡工程决策不同意见的基础上，同年 6 月，中共中央、国务院下达《关于长江三峡工程论证有关问题的通知》(中发〔1986〕15 号)，文件指出：我国已经为三峡工程付出大量时间和工作，三十多年持续组织有关部门和科研人员对其进行勘测、研究和设计工作，相关经验和资料都很丰富，但是无论在经济上还是在技术上，三峡工程都还有一些问题需要进行更加深入的讨论研究，使方案更加严谨妥当；文件特别提出要注意吸收有不同观点的专家参加，发扬技术民主，充分开展讨论。

这就开始了两年多的三峡工程决策冲刺过程中的再论证阶段。再论证阶段在宏观程序上先由水电部主导重新论证、编制可行性报告，然后由国务院组织审查委员会审查，再呈报国务院、中央政治局审议，最后提交全国人大讨论。后来的事实表明，以下两点对三峡工程再论证实际工作影响特别重要和关键：①过去三峡工程决策的论证工作由国家计委与科委领导，但此次论证改由水电部独家领导，这意味着三峡工程决策再论证主导权的转移。②专门成立非常设的国务院三峡工程审查委员会，国务院领导担任委员会主任，审查委员会办公室设在水电部，不另外增加额外的编制，其主要负责人仍然来自水电部，主要对审查委员会的日常事务进行处理。这意味着水电部对三峡工程审查委员会日常工作具有重要的影响力与主导权。

水电部门依据中共中央、国务院《关于长江三峡工程论证有关问题的通知》(中发〔1986〕15 号)的意见，正式组建三峡工程再论证领导小组，负责组织开展关于三峡工程的一系列再论证工作。该小组的组长是水电部部长，另外共有 13 位其他有关负责同志。

论证领导小组特别邀请了二十多位来自国家有关部委的专家、学者作为顾问，他们负责指导和监督有关三峡工程的再论证工作。顾问中不乏意见相

---

① 高俊才：《三峡工程——承载着几代人梦想的世纪工程》，中华人民共和国国家发展和改革委员会网站，2019年9月30日，https://www.ndrc.gov.cn/xwdt/gdzt/cl70zn/201909/t20190930_1197749_ext.html。

左的著名专家、学者，从而保证论证工作贯彻党中央、国务院提出的决策民主化、科学化的精神。与此同时，还组建了高水平专题论证专家组。这一次总共聘请了412名专家，组成14个专题论证组，专题论证包括地质地震、枢纽建筑物、水文、防洪、泥沙、航运、电力系统、机电设备、移民、生态与环境、综合规划与水位、施工、投资估算、综合经济等，为配合三峡工程完成疑难问题论证的科技攻关，还构建覆盖全国的论证科研网络。除此之外，还开展了国际合作论证，充分利用全球的科研力量帮助提高三峡工程决策论证质量。

各专题论证组在各自的专业领域内独立进行论证工作，形成专题论证报告后交与会专家一一签字，如有专家持有不同意见，则可不签字而另写一份意见作为附件上报，作为后续综合决策时参考（熊坤静，2010）。

随着论证的步步深入，的确有部分专家由于持有不同意见而没有在论证报告上签字。如中科院学部委员、国务院环委会顾问、生态与环境专家组顾问侯学煜，多次提出三峡工程对生态环境的影响弊大于利。他没有在生态与环境专题论证报告上签字，而是单独提交了书面报告。他认为，长江流域的防洪问题是复杂的，解决的方法应采取多途径措施，单靠任何一项措施或者一项工程都不能达到预期的防洪目标；如果承认长江防洪应该采取多种方式，那么三峡工程在防洪中的作用，就不像“论证报告”中所说的那么大了（侯学煜，1990）。

没有在专题报告中签字的，还有综合经济评价专题组专家何格高。他认为，目前还不是上马三峡工程的时候，目前在建的一大批电站尚且不能按合理工期安排投资和物资，如果还要上马三峡工程，就不能再多上马其他水电站了。根据这种情况，不如把三峡工程推后几年，在加快电站建设的同时，先上马一批条件成熟、见效较快、矛盾较小的大中型水电站，以解决“八五”“九五”期间的电力需求问题，这样才能真正把水电搞上去，及时满足经济发展的要求（何格高，1987）。应该说，许多专家在各专题论证中非常认真地落实了邓小平同志三峡决策“一定会周密考虑”的指示精神①。

但是，三峡工程决策是各专题决策的综合，从重大工程决策的学理与逻辑看，再论证在各专题基础上还应该有一个相反观点的综合方案与原来的综合方案进行同等深度比对、评价和选择，而不应该是在唯一的同意建设的综

① 高俊才：《三峡工程——承载着几代人梦想的世纪工程》，中华人民共和国国家发展和改革委员会网站，2019年9月30日，https://www.ndrc.gov.cn/xwdt/gdzt/cl70zn/201909/t20190930_1197749_ext.html。

合方案框架下进行分项专题再论证，就像 1966 年 4 月 6 日，毛泽东同志在林一山修建三峡工程的报告上所批示的“需要一个反面报告”①。但是，再论证领导小组没有组织专家拿出“一个反面意见”来。其实，根据当时情况推断，即使拿出这么“一个反面意见”来进行比对论证，也很难改变三峡工程上马这一几乎既成事实的决策结果，但是，无论从决策治理的规范程序还是增强决策方案的科学性来说，有这么“一个反面意见”无疑会使再论证更加深入、全面和透彻，一定会极大地提高最终决策方案的精准、细密和全面性，一定会有助于决策方案更加精雕细镂，精益求精，也一定会减少社会公众对三峡决策方案的质疑目光。

治理的关键在于执行力。虽然中发〔1986〕15 号文件强调了“要注意吸收有不同观点的专家参加，发扬技术民主，充分开展讨论”，但是，由于再论证领导小组隶属于水电部并且论证专家主要由论证领导小组选定，因此，即使在各专题再论证阶段，一些持反对意见的专家能够参与专题再论证活动并获得充分发表意见的机会，但从总体上看，再论证领导小组 12 名核心成员中 10 名来自支持快上三峡的水利电力部、1 名来自中国三峡工程开发总公司、1 名来自国务院三峡地区经济开发办公室，这样的人员背景结构很容易造成意见“一边倒”的倾向；而所聘的 412 位再论证专家中持异议者屈指可数，一些著名的持反对建设意见的专家也没有获得再论证领导小组的邀请，这必然难以使再论证过程充分体现“破除部门边界，推进技术民主”基本原则和“明月入怀，海纳百川”的宽广胸怀。

1988 年 11 月，三峡工程再论证领导小组第九次扩大会议召开，在会上审查并最终通过了三峡工程可行性研究报告，与它一同上报的还有 14 份专题再论证报告与 9 份持不同意见专家提交的书面报告。报告提出：建设三峡工程比不建设要好，早建设三峡工程比晚建设要好，其在财政上是合理的，在技术上是可行的。报告还提出，“一级开发、一次建成、分期蓄水、连续移民”可以作为三峡工程建设的规划方案，大坝高 185 米，正常蓄水位 175 米（陆佑楣，2003）。另外，国际论证小组提出的结论与我国再论证报告基本一致。

综上所述，再论证阶段的工作程序上体现了中央领导层决策治理的审慎，再论证流程规范、决策治理的民主性与科学性比过去如三门峡工程大大增强，但是，由于再论证主导权的转移以及由此衍生出来的论证人员观点几乎“清一色”一致等，让再论证这一关键阶段未能做得更加精细、质量更高、综合性更强，并且导致一些缺陷一直持续到今天甚至更为久远（见图 3）。

---

① 汤耀国：《三峡论战风云录》，载于《瞭望》，2009年第49期。

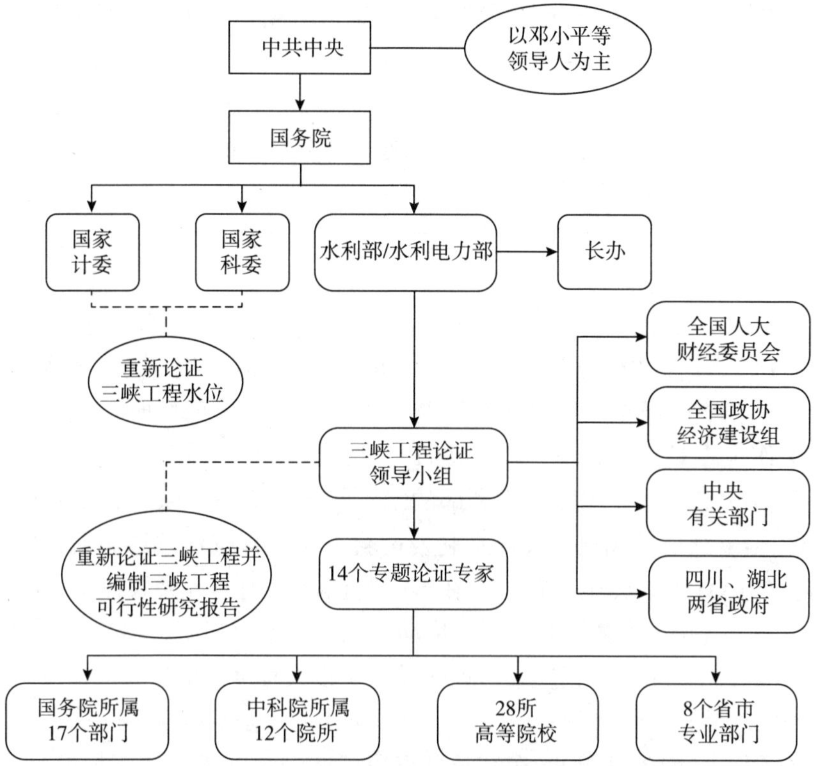

图 3　三峡工程再论证阶段决策组织构成

（3）冲刺中的评审阶段（1989—1992 年）。

根据三峡工程决策再论证程序，可行性报告由水电部重新论证并编写完成后，于 1989 年 9 月提交给国务院；1990 年 7 月 6 日至 7 月 14 日，三峡工程论证汇报会由国务院牵头举行，而且还特别邀请了之前没有在论证报告上签字的 9 名专家，并全部参会（陆佑楣，2003）。在论证汇报会上，何格高继续表示反对，他认为现在对长江流域所进行的一系列电力开发和建造中，最紧急也最需要工程资金的，一共有三类工程。第一类是在 1980 年举行的长江中下游防洪座谈会上所确定的项目工程；第二类工程是那些为了解决 2000 年前缺电问题而筹建的水、火、核电站，包括现在已经在动工的和正准备建设的；第三类是 2000 年前的长江干流支流河道的改造工程。只有将这些最紧迫的、最需要资金的项目满足之后，如果资金剩下的还比较充裕，才能将长江三峡工程考虑其中（汤耀国，2009）。

在听取了再论证报告和多方面建议之后，国务院三峡工程审查委员会正式成立（邹家华，1992），审查委员会办公室设在水利部，不另外增加额外的编制，其主要负责人仍然来自水利部，主要对审查委员会的日常事务进行处理。审查委员会需要对可行性报告进行全面充分的审查，按照对专题进行预审查、再集中审查的方式进行。共成立 10 个预审小组，并邀请 163 名各领域专家参与。审查程序如下：首先预审小组对实地进行考察，随后召开预审会议，最后于 1991 年 5 月提出审查意见。

三峡工程审查委员会在 7 月举行会议，在会上听取了来自 10 个预审小组的多方面意见，并对可行性研究报告进行了认真的研究和探讨。审查委员会认为，这份报告的深度已经完全符合可行性报告的要求，可作为国家在制定决策时的依据。8 月 3 日，审查委员会再次举行会议并最终通过了这份报告（熊坤静，2010）。

在三峡审查委员会对三峡工程可行性报告进行审查的同时，关于三峡工程的宣传工作也在紧锣密鼓地进行。1991 年 10 月 15 日三峡工程宣传办公室正式成立，宣传办组织上要求服从水利部的绝对领导，坚持三峡工程重新论证的结论。1992 年 1 月 7 日成立了长江水利委员会三峡工程宣传领导小组，领导小组的日常工作由宣传新闻中心负责。在这个阶段，全国的各大媒体都开辟了各有特色的专栏，为深入宣传三峡工程、推动全国人大审议三峡工程起了重大的作用（成绶台，2010）。重大工程决策治理的民主化很大程度上取决于公众参与对相关信息了解的深度，三峡决策后期的信息披露工作主要是对群众进行宣传与教育。

1992 年初，国务院第 95 次常务会议审议并一致同意三峡工程可行性报告。中央政治局常委会议审议了国务院向全国人民代表大会提交的《关于提请兴建长江三峡工程的议案》后，同意将该议案提交全国人大审议。4 月 2 日，第七届全国人民代表大会第五次会议召开，会议共计 2473 人参与投票，以 1767 票赞成、超过 71.4%的赞成率通过了《关于兴建长江三峡工程的决议》和三峡工程建设的立法程序（见图 4）。

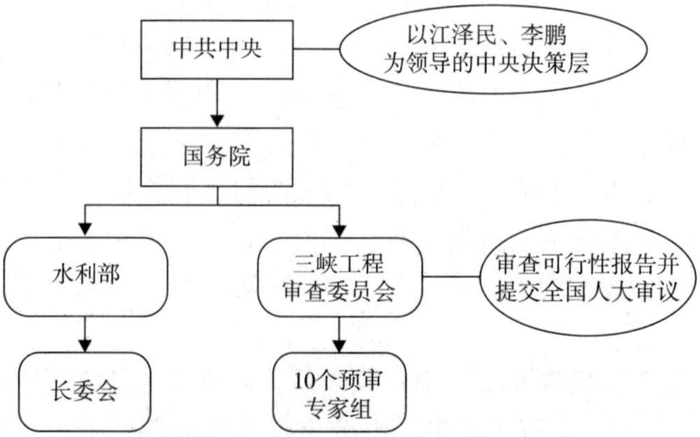

图 4　三峡工程评审阶段决策组织构成

5. 三峡工程决策治理总结与反思

三峡工程是世界迄今规模最大的水电工程，也是世界重大工程决策史上最典型的案例之一，它在决策治理上有3个基本特点。①决策时间长。从1919年孙中山先生最早提出建设三峡工程的设想起，到1992年全国人大最终通过兴建三峡工程的决议，三峡工程决策前后经历了73年，是中国决策历时最久的重大工程。②决策争议性强。三峡工程从提出设想开始就充满争议性，围绕着工程上与不上、快上与缓上、坝址的确定、蓄水位的高低、综合效益分析、生态保护与移民方案选择等一直存在着不同立场和持续不断的争议，直至三峡工程建成投入使用后的今天，关于这些问题的争议仍不绝于耳。③决策问题复杂程度高。三峡工程决策问题涉及众多领域，时空尺度大、问题复杂，虽然对三峡工程决策有了30多年的前期工作，但在决策后期还集中了全国400多位专家，论证了3年多，一些问题仍然留有质疑和遗憾。

今天，我们对重大工程决策治理的认知已经有了很大的进步，相应的学术体系也越来越完善，但是，要对如此宏大、复杂的三峡工程决策治理活动与过程进行回顾与反思，也只能是尽研究者的有限能力、挖掘新的资料、选择若干对当今重大工程决策治理具有特别现实意义的切入点进行探索。

三峡工程决策属于大时空尺度、深度不确定类型的复杂决策，工程决策方案的品质属性、综合绩效与对绩效的评价等都需要通过决策方案在工程全生命期内的情景鲁棒性来衡量，而不可能从某个被提前“压缩”的时间窗口窥其全貌，所以，本文关于三峡工程决策治理的总结与反思仅仅是根据重大工程决策治理基本认知和迄今为止发生并观测到的事实出发所得到的总结与思考，而随着工程生命的向前延展，对三峡工程决策治理的评价一定会随之更加全面和深刻。

这是对三峡工程决策治理回顾的历史唯物主义态度：三峡工程决策治理主要时段为20世纪50年代至80年代，因此，我们不能脱离那个时期中国政治、社会与文化现实形态，更不能脱离那个时段的大背景、大趋势、大逻辑的时代印记对决策治理全部思想、活动与行为的深刻影响。

这也是对三峡工程决策治理回顾的辩证唯物主义态度：治理主体关于三峡工程决策治理的全部行为都是他们真实、生动的治理理念与决策价值观的现实体现和反映，其中，既有他们对三峡工程决策治理的科学认知又有他们在决策治理认知上不可避免的局限性，所有这一切，都源于三峡工程决策治理实践与中国现实之间的“血脉”关联。

由于本文前面对三峡工程决策治理历史的回顾中已经包含了一定的总结与反思，因此，下面主要就决策治理组织权力的配置与制衡及专家论证作用的保障机制这两个核心治理构件展开说明。

（1）决策治理组织权力的配置与制衡。

新中国成立后，三峡工程决策治理组织总体上可以分为 4 个阶段。

前期规划阶段（1949—1978 年）。这一阶段决策治理组织的核心是中央领导层，在中央和国务院领导下，决策治理组织主要包括国家计委、科委以及水利水电部等各部委及相关机构，其中 1950 年成立的长江水利委员会（1956 年更名为长江流域办公室）负责长江流域综合利用规划、三峡工程系统研究以及葛洲坝工程的规划设计与建设。

首次论证决策阶段（1978—1984 年）。中央决策层以邓小平等领导人为主，由长江流域办公室负责编制《三峡水利枢纽 150 米方案可行性研究报告》，国家计委、科委组织审查。国务院"原则批准"可行性研究报告后成立了三峡工程筹备领导小组，负责三峡工程施工前的准备工作。

这两阶段的论证工作均由中央当时的主要领导人直接负责，体现了三峡工程在国家建设与发展大局中的特别重要地位，也反映出国家以最高权力来引导和推动三峡工程决策治理工作。

再论证阶段（1984—1988 年）。考虑到日益显现出来的决策复杂性和社会各界的不同意见，1986 年，中共中央、国务院发出《关于长江三峡工程论证有关问题的通知》，对决策论证工作做了系统性设计，再论证阶段由水电部负责，核心执行层为三峡工程论证领导小组，与前两阶段相比，再论证阶段增加了大量专家，增强了决策的民主性。

决策评审阶段（1989—1992 年）。这一阶段主要由全国人大和国务院负责最终的审批工作，全国人民代表大会为三峡工程的最高决策机构，体现了三峡工程决策评审工作的法律权威与行政权威。执行层为三峡工程审查委员会，负责对重新编制的可行性报告进行审查，报请国务院正式审批。

纵观上述 4 个阶段，不论哪个阶段，当时的中央主要领导人都亲自参与了工程决策治理工作，许多重要的治理意见都是他们直接设计和部署的，另外，4 个阶段都由政府重要职能部门实际执行。这在重大工程决策政府式递阶委托代理关系中，是标准的"社会公众—政府—政府职能部门"递阶委托代理链，因此，本质上是一种对决策权的配置与转让方式（见图 5）。

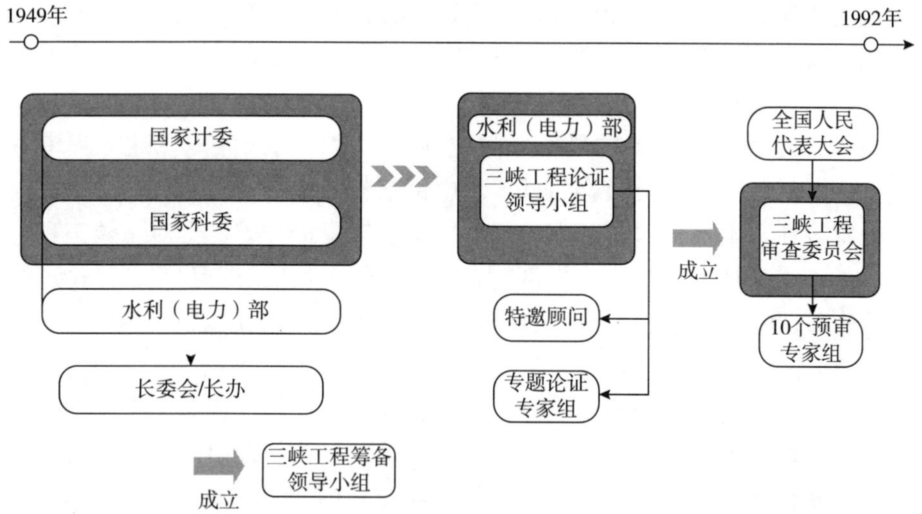

图 5　三峡工程决策治理组织沿革

具体地说，除“文化大革命”后基本停顿外，三峡工程规划都在中央领导层面上进行，因此，主要领导人的思维和风格都直接影响和决定了工程决策的走向。

首次论证决策阶段（1978—1984 年）的中央决策层以邓小平等领导人为主，把推动三峡工程建设当作继承毛泽东、周恩来未竟事业。多位国家领导人先后在不同场合的讲话中都强调：三峡工程的兴建是毛泽东同志下的决心，“高峡出平湖”是毛泽东同志的夙愿，并得到多位党和国家领导人的支持。由此可见，在这一阶段，鲜明的政治大局思维是引导三峡工程决策治理走向的一个极重要的推动力，长江流域规划办公室在三峡工程建设问题上也越来越代言了中央领导的决策意图。这在当时实际上赋予了长江流域规划办公室更高的政治地位与决策治理主导权。

再论证阶段（1984—1988 年）是三峡工程决策冲刺的关键阶段，这一阶段的核心大事是根据 1986 年中共中央、国务院发出的《关于长江三峡工程论证有关问题的通知》（以下简称《通知》），对三峡工程决策方案进行规模空前的再论证工作，通过增强决策过程的民主化与法治化以消解各方面的疑虑和提升决策方案的科学性。中央在这一过程中对政府相关职能部门重新配置了决策治理权与话语权。例如，三峡工程论证原由国家计委主持、科委协助，这一安排超越了与三峡工程有着紧密干系人关系的水电部，但《通知》把再论证领导小组降格并移交给了水利（电力）部，并由水利（电力）部部长任组长，而水利（电力）部多年来一直积极推动三峡工程建设，这样，就出现了由一个专业性政府部门对其所主张的工程进行论证的局面，这不能不说是三峡工程决策治理组织设计中的法治瑕疵。

另外，在最后的审查阶段，专门成立了非常设的国务院三峡工程审查委员会，国务院领导担任委员会主任，水电部部长是审查委员会成员，审查委员会办公室设在水电部，这实际上使国务院三峡工程审查委员会对三峡工程可行性报告的审查实质上变为由水电部对自己主张的工程以及自我论证结论进行审查。这些都难说完全符合重大工程决策治理的合法性审查的规则（黄健荣、徐西光，2012）。

不仅如此，由于上级规定了由工程审查委员会与论证领导小组选择审查专家与组织论证专家开展再论证工作，并在此基础上重新提出三峡工程可行性报告。这一赋权导致后来的审查专家中有近40%在前期参加过三峡工程的论证工作，即他们是在审查自己的论证报告，而在参加三峡工程论证的412位专家中，大约2/3以上是由原水电部指定。水电系统里许多老专家由于持不同意见而未被邀请，其中包括50年代参加过长江和三峡规划的专家（熊坤静，2010）。这样，论证与审查出现实际中的“一边倒”现象，特别是不同意见专家未能充分表达意见也就不足为怪了。

（2）专家论证作用的保障机制。

三峡工程立项决策治理历经时间长，不同阶段都有专家以不同身份和方式参与到三峡工程论证决策中并发表了许多重要的真知灼见，对提高工程决策品质起到重要作用。如第一阶段（1978年以前）的林一山，他主张建设三峡工程的意见与李锐不同意立即建设三峡工程的意见对最高决策层，特别是毛泽东同志的影响都比较大。在第二阶段（1978—1984年），“长办”专家关于“正常蓄水位150米，坝顶高程165米（审批时提高至175米）”的方案和李锐建议缓建的方案也促进了当时中央主要领导下决心开展再论证的审慎决断。

另外，到了第三阶段（1984—1988年），当三峡工程方案细节越来越清晰的时候，各界专家的各种意见逐渐增多，从开始的主导性的一致赞成到出现较多的缓建与不同意建设的声音。这期间，意见的多元化是空前的；不同的意见、同一种意见但不同程度、不同侧重点表述林林总总，应该说，1984—1985年是三峡工程决策治理过程中专家参与论证最活跃的一段时间。面对这样的情境，邓小平同志做出了积极回应，他说，中国政府一定会周密考虑……决不会草率从事的[①]。接着，就有了中共中央、国务院《关于长江三峡工程论证有关问题的通知》(中发〔1986〕15号)，但是，正如前面所述，在该通知的具体执行过程中，由于对论证组织、专家选择等方面缺乏权力制衡与裁量权监督，导致该通知原本增强决策治理民主性，充分发挥专家智囊团作用的主旨与目的受到不同程度的损伤。

应该说，在我国20世纪90年代初期国情与国家治理体制下，在国家领导人强大的政治大局思维和改革开放大形势的推动下，三峡工程上马建设有其历史的必要性，也终将成为现实。但从今天的反思看，如果在决策冲刺的最后那几年，能够更加从容一点、细致一点、冷静一点、宽容一点，能尽量多听、听细、听全专家们各种不同意见，并且把其中许多真知灼见，如工程发电与生态效益综合、开发水能与航运兼顾、平原湖区生态环境、下游河床演变和河口生态保护、鄱阳湖干旱、移民可持续发展等科学问题尽可能研究得更深刻、更透彻、更全面，并且将这些研究成果都体现在三峡工程决策方案中，肯定会使三峡工程决策工作与方案更少一些历史遗憾、更加光彩夺目。

综上所述，我国三峡工程立项论证决策治理历史现实既体现了强有力的国家权力引导与把控，又在不同时段的决策治理组织与流程中注入了专家参与及决策支持等成分。但是，由于我国当时治国理政实际情况与重大工程决策“中国之治”实际水平的局限，在三峡工程决策治理中的决策权力配置与制衡的法治性、专家发挥积极作用的科学性、公众参与的民主性以及社会舆情渠道的畅通性等方面都有着极大的完善和提升空间，这一情况既是当时我国重大工程决策治理现代化历史阶段的真实情况，又值得我们今天研究重大工程决策“中国之治”现代化道路借鉴和思考。

（四）改革开放40年我国长大公路桥梁工程

自20世纪80年代以来，我国进入了改革开放和建设社会主义现代化国家的新时期，从兴办深圳等经济特区、沿海沿边沿江沿线和内陆中心城市对外开放为标志，极大地解放和发展了中国社会生产力，开辟了中国特色社会主义建设新道路。与此同步，我国基础设施建设成就显著，公路成网、高坝矗立、西气东输、南水北调，重大工程建设不仅成为建设社会主义现代化强国和实现中华民族伟大复兴中国梦的内在要求，而且是我国经济社会现代化发展的重要标

① 《永远的三峡——三峡工程近百年大事回放》，中国新闻网，2002年11月4日，https://www.chinanews.com.cn/2002-11-04/26/239557.html。

志和强力支撑。

40 年来，我国改革开放事业是一个既注重整体层面顶层设计与分阶段向前递进、又注重区域综合环境差异性与发展速度梯度化的持续过程，因此，对近 40 年来我国重大工程决策“中国之治”现代化道路发展历程的回顾与总结必然要充分考虑到这些特征，并通过以下 3 点突出我国国情和现实：①我国改革开放以来交通领域重大工程建设取得的伟大成就，交通工程领域的“中国桥、中国隧”已经成为展示中国形象的新品牌；②“中国桥、中国隧”在我国重大工程决策“中国之治”现代化道路发展历程中具有较强的典型性、标志性与持续性；③我国改革开放期间，不仅重大工程建设取得了突飞猛进的发展，而且包括工程决策治理在内的现代工程管理体系也出现了重大变革，因此，回顾这一时期重大工程决策“中国之治”不宜采用以单体工程为案例重复性介绍的样式，而最好选择某一同类型典型工程群，按照决策治理核心内涵与时间顺序揭示这一工程群的决策治理是如何整体性地与改革开放大趋势、大逻辑、大变革与时俱进和同步向前的，这最能够深刻体现这一时段的时代特征和展现我国重大工程决策治理现代化的深刻内涵。

因此，我们在这里不再对一个个单体桥梁工程开展重复框架下研究，而是选择改革开放以来我国典型长大公路桥梁（简称长大桥梁）工程群，按照同一主题将它们以时间轴为序、贯穿成线。这样，在一帧帧单体工程决策治理画面的基础上，更能够为我们提供连贯、有方向感的连续画卷，使我们对这一重要时期我国重大工程决策治理现代化道路的认识有更加清晰的系统性和整体感。

为保证这一研究成果丰富和严谨，自 2013 年起，我们组织了多个调研组分赴全国 14 个省市，对我国东、中、西部不同时期的 30 多座跨江、跨河、跨海、跨峡谷长大桥梁工程决策治理情况进行了现场调研，召开了座谈会、专家访谈和查阅文件档案，整理了约 66.8 万字的基础性资料，形成了中间成果《我国 21 座典型长大桥梁建设决策管理案例（资料）》（22 万字）。这些工作为我们系统回顾和梳理我国改革开放 40 年来长大公路桥梁工程群决策治理现代化历程提供了重要的实践与事实依据。

1. 长大桥梁布局决策治理：为国家发展大战略服务

改革开放以来，中国经济的快速发展呼唤着便捷快速的交通运输大通道支撑，桥梁则是其中跨越江河湖海、峡谷沟壑的纽带。改革开放后，我国长大桥梁建设经历了 3 个建设高潮，分别是在我国珠江三角洲、长江通航流域、长江三角洲与西部地区开展的滚动建桥的“三大战役”（见图 6），有效推动了当时的经济社会的协调发展，成为推进我国现代化强国道路的重要组成部分。

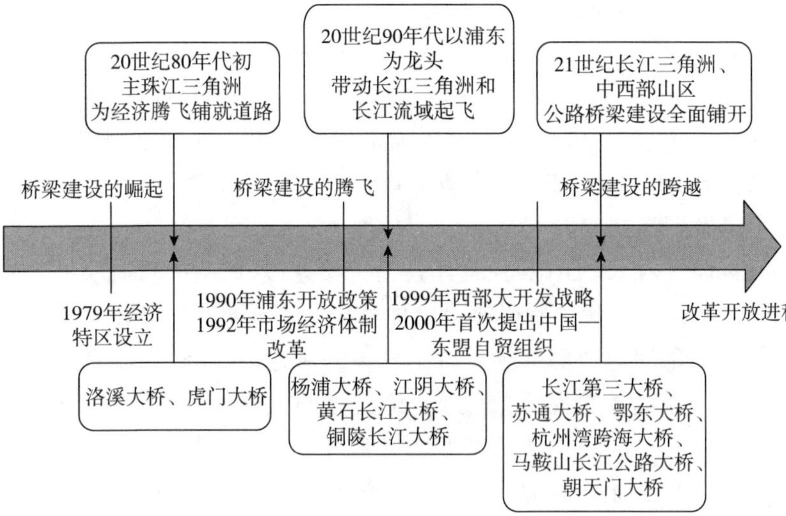

图 6　我国改革开放以来长大桥梁建设发展

（1）珠江三角洲：长大桥梁建设的崛起。1979 年 7 月 15 日，中共中央、国务院决定在深圳、珠海、汕头和厦门试办特区。20 世纪 80 年代初，改革开放前沿的珠江三角洲开始了公路桥梁建设，为经济腾飞铺就了“跑道”，打响了桥梁建设的第一战役。1981 年，广东省首创了贷款修桥、收费还贷的投融资模式，打破了交通发展严重滞后的困局，缓解了桥梁建设资金短缺的瓶颈。自此，珠江三角洲架桥铺路如火如荼，在这期间，规划和建设了被业内称为有“中国桥梁发展史上里程碑作用”的洛溪大桥、中国第一座大跨径钢悬索桥——虎门大桥、世界第一座大跨径混凝土悬索桥——汕头海湾大桥、当时亚太地区第一座大跨径独塔双索面斜拉桥——广东南海九江桥。特别是虎门大桥，使深圳与珠海以及深圳至粤西的行车距离缩短 120 千米，有力推动了深圳特区的发展。

（2）长江流域：长大桥梁建设的腾飞。到了 20 世纪 90 年代，面对“改革开放，搞活经济”、“浦东开发，辐射全国”、长江三角洲“率先实现现代化”的新形势，在 1990 年交通部提出的五纵七横国道主干线规划的基础上，“以浦东开发开放为龙头，带动长江三角洲和长江流域经济起飞”的战略决策，拉开了长江流域建设跨江大桥建设的“第二战役”（凤懋润，2013）。1991 年 12 月，南浦大桥建成通车，结束了浦东只能依靠轮渡往来浦西的历史。紧接着，国家实施了“全力以赴，通力合作，精心组织，万无一失”的跨江桥梁建设“大会战”。首战选择了长江中游的跨江大桥（凤懋润，2013）。1995 年，建成湖北黄石长江公路大桥（时居同类桥梁“亚洲第一、世界第二”）、安徽铜陵大桥（时居同类桥梁“亚洲第一、世界第三”）。随后，1997 年的四川万县大桥（时居世界第一）、1999 年的江阴大桥（时居“中国第一、世界第四”）也建成通车，其中江阴长江公路大桥是 20 世纪我国桥梁工程建设史上新的里程碑。正是 20 世纪最后十年迈出的“这一步”，推动了长江上、中、下游江段公路桥梁建设的全面展开（凤懋润，2013）。

这一时期除了在长江中下游展开公路桥梁建设外，在黄河区域、东南沿海也兴建了公路桥梁，为我国桥梁建设整体格局的形成奠定了基础。

（3）长江三角洲与西部地区：桥梁建设的跨越。2005 年 1 月，国务院批准了交通部的《国家高速公路网规划》，该公路网主要连接大中城市，包括国家和区域性经济中心、交通枢纽、重要对外口岸；承担区域间、省份间以及大中城市间的快速客货运输，并为应对突发性事件提供快速交通保障（陈邦贤、罗婷，2005）。根据国家这一重大交通工程决策安排和区域经济一体化、西部大开发等战略的实施，改革开放活跃的长江三角洲与发展潜力巨大的西部崇山峻岭同时打响了路桥建设的第三战役。西部地区建设了贵州的坝陵河大桥、云南的腾冲龙江特大桥等，重庆建设了世界第一大跨径拱桥朝天门大桥。这一时期不仅建设了千米级超大跨径跨江桥梁，更建成了跨越海湾、海峡的长大桥梁。如东海大桥、杭州湾大桥、舟山连岛工程的金塘大桥和西堠门大桥，一座座桥型各异、跨度大、难度高的现代化桥梁应运而生，使我国开始引领世界桥梁建设的发展，并由桥梁大国向桥梁强国大步迈进。

以上生动、鲜活的长大桥梁建设历程（见图 7）向我们清楚地表述了在我国改革开放进程中，长大桥梁战略决策是国家社会经济发展大战略的重要组成部分之一，每一座大桥都铭刻着我国社会经济发展与改革开放历程以及桥梁所在地社会经济发展的里程碑印记，同时，从总体上看，在长大桥梁立项决策过程中，又鲜明地凸显了我国改革开放以来不断完善的统筹兼顾、协调和谐的科学发展指导思想。

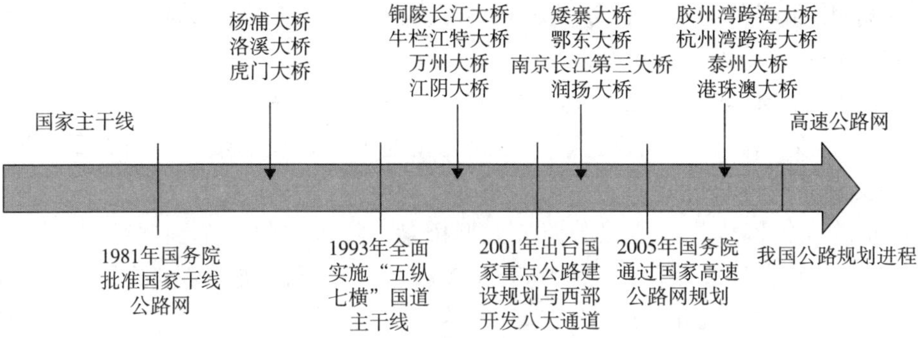

图 7　长大桥梁发展进程图

2. 长大桥梁投融资决策治理：与改革开放进程同步

重大工程投融资是指以实施重大工程造物活动所进行的资金投放和融通活动，活动方式的选择即为投融资模式决策，投融资模式的设计与选择是重大工程决策治理的一项重要内容（Sheng，2018）。总体上说，改革开放以来，我国经济体制经历了由计划经济向市场经济的转型并不断深化，长大桥梁工程公共品属性和商品属性的二元综合属性不断凸现（Sheng，2018）；相应地，我国重大交通工程投资体制的探索性改革极大地促进了长大桥梁投融资模式决策治理的深刻变革，即逐渐从计划经济下政府财政拨款的单一模式演变为现今的政府主导、市场运作的多元化模式，体现了在 40 年改革开放时期，我国长大桥梁投融资决策治理总体趋势与我国金融体制改革方向是相互适应和总体一致的。

（1）我国长大桥梁投融资模式的时序性演化。

第一，计划经济下以政府全额出资为主的桥梁融资模式。20 世纪 80 年代之前，我国长大桥梁融资体制是计划经济传统体制，其基本特征是以政府（包括中央政府和地方政府）直接投资为主，资金来源主要为中央政府的预算内资金。随着国民经济快速发展，对基础设施的要求不断提高，1976 年建成通车的上海松浦大桥、1977 年建成通车的五河淮河公路大桥，建桥资金全部来自政府财政资金。但是，随着国民经济快速发展，对基础设施的要求不断提高，虽然国家通过设立新的税种和提高税率等办法来充实国家工程建设的“钱袋子”，但终因长大桥梁工程所需资金量巨大，无法解决越来越紧张的工程建设资金的缺口。

第二，以公路桥梁经济性为导向的投融资模式改革探索。1982 年 9 月，中国共产党第十二次全国代表大会确立了建设有中国特色的社会主义的新命题。1984 年 10 月 20 日，党的十二届三中全会讨论并通过了《关于经济体制改革的决定》，阐明改革的基本任务是建立具有中国特色、充满生机和活力的社会主义经济体制（张俭，2008）。

在当时的形势下，交通一方面，成为国民经济发展的“根本环节”和“战略重点”，另一方面，建设资金不足成为交通工程建设的最大障碍，亟须通过体制改革寻找解决问题的新办法（张俭，2008）。1984 年 12 月，国务院做出允许贷款或集资修建高等级公路、大型桥梁、隧道并收取车辆通行费等决定。1986 年 12 月，福建厦门国际信托公司发行厦门高集海峡大桥建设债券，开辟了公路建设筹集资金的又一个新渠道（张俭，2008），这些措施使公共工程建设资金有了稳定的来源。1987 年 10 月，《中华人民共和国公路管理条例》将集资、贷款修路、收费还贷的政策以法规形式确定下来，保证了收费公路、桥梁的合法性。1988 年《贷款修建高等级公路和大型公路桥梁、隧道收取车辆通行费规定》明确了路桥收费制度（张俭，2008）。

总的来说，这一阶段虽然政府仍然占据投资主导地位，但公路长大桥梁等基础设施建设投融资渠道逐渐被放开，不仅可以通过向银行等金融机构贷款来解决建设资金难的问题，同时，也可以收取车辆通行费使公共基础设施兼具了经营性特征，为 20 世纪 90 年代我国长大桥梁投融资模式多元化发展奠定了基础。

第三，多元化发展的桥梁投融资模式。1992 年初，邓小平的南方谈话从根本上解除了把计划经济和市场经济看作属于社会基本制度范畴的思想束缚。1992 年 10 月，举世瞩目的中共十四大明确了我国经济体制改革的目标是建立社会主义市场经济体制。这是我国经济体制改革目标的重大突破，中国改革开放的步伐由此进一步加快，同时为我国长大桥梁投资体制的深化改革指明了方向，即建立与社会主义市场经济体制相适应的投融资体制。上海 1993 年建成的杨浦大桥采用了国外资本市场融资方式，杨浦大桥总投资为人民币 13.3 亿元，其中亚洲开发银行贷款 8500 万美元和联合融资 7900 万美元。1996 年建成通车的黄石大桥是与“七五”计划相对应的第二批 5400 亿日元贷款的受益者，黄石大桥建设中，中国方面获日本海外经济协力基金（OECF）37 亿日元贷款，协议规定贷款期限为 30 年，其宽限期为 10 年，还本期为 20 年，宽限期内只付息不还本，利率仅为 2.36%。

“十五”计划开始时，国家明确提出了“投资主体自主决策，银行独立审贷，政府宏观调控，完善中介服务”的投融资改革方向，其主要特征为：第一，将投资项目分为公益性、基础性和竞争性三类并根据不同类型采取不同投融资模式；第二，停止“拨改贷”办法，实行项目资本金制度。

间接融资方面，除了商业银行贷款外，我国城市基础设施建设还积极利用国家开发银行政策性贷款和国外金融机构及政府贷款来推动城市基础设施建设事业的发展。交通运输部发布的《2018 年全国收费公路统计公报》显示：2018 年年末，全国收费公路债务余额为 56913.6 亿元，其中，银行贷款余额为 47744.2 亿元，其他债务余额为 9169.5 亿元，为国家高速公路、省市路网和中西部地区公路建设提供资金保障。我国长大桥梁投融资体制进入一个新的阶段。

（2）我国长大桥梁投融资模式的区域化适应性。

我国 40 年改革开放历程不仅表现出时序性的不同阶段及相应的关键时间节点，而且因为我国地域辽阔，中东西部及南北方经济发展水平与经济实力差异性较大，不同区域对于长大桥梁投融资模式必要的经济环境与支撑能力不尽相同，因此，即使总体上全国各区域处于同一个改革的时间节点上，但有关制度与政策“落地”执行的方式、程度、侧重点与支撑能力等都因各地现实情况不同而表现出差异化与梯度性，这一国情认知极大地帮助我们确立长大桥梁投融资模式改革中的区域适应性思维。

第一，东部地区。我国东部地区经济发达、政府财政收入充裕，在投融资方面，东部地区往往以政府为主导并通过自身财政收支或者专门的工程投融资平台筹集一部分资金，剩余部分采用银行贷款等债务性融资，最终完成长大桥梁的投融资，前期产生的贷款一般由桥梁建成后的路桥收费偿还，基本可实现收支平衡，走出了一条稳健的发展道路。同时，东部省市近年来也出现了更具市场化的投融资模式创新尝试，国家也积极鼓励各省市在法制框架内大力创新实现跨越发展。福建省是典型的在政府主导下不断开拓融资模式创新的省份。自 1996 年福建省在国内首次尝试使用建设—经营—转让（BOT）模式建设完成刺桐大桥后，福建省又陆续拓展了建设—移交（BT）模式、政府和社会资本合作（PPP）模式等进行长大桥梁建设，多样化的融资模式改革离不开省市共同出资的支持。通常，福建省出资占政府出资的 51%，各地市出资占政府出资的 49%。

第二，中部地区。我国中部地区受地理位置及市场经济发展水平的限制，社会资本能力相对不足，总体上长大桥梁投资多由政府出资，投融资方式较为单一。但是，中部地区各省市也在积极探索多元化投融资模式，例如 2010 年筹建湖北省鄂东大桥时积极尝试 BOT 模式，成为湖北省多元化投融资渠道的开端，在此模式下，亦形成了较为清晰的投融资流程，为湖北省之后的长大桥梁建设提供了宝贵的经验。湖南省目前已建成的长大桥梁基本上均为政府出资项目，但也在尝试使用 BOT 模式，体现了我国中部地区积极探索多元化投融资模式的趋势。其他省份的投融资模式比较固定：以政府出资为主，辅以银行贷款，依托国有的投融资平台进行专业化投融资操作为主，较少涉及社会资本。例如，地处中国东南腹地的湖南省，由于省政府项目建设资金相对不足，省内大部分项目建设资金一般情况下源于 4 部分：国家投资、湖南省自筹、国家开发银行贷款和亚洲开发银行贷款。目前湖南省内高速公路的融资都是由总公司负责，从项目的投资主体上来看，政府投资大概占 2/3，BOT 的项目大概占 1/3，但因没有大型社会资本，推行 BOT 模式的难度很大。总体而言，中部地区经济正在崛起，未来也急需公路桥梁等基础设施的配套服务，在长大桥梁投融资上的创新发展，必将给未来桥梁建设带来更多的活力。

第三，西部地区。我国西部地区疆域辽阔，人口稀少，是我国经济欠发达地区。另外，这一地区地处国境，是国家安全的第一线，因此，该地区公路、桥梁除了一般交通等经济社会功能外，还被赋予重要的国防安全职能。因此，西部地区长大桥梁投融资会更多地考虑到国家安全、国防建设与西部大开发等政治、国防意义，政府出资为主，甚至不同程度的中央财政补助政策也是必要的。例如，云南省桥梁投融资模式呈现出较明显的政府主导特色，而贵州的公路桥梁建设正突破资金压力，进行着各类投融资模式创新探索。例如，云南省高速公路建设投融资主要依靠国家补助资金（国高网的约为 18%）和省级配套补助资金。贵州省接受国家交通部提供补助金比例也较其他省份高（达到 50%），补助金之外的资金缺口由省内自筹和银行贷款弥补。这种模式主要是以贵州省高速公路集团等国有企业作为投资平台进行具体运作。然而，由于贵州省公路交通流量不足导致很多政府还贷项目不能回收资本并偿还银行负债。在这种形势下，2008 年至今，贵州省积极探索以“BOT 模式为主，多种模式并存”的公路桥梁建设发展理念，以期通过积极引入社会资本打破融资压力对贵州省公路桥梁发展的束缚。

3. 长大桥梁决策治理：替国家治理体系“添砖”

改革开放 40 年是我国国家治理体系与治理能力现代化进程中的一个承前启后、浴火重生的关键时期。在这 40 年中，我们破除体制机制弊端、推进体制机制创新，坚持以人民为中心，坚持依法治国，通过提升治理的系统性、适应性、协同性、科学性与民主性，为各个领域治理进步提供了强大的制度保障。

在这方面，40 年来我国长大桥梁决策治理实践从不同角度和方位为我国国家治理体系与治理能力现代化建设升华理念、提供经验和提炼理论要素发挥了积极作用。

例如，长大桥梁的促进政治稳定、国家安全、经济发展及社会进步等战略意义及公共品属性使之决策治理体系呈现出鲜明的政府式委托代理模式，这一模式的法律原则为社会公众授权与政府公权力转化为重大工程决策治权与事权，因此，这一过程必须在明确和清晰的相关法律法规制约下进行。可以认为，法治是长大桥梁决策治理的根本前提与基本方式，它为决策治理提供了根本性、全局性、长期性的制度保障。

又如，虽然在20世纪80年代以后，各级政府积极鼓励各地探索贷款修路、收费还贷的新的投融资模式，人们提出了“贷款修路、收费还贷”的解决办法（向朝晖，2009）。但是，不能认为这仅仅是个搞活市场的经济手段，这是因为高速公路、长大桥梁等资产是依托于土地形成的，而土地的所有权属于国家，因此，高速公路、桥梁等资产所有权属于国家，是国有资产。但是，高速公路、桥梁的准公共品特征决定了政府可以通过特许权经营的方式，将其在一定时期的经营权转让和有效盘活高速公路、桥梁资产存量，搞好资产管理。

这样，长大桥梁的“贷款修路，收费还贷”模式必然涉及一系列公权和私权的法律问题，必须在健全的法制框架下才能合法实施，方式上也不能仅仅以政府部门“一纸公文”甚至一次行业会议精神行事，而要有相应的国家法律法规为保障。1984年12月国务院第54次常务会议确定了“借款修路、收费还贷”政策，1988年1月5日交通部、财政部、国家物价局联合发布《贷款修建高等级公路和大型公路桥梁、隧道收取车辆通行费规定》作为我国第一个规范公路收费还贷行为的法规性文件。长大桥梁收费从此有了法规依据并在全国范围内快速推广（见图8）。

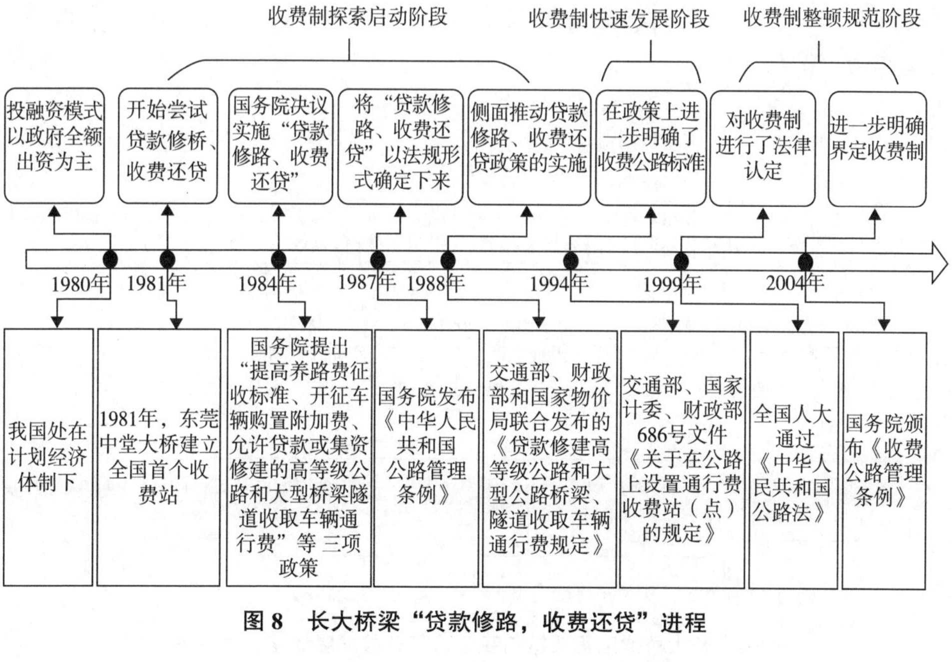

图8　长大桥梁“贷款修路，收费还贷”进程

由图 8 可以清晰地看出，我国长大桥梁投融资决策治理过程中“借款修路、收费还贷”重要举措与国家相关法律法规的相依性，这充分体现了我国长大桥梁决策治理的法治理念与合法性原则在改革开放的实践中得到极大加强，这与过去单纯以行政权力或者个人权威行使决策治理相比有着巨大的进步。

又如，长大桥梁决策治理实践充分体现了专家咨询与智库的支撑作用，支撑作用也向工程决策全过程两端延伸，完整覆盖长大桥梁前期工程立项规划决策、重要技术方案论证和工程决策绩效后评估。特别是，在这一时期，为避免专家支撑作用出现不稳定和不落实现象，我国各长大桥梁决策治理过程中普遍设立了工程技术顾问、成立了专家（技术）委员会，制定了相应的行事制度和程序，从而使决策支持这一先进、有效的决策治理模式制度化、标准化和程序化，保证了专家（技术）委员会在工程决策过程中有独立、自主的话语权。

4. 长大桥梁决策“中国之治”的总结

在上文中我们指出，中国重大工程决策治理充分显示我国“全国一盘棋”的治理优势，政府作为重大工程决策治理主体在充分发挥社会主义集中力量办大事的优越性基础上，把重大工程建设摆在社会经济发展大局的宏观调控中来整体谋划，注重战略统筹引领，集中优势资源整体推进各领域工程建设。正是在这一基本原则指引下，我国重大交通工程（长大桥梁）决策安排作为改革开放时期国家决策治理体系的一个组成部分必然服从、服务于我国建设现代化强国的战略布局，并且与时俱进地为国家的经济腾飞与改革开放事业发挥重要的支撑作用（见图 9）。

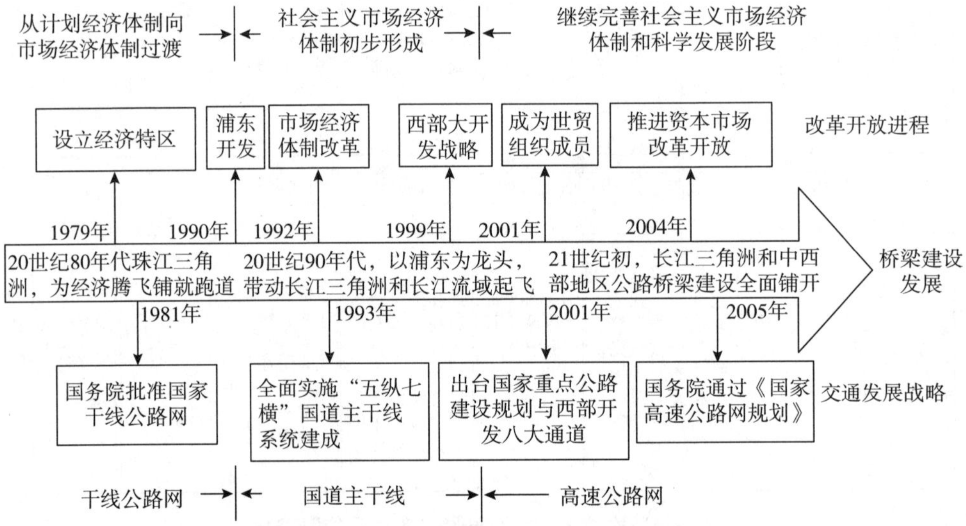

图 9　长大桥梁工程决策与我国改革开放发展战略进程关系

改革开放40年来，我国长大桥梁投融资体系首先是从计划经济体制开始，基本形成了具有我国特色的“国家投资、地方筹资、社会融资、利用外资”和“贷款修路、收费还贷、滚动发展”的长大桥梁投融资体制；“政府引导、社会参与、市场运作、产业发展”的新格局与“主体多元化、渠道多元化、方式多元化”的3个“多元化”催生了财政出资、民众集资、企业融资、中外合资、BOT模式、BT模式、市政经营权转让等多种投融资模式（梅璐、王显志，2019），民间资本与国际资本活跃，桥梁工程建设市场化程度不断加深和成熟。

投资主体多元化导致政府职能定位发生了重大变化，随着投资权限和决策权限的不断下放，市场逐步取代财政，成为社会资源配置主体，因此重大工程投资主体多元化是一种必然的趋势。与此同时，随着我国经济进入持续增长期，对基础设施的需求猛增，仅依靠财政投资和税收无法满足。随着重大工程投融资决策治理体系改革的不断深化、政府管制的放松和价格改革的深入，外资和内资的参与进一步拓宽了重大工程融资渠道。同时，我国长大桥梁投融资模式基于区域差异性而表现出的适应性也使决策治理体系中国化更加鲜活，这是我国长大桥梁投融资决策治理能力现代化和中国化融合的一条生动的现实道路。

我国长大桥梁决策治理体系与治理能力现代化自改革开放以来取得了举世有目共睹的长足进步，而这一时期又是我国政治经济社会全面改革的大变动时期，总体上，国家治理是在“摸着石头过河”中前进，试错中有着各种风险，即使方向正确，执行过程也往往缺乏经验，因此，长大桥梁决策“中国之治”的前进道路不可能始终平坦，许多挑战性新问题不断解决又不断出现，需要我们不断探索、不断创新、不断前行。

（五）港珠澳大桥工程

港珠澳大桥是当代我国在“一国两制”框架下、粤港澳三地首次合作共建的超大型跨海通道工程，全长约55千米，主体工程实行桥、岛、隧组合，长29.6千米，穿越伶仃航道和铜鼓西航道段约6.7千米为隧道，东、西两端各设置一个海中人工岛；其余路段分别设有青州桥、“海豚塔”江海桥以及九洲桥三座通航斜拉桥，大桥地处珠江口伶仃洋水域，设计使用寿命120年，总投资约1200亿元人民币。大桥于2003年8月启动前期决策论证工作，2009年12月开工建设，筹备和建设前后历时达15年，于2018年10月开通营运，是横跨香港、广东珠海和澳门，并连接珠江两岸的重要海陆通道。

港珠澳大桥的重大建设特点可以概括为8个字：“一国两制”“超级工程”。

所谓“超级工程”主要指大桥工程规模宏大、规模壮阔、环境险恶、技术先进、决策复杂等，以工程前期决策为例，各大事项可以分解为几十个界面清晰、主题明确的决策子专题。除了包含与常规工程相同的决策问题，如：投融资方案的确定、规划立项决策、工程管理组织模式选取、重大施工技术方案决策、桥位及着落点选取等一系列决策事项外，在大桥的决策、建设过程中又出现了如中华白海豚保护方案确定、口岸模式选取等特殊决策问题。因此，必然需要设计和构建相应的决策治理体系、流程和方法等才能够驾驭和解决所有决策问题。另外，所谓“一国两制”这一全世界特有的政治体制和制度在更高层面上对港珠澳大桥决策治理体系造成了深刻影响，如何应对这一影响既无成熟理论又无现成经验。

本文作者自2008年起一直以港珠澳大桥工程管理顾问团队成员的身份参与了包括港珠澳大桥决策等管理服务工作，至今已有十余年。在这期间，我们不断学习，也在实践中思考了许多问题，我们和港珠澳大桥等工程界的专家们一起完成了《中国港珠澳大桥工程决策理论与实务》《重大工程管理基础理论与中国港珠澳大桥的实践》等专著以及一批学术论文，对港珠澳大桥决策治理进行了系统分析与理论思考。这里，本文以一个新的决策治理视角与观点聚焦于“一国两制”体制下港珠澳大桥决策“软法”治理模式的创新。

1. 港珠澳大桥决策治理的“一国两制”背景

“一国两制”，也就是“一个国家，两种制度”，指的是在遵循一个中国的前提下，国家主体始终坚持社会主义制度，香港、澳门保持资本主义制度长期不变。“一国两制”具有鲜明的中国特色，在全世界都是独一无二的。在这样的政治制度背景下建设港珠澳大桥，意义重大、影响深远。当然，“一国两制”在港珠澳大桥决策的一些特定场合下有其一定的优势，如能够更充分整合三地治权与资源的合力、能够根据三地不同相关法律法规，确立大桥施工建设技术标准原则与先进的生态环保治理理念等，这些都有利于港珠澳大桥的决策治理工作。

另外，“一国两制”制度也会给港珠澳大桥决策治理带来困难和挑战，主要是三地法律制度不同，总体上，香港为英美法系、澳门是欧洲大陆法系、内地是大陆法系，因此，“三地三法”之间有着实实在在的“硬”差别。这样，三地法律法规对待同一个问题时，往往彼此观点、规定和处理条款差异性可能很大，甚至出现矛盾与冲突，这就形成了“一国两制”环境下，港珠澳大桥工程决策治理面临的既无先例，又无经验，甚至在世界范围内也是独一无二的新挑战。

如上所述，在“一国两制”内涵中，“一国”“两制”与“三法”前者渐次高于后者，前者统摄后者、后者受制于前者，前者是全局、后者是局部。就一般逻辑分析，往往能够在局部领域内解决问题比在全局领域内解决问题难度小、成本低、成功率高。特别是，港珠澳大桥工程决策问题多为工程方案、技术标准、质量认证、生态保护等工程技术类型问题，基本上不涉及国家主权和社会制度属性。因此，“一国两制”大背景下的港珠澳大桥的决策治理，主要是在现实中如何协调“三法”造成的“硬”冲突与跨界协调的法律途径缺位等。如果能够通过柔性的法律拓展方式，在局部范围内确定某种“共同”法律原则来解决港珠澳大桥工程决策问题，无疑就找到一条解决“一国两制三法”环境下港珠澳大桥决策治理的新路径，并且保证港珠澳大桥决策治理的法治化与制度化。

进一步的现场调研表明，内地、香港、澳门三地的法律体系各有特点，澳门法律强制性规定不多，从澳门法律和以往澳门建设大型交通基础设施的经验来看，部分冲突可以由政府间直接协调安排解决；香港法律规定细致严密，但根据以往经验来看，诸多特殊性问题彼此之间还是存在解决途径，因此大桥决策、建设、运营在港澳之间一般不存在法律障碍，只需考虑国内法律框架内需要解决的问题即可。大陆的法律法规（包含法律、行政法规、部门规章、地方性法规及地方政府规章等几个层级）从总体和宏观层面看，内容全面、清晰明确、规范性强，但从中观和微观层面看，立法一般以原则为纲，涉及具体问题时，往往需要依靠较低层级的规章、规定、意见、办法、领导讲话等予以补充，甚至必须突破相关法律规范才可行。

特别是，港珠澳大桥是在“一国两制”环境下粤港澳三方合作建设重大工程的先例，新问题、新挑战层出不穷，如果频繁由国家司法机关为港珠澳大桥决策治理单独立法，势必立法过程缓慢、中间节点多、耗时长，大大影响工程决策的进程。因此，为在“一国两制”背景下依法实施港珠澳大桥决策治理，既要切实解决“三地三法”下的“硬”冲突和跨界协调法律途径的缺位，又要充分根据我国行政立法程序等现实情况，以创新精神寻找合法、简便、可行、有效的解决路径，这就是所谓“软法”概念与软法治理原理。

2. 软法治理概述

面对工程决策治理中的“三法”冲突，港珠澳大桥三方不断探索，并在实践中设计了一种新的“软法”治理模式。

（1）软法概述。“软法”这一概念最早出现于国际法中，是相对“硬法”而言的，1994 年法国学者 Francis Snyder 提出认可度较高的软法定义：“软法是原则上没有法律约束力但有实际效力的行为规则”（Snyder et al.，1994）。也有学者提出“软法”是指不具有任何约束力或约束力比传统的法律即所谓硬法要弱的准法律文件（罗豪才、毕洪海，2006）。Linda Senden 给出了较长的定义：“以文件形式确定的、不具有法律约束力，但是可能具有某些间接法律影响的行为规则，这些规则以产生实际的效果为目标或者可能产生实际的效果”（Senden et al.，2005）。

由上可见，相比于传统意义上具有强制约束力、通过司法机关执行的硬法，软法通常不是典型意义上的“法律”，这主要是因为：①制定主体。传统的硬法法律必须由国家立法机关制定，而软法并非由国家立法机关，而是由与制定内容相关的政府、组织、单位等经设计、达成协议、签署文件等方式使之生效。②保障效力。硬法通过国家司法机关的强制力保障实施，而软法则是由制定各方遵守信用、承诺并自愿履行软法条款；如果违反软法条款将受到其他各方谴责、舆论批判和纪律制裁。③争议解决方式。通常硬法冲突的解决方式是进行诉讼、法院裁决，但软法通常采用协商、仲裁、民间调解等方式解决。

从国家层面说，软法通常表现为法律多元意义上的社会规范，同时也表现为公法中行政主体发布的非法律性的指导原则、规则、行政政策等（罗豪才、毕洪海，2006）。在社会治理领域，其常见的形式包括多方主体签订的协议书或设立的章程、规范、管理办法以及发布宣言、号召、纲要等。

既然港珠澳大桥是粤港澳三方合作共建的工程，因此，在重大工程决策治理过程中三方运用软法思维和工具，通过组织间契约力而非国家强制力来处理之间的冲突和协调途径缺失，充分体现了三方的平等、公平、尊重、互利、共赢的合作精神与法治意识。

（2）软法治理概述。通过软法形式和相应工具处理事务的模式称为软法治理。软法治理的思想一开始出现于公共治理领域。在全球化和区域一体化背景下，公共治理领域出现了很多新问题，如果通过制定硬法来解决问题一般流程复杂、时间长、效率低，而以平等、尊重、民主、去中心化、共生共荣为核心思想的软法治理成了公共治理的新模式。这实际上是一种在各方自愿的基础上，通过合作、谈判、协商等形成的一种柔性治理体系。目前在解决包括贸易、运输、社会治安等我国区域公共治理领域有着广泛的运用，而将其运用于“一国两制”下港珠澳大桥决策治理则具有首创性。特别是，如何打通“一国两制三法”在港珠澳大桥决策治理中形成的“堵点”既无先例可循、又无成熟理论可依，加之工程时间紧迫，存在三法“硬”冲突等情况，软法治理这条新路子尤其具有重要的现实意义。实践证明，软法治理模式切实有效地解决了港珠澳大桥决策治理中的一系列跨属地、整体性、具有“三法”潜在冲突的决策问题，为推动我国重大工程决策治理体系与能力现代化创造了新鲜经验。

3. 港珠澳大桥决策软法治理体系

作为一种决策治理模式，港珠澳大桥决策软法治理体系无疑极具创新性，当然，在治理理念原则确定之后，更重要的是要设计该体系核心构件、构件关联方式与整体性功能。这是港珠澳大桥决策软法治理体系能够在实践中“落地”并能发挥其功能的基本保证。

从学理上讲，港珠澳大桥决策软法治理模式的核心属性是通过软法方式和相应工具制度化规定大桥决策治理事务的运作流程和主体行为原则，即构建一种在港珠澳大桥决策治理实践中能够稳定发挥作用的新的法治样式。

既然港珠澳大桥决策软法治理模式是“一国两制”大环境下的治理样式，所以在样式顶层设计中，首先要坚持“一国两制”法律地位至上，严格遵从、维护“一国两制”尊严和权威。

在“一国”层面上，软法并非由国家立法机关制定，但港珠澳大桥工程许多重大决策问题都超越了地方政府治权，需由中央政府决策，非完全属地和整体性决策问题也因为可能涉及国家层面的多部门、跨领域，需要中央政府以其最高权威进行引导、指导和协调。所以，“一国”大背景与中央政府在港珠澳大桥工程决策软法治理过程中的主导与统领作用永远是核心和第一位的。为此，在港珠澳大桥工程决策软法治理模式中，专门设立了中央层面的协调监管机构——“中央专责小组”（Zhu et al.，2018）。“中央专责小组”在决策软法治理过程中代表中央政府行使“一国”之权利、履行“一国”之主导与监管职责，保证了中央政府直接参与港珠澳大桥的决策治理过程并在实际操作中发挥巨大的主导作用。

在“两制”层面上，香港和澳门是我国“一国两制”背景下的两个特别行政区，“两制”背景下，香港和澳门享有高度的自治权包括行政管理权、立法权、独立的司法权和终审权等。中央专责小组基于国家整体代表性和全国大局观不仅不会对香港、澳门“两制”意义下的自治权等产生不当干预，而且会根据软法治理思想，在更高层面上把握大局和平衡各方利益。

例如，口岸不仅是一个国家主权的象征，也是一国对外开放的门户和国际往来的窗口，因此，港珠澳大桥口岸布设决策极为重要。最初提出了“一地三检”方案，这一方案规定香港、珠海、澳门三方设立联合口岸，以进行通关查验，但各自管区相对独立。这种口岸布设模式存在“是否可以将建立在珠海境内的‘一地三检’口岸的部分区域授予香港、澳门以行政管理权及司法管辖权”等问题，有可能导致粤港澳三方中某一方的利益受到较大损害，不符合软法治理各方平等、相互尊重的理念。最终，港珠澳大桥口岸布设模式这一重大决策问题交由中央政府，经中央政府有关部门研究并和粤港澳三方共同协商，最终选定三地三检方案，即香港、澳门、珠海独立地在各自的管辖范围内建设通关查验口岸，互不关联、干扰，这一方案充分体现和维护了“两制”下的港、澳两地利益。

在现实层面上，港珠澳大桥决策软法治理模式依据“软法”治理原理，构建了恰当配置和制衡多主体治理权力的体系、“以中央政府为第一层次、三地政府为第二层次”的跨界多层次决策治理协同机制，并且根据不同决策治理阶段中不同的决策问题，相应地设计了柔性决策组织结构以适应软法治理的需求，取得了合理合法、成本低、效率高的积极效果，详见图 10。

4. 港珠澳大桥决策软法治理中的政府公权力体系

根据重大工程决策治理的政府式委托代理原理，港珠澳大桥决策软法治理体系首先要确定在决策治理中如何配置和制衡政府公权力。这里的焦点是要明确谁有权、有什么样的权、在什么时候和在什么情况下用权以及如何制衡权力等。

（1）《三地协议》：决策软法治理的“基本法”。在“一国两制”环境下，软法治理模式成了港珠澳大桥三方共同行使权力的法律基础，从操作的可行性讲，这需要全局性和整体性的解决方案。为此，2010 年 2 月 26 日，粤港澳三地政府签署了经中央批准的《港珠澳大桥建设、运营、维护和管理三地政府协议》（以下简称《三地协议》），《三地协议》的签署内容涵盖了粤港澳三方政府职权、法律依据、建设目标、协调原则、投资模式、资金筹措、争端解决机制、协调组织机构等多方面决策治理的内容；明确了三地政府参与港珠澳大桥决策治理及跨界协调解决等重大事项的基本原则、各方权责义务等。

《三地协议》表现为协议形式的共识性文件，但实质上就是港珠澳大桥工程决策治理及冲突解决办法的一个软法纲领性文件，是由粤港澳三方政府达成一致、共同签署的港珠澳大桥跨界合作与决策治理的“基本法”，它构成了对港珠澳大桥软法治理的法律保障。《三地协议》的意义在于明确了“一国两制三法”下港珠澳大桥主体三法“硬”冲突的协调基本原则及解决办法，并为三地跨界合作决策组织架构的设计提供了法治依据。

由于区别传统的硬法规制，《三地协议》的法律性质及法律地位比较敏感，根据君信律师事务所及国务院企业研究所的分析，《三地协议》在传统硬法体系中的法律地位有待进一步研究，因此不具备强制执行的效力，但它毋庸置疑是港珠澳大桥范围内软法治理的保障和基石。《三地协议》的签订，意味着粤、港、澳三地政府达成了共识并做出的相关承诺，因此《三地协议》在实际执行上并非依靠硬法强制力，而是依靠协议契约力和契约精神的作用，即三地政府对《三地协议》的承诺和自觉遵守，这正是软法治理精神的体现。因此，《三地协议》所表现出的契约力体现了现代社会对重大工程决策主体行为重要的制约力量。

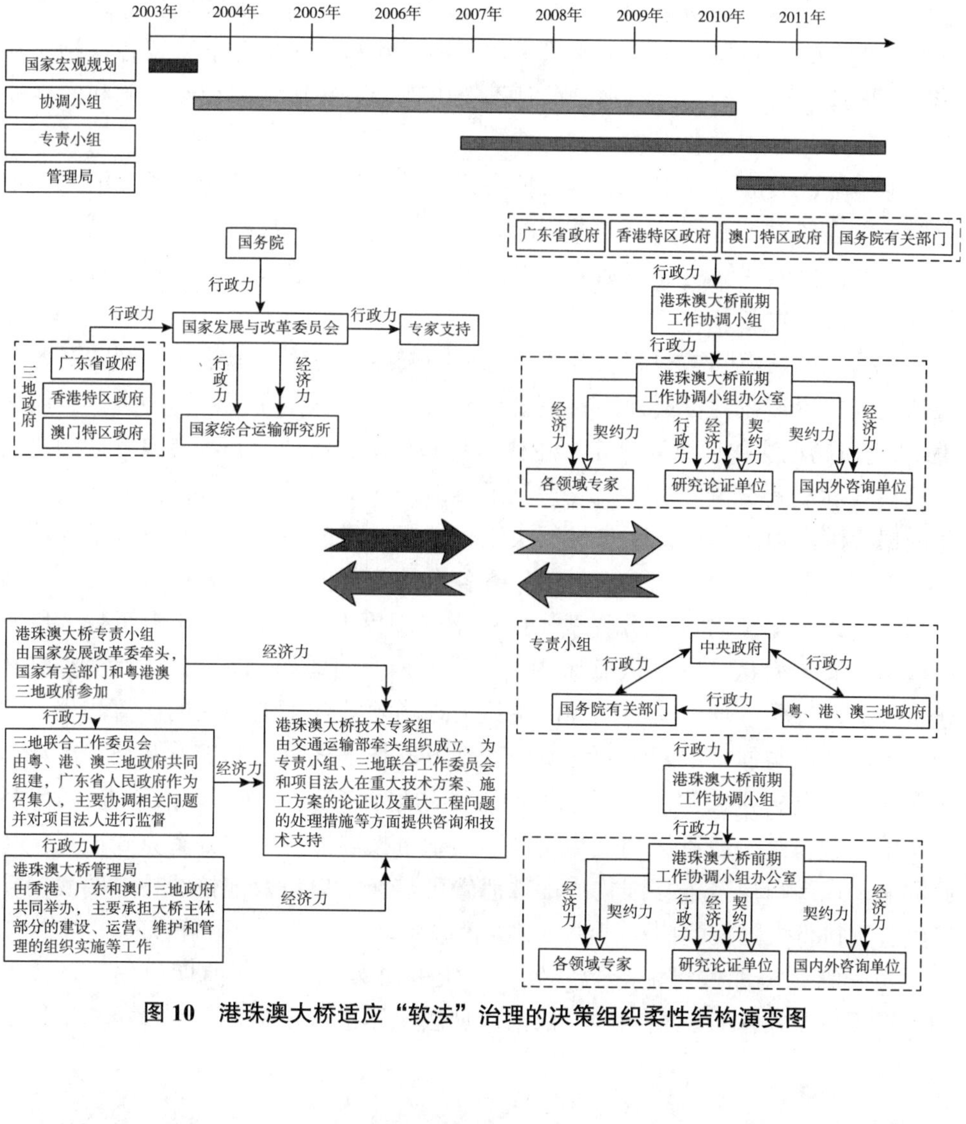

图 10　港珠澳大桥适应“软法”治理的决策组织柔性结构演变图

具体而言,《三地协议》将港珠澳大桥工程划分为4个相对独立的部分，即主体工程和香港、珠海、澳门各自的口岸及连接线工程。《三地协议》中指出："港珠澳大桥建设内容包括大桥主体工程和三地口岸、连接线工程，其中大桥主体工程东自粤港分界线起，西至珠海/澳门口岸人工岛止。"并明确规定："大桥主体工程由三地政府共同建设，三地口岸连接线工程由三地政府各自组织建设。"《三地协议》还明确提出了"适用属地法律原则"，并将其作为三地政府在决策治理模式下应遵循的基本原则之一。

所谓"属地法律原则"，指"针对项目主体和包括香港、珠海、澳门在内的各区部分，其建设、运营、维护和管理的属地法律原则，按照属地法律处理各项事务"，"属地法律原则"清楚地界定了粤、港、澳三地政府在港珠澳大桥决策过程中的权利与职责，也明确了在哪些时候和什么情况下可以各自相对独立按照属地法律进行决策治理，并且不会出现多地法律之间相互纠缠和发生冲突的情况。

现实中，一般可以把港珠澳大桥决策治理遇到的问题分为两类，第一类不会导致三法"硬"冲突；第二类可能导致"硬"冲突，再根据不同类型决策问题的特征，按照"软法"原则分别提出解决办法，一般都可以化解决策治理中的三法"硬"冲突。

显然，第一类问题很容易解决，三地间按照"适用属地法律原则"对各自管辖范围负责，在各自属地内行使管辖权力，因此不存在"硬"冲突。具体来说，"适用属地法律原则"规定了主体工程和珠海、澳门、香港各自管区的建设运营模式和职责分配，其中，主体工程采用"共同投资、共同建设"的模式，并依据我国内地的法律体系来进行决策、组织、建设与管理，建设技术标准采用"就高不就低"的原则。而对于三方各自的管区范围，以香港管区为例，港珠澳大桥以口岸填海区为分界线（此处指管理界限），香港大屿山至香港口岸区区段为香港管区。在香港管区内，香港政府负责香港口岸及连接线的规划、建设、运营各种事项，这些问题的决策治理均须符合香港地区的法律法规。例如，香港口岸与连接线建设，均按照香港方的技术规范为标准，并且香港承担全部建设责任；进入运营期后也按照香港的运营交通安全管理措施进行管理；若车辆行驶在这一段管区内发生交通事故，也按港方的事故处置方式进行。与此同时，珠海口岸及连接线构成的珠海管区与澳门口岸及连接线构成的澳门管区则分别执行大陆及澳门法律法规对工程进行决策、建设和运营管理。

至于第二类那些可能导致"硬"冲突的决策问题，如前期规划论证决策的政府授权及司法管辖权问题、依据何种法律体系认定是否"跨境授权"以及

“上下分别授权”等；公共事务决策中的出入境管理，海关、边防、治安、检查检疫等，对于此类问题的解决，按照“软法”原则，一般在粤港澳三方自愿、平等的基础上，组织共同协商以达成一致，将一部分协商一致的成果写入《三地协议》；对于三方始终存在争议的决策问题，将上报给代表中央政府行驶权利的专责小组，进行沟通、协商、决策。仍以前期决策阶段对口岸问题的决策为例，产生了管辖权移交、跨境授权、需要全国人大专门立法等硬法冲突问题。如果采取“一地三检”模式，香港、澳门口岸将设立在广东省境内，香港有权在此区域内行驶行政管理权、司法管辖权，而这超出了三地法律规定的范围，必须通过一些法律程序，将大桥主体段及海域全部授权给香港管辖，否则不符合法治基本逻辑规则；同时，三法法系冲突下，只有上报最高立法机关全国人大，才能授权给香港，这一做法具有极高的制度成本。粤港澳三地间就此问题展开了多次协商，均未达成共识，因此于 2007 年 1 月 9 日专责小组召开会议，将此事的决策层级上升至中央层面进行协商解决。

综上，对于第一类不会导致硬法冲突的决策问题，根据“软法”原则，采用“适用属地法律原则”处理相关事项；对于第二类引发硬法冲突的重大决策问题，则以“软法”治理原则为基础，进行中央主导下的多方协商来解决。

（2）《港珠澳大桥管理局章程》：决策软法治理的基本规章。《三地协议》使港珠澳大桥决策软法治理有了“基本法”，但《三地协议》基本上是纲领性和原则性的规定，不能作为实际操作的规章和标准。为此，2010 年 5 月 24 日，港珠澳大桥三地联合工作委员会召开了第一次工作会议并通过了《港珠澳大桥管理局章程》（以下简称《管理局章程》），同年 6 月，粤港澳三地政府正式签署了《管理局章程》。港珠澳大桥管理局作为大桥工程跨界决策、建设与管理的主管部门，《管理局章程》不仅要充分体现《三地协议》理念与原则，而且要有一整套细化的工作流程与规章，它实际上是执行层面上的另一个软法文件。

《管理局章程》充分考虑了如何解决“三法”中“硬”冲突、协调法律途径缺位等问题，统筹兼顾了粤港澳三方利益、境内外行政法规及行为习惯及充分适应内地规定和惯例后，明确规定了大桥管理局作为项目法人，其机构设置、决策程序、人事管理、资金管理、财务制度等，《管理局章程》的权威性、强制力、约束力都远远高于一般工程管理部门的组织规章，而且有软法效能来实现三方权力制衡。例如，《管理局章程》规定，除局长外，管理局设三位副局长，三地各占一席，虽然粤方投资额最大，但不同于股份公司按股份多少分配投票权，凡重要决策问题须三地一致同意、达成共识，一方提出异议则需重新协商，或上报三地委解决，不执行少数服从多数原则，以充分尊重港、澳权益并相互制衡权力。《管理局章程》的制定，使得港珠澳大桥的软法治理具有最简洁与通畅的组织架构与执行方式，能够运用便捷的治理路径来解决决策问题和提高治理效率。

（3）“无诉讼”：解决决策治理争端的新机制。“三法”给港珠澳大桥决策治理带来的另一个障碍是跨界协调法律途径缺位，这是一个什么样的问题呢？众所周知，现代重大工程决策主体多元化是个普遍现象，总体上多主体之间相互合作协同，遇到分歧采取不同的解决途径与方式，如协商、仲裁、上级裁定直至由法律途径解决冲突，但是，在“一国两制三法”环境下，假如三地在工程决策过程中产生分歧、矛盾直至严重冲突。这时若协商、仲裁、上级裁定均不能解决问题而需走法律途径时，会遇到现实的法律障碍，此即为跨界协调法律途径缺位。具体形成情况如下。

如果三地中任何一方因为某个冲突要诉讼另一方（或两方），根据基本的“适用属地法律原则”，故无论向哪个地区的法院提起诉讼，由于三地分属不同的硬法体系，都不可能得到当事双方（或三方）共同认可并接受裁决。如果仿照国际工程做法，以英法海峡隧道为例，英国和法国为两个主权国家，若英法两国就英法海峡隧道的决策论证、建设施工乃至运营通行产生冲突时，可以根据《英法海峡隧道条约》和《海峡隧道法》解决，同时英国和法国在国际上具有独立、对等的法律地位，冲突可以交予国际法庭处理。但是，内地、香港、澳门同属一个国家，不能采用和一般国际跨境工程同样的国际化解决冲突方式。这说明，在“一国两制三法”的背景下，如果一般协商、仲裁、上级裁定等解决争端方法失效后，粤港澳三方无论哪一方提起诉讼，都存在向哪个地区的法院提起诉讼的问题，而我国目前也没有针对“一国两制三法”下专门的诉讼法律规定。因此，港珠澳大桥决策治理中就出现了跨界诉讼法律途径缺位的新“堵点”。

因此，必须在法律框架内解决这一“堵点”，解决的思路也是避开“三法”的“硬”冲突，采取“软法”治理模式，这就是粤、港、澳三方政府签署的软法文件《三地协议》中明确提出的“无诉讼”原则，即在港珠澳大桥决策治理等过程中，三方之间遵循无诉讼争端解决机制。

具体地说，《三地协议》在基本原则中提出的“友好协商原则”里明确指出“无诉讼”的概念，随后，在第七章“其他事项”、第二十条“争议解决”中又特别强调了这一争端解决机制：港珠澳大桥项目实施过程中产生的任何分歧或争议应通过三地委协商解决，若三地委无法达成一致意见，由各方代表分别上报各方上级政府，三地政府就分歧或争议进行友好协商；若三地政府之间一时也无法达成一致意见，任一地政府均可将争议提交港珠澳大桥专责小组决定；而三地政府之间、项目法人与任何一方政府之间不得在任何区域启动任何诉讼程序。

上述就是应对"三法"造成的跨界诉讼法律途径缺位而设计的具有独特性与创新性的无诉讼争端解决机制的内容，这一机制不仅最大限度地体现了粤港澳三方在决策治理中的友好协商原则，同时也铺设了在最大可能情况下根据仲裁协议进行裁决以及最终由中央进行裁决的可操作解决冲突的路径。实际上，无诉讼争端解决机制以软法形式构建了在"一国两制"大环境下"以友好协商方式和中央政府裁决方式为主，3 种方式共同作用"的解决决策治理争端的新机制（见图 11），这不仅是港珠澳大桥决策软法治理模式中的重要组成部分，而且对解决今后其他可能的"一国两制"背景下的工程决策治理问题都有重要的借鉴启发意义。

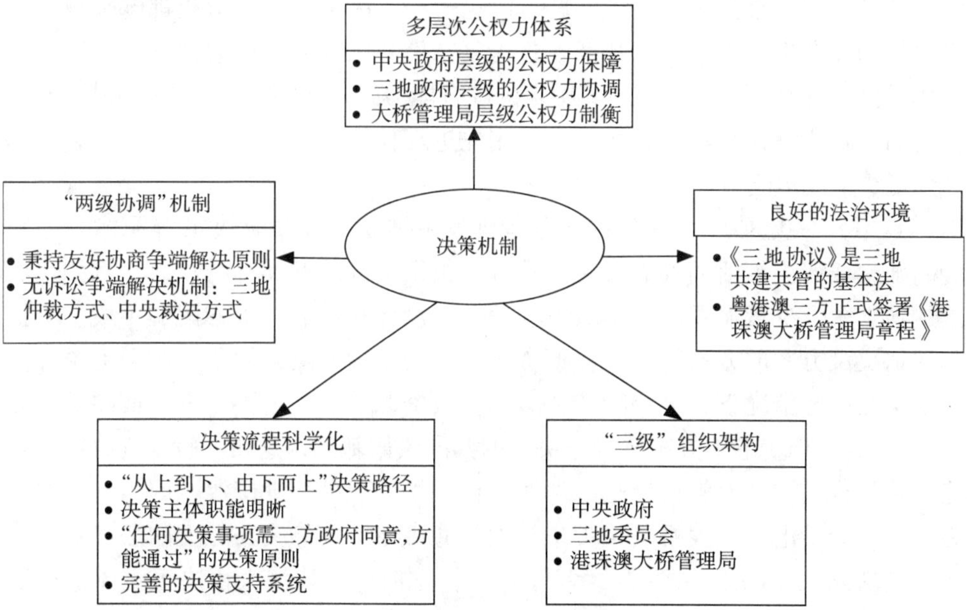

图 11　港珠澳大桥决策治理体系

5. 港珠澳大桥决策软法治理模式的总结

港珠澳大桥于 2003 年 8 月启动前期工作，2009 年 12 月开工建设，2010 年 2 月粤港澳三地政府签署了经中央批准的具有软法性质的纲领性文件《三地协议》，《三地协议》是港珠澳大桥跨界合作的决策治理的"基本法"，为三地跨界合作决策治理行事规则与组织架构的设立提供了软法根据。

从上述时间表可以看出，港珠澳大桥决策软法治理思想与模式基本上贯穿于港珠澳大桥决策治理全过程，并且统摄了全部的重大工程决策治理问题的解决。港珠澳大桥工程决策治理理念理论与实践有着丰富的创新性内容，其中特别能够体现自主性创新特点的应该是大桥工程决策软法治理思想。

"一国两制三法"下港珠澳大桥决策软法治理思想与模式是我国重大工程决策治理体系与治理能力现代化在新的历史时期的突出反映，它独创性地以软法法治理念解决了"一国两制三法"特殊环境对重大工程决策治理的挑战，在规范性方面，以软法文件——《三地协议》《管理局章程》等确立了适用属地法律原则与解决"三法"冲突的方式、建立无诉讼争端解决机制等，既为粤港澳三方协同合作提供了共同的准法律平台，也设计了跨界协调无障碍途径，有效降解了"一国两制三法"下港珠澳大桥跨界合作与决策治理复杂性。

港珠澳大桥决策软法治理模式的创新和实践给我们一个极其深刻的启示：由于各种原因，重大工程决策问题、决策过程、决策方案的形成都越来越表现出明显的复杂性，为了降解和驾驭这类复杂性并顺利完成决策任务，决策治理主体需要具有更高、更全面、更稳定的综合能力，这些能力包括系统分析能力、构建高质量决策体系能力、掌握并运用先进现代决策技术能力、提高决策效率和降低决策成本能力等。

其中，一类重要和基本的能力是决策主体获取与整合决策资源能力。众所周知，任何决策活动都需要决策资源，决策资源的种类林林总总，例如，决策主体水平、决策需要的基本数据与信息、设计和构成决策方案的手段、分析和评估决策方案的方法等都是决策资源，越是复杂的决策问题，所需资源种类越多。在一些情况下，某些特殊类型的决策资源是非常重要、不可或缺的，如"一国两制"环境下三方主体合作决策的共同法律基础，这在一般工程决策中可能不是什么问题，而它恰恰是港珠澳大桥决策的一种稀缺资源，因为"一国两制三法"会给港珠澳大桥决策带来"硬"冲突与协调冲突路径上的法律缺位会成为港珠澳大桥决策治理的独特"堵点"。这时，港珠澳大桥决策主体是否能够独辟蹊径获取或创造这类稀缺资源的能力就成为能否打通港珠澳大桥决策治理"堵点"的关键。

本案例告诉我们，港珠澳大桥决策软法治理模式提供了必要的决策治理资源来化解"三法"冲突和法律缺位等问题，获得了三方合作决策的共同基础，并以新的软法治理资源来支撑决策治理活动。这不仅生动体现了港珠澳大桥工程决策治理能力现代化的水平，还揭示了一个重要原则：在重大工程决策治理过程中，决策治理主体的"上乘"能力不仅仅是能够用充足的、现成的决策资源解决工程复杂决策问题的能力，更重要的是在资源不足甚至缺失的情况下，具有独辟蹊径创造决策资源的能力。

三、我国重大工程决策治理70年的总结与反思

从中华人民共和国成立初期的三门峡工程、前后几经起伏的三峡水利枢纽工程、40 年连绵不断的长大公路桥梁工程群直至新世纪之交的港珠澳大桥工程，以上典型工程案例链全景式地为我们展现了重大工程决策“中国之治”的 70 年历史长卷，这是重大工程决策“中国之治”艰难崎岖的现代化道路的真实写照，其深刻的历史烙印留给我们不可忘怀的文化记忆。

第一，在这幅长卷中，我们能够清楚地感受到，作为新中国初期我国重大工程决策治理核心的老一辈党和国家领导人表现出的那份为国为民情怀和历史担当始终成为他们决策重大工程的原动力。在那个时期，我国重大工程决策治理核心领导人都是卓越的政治家、思想家、军事家，他们具有处理各种复杂政治、经济和军事等“国家大事”的高瞻远瞩与运筹帷幄的丰富思想与经验。正是这一现实逻辑，使当时的领导人认为，重大工程建设作为“国家大事”自然由国家党政领导层做主，自己也就有着义不容辞的历史责任；这也往往就会把传统的处理国家大事的经验与做法用于处理重大工程决策治理上，即在重大工程决策治理实践中，按照政治逻辑、军事谋略，归根到底按照彻底的革命精神和政治高于一切的原则推动重大工程决策治理工作。

第二，通过长期革命斗争建立起来的新中国拥有强大的权威和力量，政府集权是我国大国治理的基本方略，计划经济体制具有的强大社会动员能力、政府集中资源配置以及高积累机制使我国政府能够集中力量办大事，实现国家全局性经济建设、社会发展与重大工程建设整体性推进相互支撑、相得益彰，所有这些不仅是我国建设事业，也是我国重大工程建设发展如此快速，以致国外许多人难以理解的根本原因之一。在某种意义上，这正是重大工程决策“中国之治”最具特色的国情优势、制度优势与体制优势。

第三，在长期的革命年代，我国领导人形成了“群众路线”和“发扬民主”等处理同人民群众关系问题的根本方针和领导方法这一法宝，这自然也会在他们关于重大工程决策治理实践中发扬光大。从 1953 年起，毛泽东同志希望三峡工程尽快上马的愿望越来越强烈，并于 1956 年夏豪情满怀写下了“高峡出平湖……当惊世界殊”的诗句，神往之情，溢于言表。但是，1958 年 1 月在他亲

自主持中央南宁工作会议上，毛泽东同意了年仅 41 岁李锐提出的先开发支流、不宜先修三峡工程的观点[①]。应该说，这与毛泽东自己的夙愿相距甚远，但他并没有以自己绝对的政治权威和个人威望强行决断。

当然要看到，重大工程决策治理工作中的“群众路线”和“发扬民主”的内涵、方式和程序和过去战争年代及大规模群众运动中有很多、很大的不同，例如，重大工程决策治理中的“群众”可能是一批专家，“群众路线”需要决策领导人听从专家们的科学专业知识，而这些科学专业知识恰恰是领导人不熟悉、不擅长的；“发扬民主”的结果可能会与决策领导人个人的强烈愿望相左或者要领导人修正甚至推翻自己原来的想法，这些都与过去领导人在决策治理“国家大事”时的样式极不一致，更需要决策领导人具有尊重群众、尊重民主的宽广胸怀以及坚持科学和不断自我学习的精神。特别是，重大工程决策治理过程中的“群众路线”和“发扬民主”如何与工程决策科学内涵融为一体需要特定的程序与样式，这就需要稳定、规范、有效的制度体系，即在重大工程决策治理体系中要构建公众参与、信息公开尤其是专家群体以专业知识支持的制度保证。但是，在当时，我国重大工程决策治理体系远没有达到如此现代化水平，因此，决策治理中的“群众路线”“发扬民主”以及尊重专家意见的程度和实效很大程度上取决于当时的社会环境以及领导人的个人风格和价值偏好，特别是，如果全局性的民主环境发生了变化，缺乏相应的制度保障，那重大工程决策民主治理和专家支持更难以有效、稳定与持续发挥作用。

第四，无论是对重大工程决策机遇期的把握还是对具体的重要决策治理问题的判断，无不与当时的国情、政情、社情等有着密切的关联。在过去的 70 年中，新中国实现社会主义现代化以及改革开放的道路总体上是在“摸着石头过河”的过程中前行，同时也走过不少弯路、错路：中华人民共和国成立初期对苏联经验的过度迷信、1957 年春夏之交开始的“反右派”斗争扩大化、违背科学规律与现实情况以致造成后来严重经济困难的“大跃进”，直至“文革”发生等巨大的政治经济形势变动都对中华人民共和国成立后前 30 年间的重大工程决策治理基本环境及治理制度、程序的稳定性等以巨大的冲击。

非常宝贵的是，在长期革命实践中，我们党形成了一条实事求是、一切从中国实际出发的思想路线，20 世纪 50 年代中期，特别是“一五”建设后期，在新中国经济建设的实践和经验基础上，毛泽东同志越来越认识到建设道路也

---

① 《毛泽东对三峡工程的三大顾虑 曾问能否防原子弹（2）》，中国新闻网，2010年5月13日，https://www.chinanews.com.cn/cul/news/2010/05-13/2279195.shtml。

同样不能照搬外国，要求以苏联经验为鉴[①]，更加强调重视自己的实践经验。直到20世纪60年代，周恩来同志还主动反思三门峡工程的决策，他直截了当地对外宾讲：当时决定三门峡工程急了点。头脑热的时候，总容易看到一面，忽略或不太重视另一面[②]。

从整体上讲，从新中国成立至今，我国重大工程决策治理取得重大进步的同时，重大工程决策“中国之治”规范、完备的治理制度与法规的缺失、必要的民主程序难有稳定的执行力与制度保障、专家的力量与声音尚不能发挥其本应有的更大作用等问题也明显存在着。一个典型的例子是1957年，水利专家李赋都在谈到三门峡工程决策时曾回忆说，在解放初期时，他并不赞成修三门峡水库这一决策。但在农业合作化完成后，我国优越的制度使得大家有信心完成上游的水土保持工作，从而能够减少泥沙、根治黄河。

从中我们还是能够感悟到，这70年中，重大工程决策“中国之治”现代化步伐的不断前行、治理内涵的不断完善是何等艰巨与不易。

第五，改革开放以来，我国社会主义建设现代化事业进入了一个新的历史时期，首先是，我国国家治理体系现代化开启了新的征程，这对我国重大工程决策治理现代化提供了根本性的方向指引和强大推动力。

（1）在充分总结和反思新中国前30年经验和教训的基础上，从党的十一届三中全会到党的十八大前，我们积极推进经济体制及其他体制改革，不断完善国家治理体系，国家治理体系的活力和效率不断提升。党的十八大以来，国家治理体系和治理能力现代化水平不断提高。直接对重大工程决策治理有着特别重要指导意义的有十八届三中全会明确提出的党委领导、政府负责、民主协商、社会协同、公众参与、法治保障、科技支撑，共建共治共享的社会治理制度（何毅亭，2019），十八届四中全会提出的把公众参与、专家论证、风险评估、合法性审查、集体讨论决定确定为重大行政决策法定程序和十九届四中全会又进一步明确提出的“推进国家治理体系与治理能力现代化”的重大战略任务（张文显，2016）。

（2）改革开放以来，我国经济社会发展发生了翻天覆地的变化，取得了巨大的历史性成就。如火如荼的我国重大工程建设成为我国经济快速发展的强大推动力与国家竞争力的利器（盛昭瀚等，2019），因此，关于重大工程决策治

---

① 《新中国档案：毛泽东发表〈论十大关系〉》，中华人民共和国中央人民政府网，2009年8月25日，http://www.gov.cn/jrzg/2009-08/25/content_1400777.htm。

② 《黄河第一大坝50年纷争 全国政协委员曾联名提案：三门峡水库立即停止蓄水发电》，2014年7月21日，人民政协网，http://www.rmzxb.com.cn/c/2014-07-21/353733_2.shtml。

理不仅关注单体工程决策治理过程中的科学性与民主化品质，更是把重大工程建设整体性地摆在我国社会经济发展大局、放在我国实现现代化宏伟战略目标下来谋划，这从我国近 40 年来长大桥梁建设的四个“战役”和国家改革开放总体进程的同步性看得很清楚，因此，国家现代化建设赋予了这一时期重大工程决策“中国之治”更深刻的战略意义。另外，党的十八大以来，统筹推进“五位一体”总体布局、协调推进“四个全面”整体布局，从而进一步提升了重大工程决策“中国之治”积极践行“创新、协调、绿色、开放、共享”发展理念，深化了现代工程决策治理模式的丰富内涵（何毅亭，2019）。

（3）近 40 年来，为我国重大工程决策治理服务的专家技术支持体系进一步制度化和完善。在重大工程决策治理过程中，越来越重视专家们的意见，普遍成立了为决策服务的专家技术委员会。有些工程前后要召开数十场不同主题的专家论证会、咨询会，时间往往持续整个工程建设期。例如，在苏通大桥工程决策实践中，江苏省人民政府和交通部联合聘请了以两院院士和国外知名桥梁专家为主的苏通大桥技术顾问并组建了技术专家组。根据苏通大桥工程决策需要和工作制度，技术顾问和技术专家组对工程重大决策方案、关键技术难题、质量控制标准及新技术、新工艺、新材料的选择等都开展了专门的技术咨询，发挥了很好的决策支持作用。

这样，政府主导、专家智力支持的重大工程决策治理体系基本范式在改革开放以来我国重大工程决策治理过程中逐渐成熟、完善和制度化，并且随着专家法治原则、科学精神与公民意识的进一步增强，政府主导、专家论证、公众参与这些重大工程决策治理体系的基本构件越来越齐全，同时为推动我国国家治理体系与能力现代化做出了宝贵贡献。

第六，在这一时期，我国的重大工程决策治理能力有了明显的提高，例如，随着南水北调、港珠澳大桥、长江上游梯级水电站群和川藏铁路等重大工程建设与筹划，在工程决策分析中进一步加强了基于重大工程的深度不确定、高风险、管理与工程技术高度综合化的系统分析能力，工程超长寿命期内大尺度风险与灾害的发现、预测和相应的“防灾减灾”能力，充分考虑工程与社会、经济、生态、人文相互影响和融合的工程“全景式”功能谱设计及社会责任分析能力以及构建创造决策治理资源平台来解决决策治理资源缺失的能力等。我国近年来一系列世界级超大规模单体工程建设成果用事实向全世界宣告在这些最先进的决策治理能力方面，我国水平首屈一指。

在新中国成立 70 年后的今天，本文对我国重大工程决策治理 70 年历程以及当时的大背景、大趋势、大逻辑进行了系统性回顾与反思，这是我们以文化记忆方式与几十年前先辈及当今贤俊们的一次关于我国重大工程决策治理的对话，它让我们领悟到不同时期的历史印记是怎样影响和支配着当时人们的决策治理思想、活动与行为，又是在怎样的哲学思辨与精神力量推动下构筑了重大工程决策“中国之治”的现代化道路。这表明，我们不仅能够从 70 年我国重大工程决策治理实践中提炼具有普遍意义的“中国之治”的思想精髓，更让我们充满信心地站在历史发展新方位，把我国重大工程决策治理体系与治理能力现代化事业继续推向前进。

70 年过去，弹指一挥间。重大工程决策“中国之治”70 年现代化道路让我们深切感受到，它犹如一条蜿蜒曲折的大河，虽有险滩礁石，但丝毫阻挡不住大河之水奔流到海之势，并以越来越强大的能量汇入人类重大工程决策治理文明的大海之中。

参考文献

[1] Senden, L. A. J., 2005, “Soft Law and Its Implications for Institutional Balance in the EC”, *Utrecht Law Review*, 1(2), pp.79~99.

[2] Sheng, Z. H., 2018, Fundamental Theories of Mega Infrastructure Construction Management: Theoretical Considerations from Chinese Practices, Cham: Springer International Publishing AG.

[3] Snyder, F, 1994, “Soft Law and Institutional Practice in the European Community”, *Natural Gas & Oil*, 79(5), pp.2400~2410.

[4] Zhu, Y., Shi, Q., Qian, L. I. and Yin, Z., 2018, “Decision-making Governance for the Hong kong-Zhuhai-Macao Bridge in China”, *Frontiers of Engineering Management*, 5(1), pp.30~39.

[5] 包和平 . 对“万里黄河第一坝”的反思 [J]. 工程研究——跨学科视野中的工程 , 2006(4).

[6] 陈邦贤 , 罗婷 . “7918”绘就中国高速公路网 [J]. 中国公路 , 2005(2).

[7] 陈红其 , 杨兴元 , 向宗均 . 三峡工程论证决策始末 [J]. 党史天地 , 2006(2).

[8] 陈夕 . 中国共产党与三峡 [M]. 北京 : 中共党史出版社 , 2014.

[9] 成绥台 . 兴建三峡工程决议通过前后 [J]. 百年潮 , 2010(5).

[10] 凤懋润 . 中国的跨江海桥梁建设工程 : 成就 , 创新及管理实践 [J]. 工程研究——跨学科视野中的工程 , 2013(5).

[11] 顾永杰 . 三门峡工程的决策失误及前苏联专家的影响 [J]. 自然辩证法研究 , 2011(5).
[12] 何格高 . 三峡工程与其他工程的建设次序 [J]. 四川水力发电 , 1987(1).
[13] 何毅亭 . 中国特色社会主义制度和国家治理体系形成的历程和成就 [J]. 秘书工作 , 2019(11).
[14] 侯学煜 . 论证三峡工程要考虑的基本观念和一些具体问题 [J]. 群言 , 1990(10).
[15] 黄健荣 , 徐西光 . 政府决策能力论析 : 国家重点建设工程决策之视界——以长江三峡工程决策为例 [J]. 江苏行政学院学报 , 2012(1).
[16] 刘国光 . 中国十个五年计划研究报告 [M]. 北京 : 人民出版社 , 2006.
[17] 李锐 . 关于长江流域规划的几个问题 [J]. 水力发电 ,1956(9).
[18] 李文凯 : 三门峡工程半个世纪成败得失——一项大型公共工程的决策逻辑 [C]. 黄河三门峡工程泥沙问题研讨会论文集 , 2006.
[19] 林一山 . 关于长江流域若干问题的商讨 [J]. 中国水利 , 1956(6).
[20] 卢跃刚 . 长江三峡 : 半个世纪的论证 [M]. 北京 : 中国社会科学出版社 ,1993.
[21] 陆佑楣 . 三峡工程的决策和实践 [J]. 中国工程科学 , 2003(6).
[22] 罗豪才 , 毕洪海 . 通过软法的治理 [J]. 北京 : 法学家 , 2006(1).
[23] 马克思 , 恩格斯 . 马克思恩格斯文集 [M]. 北京 : 人民出版社 , 2009.
[24] 梅璐 , 王显志 . 投融资模式应该怎么选 ?[J]. 中国公路 , 2019(12).
[25] 任彦芳 . 悲剧预言者的悲剧——怀念黄万里教授 [J]. 民主与科学 , 2010(4).
[26] 荣刚 . 邓小平与三峡工程 [J]. 百年潮 , 2004(8).
[27] 盛昭瀚 , 薛小龙 , 安实 . 构建中国特色重大工程管理理论体系与话语体系 [J]. 管理世界 , 2019(4).
[28] 盛昭瀚 . 话语体系 : 讲好管理学术创新的"中国话"[J]. 管理科学学报 , 2019(6).
[29] 盛昭瀚 , 程书萍 , 李迁 , 李敬泉 , 陈永泰 , 徐峰 . 重大工程决策治理的"中国之治"[J]. 管理世界 , 2020(6).
[30] 汤耀国 . 三峡论战风云录 [J]. 瞭望 , 2009(49).
[31] 唐代望 . 长江三峡工程决策背景透视 (上)[J]. 安徽决策咨询 ,1998(4).
[32] 魏廷琤 . 三峡工程的提出和决策 [J]. 百年潮 , 2009(11).
[33] 吴光祥 . 中央三代领导人与"三峡工程"决策 [J]. 党史纵横 , 2009(11).
[34] 霞飞 . 毛泽东与三线建设 [J]. 党史纵览 , 2004(11).

[35] 香港特别行政区政府，广东省人民政府，澳门特别行政区政府．港珠澳大桥管理局章程 [Z]. 2010.

[36] 香港特别行政区政府，广东省人民政府，澳门特别行政区政府．港珠澳大桥建设，运营，维护和管理三地政府协议程 [Z]. 2010.

[37] 向朝晖．对我国“贷款修路，收费还贷”公路投融资模式的探讨 [J]. 经济师，2009(3).

[38] 熊坤静．三峡工程决策始末 [J]. 党史文苑，2010(10).

[39] 许水涛．黄万里与三门峡工程的旷世悲歌 [J]. 炎黄春秋，2004(8).

[40] 薛世仪．三峡工程蓄水位方案研究经过 [J]. 中国科技史料，1987(3).

[41] 张俭．路漫东方——建设中国公路网的三十年 [J]. 中国公路，2008(21).

[42] 张伟，沈四．三门峡工程决策失败之教训 [J]. 决策与信息，2009(7).

[43] 张文显．习近平法治思想研究（下）——习近平全面依法治国的核心观点 [J]. 法制与社会发展，2016(4).

[44] 郑晓光．水电科技精英与新中国水电开发研究 (1949—1976)[D]. 福建师范大学，2017.

[45] 邹家华．关于提请审议兴建长江三峡工程的议案的说明 [J]. 人民长江，1992(4).

$V-R^3$系统工程模式构建与实践*

——以载人空间站工程为例

唐 伟[1,2] 刘思峰[3] 王 翔[4] 宋征宇[5]

（1 南京航空航天大学经济与管理学院；2 中国航天科技集团公司；3 南京航空航天大学灰色系统研究所；4 中国空间技术研究院总体设计部；5 中国运载火箭技术研究院）

摘要：系统工程理论和方法在我国航天型号任务中发挥了重要作用，保证了我国航天事业一个又一个型号任务的完成。新时代背景下，航天型号研制任务呈现新特征，从以少量串行型号任务作为行业牵引，到依托完备的行业体系完成并行的多样化任务，支撑国家重大专项的顺利实现。随着研制能力的升级与研制过程的转变，急需对系统工程进行系统总结，助力航天型号研制任务持续成功。本文主要目的是提炼航天型号任务中的系统工程新模式。通过剖析经典 V 型模型，构建出航天型号任务研制以"递增—回溯—递归"为内涵特征的 $V-R^3$ 系统工程模式，进而从技术、组织、团队、个体 4 个维度对该模式进行深入解析。从基于文档的流程管控向数据与模型驱动进行转变过程中，贯穿始终的是以目标实现与问题研究为导向，以风险管控为目的，并以载人空间站工程实践案例为载体，阐明了 $V-R^3$ 系统工程模式的有效性。

关键词：航天型号　系统工程　$V-R^3$ 模式　载人空间站

一、系统工程进化及其挑战

（一）系统工程

系统工程是实现人类目的的重要手段，有其自身"进化"的方向。系统

---

*　原载《管理世界》2020年第10期。

工程是组织管理“系统”的规划、研究、设计、制造、试验和使用的科学方法，是一种对所有“系统”都具有普遍意义的科学方法（钱学森，1985）。国际系统工程协会将系统工程定义为一种跨学科和综合的方法，可以使用系统的原理和概念以及科学、技术和管理方法来使工程系统成功地实现、使用和退出（INCOSE，2015）。我国系统工程理论和方法起源于20世纪60年代初的导弹研制工程，这项复杂的高技术系统工程涉及多种专业技术，需要巨大的资源投入，具有很高的风险。在当时国家经济、技术基础薄弱的条件下，在较短的时间内，集中全国有限的资源，有效地利用科学技术最新成就，完成导弹的研制任务（刘纪原，2016）。20世纪80—90年代，航天型号研制中设立两条指挥线，逐步完善系统工程组织模式。20世纪90年代至21世纪初，在连续遭受多次失利之后，逐步形成了技术归零、管理归零、风险识别与控制等方法，针对航天型号系统工程各个要素制定了规范化的管理与评估体系，我国航天系统工程进入了全面发展的阶段。

美国航空航天局（NASA）将系统工程分为系统设计、产品实现和技术管理三套通用流程（Hirshorn，2017）。采用全寿命周期管理和通用过程管理，设置相应任务目标和里程碑控制要求，每个阶段均开展技术评审，进行必要的评估和决策。欧洲空间局（ESA）以保证航天工程任务成功为目标，把管理与工程有机结合，建立了一套以技术与质量为核心的系统工程管理体系与规范，内容涵盖系统工程、电子工程、机械工程、产品保证与安全性等（周倜等，2014）。以NASA和ESA为代表的航天系统工程方法强调对型号的分解，按照里程碑节点推进，以技术、管理为主线进行研制活动统筹，其系统工程思想本源更接近于还原论，即将复杂的事物、现象化解为各部分之组合来加以理解和描述。中国的航天系统工程思想本源更接近系统论，强调以系统为对象，从整体出发来研究系统整体和组成系统整体各要素的相互关系，从本质上说明其结构、功能、行为和动态，强调以把握系统整体，达到最优的目标。究其原因，西方以还原论为基础是基于强大的工业基础和知识积累，而基于系统论的中国航天系统工程则是适合我国基本国情的智慧选择，属于工程系统工程的范畴，可作为大规模科学技术工程进行深入研究探讨，是集科学层次的理论问题、技术层次的开发问题、工程层次的产品问题研究于一体的复杂巨系统（钱学森等，2007）。

我国系统工程的核心思想可深化概括为“综合集成、集成综合、迭代深化、放大细节、严格管理、快速成熟”（宋征宇等，2019）。系统工程从任务需求和上层系统要求出发，权衡确定系统的功能和性能，进而分解为分系统，从整体角度协调总体与分系统、分系统与分系统之间界面关系，设计并组织系统试验和验证，最终完成综合集成，得到满足需求的系统产品（于景元，2016）。因系统工程理论与方法在航天型号研制任务中的成功应用，结合一代又一代航天人的奋发努力，我国航天事业取得了世界瞩目的辉煌成就。

（二）航天工程的独特性与复杂性

一般重大工程的特点是规模大、投入高、影响大，具有跨学科、跨领域、跨层次、跨部门的特点（盛昭瀚等，2019）。作为一个多学科、多专业有机结合的大规模的系统工程，航天型号研制具有协作面广、利益相关方多、高风险性、高不确定性和决策影响因素多等特征（栾恩杰，2019）。其中，高风险性、高不确定性是航天工程最大的特点。

航天工程始终与风险抗争，需要有正确的方法和有效的工具及时管控风险。风险存在于技术、组织、团队、个体等方面，通过不断质量归零和举一反三、总结经验和探寻规律，做好风险规避、风险控制、风险接受以及风险转移。航天型号研制技术路径选择、技术积累、技术验证具有高度不确定性，管理过程中质量、进度、成本等具有不可预知性偏差。风险来源于不确定性，不确定性是由于天地显著的差异性和空间活动的不可预知性所致。受限于现有的研制手段和技术水平，难以在地面进行提前的验证和开展全面的模拟，存在诸如在轨操作无试验机会、只能一次成功等现象，因此才会遇到高度不确定性的难题。

航天工程的复杂性体现出以下特点。第一，专业面广，综合性强。总体涉及力、热、电磁、机械、流体、控制等多个学科和专业，总体设计需要综合考虑各专业、各系统、各层面不同的应用需求，还需综合考虑在型号全寿命周期内不同的应用需求，其工作模式通常表现为多学科耦合和多目标优化。强调要有较强的容错能力，系统要具有健壮性，任何技术管理问题要能够被限制在局部，不影响全局（郭宝柱，2004）。

第二，协调面广，影响巨大。航天工程各系统之间的接口须通过总体进行协调。总体负责与用户协调、负责与发射场协调、负责有效载荷与运载器之间的协调等，需要开展大量的系统协调工作，涉及系统和单位众多，内容繁杂、头绪多，相应的技术状态控制难，接口匹配风险大。型号研制利益相关方众多，各方需求、偏好与冲突需要消解。总体设计的规范条件和要求覆盖面广，指导各分系统的研制工作，一旦出现问题则影响巨大（于景元、高露，2018）。

（三）航天系统工程面临的新挑战

随着航天事业的发展，系统的规模加速扩大，专业交叉的复杂度急剧增加，软硬件之间的融合程度越来越高。具体表现为：系统的需求越来越复杂，需求的定义、分解、落实管控困难；系统间设计深度耦合，验证难度大，设计问题暴露晚；实物验证周期长、成本高，难以覆盖全工况；未来航天器任务多样，运行支持难度大。

从外部环境的变化来看：冷战时期，航天一枝独秀、引领发展，相对其他行业更先进，更优先创造并运用先进技术与工具。近 30 年来，其他行业在细分技术领域已相对占优，航天逐渐失去了相应的优势。航天也从一般期望向更高期望发展，简单任务均已完成，剩下的难度会越来越大。对航天的要求，从保证成功、解决有无，发展到加强性能、提升效益、提高效率，并且在任务复杂、技术难度增加的前提下仍要保证高可靠性。

从内部组织的嬗变来看：中国航天已建立完备的组织体系，先后经历过以下组织变革过程，即从型号两总系统强矩阵管理到研制单位弱矩阵管理，再到二者之间形成的平衡矩阵管理。国内航天型号的研制模式主要是单发研制流程进行设计，形成了较为稳定的单线程的研制模式。如何打破研制单位之间利益的藩篱，如何跨单位、跨部门进行高效率研制，已然成为挑战。

从研制模式的转变来看：如何应对高密度发射、高难度研制？以往的航天系统工程都不具备工业化大批量生产能力，国外亦如此。还面临工程时间紧迫、系统技术复杂、参研单位众多、用户要求提高的管理瓶颈。目前以基于文档的流程管控为主，对设计的系统性验证主要依靠实物测试。这种模式系统性不强、可追溯性差、费时费力，缺少基于模型开展协同研制，难以快速响应复杂航天器研制需求频繁变更的要求。

从地面试验的验证来看：物理验证周期长成本高，且难以覆盖全工况（Wibben and Furfaro，2015）。现有航天器研制大量的设计验证仍依靠实物样机进行，验证周期长、成本高，对于系统级的某些验证甚至需要到整机阶段才能进行，某些型号难以进行全工况验证（Schneidewind，2008）。以载人空间站为例，在轨舱段转位和机械臂操作等无法在地面进行 1∶1 的实物验证，只能通过建立多学科联合仿真模型，开展模拟验证。

从学习效应的累积来看：知识重用性差，知识管理方式传统。总体的设计思想通过文本形式层层向下传递，信息表达不直观，指标更改缺乏协调性与联动性。以往型号所积累的设计知识隐藏于大量的设计文档中，对于新人而言难以快速汲取以往的知识，对于新型号难以快速复用以往的经验。

作为大规模科学技术工程，未来航天型号任务愈加复杂庞大。内外部环境的剧变和研制模式革新的需求强调一致性、可回溯性、交互性、准确性等。面对上述挑战，系统工程需要与时俱进，不断进化思维、方法、模型与工具，逐步形成适合我国航天型号研制任务所需要的系统工程新模式。

二、航天型号V-R^{3}系统工程模式构建

（一）航天型号系统工程V形特征

航天型号系统工程既是技术过程，也是管理过程。技术过程就是从用户需求变成实物产品的过程，呈现经典的“V形”特征（于景元等，2005）。“V形”左边是一个自上而下、从用户需求开始将系统逐层分解为分系统、单机、零部件、原材料的过程；右边是把最低层次的零部件自下而上逐级进行组装、集成、验证，形成系统，交付用户，满足用户需求的过程（袁家军，2009）。航天型号研制管理过程包括技术管理过程和技术开发过程，从技术方案和项目开展的角度，对技术过程中的各项活动进行组织管理。技术管理过程就是对这些活动从技术的角度进行计划、组织、协调、控制的过程，主要包括技术规划、技术控制、技术评估、技术决策等。技术开发过程包括需求分析、系统分析与设计、系统集成、试验与评价以及系统运行和维护等。为了实现一个成本效益好的系统，系统工程保证质量、进度和成本三要素的均衡进展（郭宝柱，2008）。

（二）航天型号R^{3}系统工程要素

在继承原有系统工程优势基础上进行创新，并非颠覆传统的系统工程。通过剖析经典V形系统工程体系，经调查研究和专家访谈，甄选出航天型号系统工程要素，即“递增—回溯—递归”要素。

递增（Reinforcing）是单向的，是指从需求上逐渐细化分解，从实现上逐渐合并集成。表现为从用户需求开始到产品最终实现，这一过程是由自上而下的分解和自下而上的集成所构成，分解是实现客户细分需求与系统详细设计之间的关联，集成则反映了系统实现的复杂耦合，不断加强资源配置与研发能力

推进型号研制进展，也体现了“分解—集成”的系统论思想。

回溯（Retroactive）是反向的，是指下游设计与期望会反馈到上游，进而修改上游的需求并产生变更，下游不是只能被动接受上游的指令。表现为在型号研制中按层级、按节点对技术状态、管理效益等进行复验、校核，各层级的系统之间形成追溯与反作用。

递归（Recursive）是内向的，是指在每一层均会深入开展系统工程的活动，在本层持续深入内向、不断细化循环。顶层的所有流程，在它的子系统其实可以全部复现。系统工程具有层级结构，分为总体、分系统、单机、部组件、元器件等，每一层级结构又有如是的分层。以某个 SOC（System-on-Chip）产品为例，从总体看，它属于最底层的元器件层，但作为片上系统，其设计同样存在型号设计所具有的从顶层到底层的层级结构。因此，系统工程包含某种程度的自相似性；换言之，系统工程自身是由不同层级的系统工程建构而成，体现了递归的属性。

三者之间紧密关联、前后呼应，不是简单的迭代与循环，我们将其简称为 R^3 要素。本文从机理层面阐释了系统工程的动态过程，也说明了系统工程与时俱进的进化过程。首先，在时间上体现出嵌套，前向的为递增，返向的为回溯，内向的为递归；递增是向未来型号研制目标找差距，回溯是向过去型号研制经验教训找问题，递归则是在当前这个时点上的研制截面（如图 1 中的单个的 V 字截面）。其次，在技术管理上同样体现出嵌套，既有单个型号自身内部的小递归，还有跨型号的大递归。比如载人航天工程“三步走”，先用一个简单循环解决飞船，第二个循环解决交会对接，第三个循环则是载人空间站。

我国航天事业经历了从无到有的艰辛过程，此阶段侧重于单点任务的成功，如“八年四弹”“两弹一星”工程等，型号子样较少，因此钱学森等老一辈航天人量身定制的型号研制方法、流程、机制、体系指导意义巨大，保证了型号任务成功，体现了自上而下分解和自下而上的综合集成，型号整体满足总体要求。随着新时代的航天事业的快速发展，技术革新快、型号任务多、任务复杂性高，不仅要聚焦单点任务的完成，更要重视型号任务与任务递进过程的数据分析和知识积累，从动态视角去审视航天研制任务，从需求增量的角度去审视航天型号任务研制过程，既能够有效保证正确性，又能够快速地实现知识更新和技术迭代，促进我国航天事业的更大成功。因此，在继承经典 V 形架构的基础上，发展与新时代航天任务需求相适应的动态系统工程，建构航天型号 V-R^3 系统工程模式。

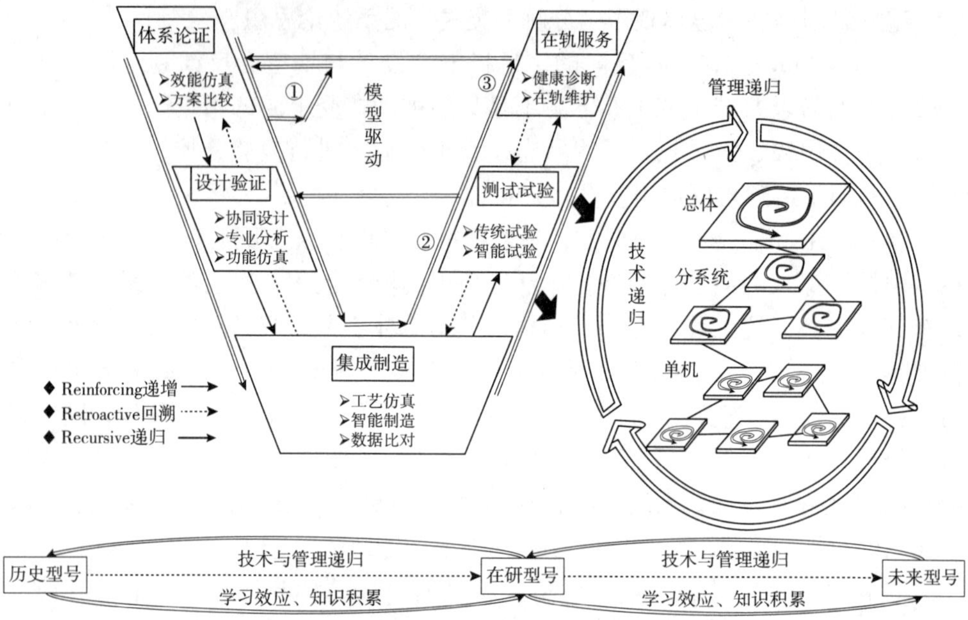

图 1 航天型号 V–R³ 系统工程模式

（三）航天型号V–R³系统工程模式设计

航天工程所面临的基本问题，是怎样把比较笼统的初始研制要求逐步变为成千上万研制任务参与者的具体工作，以及怎样把这些工作最终综合成一个技术上合理、经济上合算、研制周期短、能协调运转的实际系统，并使这个系统成为它所从属的更大系统的有效组成部分。航天型号系统工程将系统分解为多种工程专业的研制活动，最终集成为总体性能满足工程要求的产品，在型号研制过程中需要保持成本、进度、性能指标的均衡发展，既是技术开发过程，也是组织管理过程（孟华等，2012）。因此，航天型号研制过程往往“技术问题”与“管理问题”并存，二者存在伴生与转化关系，问题的背后是各类“技术风险”与“管理风险”。风险具有传递性与涌现性，风险的传递性表现为技术机理性与管理不确定性的传递，风险的涌现性表现为随着产品复杂度增加与研制进程推进的叠加，风险的直接后果即为各种类型的失败，将直接引发各类安全性后果与直接经济损失（鲁宇，2014）。基于 V 形系统工程架构，以型号全寿命周期为演进主线，按照体系论证、设计验证、集成制造、测试试验、在轨服务的节点划分，纳入“递增—回溯—递归”系统工程要素，串联各节点责任接口与信息交互关系，形成研制活动集成架构，构建出航天型号 V–R³ 系统工程通用模式（如图 1 所示）。

航天型号 V–R^3 系统工程模式是以目标与问题为导向，在型号全寿命周期研制过程中不断降低风险、提高可靠性安全性，在满足各利益相关方要求下保障型号研制的顺利进行与任务的最终实现。各工程研制阶段的工作侧重存在差异，因此各阶段的风险管理内容不同（张柏楠等，2020）。降低风险的关键在于风险点定位、风险机理剖析与风险复现。风险点定位需要实现风险事件的降维，从而实现底层风险事件的识别；风险机理剖析是在实现风险点识别后根据风险点产生的机理，形成风险传递链分析；风险复现是对风险点与风险链的验证，需要对风险的定位和机理形成“复现”性检验。航天型号风险管理需要强有力的航天系统工程架构支撑。

三、航天型号V–R^{3}系统工程模式解析

航天型号研制成功过程是基于对客观规律的科学认知和组织资源的有效配置，解决影响技术和管理风险不确定性的过程。型号研制过程遍布不同里程碑节点，伴随着技术与管理活动的动态演进。技术的实现需要知识的交流与积累，确保型号任务实现的技术再次成为创新的知识，二者本身就是螺旋式攀升的，这一过程需要充分调用组织、团队、个体的知识，创新的知识积累成为新型号的先验知识，先验知识进一步成为新型号的后验技术，如此循环往复。工程实践的“递增—回溯—递归”是“认知—创新—涌现”等人因要素的外在表象，双方形成隐性螺旋效应，这一过程呈现交互性、动态性。

如图 2 左半部分实线所示，设计活动依次循环呈现出“概念方案、系统需求与总体设计、分系统设计、单机设计、部件设计、软硬件研制”等 6 个环节；试验活动依次对应前者每个节点，呈现出“软硬件测试、部件测试、单机验证、分系统验证、系统验证与总装测试、总体验收与操作维护”等 6 个环节。设计过程与试验过程呈现显性螺旋效应，形成互为逆反、相辅相成的动态过程。

如图 2 左半部分虚线所示，伴随设计与试验过程的还有风险降维与排除过程。设计过程是需求分解、技术定义、风险降维、问题暴露的过程，试验过程则是需求检测、技术定型、风险消除、问题解决的过程。技术风险验证与评估是技术风险管理过程的重点，风险降维一般包括风险识别、风险评估、风险处理等，同时也是下一个技术风险管理过程的起点，从而形成了反复迭代、螺旋式上升的技术管理活动。型号研制过程中，风险点定位是底层风险点事件的暴露，这一过程呈现递增性；风险机理剖析是对贯穿型号全寿命周期风险传递链条的解析，这一过程呈现回溯性；风险过程复现是对风险发展和分析的层层深

入过程，这一过程呈现递归性。

在隐性和显性螺旋式上升的同时，型号研制始终以风险管理为目的贯穿始终。通过“技术、组织、团队、个体”4个维度在不同里程碑节点横向剖析V–R³系统工程螺旋动态演绎过程，这一过程实现又可以被具象为“技术—组织—团队—个体”的四维统一，是对技术同源性与人因涌现性的另一种表征。如图2右半部分所示，在型号任务研制过程中，技术往下继续分为总体、分系统、单机，分别对应着组织、团队、个体。“技术＋组织”，形成总体设计与大力协同；“技术＋团队”，形成技术民主与创新机制；“技术＋个体”，形成学习效应与知识沉淀。通过统一标准的同源模型与最佳实践积累，形成覆盖全寿命周期的风险预案库，形成快速与高置信度迭代的知识基础。通过技术、组织、团体、个体维度的统一，形成良好的迭代机制。

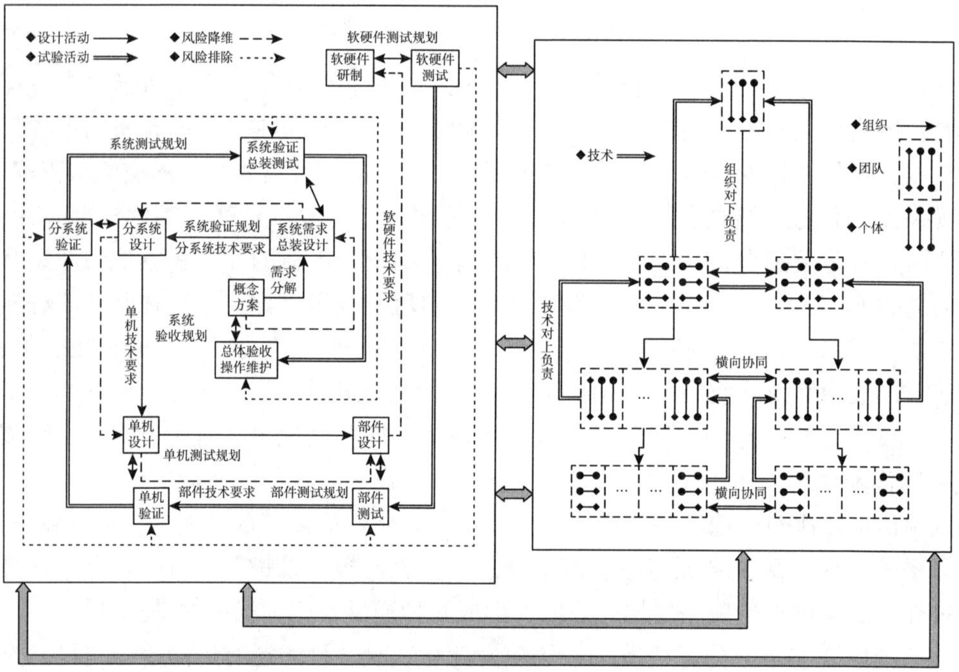

图2　航天型号V–R³系统工程模式解析

（一）技术维

V–R³系统工程模式实施侧重于型号论证、设计与验证。其中设计与验证主要聚集在总体和分系统的设计与验证方面，核心是提升总体能力。随着层级的增加，技术模块数量呈几何级数增长，其耦合关系呈现复杂系统的涌现性，由于网状特点（越大越复杂的系统此特点越明显），这种递增性不仅体现在自上向下，而且越来越多存在于横向关联上，甚至会有横向的相互递增；由于产品结构/技术结构呈现“树干—枝干—枝条—分枝”的典型复杂结构，以及分系统间的相关性和分解到产品后产品间的相关性，这种耦合关系在树状基础上有网状特征。树状特性是主体，而且有相应的分工承研单位作为具象的背景；网状特性尤其是分系统间的网络，则要跨越管理藩篱，通过数字化的同源模型，基于统一的研制平台，使高置信度的穿透成为可能。型号设计优化与产品功能的实现依赖上下游之间的及时反馈，回溯及时可避免设计反复。基于同步数据、同源模型的系统工程使得下游对上游的直接、及时、有效回溯成为可能。与此同时，产品结构分解包含着一定程度的自相似组件，由不同技术等级和不同成熟度技术建构而成，因此呈现技术上的递归性，这种递归性使得技术迭代的循环得以实现，可以根据物理产品构建实做模型，验证覆盖性高于纯物理试验，不仅回归更快，而且试验内容更丰富。型号研发技术迭代过程中，单周期过程被连续的多周期循环所替代。从这点来言，V–R^3系统工程模式也可被视作敏捷开发模式的一种选择。

通过模型实现知识传承，将包含“技术风险”“管理风险”等要素的研制知识记录在不同系统层级、不同里程碑节点的过程模型中，实现对单型号的全寿命周期研制知识积累，进一步地对各类航天型号研制形成统一的知识管理，为研制过程迭代提供数据基础，对成功型号知识和经验模型化、体系化、工具化，实现更高层次的设计重用。随着型号研制过程推进，技术线通过迭代，型号本身以及型号之间学习效应、知识累积得以实现，通过回溯与递归，技术数据积累进一步增加、技术外延进一步拓展，模型置信度进一步提升，整体系统工程架构更清晰，迭代效率更高，研制成本也随之降低，型号任务成功更加有保障。

（二）组织维

V–R^3系统工程模式中，组织管理体系是以“两条指挥线”开展，即型号设计师系统和行政指挥线系统。型号总设计师是本型号的技术总负责人，是设计技术方面的组织者、重大技术问题的决策者；型号总指挥是本型号第一责任人，对本型号相关的人、财、物等进行管理，对研制过程的质量、进度、成本、自主可控等实行有效管理。V–R^3系统工程模式强调“一切通过总体”。通过总体确定分系统、单机、部组件的技术责任边界，实现专业设置与资源配置，强调自顶而下的控制，该过程系递增过程。随着产品层级的解构、专业细化、资源分解，产生大量组织单元与责任扇面，是典型递增过程；通过组织单元的逐级责任关联，在实际设计与验证过程当中实现对专业设置、技术责任边界、研制资源的校验，具有可回溯性。这里的回溯主要体现在讲求技术民主，如果上游设计失误，下游设计可以反馈，从而修正上游指令，航天不搞一言堂是型号成功的组织保证。组织维的回溯容易被忽略或过于简单化地理解为“向上级确认收到了要求”，实际上有效的回溯应该是对上级要求的理解转化为本级具体工作，对执行结果做预判，识别风险和约束，将预判结果反馈上级并提出反要求。技术维度的划分在组织结构体系中形成对应系统的映射，在部组件、单机、子系统、总体的递归中，次级组织单元与上级组织单元具有相似性，是不同责任权限与资源体量的递归。

系统复杂造成原有的树状为主变为网状特征越来越明显，网状给各种递增和回溯造成困难，而且会受到部门藩篱的制约。组织维也是随着技术维的复杂性增加而变化，相互间通过不同层级组织保障技术维度中网状关系的动态实现。对于型号研制效率和效益而言，组织层级越少越好，回溯多少级都能实现。但循环层级多了必然引起效率降低，修正管理偏差造成的成本增高。组织越扁平，技术网状关系越复杂，则需要相关组织单元共同认可的模型工具作为技术整合的载体。统一数字化平台，实现模型同源，管理要素全域实时共享，则组织管理工作要高效得多。

（三）团队维

团队不完全等同于组织，太多的规则、过程和组织机构能够很轻易地破坏团队的创造性。一个组织中，组织架构上的条线方框是明线，而团队则是隐形的线索。每个人都是在具体专业的团队中发挥效用。组织提出的创新举措、绩效指标都是依托实实在在、动态演化的团队进行部署。从某种意义上来讲，多样性是团队构成的必要条件，团队又是多样性的外部展现形式。通过解析团队，进而我们就能够总结出多样性的内在逻辑与规律。型号按“总体—分系统—单机”形成项目团队，组织和团队形成管理矩阵。航天型号研制是典型的多学科多团队交叉协同设计过程，根据型号要求进行组建与分解，构建“资源与技术”相对平衡的承担不同设计任务的团队，团队由相关专业的个体成员组成，通过技术线与组织关系形成有机整体。团队可大可小，大团队下有小团队，小团队下还有次一级团队，形成团队之间的递归效应。工程实践中，由于供应商供应链关系，团队维可能形成反向的递增（不是回溯）。因此团队维的递增和回溯管理应做到明晰、实时，确保链条各环节联动，才能实现整体协同动作。

技术的进化机制是组合进化，而团队的演化机制则需要多样性来推动，通过动态迭代以适应复杂任务变化，将复杂性降解，不断提升集体智力。多样性与红利之间不是天然的相伴而生，还是存在一些促发条件的，一旦时机成熟、条件达成则会迸发活力、产出红利。再往内探究一步，团队多样性的程度，能够通过团队所缺少的认知能力和重复的认知能力来进行测算（Page，2017）。

（四）个体维

个体更多的体现内在的人因要素，即“认知—创新—涌现”，呼应工程实践的“递增—回溯—递归”。如图2所示，个体作为一个个结点星罗棋布地散落在组织和团队中，同时属于组织和团队。他们在其中有不同的角色（技术骨干、型号两总、航天巨擘），需要满足组织和团队的不同要求，从而使组织、团队、个体之间凝心聚力、力出一孔。团队与个体之间的关系不是单向的，而是一种双向耦合。这种耦合程度影响着个体成员对团队创新绩效的贡献（Chen et al.,2016）。一方面可通过组织、团队两个维度的递增和回溯进行均衡、调整，另一方面共同“责任”也是化解矛盾的基础。这种组合是高秩序性的过程。

当一个任务具有复杂性、高维度、不可分属性时，多样性红利就有可能存在其中。把团队成员置身于复杂任务中时，每个人都不会具有足够的知识、工具来独自完成，此时红利就会产生。认知多样性价值体现在复杂多维任务上，多样性会让整个团队更加智能。航天型号研制充分尊重人才成长规律与认知能力差异，充分发挥个体的主观能动性。随着型号工程的推进，个体认知深度与广度不断增强，创造性思维与经验知识呈现涌现性。通过个体在型号研制过程中的表现，将任务与责任进行动态调整，确保人尽其用；通过周期性考核与科学评价体系实现人才成长的良性循环。

综上所述，随着航天型号的有序推进，组织实现对团队、个体的资源统筹、责任分配，团队和个体在技术研制过程中实现进化，个体人因的涌现性转化为团队的知识积累与流程优化，最终物化为技术的成熟与型号的成功。V–R³ 系统工程模式是基于数据驱动，将文字描述的工作流程与控制逻辑转换成可运行的模型，借助模型的描述准确性、可验证性以及可复用性来提升整体效能。

四、V–R³系统工程实践：以载人空间站为例

中国载人航天工程第三步的空间站建设，初期将建造3个舱段，包括一个核心舱和两个实验舱。基本构型为T字形，核心舱居中，实验舱Ⅰ和实验舱Ⅱ

分别连接于两侧。空间站运营期间，将有一艘货运飞船、两艘载人飞船进行适时交会对接。整个系统加起来将达 90 多吨。2022 年空间站建好后，将开展科学研究和太空实验，促进中国空间科学研究进入世界先进行列，为人类文明发展进步做出贡献。

与其他航天型号相比，运载火箭是典型的成败型产品，宇宙飞船在轨时间较短，卫星是无人在轨工作，而空间站是有人居住且长期在轨运行的工作设施，允许航天员在轨进行必要的各类操作与试验研究工作。空间站任务风险呈现出隐藏层次深、发现难度大、发生传播快、预测要求高、控制时间紧等特征，对站上设备的寿命提出了严酷要求，尤其是产品固有高可靠性设计、在轨维护技术、后勤保障支援等（Kelly，2001）。

载人空间站工程规模庞大，在轨构型种类多，能源、环热控、信息、姿轨控、推进等系统工作模式复杂。作为国家重大航天型号任务不能出现颠覆性问题，研制过程不以牺牲安全性而盲目追求进度，也不以追求绝对的风险消除而拖延进度。基于 V–R³ 系统工程模式，按照体系论证与效能仿真、工程设计与仿真验证、制造集成与测试试验、在轨管理与应用服务正在打造数字化研制环境体系架构。通过建立空间站需求管理系统，搭建了空间站“总体—舱段—分系统”需求体系，解决了型号研制技术要求条目化统一管控问题，确保了技术要求数据一致性，避免多方传递差错，提升了型号技术要求状态管控能力。通过产品电子数据包管理系统建设实现了以型号配套体系为依据，单机产品电子数据包的统一采集与验收过程管理。如图 3 所示，采用数字化手段将数据包利用结构化的数据库管理，在单机、分系统、总体之间实现协同管控，各级在统一的数据架构下发布、收集和验收数据，促进“从基于文档的方式”向“基于数据和模型方式”的转变。

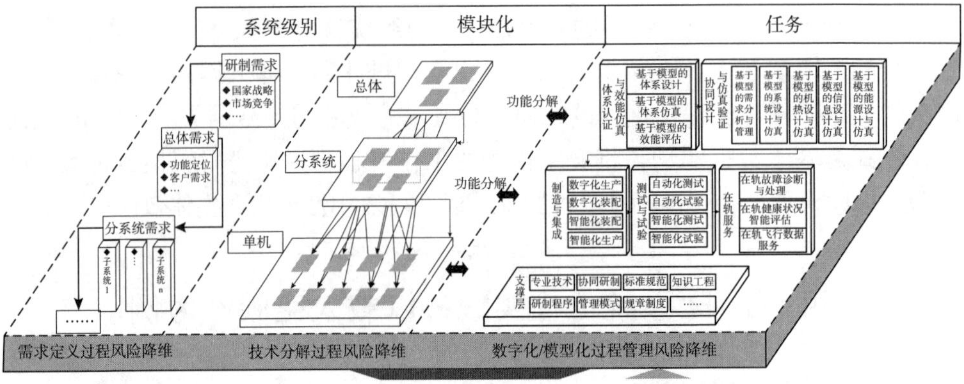

图 3　V–R³ 系统工程模式在载人空间站工程中的实现

技术维方面：载人空间站的系统复杂性超越了之前的载人航天器，而且逐个舱段发射，之后还有来访飞行器，是一个在轨动态组合的复杂系统。对内部的耦合性、系统重构有了新的要求，耦合性体现在载人环境控制，温、湿度的影响，以及在时间、空间位置上是动态变化的，但同时要给宇航员保障稳定的环境。系统重构不单单是故障应对手段，也是提升性能、保证长寿命的手段。比如，核心舱控制系统统一管理整个组合体，获取最优使用效能，节省站上发动机的寿命。通过基于同源模型构建数字空间站，进行多学科综合仿真。引入数字孪生和数字化模型的概念，数字化模型不仅用于设计仿真，在通过物理产品实际特性的修正之后还用于系统验证。原先不能在地面 1 ∶ 1 构建的状态（如组合体载人环境）和存在一定安全性风险的状态（如能源调配及应急措施），可以用数字化模型进行验证和预示。空间站将来在轨飞行期间，地面仍以数字空间站伴随，保持天地状态一致，进行健康状态评估、状态快速仿真、故障预案验证等，技术维度的多个递归得以实现。

组织维方面：为适应技术维的复杂要求，在“总体—分系统—单机”现有体系基础上形成动态网状拓扑组织结构。为适应各舱段独立发射，增加了舱段级总体，以保证舱段间、分系统间均得以协调。每个分系统同时面对 3 个舱段，既要保证每个飞行器各分系统间协调，又要在形成组合体后保证本分系统跨舱段形成有机整体。不仅具有网状组织特征，而且是随着各飞行器组合状态、工作模式等拓扑结构动态变化的网。结合模型同源及规范表达，这种组织结构确保了需求逐级分解传递的准确性，并且利用需求管理系统建立和维护相关性。

团队维方面：参加研制的单位和专业场所众多（产品不仅体现在数量，也体现在专业类型及其相关性），势必会带来产品的紧耦合。产品间的耦合关系会映射到团队的相互关联关系。协作单位增多之后，有时会出现反向递增情况。这种现象难以避免，主要是由于组织维造成的，管理关系的复杂性反过来造成技术关系的复杂。通过在设计、生产、验证全程实现数字化模型贯通，各个组织遵循流程，基于同源模型开展工作，将管理工具进行贯通，各级团队在统一平台上协调计划、状态。

个体维方面的内容如表 1 所示，不再赘述。

表1　V-R³系统工程模式在载人空间站工程中的实践与成效

维度	工程挑战	V-R³ 实践	取得成效	V-R³ 的挑战应对
技术	1. 工程体量较过去载人型号大幅增加； 2. 分系统、单机、部件等耦合关系复杂； 3. 载人空间站工程经验少，缺乏知识积累； 4. 在轨服役环境复杂，多阶段任务风险突出； 5. 需要设计与验证技术多，难以全覆盖	面向空间站研制阶段设计方案仿真验证需求，引入数字孪生和实装模型的概念，基于空间站系统总体、电总体、数管、GNC、机械臂等分系统同源模型联合建立了空间站能源、环热控、信息、姿轨控、推进等专业的系统级模型	既对空间站系统设计方案进行了验证，也探索了白盒、灰盒、黑盒等多种总体—分系统集成仿真工作模式，可为后续正样研制阶段、在轨运行阶段的多学科集成仿真提供支撑，建构数字空间站	1. 技术需求定义明确，逐级按规则分解，信息完整传递，形成递增的研制技术要求和设计条件——技术递增性； 2. 通过同源模型传递保证技术耦合关系清晰，直接建立相关关系，保证回溯实时且全系统共享——技术回溯性； 3. 数字仿真实现提前做小回归，基于模型的知识积累，直接成为下一个阶段大回归的基础，技术学习累积效应明显——技术递归性
组织	1. 技术边界与管理责任接口多，协调难； 2. 条线多、场所多，资源合理配置难； 3. 研制团队多，团队文化差异需要尊重； 4. 研制周期长，组织需要保持健壮和有一定的容错能力，不允许出现颠覆性问题	通过"自上而下"的责任分解和组织管理体系的构建，以同源模型的规范表达作为组织的语言，确保组织对资源保障与责任边界逐级分解传递的准确性	一方面形成了良好的协调机制实现对研制资源的精准配置；另一方面基于清晰的系统工程架构实现了对团队与个体管理责任边界的界定，提升组织的健壮性与容错性。通过数字化手段实现对研制团队与个体需求变化相关性的动态感知，快速响应需求，发挥组织智慧，管理效率与资源协调能力得以提升	1. 由同源模型实现了组织目标与协调基准的一致性，组织间责任边界与接口关系细化、量化，组织维的递增既体现在量上，又使网状特征的建立和维护得以有效实现——组织递增性； 2. 研制单位之间利益藩篱被穿透——组织回溯性； 3. 组织实现内部的递归，借助统一的模型，也很容易实现嵌入上级组织的大递归，跨单位、跨部门研制效率获得提升——组织递归性

续表

维度	工程挑战	V-R^3 实践	取得成效	V-R^3 的挑战应对
团队	1. 团队多学科交叉，个体存在差异，创新管理难； 2. 团队与团队之间的横向协调需要保持高效； 3. 团队的稳定性保持，不能因为个体的离开导致团队的瓦解； 4. 团队对知识积累和创新成果的积淀，确保复用性	通过产品电子数据包管理系统建设实现了以型号配套体系为依据，单机产品电子数据包的统一采集与验收过程管理。采用数字化手段将数据包利用结构化的数据库管理，在单机单位—分系统—总体之间实现协同管控，各级在统一的数据架构下发布、收集和验收数据	技术上实现了数字化模型贯通，设计、生产、验证全程，流程中各个组织基于同源模型开展工作；管理工具贯通，各级团队在统一平台协调计划、状态，质量信息实时共享。实现对数据包内容规范化，对数据包检查过程的程序化以及对数据包手机和验收的工具化	1. 团队知识积累更加充分全面，且随时记录保留——团队递增性； 2. 团队研制工作全过程可追溯，可从任一环节向前追溯，并且在溯源至其他团队时可以明确描述相关要求，降本增效——团队回溯性； 3. 基于模型开展协同研制使得团队能够快速响应复杂航天器研制需求频繁变更的要求，对于不同来源的任务，在技术、方法、流程等方面实现更强的继承性——团队递归性
个体	1. 个体差异大，如何激发人员的创造性； 2. 个体学习效应的激发与保持； 3. 减小个体波动对团队的影响	组织与团队充分尊重个体的差异，数字化和模型化将工作要素“客观化”，对个体要求更多的专业和业务素养，鼓励个体发挥主观能动性，实现创造性思维的涌现与知识的积累	一方面实现个体能力的提升与型号成功相辅相成；另一方面通过知识积累和学习效应的累积降低个体本身的状态波动或人员变更对研制的影响	个体能动性得到发挥，信息表达更直观——个体回溯性； 学习效应与知识复用助力新人快速成长——个体递归性

通过模型代替传统文档，实现载人空间站工程的同源建模，降低复杂性，实现内在逻辑的统一，通过数字接口的耦合集成“总体—分系统—单机—零部件”，形成清晰的研制体系，确保过程信息的有序性、模型的协调性，实现“技术—组织—团队—个体”的协调统一，管控好系统复杂性增加所带来的诸多风险。V-R³ 系统工程模式在载人空间站工程中的实践，既是对经典系统工程理论与方法的继承，也是基于新技术和新情境，从多维度实现了研制效率的提升，未来也必将助力载人空间站的成功。

五、研究结论与启示

经过半个世纪的风雨兼程，中国进入航天大国行列，航天事业取得了举世瞩目的辉煌成就。中国航天也走出了自力更生、大力协同、勇于登攀之路，以钱学森为代表的老一辈航天人提出了系统工程这一组织管理的技术，为航天事业从无到有、从有到优提供了科学的方法论。基于此，本文主要阐述系统工程是什么，以及它是如何进化的。深入解析了系统工程的内在逻辑与演化，对比西方航天系统工程实践经验，通过剖析经典 V 型模型，构建出航天型号任务研制以“递增—回溯—递归”为内涵特征的 V-R³ 系统工程模式，深入剖析了该模式中的技术、组织、团队、个体四大维度，并以载人空间站工程实践案例为载体，阐明了 V-R³ 系统工程模式的有效性。

当前，中国正由航天大国向航天强国迈进，这一过程必将充满挑战。新时代背景下，航天型号研制任务呈现新特征，研制过程也从单发任务完成向型号迭代体系化转变。通过对航天先贤确立的系统工程理论与实践进行深入解析，总结航天型号任务中系统工程应用的新技术、新方法，构建并完善符合航天型号任务新需求、新情景的动态系统工程模式，这也是面向未来、面向组织、面向市场的必然要求。

综上所述，本文对 V-R³ 系统工程模式从理论机理、内在逻辑和关键要素上进行了阐述，并也对其进行了实践例证，总体上能够体现出系统工程理论与方法在航天型号任务如何适应时代变化，持续创新发展满足国家需求。V-R³ 系统工程模式的技术管理知识体系、全系统全寿命周期风险管控体系完善，以及在需求和型号差异化条件下的数据与模型驱动实时管控难题等将是未来研究的重点。

参考文献

[1] Chen, S., Zhang, G., Zhang, A. & Xu, J., 2016, "Collectivism-oriented HRM and Innovation Performance： an Examination of Team Reflectivity and Team Psychological Safety", *Journal of Management and Organization*, 22(4), pp.535~548.

[2] Cutchogue, K. T. & Levin, G. M., 2001, "Engineering Challenges to the Long Term Operation of the International Space Station", *Acta Astronautica*, 48(5/12), pp.809~815.

[3] Hirshorn, S. R. V., 2017, NASA Systems Engineering Handbook.

[4] INCOSE, 2015, *INCOSE Systems Engineering Handbook： A Guide for System Life Cycle Processes and Activities*, Hoboken, NJ, USA： John Wiley and Sons, Inc.

[5] Page, S. E., 2017, *Diversity Bonus： How Great Teams Pay Off in the Knowledge Economy*, Princeton, NJ： Princeton University Press, pp.52~57.

[6] Schneidewind, N., 2008, "Complexity-driven Reliability Model", *International Journal of Reliability, Quality and Safety Engineering*, 15(5), pp.479~494.

[7] Wibben, D. R., Furfaro, R., 2015, "Model-Based Systems Engineering Approach for the Development of the Science Processing and Operations Center of the NASA OSIRIS-Rex Asteroid Sample Return Mission", *Acta Astronautica*, 115, pp.147~159.

[8] 郭宝柱 . 中国航天系统工程方法与实践 [J]. 复杂系统与复杂性科学 , 2004(1).

[9] 郭宝柱 . 系统科学的理论与方法在航天项目管理中的应用研究 [J]. 宇航学报 , 2008(1).

[10] 刘纪原 . 中国航天事业发展的哲学思想 (第二版)[M]. 北京 : 北京大学出版社 , 2016.

[11] 鲁宇 . 航天工程技术风险管理方法与实践 [M]. 北京 : 中国宇航出版社 , 2014.

[12] 栾恩杰 . 中国航天的系统工程 [J]. 航天工业管理 ,2019(10).

[13] 孟华 , 麦强 , 安实 . 考虑人及组织因素的航天工程项目风险分析模型 [J]. 中国空间科学技术 , 2012(1).

[14] 钱学森 . 新技术革命与系统工程——从系统科学看我国今后 60 年的社会革命 [J]. 世界经济 , 1985(4).

[15] 钱学森等 . 论系统工程 (新世纪版)[M]. 上海 : 上海交通大学出版社 , 2007.

[16] 沈念 . 航天系统工程的哲学底蕴 [J]. 中国航天 , 2018(1).

[17] 盛昭瀚 , 薛小龙 , 安实 . 构建中国特色重大工程管理理论体系与话语体系 [J]. 管理世界 , 2019(4).

[18] 宋征宇，胡海峰，刘继忠. 运载火箭控制系统最佳实践 [M]. 北京：中国宇航出版社，2019.

[19] 于景元，周晓纪. 从综合集成思想到综合集成实践——方法、理论、技术、工程 [J]. 管理学报，2005(1).

[20] 于景元. 从系统思想到系统实践的创新——钱学森系统研究的成就和贡献 [J]. 系统工程理论与实践，2016(12).

[21] 于景元，高露. 系统工程与总体设计部 [J]. 中国航天，2018(8).

[22] 袁家军. 中国航天系统工程与项目管理的要素与关键环节研究 [J]. 宇航学报，2009(2).

[23] 张柏楠，戚发轫，邢涛，刘洋，王为. 基于模型的载人航天器研制方法研究与实践 [J]. 航空学报，2020(7).

[24] 周僩，唐玉华，金柏冬. 国外大型复杂系统全寿命周期模型与系统工程过程应用综述 [J]. 质量与可靠性，2014(6).

建造世界一流超大型跨海通道工程*

——港珠澳大桥岛隧工程管理创新

林　鸣[1,2]

（1 中国交通建设集团有限公司；2 中交港珠澳大桥岛隧工程项目总经理部）

摘要：港珠澳大桥是新时期以举国之力建设的里程碑工程，大桥主通航孔采用 6.7 千米沉管隧道方案，设置两个人工岛实现桥隧转换，岛隧工程是大桥的控制性工程。考虑到岛隧工程的超大规模、恶劣的建设条件和复杂技术带来的巨大工程风险，港珠澳大桥岛隧工程采用设计施工总承包模式建设。通过总承包，政府让渡部分项目管理权责，实现工程建设风险和管理责任的转移。岛隧项目发挥设计施工总承包优势，实现大型复杂工程管理协同，成功地实施了总承包模式；坚持工程管理创新探索，提出并实践“全寿命周期绿色工程”理念和方法、“质量＋体验提升”品质工程理念和方法、“五保＋三化＋人心工程”本质管理理念和方法，实现了建设世界一流水平工程目标；坚持自主创新，实现了我国外海沉管隧道建造技术突破，促进了海工工程技术迭代升级，为推动世界岛隧技术发展做出了中国贡献，圆满完成了岛隧工程建设任务。

关键词：工程项目管理创新　设计施工总承包　全寿命周期绿色工程　品质工程　本质管理

一、工程背景

港珠澳大桥是粤、港、澳三地首次合作共建的超大型跨海交通工程，对促进粤港澳大湾区发展和提升珠三角地区综合竞争力意义重大。港珠澳大桥全长 55 千米，是当今世界规模最大的桥岛隧集群工程，被誉为“新世界七大奇迹”，

*　原载《管理世界》2020年第12期。

举世瞩目。港珠澳大桥的建设创下多项世界之最，体现了一个国家逢山开路、遇水架桥的奋斗精神，体现了我国综合国力、自主创新能力，体现了勇创世界一流的民族志气。

珠江口出海主航道是世界上最为繁忙、最为重要的航道之一，对粤港澳大湾区社会经济发展举足轻重。考虑未来的可持续发展，港珠澳大桥的主通航孔采用 6.7 千米沉管隧道方案，设置两个人工岛实现桥隧转换。港珠澳大桥沉管隧道是我国第一条外海沉管隧道，是世界最长的公路沉管隧道和第一条深埋沉管隧道。工程位于珠江口伶仃洋海域，地质条件、水流环境复杂，台风、恶劣天气频发，泥沙回淤影响严重。人工岛和沉管隧道施工水域处于白海豚核心保护区和主航道，安全环保形势极其严峻。工期很紧，要在 7 年内同步完成工程详勘、施工图设计、装备研发、科研和施工。港珠澳大桥建设标准按照粤、港、澳三地就高原则，设计使用寿命 120 年。2017 年 7 月 7 日，在港珠澳大桥贯通仪式上，荷兰隧道专家、三地政府咨询专家汉斯先生评价："港珠澳大桥海底隧道一个项目就集中了如此多的技术挑战，超越了任何之前沉管隧道没有超越过的技术极限。"工程能否顺利建成面临极大挑战，在这种情况下，三地政府提出了"建设世界级跨海通道，为用户提供优质服务，成为地标性建筑"——建设世界一流工程的目标。港珠澳大桥人工岛和沉管隧道（岛隧工程），既是决定大桥能否顺利建成的关键工程，也是决定大桥能否实现世界一流目标的关键工程。岛隧工程是港珠澳大桥的控制性工程。

考虑岛隧工程的超大规模、恶劣的建设条件和复杂技术带来的巨大工程风险，为了确保大桥顺利建成，同时确保建成世界一流水平的工程，三地政府结合港澳地区的工程经验和做法，提出了港珠澳大桥岛隧工程采用设计施工总承包模式建设的构想，并获得了国家有关部门的批准。通过设计施工总承包，政府让渡部分项目管理权责，实现工程建设风险和管理责任的转移。港珠澳大桥岛隧工程是国内交通行业第一次采用设计施工总承包模式建设的超大规模工程。作为海工工程领域唯一的国家队，中交集团承接并圆满完成了该项任务。

二、港珠澳大桥岛隧工程管理的内涵及创新做法

在港珠澳大桥岛隧工程建设中，中交集团利用总承包，形成团队整体优势、设计施工联动、动态整合优化资源，实现大型复杂工程管理协同；依靠自主创新，智能建造、风险驱动、并行管理，实现外海岛隧技术突破；以可持续理念，

追求设计长寿耐久、施工绿色低碳、运营低排低耗，实现全寿命周期绿色工程目标；以品质工程理念，提升更安全、更舒适、更精致美观的工程体验，实现由追求“合格率”向追求“满意度”跃升；以本质管理理念，通过“五保”——创新、技术、装备、风险管控、以人为本保现场，推行“三化”——工地工厂化、6S 工地化、现场标准化，实现工程一流水平现场管理。主要做法如下。

（一）发挥总承包优势，实现大型复杂工程管理协同

港珠澳大桥岛隧项目构建适合于内地环境同时满足港澳要求的总承包平台，针对工程高风险、高标准、多主体协作的挑战，提出风险责任目标逆向博弈的思想，突破影响内地实施总承包的多主体协同、多主线协同、认知与要素配置协同等关键问题，实现了超大型复杂工程协同管理。

1. 目标价值趋同，形成团队整体优势

团队合作是实施总承包的基础。岛隧工程涉及海工工程、水工工程、隧道工程等十几个专业，中外主要参建单位达 40 多家，为了快速形成有战斗力的团队，中交集团成立以集团主要领导为总指挥的总指挥部，提供资源保障；充分授权项目总经理部，组建责权集中、风险集中、利益共享的扁平化组织架构，作为工程的指挥管理中心、技术决策中心、成本责任中心、协调服务中心，全面统筹工程建设。

岛隧项目以能干事形象，坚定团队干成事的信心，逐步形成凝聚力，在项目开局和遇到困难的时候尤为重要。岛隧工程当年中标、当年动工，当年开工、当年成岛，以良好的开局，迅速打开了工程局面；以公平透明干事环境形成伙伴关系，严格履行合同，遵循契约精神，在此基础上构建了“目标风险双导向、契约伙伴与制度文化双驱动、决策实施一体化”的总承包管理运行体系；以世界一流目标形成团队的统一意志，自始至终将“建设世界级跨海通道，为用户提供优质服务，成为地标性建筑”作为岛隧工程的建设目标；以目标价值趋同形成项目共同价值观，港珠澳大桥是国家工程，工程达不到国家要求就不能实现项目的利益，团队中落下一支队伍就不能实现建一流工程的目标，“一荣俱荣，一损俱损，共进共退”，逐步形成了岛隧项目的共同价值观。

2. 设计施工联动，实现五条主线协同

岛隧工程的开创性、高风险性和复杂性，以及采用的总承包模式，使工程成为边勘察、边设计、边研发装备、边科研和边施工的“五边工程”，岛隧项目通过工程方案评估、设计施工联合攻关、设计—科研—装备并行的设计施工

联动机制，将“五边工程”变成了 5 条主线协同推进的工程。

正确的设计决定工程成败，也决定工程的出路。三地政府聘请国际一流的专业咨询公司作为岛隧工程的设计监理，并赋予对勘察设计文件和施工图进行页签的权利，事实上是与国际完全接轨的要求。岛隧项目在相应费用调整受到总包合同限制的情况下，提高设计要求，进行资源匹配。设计提出实施精细化勘察，岛隧项目为此增加了 8000 万元的费用，考虑到设计工作量大幅增加，相应增加了 3 倍以上的设计费用。岛隧项目设置设计分部，全过程现场设计，高峰期驻现场中外设计人员超过 100 名，现场设计工作持续 7 年，在物理空间上为设计施工联动创造了有利的条件。岛隧项目设置工程方案的评估程序，建立设计施工联合评估机制，通过评估融合各方智慧，对岛隧工程初步设计 90% 以上的方案进行了优化变更，并获得了三地政府批准。通过这一系列变更的实施，起到了控制风险、控制投资、降低工程实施难度、加快工程进度的效果。岛隧项目坚持科研先行、试验先行，为设计提供支撑。在工程存在重大风险的地方先进行科研攻关，在可以允许失败的地方先进行验证试验，工程建设期间共进行了 136 项验证试验，投入费用达到了工程直接费的 4%。岛隧项目构建了设计、装备、科研并行机制，为优化设计创造条件，其中专用装备研发投入费用达到 30 亿元。

3. 建立动态机制，实现资源整合优化融合

岛隧工程的开创性、高风险性和复杂性，也使得对工程的认知难以在短时间内完成，也难以一次完成。基于对开创性、高风险性复杂工程认知突破处于先决地位的思考，创建资源动态整合、方案动态优化、管理动态提升、风险动态管控的动态提升机制，实现工程认知不断突破及管理要素持续优化。

岛隧工程第 10 节沉管，是世界上第一次在深水深槽环境下安装的沉管，安装过程中对偏差的控制一切正常。但在安装后的贯通测量时，发现偏差值达到了 9 厘米，超过预计值的 3 倍。这件事情引起了港澳及国外咨询专家、国内部分专家对项目自主研发沉管安装技术的质疑，如果这套技术存在缺陷和隐患，对工程影响的后果不堪设想。交通运输部主管副部长率领督察组用了一周时间，到现场调查事情的过程及原因，工程停工了 100 多天。通过分析研究发现，海流与珠江口径流的相互作用，在 30 多米深槽中的重力流，造成深水深槽齿轮效应，引起沉管意外偏差。由此，岛隧项目引进了中山大学、上海交通大学、国家海洋环境预报中心和中国航空工业集团 304 所等顶级团队，补充研发了沉管对接窗口管理系统和沉管运动姿态监测监控系统，解决了深水深槽安装的工程难题。岛隧工程开工时的主要参建单位不到 10 家，随着对工程认知的深化动态整合资源，主要参建单位逐步增加到了40多家。岛隧项目实行多方案比选和多专业单位比选的“双比选”方式，在国内外进行补充资源的优化配置，通过导入项目目标价值体系和项目文化认同，使得整合的资源快速地融入项目团队。第15节沉管安装遭遇异常回淤，工程经历“两次回拖、三次安装”，停工半年。岛隧项目组建泥沙攻关团队，主要领头人杨树森是我国知名的资深泥沙专家，在攻关过程中他每天都要带队在海上巡测100多海里，2015年春节抱病连续工作，直到问题全部解决以后，他回到天津已是肝癌晚期，虽然进行了换肝手术，最终还是不幸去世。杨树森团队被授予感动交通的先进团队称号。在工程7年的建设期间，岛隧项目对60余项重大方案持续优化，进行管理短板辨识评估完成了3个循环的管理体系升级，创建工程风险数据库，处置了400余项重大风险。

（二）自主创新，实现外海岛隧技术突破

港珠澳大桥岛隧项目立足自主创新，依靠国家自有能力，发挥企业全产业链优势，采用智能建造、风险驱动和并行管理等创新方法，形成了具有自主知识产权的外海沉管隧道建造成套技术体系和外海快速筑岛技术，填补了国内空白。

1. 智能建造，实现我国外海沉管隧道建造技术突破

外海沉管安装的核心技术，是如何在复杂波流条件下，万吨沉管实现2~3厘米水下精确对接。国外公司专门在我国注册专利，与他们合作需要巨额咨询费。港珠澳大桥沉管隧道共33节，单节8万吨，是以往沉管的两倍，长度和体量均为世界之最，预制和对接的难度更大。

珠江口两岸“寸土寸金”，加上高温、高湿、气象多变的恶劣环境，如何预制沉管是一大工程难题。岛隧项目在国内首次提出了工厂化制造沉管的构想，自主研发“工厂法”沉管预制技术，首次实现曲线沉管工厂法预制技术突破。利用一个海岛上废弃的采石场，建成了投资10亿元、56万平方米的沉管预制工厂，攻克了工厂总体布局、预制流水线方案，超大型预制流水线钢筋、混凝土、模板及8万吨沉管顶推等一系列关键系统方案和设备选型等问题。“工厂法”解决了决定工程耐久性的保护层和混凝土控裂两大难题。工厂采用数字化钢筋生产系统，钢筋下料精度1毫米，弯曲精度2毫米，保护层检验合格率100%。工厂混凝土浇筑实现了恒温控制、均匀控制、稳定控制。5年时间数千次检查，沉管没有发现一条可见裂缝，创造了“百万方混凝土无一裂缝”的工

程奇迹。

利用智能建造技术，实现能力提升，解决了沉管隧道海上水下施工预测、控制、作业能力不足的难题。将土木工程与先进信息技术相融合，形成外海沉管安装智能化保障、控制、作业等3类16个系统（见图1），实现了工程环境可知、可控，海底施工可“视”、可测，水下作业自动化、无人化，形成了具有自主知识产权的外海沉管安装核心技术。智能化控制、作业系统为创新免精调无潜水作业沉管安装核心技术提供了关键支撑，为世界沉管隧道建造的技术进步做出了中国贡献。岛隧工程沉管隧道最深50米，24000米水下接缝无一渗漏水，为国家节约了7.3亿元咨询费，实现了我国外海沉管隧道从无到有的突破，填补了多项国内工程技术空白。

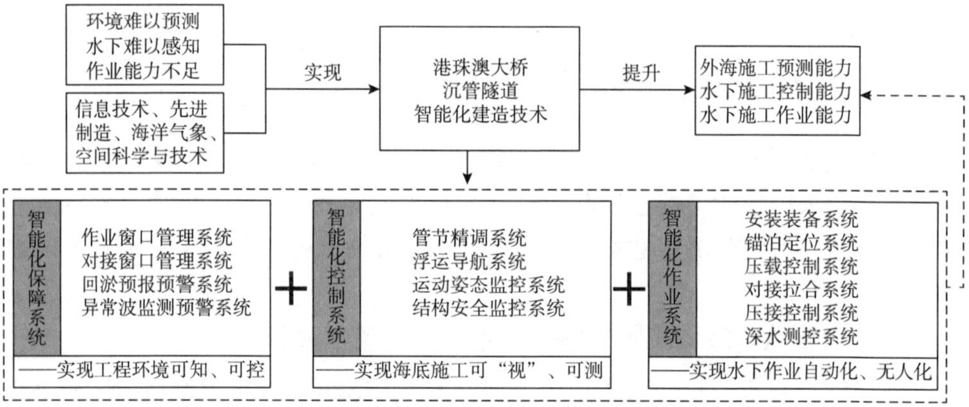

图1 岛隧工程智能化沉管安装系统

沉管建造成套技术获省部级科技进步特等奖，形成发明专利148项，国家级工法1项，出版了2部专著①。

2. 发明“半刚性”沉管结构和整体式主动止水最终接头，推动世界沉管隧道技术发展

岛隧项目发明“半刚性”沉管结构（Zhu et al.，2019）和整体式主动止水最终接头（Lin et al.，2018），解决了岛隧工程深埋沉管及外海深水最终接头的工程难题。

沉管隧道已有的刚性、柔性两种结构体系（Lunniss and Baber，2013；Saveur and Grantz，1997），仅适用于浅埋隧道。港珠澳大桥沉管隧道作为世界

---

① 即《港珠澳大桥岛隧工程工厂法沉管预制》和《港珠澳大桥岛隧工程外海沉管安装》，由科学出版社于2019年出版。

首条深埋沉管隧道，埋深 20 多米，深埋荷载超过以往沉管的 5 倍，带来的最大问题是沉管接头抗力不足，造成沉管意外损伤，导致结构劣化，影响寿命。权威的隧道专家提出采用“深埋浅做”的方案：一个方案是在沉管顶部回填轻质填料，需要增加 12 亿元工程投资，工期也会延长；另一个方案是在运营期内进行维护性疏浚，需要花费 50 亿元维护费。2012 年初，岛隧项目组织攻关，从结构体系的角度进行大量的计算分析研究，组织模型试验，研究论证摩擦力的敏感性、摩擦力与剪力键协同受力机理及相关设计参数。经过一年多的时间，创新提出了“半刚性”沉管结构理念，利用水压力在沉管接头结合面形成的摩擦力，与结构剪力键协同受力，将接头抗力提高 3 倍，满足沉管深埋要求，并组织完成了方案设计。但这一方案遭到了国外咨询机构和部分国内专家的质疑。为了证明半刚性结构的可行性，岛隧项目又用近一年时间澄清各方质疑，最终证明了“半刚性”沉管是从结构上解决沉管深埋的科学方法。“半刚性”沉管结构突破了过去 100 多年欧美沉管隧道的刚性和柔性结构体系，拓宽了沉管隧道的应用范围，在本工程节约成本 10 亿元以上，节约工期 1 年半，为建成一条不漏水的沉管隧道奠定了基础。

最终接头是沉管隧道对接控制最困难的工作。岛隧项目 2012 年专门赴日本进行最终接头调研，寻求解决方案未果，决定自主攻关解决这一难题。历时 5 年发明了整体式主动止水最终接头技术，创新了工厂制造、整体安装、可逆向操作的工法，在一天内完成了传统方案需半年才能完成的隧道贯通。岛隧工程最终接头重达 6100 吨，是世界桥梁工程单体吊装最重的构件，采用中交集团自主研发制造的世界最大 12000 吨全回转浮吊安装，在世界上第一次对最终接头脱开进行精调，最终贯通精度创下了 2.6 毫米的纪录，工程得以完美收官。

以上两项创新技术均获得省部级科技进步特等奖，形成发明专利共 62 项，国家优秀专利奖 1 项，国际发明专利 8 项。

3. 创新外海快速筑岛和复合地基组合基床新技术，促进海工工程技术迭代升级

岛隧项目创新外海快速筑岛和复合地基组合基床新技术，解决了岛隧工程工期及深厚软土地基隧道沉降控制的工程难题。

港珠澳大桥沉管隧道在海中间，两端连接人工岛，要先筑岛，然后才能建隧道。人工岛下方有 30 多米厚的软土，初步设计筑岛方案要挖除软土、换填砂，抛石筑堤形成围堰，吹填砂形成陆域。这种方法海域环境影响大，工期需要 3 年，无法满足大桥通车目标。2008 年，中交集团提出了利用深厚软土的易插入性，采用大直径钢圆筒快速筑岛的设想，在方案提出后的一年多时间一直被质疑。为了取得突破，中交集团组织从否定的角度对这个方案进行论证，为此开展了 8 个方面专题研究，排除发生颠覆性问题的可能性。工程中标以后，岛隧项目组织技术攻关，攻克结构体系、振沉装备、止水副格、钢圆筒制造运输打设等关键技术，创新了深插大直径钢圆筒快速筑岛新技术。钢圆筒共 120 个，直径 22 米，高 40~50 米，插入海床 20~30 米，单个钢圆筒的重量超过 500 吨。在世界上第一次采用八锤联动液压振沉系统快速施工，一天可以完成 3~4 个钢圆筒的振沉。岛隧项目将大量的海上作业转为陆上制造，提高外海大型工程施工效率。快速成岛受制于钢圆筒的制造和运输效率，中交集团振华重工上海长兴岛基地承担了钢圆筒制造和运输任务，每个月制造 25 个钢圆筒，采用 5 艘 8 万吨远洋运输船保证运输。采用快速筑岛技术，将成岛时间从 3 年缩短到 7 个月，减少船舶使用量近百艘，大幅缩短海上作业时间，极大降低了施工和通航风险，解决了大桥的工期难题。

以往的沉管隧道软土地基的厚度不超过 20 米，沉降控制标准为 20 厘米，岛隧工程的软土地基厚达 40 米，但仍然要求采用 20 厘米的沉降控制标准。岛隧工程沉管水下基础接近 6 千米，平均水深 40 米以上，施工全过程不可视，规模和难度史无前例。岛隧工程沉管基础的初步设计方案采用了钢管桩加大桩帽后铺碎石的结构。为了获得隧道基础设计参数，岛隧项目在青岛开展同条件物模实验。实验结果出人意料，大桩帽上的后铺碎石沉降始终不收敛，原设计方案不可行。岛隧项目从沉管隧道基础沉降机理研究着手，寻求方案突破。通过研究，揭示了在超固结地基条件下，隧道基础的“瞬时沉降”规律，创新了复合地基组合基床的沉管隧道基础新技术，实现了深厚软土条件下隧道刚度平顺过渡的重大技术突破。针对深水基础高精度施工要求，研发了沉管基础精细化施工成套装备，深水基础开挖精度由 2.5 米提高到 0.6 米，基础抛石层精度提高了 40%，碎石垫层精度提高了 20%。建成后的沉管隧道工后平均沉降仅 9.8 毫米，远低于 20 厘米的设计标准和世界同类工程（Grantz，2001）。

以上两项创新技术均获得省部级科技进步特等奖，形成发明专利共 41 项，国际发明专利 2 项，出版了一部专著[①]。

① 即《港珠澳大桥沉管隧道地基与基础》，由科学出版社于2020年出版。

（三）以可持续理念，实现全寿命周期绿色工程目标

港珠澳大桥岛隧项目在工程建设过程中不断丰富工程可持续内涵，提出“设计长寿耐久、施工绿色低碳、运营低排低耗”全寿命周期绿色工程理念，创新设计、施工、运营三阶段绿色工程目标管理方法，提升了工程的内涵品质。岛隧工程被评为交通运输部绿色循环低碳公路主题性项目和全国建筑业绿色施工示范项目。

1. 设计长寿，追求超期服役

岛隧项目考虑工程的重大影响，在设计中重点研究了工程的超期服役问题，提出为工程植入“长寿基因”，做到重要结构可延寿，主结构可超期服役。

岛隧项目为了实现工程超期服役目标，着重解决了沉管管体结构抗劣化、基础沉降导致沉管结构意外损伤、接头抗力不足导致管体损伤等影响工程超期服役的关键问题。岛隧工程在国内首次采用沉管隧道混凝土自防水的设计方案，研发低热、低收缩、高抗裂海工混凝土，创新沉管无对拉螺杆全断面浇筑工艺，解决沉管管体抗劣化问题；采用创新的复合地基组合基床新技术，解决基础沉降导致沉管结构意外损伤问题；采用发明的“半刚性”沉管新结构，研发具备刚性支撑和吸收大变形柔性特征的记忆支座，解决接头抗力不足导致管体损伤的问题。人工岛岛上隧道采用 2.96 米厚重力式结构取代 0.8 米厚扶壁式结构设计方案，采用结构压重抗浮取代抗拔桩抗浮设计方案，消除岛上隧道超期服役产生劣化的结构隐患。岛隧工程沉管隧道还考虑了外加电流防止结构钢筋腐蚀的预留设计，设置了结构健康监测系统，以及便于运营期人员检查维修的专用通道等可延寿工程措施。

2. 建造低碳，实现绿色环保

岛隧项目利用设计施工一体化的有利条件，搭建了临时工程绿色规划、土木工程工业化制造、创新技术、先进装备、低碳建造技术、可循环材料研发应用等六大路径，采用先进工艺工法，创新低热混凝土技术，实施“工厂法”预制沉管，研发升级装备，在工程建造阶段，实现节能总量 144092 吨标准煤，二氧化碳减排总量 335281 吨[①]。

岛隧项目采用先进工艺工法，快速成岛减少泥沙开挖量近 1000 万立方米，节约燃油 24088 吨，节能减排 39601 吨标准煤；研发的八锤联动振沉锤组，节能减排 1455 吨标准煤；首次采用挤密砂桩（SCP）新型节能环保地基加固新技

---

① 数据来自《港珠澳大桥岛隧工程——交通运输部绿色循环低碳公路主题性项目》。

术，较传统方法，节能减排 8530 吨标准煤；采用“半刚性”新型沉管结构，节能减排 43444 吨标准煤。岛隧项目创新低热混凝土技术，大量采用绿色循环材料——粉煤灰、矿粉，优化混凝土配合比，将传统的 C45 每方混凝土水泥用量 512 千克降低到 189 千克，33 节沉管混凝土用量总计 85 万立方米，减少二氧化碳排放 27.5 万吨。岛隧项目在国内首次实施“工厂法”预制沉管，改变了原设计推荐的干坞法方案，减少土石方开挖量 302 万立方米，减少燃油消耗 2045 吨，节能减排 2980 吨标准煤。工厂化混凝土施工与传统现场施工相比，综合消耗降低 38%，其中燃油消耗降低 61%，机械设备消耗降低 48%（具体见表 1、表 2）。岛隧项目研发升级装备，研发基槽施工深水定深平挖挖泥船、深水定点专用清淤船，节能减排 4329 吨标准煤；研发基础施工抛石夯平一体船、碎石基床铺设专用船，节能减排 7512 吨标准煤；研发智能化沉管安装系统，节能减排 1558 吨标准煤。

表1　　东、西人工岛与桂山预制厂总体成本主要指标情况对比

指标项目	东、西人工岛		桂山预制厂（“工厂法”）		消耗百分比（%）①/③	消耗差额（万元）②-④
	①项目消耗（亿元）	②百万元产值消耗（万元）	③项目消耗（亿元）	④百万元产值消耗（万元）		
燃油费	3.71	7.48	1.44	2.99	257%	4.49
机械设备费	13.21	26.64	6.83	14.2	193%	12.44
劳务费	5.54	11.17	6.5	13.51	85%	-2.34

表2　　混凝土施工具体消耗指标对比分析

项目	①东、西人工岛	②沉管预制厂	差额 ①-②	比例 ①/②
混凝土机械设备燃油费用指标（元/立方米）	243	159	84	153%
混凝土机械设备费用指标（元/立方米）	238	159	79	150%
混凝土浇筑人工费指标（元/立方米）	385	177	208	218%
钢筋绑扎人工费指标，含钢结构安装（元/吨）	781	718	63	108%
主要施工材料费用指标，例如模板（元/吨）	113	62	51	182%

系列新技术、新材料、新装备的应用，实现了工程与环境和谐相处。根据政府部门发布的资料，至工程竣工，白海豚种群数量从 2010 年的 1200 头增加到 2000 多头[①]，实现了“大桥通车，白海豚不搬家”的承诺。

① 广东省海洋渔业局《广东省海洋环境公报》。

3. 运营低耗，降低全寿命成本

岛隧项目针对超长隧道和工程海域环境高温、高盐、高湿的特点，着眼于最大程度降低隧道运营消耗，少维护、零维护，实现未来运营管理“低投入、低消耗、高效率”。港珠澳大桥沉管隧道运营期能实现节能总量403159吨标准煤，二氧化碳减排总量874466吨。

岛隧工程对沉管隧道横断面和纵向线型进行了优化设计，采用W形纵坡线型，将隧道的行车标高提高了3米，降低了隧道排水、通风排烟及车辆运行等能耗。全面采用低能耗产品，并为未来预留了新能源接口。东西人工岛总面积超过20万平方米，岛上建筑和岛面设施均采用无需装饰的清水混凝土方案，大幅减少了工程运营期的维护工作量。南方地区多雨，人工岛的设计实现了自然排水。岛隧项目整合资源，用一年时间研发适应于隧道、兼顾耐火功能的搪瓷钢板装饰新材料，沉管隧道内装做到了美观、易清洁、易维护，也带动了国内工业搪瓷产品的升级。结合海岛高腐蚀环境，人工岛上的大型钢结构全部采用耐候钢加涂装体系，小型钢结构全部采用具有高抗腐蚀性能的不锈钢，人工岛大面积采用天然碎石铺面。岛隧工程基本能做到少维护、零养护。

（四）以品质工程理念，实现由追求“合格率”向追求“满意度”跃升

港珠澳大桥岛隧项目在工程实践中总结提出并创建了“质量+体验提升”品质工程理念和方法，提出“需要具有超出合同履行义务自觉，用心为用户创造方便”是品质工程本质属性的观点，因地制宜为岛隧工程制定了更安全、更舒适、更美观的品质策略，使得工程功能更优、价值更大、用户充分满意，实现了建设高品质工程的目标。

1. 适应外海环境，提升工程安全体验

岛隧工程沉管隧道安全需要人工岛提供保障，人工岛在任何灾害性天气情况下，都要处在正常运行状态，这是一个事关大桥安全运营的重大风险。岛隧项目根据近年来灾害天气破坏性增强的趋势，进行了提升工程安全性能的工作。

2013年底超强台风“海燕”登陆菲律宾，我国海南岛的许多重要设施遭到了严重破坏，这件事情引起了国家很多方面的高度关注，也引起了岛隧项目的思考。当时工程已开工近3年，人工岛施工图设计已经完成，主体结构已完成60%以上。但岛隧项目考虑灾害性天气的发展趋势，以及作为总承包担负

的责任，提出开展设计风险回头看，重新评估人工岛防灾能力。这个意见提出后，引起了内外多方的争议。因为设计是符合标准、符合流程的，工程已在实施过程中，如果再评估，进行设计方案变更，会带来合同、程序、返工等问题。在这种情况下，岛隧项目非常专业地坚持进行再评估的意见，并且最终说服了各方。岛隧项目组织对设计进行系统排查，经过论证，将总体防灾标准提高 10%~15%，开展系列模型试验，重新调整人工岛部分设计方案，提高挡浪墙标高、岛面高程、消浪块体重量，提高主体建筑抗风等级，全面优化排水系统。根据调整的设计方案，现场进行了返工。2017 年 8 月，工程处于非常紧张时期，半年要完成一年半工作，一天要当成三天用，超强台风“天鸽”正面袭击珠海，造成了 100 多亿元的损失，岛隧工程人工岛经受住了考验，岛上设施几乎毫发无损，台风过境的当天夜里全面复工，为年底通车赢得了工期。除此以外，岛隧项目还对人工岛岛面包括铺面碎石在内的所有可移动设施进行了细致的防灾考量。2018 年 9 月，每隧工程以完工状态再一次经受超强台风“山竹”考验。

2. 服务三地人民，提升工程舒适性体验

“为用户提供优质服务”是港珠澳大桥建设目标的重要部分。数万名建设者建成的港珠澳大桥，在未来 100 多年中，是否舒适、方便是三地人民能够直接感受到的体验。改善舒适度，投入不到大桥的万分之一，习惯中常常会忽略这部分工作。而做好这项工作，需要工程建设者有一种自觉追求，岛隧项目非常用心地提升工程的舒适性体验。

岛上段隧道的原设计方案，沿着行车路面设置了近 20 条横向排水沟，隧道内路面设置了近 70 条伸缩缝，车辆行驶会引起跳车，既影响舒适性，也容易造成路面病害。设计施工联动评估方案，提出进行优化设计，尝试取消所有的横向排水沟和伸缩缝。岛隧项目用 1 年时间组织了入口段隧道排水机理及规律的试验研究，用 4 年时间通过监测掌握了沉管管段接头的变形规律，同时还广泛开展新材料和新技术的调研。根据取得的成果，优化设计方案，用边沟排水方案取代横向排水方案，用“无缝伸缩缝”取代传统伸缩缝方案，最终建成了一条无跳车障碍的隧道。隧道路面施工，国内首次采用“港珠澳号”宽路面全幅沥青摊铺设备，带动了我国公路装备的升级。考虑隧道内装搪瓷钢板反光、炫光影响行车安全和舒适性，岛隧项目开展技术攻关，解决了这一难题。

岛隧工程建设者常年驻守海岛，虽然很辛苦，但伶仃洋的景色还是让大家印象深刻、流连忘返，越来越感觉到这两个人工岛是珠江口十分稀缺的资源。

岛隧项目萌生了优化人工岛功能的想法。人工岛原设计主要考虑服务隧道，要变更人工岛功能超出了总承包合同范围。在岛隧项目坚持下，用一年多时间才说服了各方。岛隧项目拓展旅游、观光功能，为人工岛附加更多人性化功能，为未来更有价值地使用人工岛预留空间；将岛上建筑的规模增加了 3 万平方米，进一步优化了亲水性设计，预留了自动扶梯、电梯，为岛上工作人员设计了优越的文化、健身、生活等设施。很多参观者都觉得人工岛也是寸土寸金，都认为这些设施应该做得更大、更好，说明岛隧项目的这些工作做到了三地人民的心里面。

3. 成为地标性建筑，提升工程美学体验

"成为地标性建筑"也是港珠澳大桥建设目标的重要部分。岛隧项目根据海岛特点及周边海域的自然环境，对岛隧工程景观美学设计进行了深入的解读，将现代工业风与粤港澳三地建筑文化、中华民族传统文明进行融合，在珠江口创造了非常独特的、全世界唯一的"双岛"地标。

通过总体设计让岛隧工程成为地标。借助于港珠澳大桥整体线型的气势，采用当地海域的蚝贝元素，将珠江口东西两岸和一桥三地连成了"珠联璧合"的整体。岛隧项目提出并实践了"因工程而美、因功能而美、因环境而美"的工程美学思想，以及建筑、结构与匠心融合的工程美学内涵。人工岛整体景观采用"岛即是景，岛上观景"的概念；针对环境和岛隧工程结构特性，提出极简、实用、精致、耐用、自然的工程景观美学风格；岛上建筑主体结构融合岭南骑楼元素；对能够展示景观特征的减光罩、风帽、夜景灯光、室内空间等逐一精心打造了独特景观。岛隧项目一方面考虑岛上抗风安全和腐蚀环境，另一个重要方面，为了能更好地呈现景观美学的整体效果，通过人工岛整体采用清水混凝土方案，使结构设计、工程施工与建筑美学得到了融合。岛隧项目通过精致的细节升华工程美感，为人工岛和隧道预制了 5 万多个精美的混凝土小构件，通过工匠精心的雕塑感的组装，展示了令所有参观者都叹为观止的工程艺术。

（五）以本质管理理念，实现工程一流水平现场管理

港珠澳大桥岛隧项目运用系统工程思想，基于工程问题的整体性、内在关联性等本质属性，提出问题导向、整体观和总体最优的本质管理理念，工程现场"五保 + 三化 + 人心工程"的本质管理方法，本质管理两降一提升的"三要"原则（要将工程难度降下来、要将对工人操作技能要求降下来、要将员工

素质提升上去），以及以人为本的本质管理核心理念，实现了工程一流水平现场管理。

1. 以“五保”降低工程难度，工程风险更好控制

要干好工程，就要将工程的难度降下来。岛隧项目抓住工程安全、质量、进度存在内在联系，“创新、技术、装备、风险管控、以人为本”共同发挥作用的规律，将两者结合，改善作业环境、降低劳动强度、降低施工难度，做到了工程风险更好控制。

岛隧项目研发外海施工环境保障系统，利用大数据、信息技术、超算技术等，为工程建设构建了小区域、高精度、长周期工程气象环境保障平台，首次实现外海工程环境的精细化预报。外海施工环境保障系统改变了海上施工主动权，保障了 33 节沉管安装，工程安全度过 38 次台风。特别是 2014 年 7 月，在两个强台风的 7 天间隙期内，顺利完成第 11 节沉管安装，化解了工程重大风险。岛隧工程将大量的海上施工转为工厂制造，创新的快速筑岛技术、沉管工厂预制、发明最终接头，以及工程所有模板和人工岛钢筋加工，50% 以上都采用工厂制造，解决岛隧工程海上作业风险大、成本高、效率低、难度大的工程难题。岛隧项目利用智能建造技术，提升施工作业能力，变力所不能及为力所能及，解决了 8 万吨沉管在受限航道长距离拖航、沉管水下无人操作精准对接、6000 吨最终接头在 30 米水下 15 厘米间隙对接安装、50 米水深沉管基床“3D”打印和无扰动清淤等一系列世界首次的工程难题。岛隧项目利用高效的设备解放劳动力。岛隧工程的钢筋总量超过 30 万吨，钢筋加工是工程施工的重力气活，岛隧项目通过国内外调研和比选，研发了一整套大型工程钢筋数字化生产流水线，仅用 48 名工人，其中 1/3 是女职工，就完成了所有的钢筋加工，工人的劳动强度大幅降低，劳动生产率提高 10 倍以上。

2. 以“三化”降低操作技能要求，工程更容易干好

要干好工程，就要将对工人操作技能的要求降下来。岛隧项目面对农民工和青年工人居多的现实，创新提出“工地工厂化、6S 工地化、现场标准化”的现场管理方法（见图 2）。通过工地工厂化实现工序分拆、流程再造、岗位固化，为推行现场标准化创造条件。实行“工序、流程、环境标准化，人员、岗位、培训专业化，定岗、定责、定激励”，提升工厂化水平和效率。用 6S 工地化构建员工素养与文明环境持续提升机制。岛隧项目采用这个方法，通过短时间培训，就获得了一支与工程建设相匹配的“高素质”作业队伍。

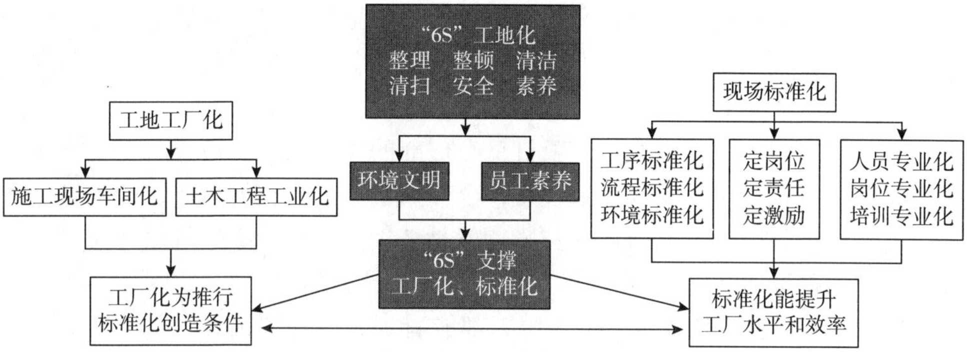

图 2 岛隧工程“三化”现场管理方法

岛隧工程沉管预制厂是世界最大的混凝土构件工厂，也是我国第一个“工厂法”沉管预制工厂，国外仅厄勒海峡隧道一例（Busby and Marshall，2000），没有管理经验。刚开始的那个阶段，预制一节沉管需要大半年以上时间。岛隧项目在实践中不断总结经验，优化拆分工序，针对岗位开展风险评估，辨识关键岗位，固化工序职责、调配适合人员、专门组织培训，工人的适应性越来越好，熟练度越来越高，安全质量控制越来越有把握，预制效率逐渐提高，最终将沉管预制的钢筋、模板、混凝土三大工序拆分成了 156 道工序，每节沉管生产效率从初期的大半年提高到了 70 天。

在我国，清水混凝土工程案例不多，发展缓慢。清水混凝土施工是对现场管理的挑战，清水混凝土施工的现场管理是对工人技能要求和责任心的挑战。岛隧工程需要实施世界最大的海工清水混凝土建筑群，岛隧项目组织现场汲取沉管预制厂的成功经验，预先对清水混凝土的施工流程、施工工艺、现场管控难点和风险进行分析预判，超前策划，进行岗位分拆、专业分工、责任固化。实施队伍虽然是没有房建经验的水工工程队伍，但仅用 9 个月时间就高质量地完成了施工任务，工程备受三地和国内外专家的称赞。

3. 以“人心工程”提高员工素质，始终保持激情和状态

要干好工程，就要将员工素质提升上去。岛隧工程工期长达 7 年，有 4000 多名员工长期住在 3 个孤岛和近百艘工程船上，很多人只重复做一道工序、干一件事情，要让几百道工序的每一名员工做到每一次都是第一次、每一次都做到同样的高标准，需要一种内在驱动。岛隧项目提出了“人心工程”，是以人为本具体体现的本质管理核心理念：尊重劳动，尊重劳动者，让他们体面劳动，有尊严地生活，有尊严地工作，才能做出有尊严的工程，实现他们对美好生活的向往。岛隧项目认真回答了这一时代问题。

岛隧项目通过持之以恒、润物细无声的日常工作，向每一名员工传递一种真诚的在乎、关注和认可，想方设法满足员工的各种需求。岛隧工程队伍来自四面八方，工程开工的时候，工地厕所都是按老习惯用水泥建的，现场的领导、员工都很习惯，也没什么意见。项目总经理部的领导到现场检查时发现气味很大，也不是特别文明，要求重新改建，全部贴上瓷砖，配抽风机，配手纸，配洗手盆，每个厕所配专人保洁，一坚持就是 7 年。工程的决战阶段，项目总经理部组织给现场 40 多个食堂送菜，总经理部领导和部门领导轮流带队，每天 3 点半买菜，7 点前送到现场，工人每天都能看到总经理部领导，总经理部领导每天也能看到工人。沉管隧道基床抛石夯平是岛隧工程最困难也是最为重要的一道工序。岛隧项目研发了一条深水抛石夯平船，42 名“80 后”“90 后”大学生在这条船上坚守 1291 天，完成了这项工作。项目总经理部授予他们“铁打的团队”称号，这也是岛隧项目的第一个命名先进团队。工程尾声，人工岛上的施工临时设施已经全部拆除，这时候岛上建筑已装修得非常漂亮。工人的午餐都是送盒饭到现场，南方的海岛又湿又热，工人们都光着膀子蹲在室外吃饭，项目总经理部领导对现场的工人说：“你们可以到房子里去吃饭。”工人说：“我们怕把房子弄脏了。”项目总经理部派了 10 多辆大巴车到现场，给工人提供临时吃饭、午休的场所。国家评选了 8 名“大国工匠”，其中有一名岛隧项目的农民工，他以“每一颗都是第一颗”的态度，拧了 62 万颗螺丝。岛隧项目的一名测量工，35 岁享受国务院特殊津贴。2016 年，《工人日报》连续 7 天在头版报道了岛隧工程一线工人奋斗的故事。

三、工程实施效果及评价

港珠澳大桥岛隧工程历经 5 年准备、7 年建设，发挥设计施工总承包优势，实现大型复杂工程管理协同，成功地实施了国内交通行业第一个超大规模设计施工总承包项目；坚持工程管理创新探索，提出并实践“全寿命周期绿色工程”理念和方法、“质量 + 体验提升”品质工程理念和方法、“五保 + 三化 + 人心工程”本质管理理念和方法，实现了建世界一流水平工程目标；坚持自主创新，实现了我国外海沉管隧道建造技术突破，促进了海工工程技术迭代升级，为推动世界岛隧技术发展做出了中国贡献。

建成了我国第一条外海沉管隧道，保证了港珠澳大桥如期建成，形成了具有自主知识产权的外海沉管隧道成套技术和装备，填补了国内空白。6.7 千米沉管隧道滴水不漏，工程建设7年实现安全零伤亡、环保零投诉，工程经受住了“天鸽”和“山竹”两次超强台风考验，在粤、港、澳三地组织的交工验收中获得99.43分。岛隧工程以其出色的表现在2018年一举获得了英国土木工程师协会（ICE）、美国《工程新闻记录（ENR）》、国际隧协（ITA）3项年度大奖。岛隧工程已获省部级科技进步奖24项，其中特等奖5项、一等奖15项。已申报专利536项，已获授权专利400项，其中国际发明专利10项，获优秀专利奖1项。获国家级工法1项，省部级工法5项。发表科技论文400余篇，编写出版世界首部《沉管隧道设计施工手册》（中国交通建设股份有限公司，2019），已出版专著16部。国家级媒体宣传报道超过2000次，先后接待100多个国家（地区）6000多批次参观。项目的146个集体、200多名个人荣获省部级以上表彰。联合华南理工大学举办工程硕士班，培养了56名工程硕士。50余人走上了处级以上的领导岗位，近200人走上了项目的领导岗位，为在建的深中通道、大连湾海底隧道、香港机场第三跑道、深圳沿江高速前海连接线等大型工程输送了骨干和队伍。

香港前路政署署长、泛美工程院外籍院士刘正光先生评价岛隧工程："这是沉管隧道建设史上前所未有的系统性工程，全方位风险和质量管理系统为内地工程带出新文化。半刚性结构体系和创新最终接头技术，完善和创新沉管隧道工程体系，一定为世界同行学习的对象。通过这项工程，令全世界的人，改变了他们认为中国人不能建高水准工程的看法。"① 汉斯·德维特先生对岛隧工程所取得的成果也进行了评价："因为港珠澳大桥沉管隧道的建设，中国从一个沉管隧道技术的相对弱国发展成为国际隧道行业沉管隧道技术的领军国家之一。"②

参考文献

[1] Busby, J. and Marshall, C., 2000, “Design and Construction of the Oeresund Tunnel”, *Civil Engineering*, 138, 138(Paper 12233), pp.157~166.

[2] Grantz, W. C., 2001, “Immersed Tunnel Settlements Part 2： Case Histories”, *Tunnelling and Underground Space Technology*, 16(5), pp.203~210.

① 北京2017年6月30日，刘正光先生在港珠澳大桥岛隧工程建设主题报告会的报告。

② 珠海2017年7月7日，汉斯·德维特先生在港珠澳大桥贯通仪式上的报告。

[3] Lin, M., Lin, W., Wang, Q., et al., 2018, "The Deployable Element, a New Closure Joint Construction Method for Immersed Tunnel", *Tunnelling and Underground Space Technology*, 80(10), pp.290~300.

[4] Lunniss, R. and Baber, J., 2013, "Immersed Tunnels", *CRC Press*, 5, pp.44~57.

[5] Saveur, J. and Grantz, W. C., 1997, "Chapter 3 Structural Design of Immersed Tunnels", *Tunnelling and Underground Space Technology*, 12(2), pp.95~97.

[6] Zhu, Y., Lin, M., Meng, F. et al., 2019, "The Hong Kong–Zhuhai–Macao Bridge", *Engineering*, 005(001), pp.10~14.

[7] 中国交通建设股份有限公司 . 沉管隧道设计施工手册 [M]. 北京：科学出版社 , 2019.

重大工程全景式创新管理*

——以港珠澳大桥工程为例

陈宏权[1] 曾赛星[1] 苏权科[2]

（1 上海交通大学安泰经济与管理学院；2 港珠澳大桥管理局）

摘要：重大基础设施工程是国家社会经济发展的生命线，并已经成为我国技术创新的重要平台。本文聚焦港珠澳大桥技术创新管理，基于扎根理论方法，研究重大工程全景式创新范式，从全方位创新、全过程创新和全主体创新 3 个维度进行分析，揭示重大工程全景式创新的治理逻辑，为推动重大工程高质量发展提供理论支撑。

关键词：全景式创新　全方位创新　全过程创新　全主体创新　港珠澳大桥工程

一、引言

重大基础设施工程（以下简称重大工程）已成为我国技术创新的重要平台，例如：基于港珠澳大桥工程所攻克的外海沉管隧道、装配化桥梁及人工岛的设计建造技术、基于西电东送工程的特高压输电技术等。本文所研究的重大工程是指投资规模巨大、实施周期长、技术异常复杂，对社会、经济及生态环境等影响深远的大型公共工程（Flyvbjerg，2014；盛昭瀚等，2019）。重大工程具有显著独特性和一次性特点，其创新亦具有多主体、非线性、动态性、集成性的复杂创新系统特征（Lehtinen et al.，2019；曾赛星等，2019）。厘清重大工程创新活动的内在规律并揭示其治理逻辑，对推动我国重大工程高质量发展具有重要的理论和现实意义。

现有文献对于企业创新已有众多成果，如探讨企业创新能力是如何通过吸

* 原载《管理世界》2020年第12期。

收外部资源、利用自有创意并通过研发投入来达到其目标（Dodgson，2014），如何实施创新活动则往往取决于组织自身特性及其所处外部环境（Dodgson et al.，2008）。而重大工程创新活动涉及更复杂的过程（Lehtinen et al.，2019；Worsnop et al.，2016），超越了现有文献所限定的企业边界，已延展至各创新主体之间的相互关联，表现为临时联盟与永久组织之间动态变化（Ozorhon & Oral，2016）。这种具有一定资源约束的、随着工程进度不断变化的组织形态，在实现某一特定工程目标后解体（Matinheikki et al.，2019）。重大工程组织表现出结构性混合组织的特征，即不同的重大工程组织单元依据不同逻辑运转，在重大工程组织内部划分为不同的空间结构（Perkmann et al.，2019），表现出更频繁的内部冲突（Ungureanu et al.，2019；乐云等，2019）。因此，重大工程组织内部的创新活动面临更复杂的合作环境和组织约束（Qiu et al.，2019）。应该采取哪种创新范式才能够保障重大工程的顺利完成？

企业创新范式的研究在不断演化，提出了包括集成创新、开放创新、自主创新等不同类型，理论基础也从“要素观”演变成“系统观”（Rothwell，1994；陈劲，2017）。近年来，学者们也开始关注重大工程创新（Brockmann et al.，2016；Lehtinen et al.，2019），分别从重大工程创新要素集成（Davies et al.，2014；DeFillippi & Sydow，2016）、主体间协同合作（Sergeeva & Zanello，2018）、平衡开放与封闭创新（Worsnop et al.，2016）等视角展开。重大工程集成创新强调了其对于创新要素的集成特性，却淡化了重大工程技术复杂性对于创新资源和要素的特殊需求（Lehtinen et al.，2019；Worsnop et al.，2016），需要关注重大工程全过程管理和创新主体的结构化治理，从全过程视角和全主体视角进一步展开（Gann & Salter，2000）。在重大工程组织内部，工程的一次性意味着缺乏长期的合作平台（Worsnop et al.，2016），协同合作主体之间容易出现创新惰性，导致重大工程协同创新难以持续。如何以全方位视角吸引和导入外部资源保障创新活动，突破可能存在的创新孤岛依然是现有重大工程创新实践中的关键问题（Chen et al.，2018；Engwall，2003）。

与一般企业创新不同，重大工程创新根植于临时性的混合组织形态中，往往表现出更强的异质性和动态性，应用传统企业创新管理理论解构和诠释重大工程创新活动仍存在广阔空间。本文以港珠澳大桥为例，在系统分析其创新管理实践基础上，通过文本数据分析和理论推演，提出了重大工程全景式创新及其三维核心要素（即全方位创新、全过程创新和全主体创新），在此基础上分析其治理逻辑，为我国重大工程创新理论与实践提供借鉴。

二、文献综述

（一）重大工程创新及其驱动力

重大工程创新体现在工程产品、工程装备、施工技术和工法或工程整体的集成系统中（Davies et al., 2014; Zhu et al., 2018）。现有文献分析了工程行业的创新活动（Arditi et al., 1997），包括工程创新类型和范围（Slaughter, 1998）、工程创新的复杂性（Dvir & Shenhar, 2011; Gil & Pinto, 2018），工程创新的驱动力与阻制（Brockmann et al., 2016; Gann & Salter, 2000），工程组织学习（Eriksson, 2013），创新技术扩散（Brady & Davies, 2014; Eriksson et al., 2017）等。

重大工程是基于目标锁定的技术创新活动（Derakhshan et al., 2019），从管理实践看，由于工程工期、成本、质量、安全及环保等刚性约束，如果现有技术能够实现工程目标，承包商和业主往往规避采取新技术或新工法（Davies et al., 2014; van Marrewijk et al., 2008）。重大工程创新过程呈现出临时跨层组织结构特征（Jones & Lichtenstein, 2008; Winch, 2014）。同时，重大工程创新还具有显著的复杂性，包括重大工程组织结构的复杂性、工程技术集成的复杂性等（Davies et al., 2014; Miller et al., 2017; 麦强等, 2019）。

作为重大工程的关键组织，业主在立项决策、设计施工、监管运营及利益相关者关系治理等方面均发挥重要作用（盛昭瀚等, 2020）。单一主体往往难以完成重大工程技术创新活动，需要业主与设计方、承包商等创新主体构建紧密的创新网络来攻克难关（Lehtinen et al., 2019）。

（二）重大工程创新范式

技术创新驱动力包括技术推动型、市场拉动型、技术与市场耦合的互动型等（Rothwell, 1994），一些学者根据是否已包含两类相对立或冲突的创新活动来划分，将其分为渐进式创新和突破式创新（Ettlie et al., 1984）、原始创新和模仿创新（Goldenberg et al., 1999; Kim, 1980）、持续性创新和破坏性创新（Christensen, 1997）、利用式创新和探索式创新（Benner & Tushman, 2003）、封闭式创新和开放式创新（Chesbrough, 2003）等。还有学者对社会创新（van der Have & Rubalcaba, 2016）、协同创新（Zeng et al., 2010）、包容创新（George et al., 2012），责任创新（Stilgoe et al., 2013）、全面创新管理（许庆瑞，2007）开展深入研究。

在关于重大工程创新文献中，学者们从协同协作、系统集成或开放系统等视角开展研究（Miller et al.，2017；Sergeeva & Zanello，2018）。基于工程案例分析，Worsnop 等（2016）提出重大工程创新应该协同协作，通过规避重大工程内部单元之间的组织冲突、协同各自创新活动来提升创新效率。由于重大工程的独特性和复杂性，仅凭借自身内部资源将难以为继，需要整合外部资源，并通过强有力的领导力和密集合作才能满足重大工程创新需求（Gil et al.，2012）。重大工程创新往往是以联盟形式的合约合作，并且通过形成协同创新的框架，促进重大工程创新活动的开放性（von Danwitz，2018）。由于重大工程组织的临时性和不确定性等特征，通过使用信息技术辅助支持（Chung et al.，2009），构建创新主体间的强有力沟通渠道（Sergeeva & Zanello，2018），形成创新主体之间的价值共创（Eriksson et al.，2017）和知识共享的机制（Tsujimoto et al.，2018），能够有效地促进重大工程创新主体之间的协同效应。也有部分学者强调重大工程创新过程中，应该通过系统集成实现工程既定目标，并有效促进创新绩效的提升（Davies et al.，2014；王婷等，2020）。由于重大工程主体的多样性，需要强有力的系统集成者，并且通过伙伴关系、风险分担和合同安排等来实现集成创新的目标（DeFillippi & Sydow，2016）。重大工程创新的系统集成强调在创新过程中，需要系统集成者通过对各类创新资源和创新要素集成，以实现既定目标并且提高工程绩效。

三、研究设计

本文关注两个研究问题:（1）适用于重大工程全景式创新范式及其核心要素构成;（2）该类创新范式的治理逻辑。由于本文的研究对象难以适用于大规模样本，且相关研究较少，尚不能依赖于现有文献或以往经验证据分析，更加适用于采取基于管理实践而涌现的研究方法（Eisenhardt & Graebner，2007），其中案例研究方法能更加丰富地挖掘现象背后的理论逻辑（Yin，2009）。同时，由于本文作者之一长期扎根于港珠澳大桥创新管理实践，策划并从事重大工程技术创新管理，选择基于质性研究方法的理论构建方式能够更加深入地归纳出重大工程创新过程的内部逻辑和典型特征（Karra & Phillips，2008；Riemer，1977）。基于此，本研究选择基于诠释主义的扎根理论方法开展研究，通过对港珠澳大桥创新管理实践的深度分析，更加准确地提炼其创新范式的核心要素构成，有助于凝铸重大工程创新新范式的概念模型。扎根理论方法通过对文本数据进行编码、聚类、迭代、归纳、凝铸等步骤，完整地展现全生命期重大工程创新过程，以期推动重大工程创新管理理论的发展。

（一）案例选择

港珠澳大桥工程是横跨香港、澳门和珠海的重大跨海大桥项目，最初于1983年首次提出，2003年8月国务院正式批准三地政府开展港珠澳大桥前期工作，并同意粤、港、澳三地成立“港珠澳大桥前期工作协调小组”办公室，是目前世界上跨度最长、建造标准最高和最具挑战性的综合性跨海集群项目，包括岛隧工程、桥梁工程、交通工程等多个工程系统。

工程从设计到建造过程一直面临严峻挑战，包括复杂多变情景下的施工管理和协调，工程技术的复杂性，环境保护的高标准，建造环境的安全要求，国内团队尚且没有外海沉管隧道设计施工安装经验等。针对港珠澳大桥在设计施工建造中提供的报告，港珠澳大桥管理局（以下简称管理局）在前期制定了项目创新计划，且在具体实施过程中，一共开展了约300个科研项目，创造性地提出了30多种工法，完成了30多项创新设备，从项目开始到完工期间内总共申请了600多项相关专利。其技术复杂性和工程独特性有助于揭示重大工程的创新过程及其逻辑关系，从立项到完工跨度时间较长，也能充分刻画重大工程创新活动的演化状态。由此可见，港珠澳大桥工程为管理人员和工程师从事技术创新提供了良好的平台，也为重大工程创新范式研究提供理想的研究背景。

（二）数据搜集

本文遵循Glaser和Strauss（1967）给出的多种数据来源建议，通过实地调研数据、内部管理文件、二手数据和访谈等多类数据进行交叉验证，避免因一手资料带来的信息偏差或主观偏见（Yin，2009）。本文的数据来源包括：（1）访谈数据；（2）公开文献资料和数据，包括关于港珠澳大桥技术创新的文献、公开新闻访谈资料等；（3）内部档案数据，包括港珠澳大桥杂志、岛隧工程项目简报和专用设备简报等。

本文数据搜集可以分为三个阶段。第一阶段，2015年7月和2017年6月前往管理局等地进行实地调研，针对工程管理实践和技术创新部分进行访谈。

第二阶段，研究人员针对港珠澳大桥工程整体的技术创新活动进行梳理，详细了解港珠澳大桥在建设过程中所遇到的技术难题、破解方法以及演进过程。第三阶段，从 2018 年 12 月开始，研究团队针对港珠澳大桥技术创新管理中的问题再次进行实地调研和访谈。本研究所涉及的具体数据来源详见表 1[①]。

表1　　数据来源

数据来源	数据分类	来源编码
访谈数据	与港珠澳大桥管理局工程师、中铁山桥工程师等交谈（2015 年 7 月）	FT01
	与港珠澳大桥管理局工程师等交谈（2017 年 6 月）	FT02
	与港珠澳大桥工程监理工程师交谈（2018 年 12 月）	FT03
	与港珠澳大桥管理局工程师等交谈（2019 年 5 月）	FT04
	与中交集团岛隧工程工程师等交谈（2019 年 5 月）	FT05
	与港珠澳大桥管理局工程师等交谈（2020 年 5 月）	FT06
内部文档	港珠澳大桥管理局：内部资料刊物	NB01
	中交集团联合体港珠澳大桥岛隧工程项目总经理部：内部资料刊物	NB02
公开文档	学术论文：与港珠澳大桥技术创新或建设管理相关的文献	AP01
	新闻报道：对港珠澳大桥工程相关技术工程师等的专访报道等	NP01
	纪录片：关于港珠澳大桥工程的相关纪录片	DM01

（三）数据分析

数据分析分为 3 步。首先，将访谈数据和档案数据导入 ATLAS.ti 软件，通读所有数据，对所有创新活动进行开放式编码，归纳出其典型特征，形成一级概念。其次，通过主轴编码的过程，将一级概念合并为二级主题（Gioia et al.，2013），这是一个迭代过程，在数据、概念和文献之间不断循环和漂移，直到数据被精炼成足够的二级主题（Corbin & Strauss，1990）。最后，寻找隐藏在二级主题下的聚合理论维度，更清晰地展示不同的二级主题如何归纳组合成一个连贯理论模型（Gioia et al.，2013）。本文采用的质性研究方法主要通过对访谈和档案资料等文本数据进行编码和分析，按照扎根理论的分析逻辑开展文本数据分析（Corbin & Strauss，1990），最终形成本研究的数据结构，如图 1 所示。由于文章篇幅所限，在后续案例分析部分专注于阐释创新范式不同维度要素的具体表现形式和内涵（Eisenhardt，1991），而不是详细地描述港珠澳大桥整体创新活动。

① 部分访谈数据也被用在另一个研究中，该研究主要用于解释重大工程的创新生态领导者在创新生态系统中扮演的角色。

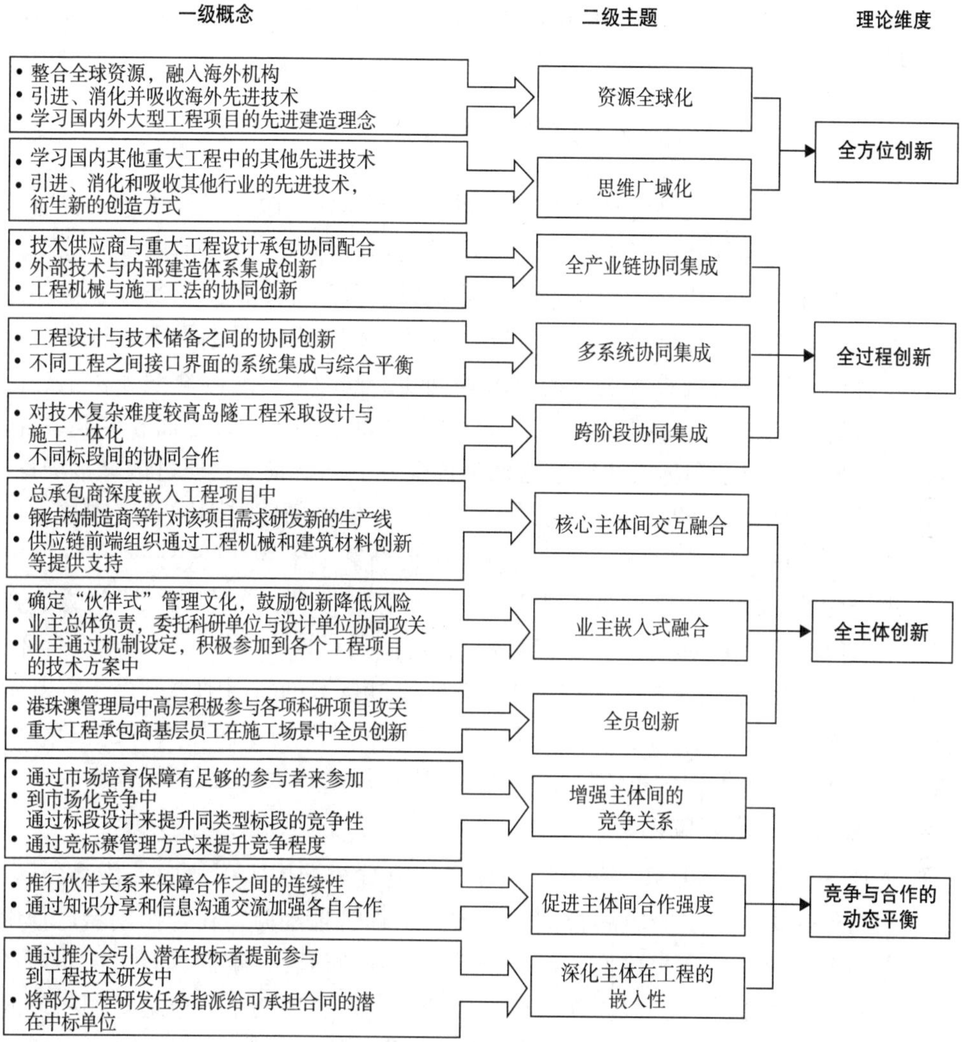

图1　文本数据结构

四、研究发现

以港珠澳大桥为研究对象，聚焦重大工程技术创新管理实践中的典型特征，基于文本数据分析结果构建了重大工程全景式创新的概念模型，并分析其治理逻辑。本文提出重大工程全景式创新包含三维要素，即全方位创新、全过程创新和全要素创新。在此基础上，解耦全景式创新三维要素的具体表现形式及其特征，从重大工程业主（系统集成者）视角提出全景式创新的治理逻辑。

（一）重大工程全景式创新的模型解耦

通过案例分析，发现港珠澳大桥的创新管理模式，改变了传统重大交通基础设施工程行业的创新活动方式。在其项目规划过程中，通过前期预制港珠澳大桥创新管理计划，建立工程技术管理的创新平台和保障机制，实现了将外海的沉管隧道、人工岛、桥梁工程等不同专业技术创新活动融会贯通到整体工程建设过程中，进而实现重大工程的全过程创新。同时，针对港珠澳大桥工程的超高技术复杂性、超大工程规模和预算、超长工期、超多工程界面和专业融合，且涉及大量的新技术和新工法等难题，整合全方位创新资源，通过搜寻、培育、吸引、共融、共创等不同过程和方法，实现全方位创新，进而顺利实现技术创新与项目目标的融合。此外，重大工程技术创新需要多主体的协同参与，既需要管理局为代表的业主进行整体规划和制度保障，也需要承包商、设计方、咨询方、供应商等核心创新主体的深度嵌入，还需要高校、研究机构等密切合作，在深入了解工程需求的情景下才能更有效地通过技术创新活动来满足工程既定目标，既保障新技术的可靠性，又有效地避免因过度创新而导致的工程超期、超支等，通过重大工程全主体创新有效地保障和激励重大工程创新活动。

1. 重大工程全方位创新

港珠澳大桥工程秉承“开放”的理念，通过全方位吸引海内外优势团队、引进国内外先进技术、吸收融合国内外重大工程管理经验，在合作创新过程中以本土团队为核心，实现重大工程创新活动的高效运转，掌握具有自主知识产权的技术。重大工程全方位创新强调在创新过程中，需要全方位地对创新资源和信息展开搜寻、筛选和导入，具体表现为“资源全球化”和“思维广域化”。

管理局采取不同方式来实现创新资源全球化的集成与协同，包括吸纳全产业链中海内外先进设备制造商和工程承包商，引进、吸收和集成不同行业的先进技术，以及学习国内外其他重大工程的经验等。港珠澳大桥工程的创新活动包含在全生命期中，从项目的初步设计阶段开始，全方位充分融合和引入海内外创新资源，引进海内外先进工程承包商和服务商等，提升了工程整体创新能力。例如，在港珠澳大桥工程的初步设计中首先引入了丹麦科威（COWI）国际咨询公司和英国奥雅纳（ARUP）工程顾问，通过国内本土设计文化、能力与国外经验深度融合，有效解决项目前期在沉管隧道设计、钢箱梁设计等难题。在桥梁工程施工图设计中，引入日本株式会社长大（Chodai）和英国合乐（Halcrow）集团公司，有效解决钢箱梁结构设计和钢混组合梁结构设计中的钢结构疲劳问题，通过不同文化碰撞和交流，提升国内设计团队的钢结构设计经验。

重大工程与外部环境高度相关，工程的招投标和工程标准等也必须满足必要的制度约束。港珠澳大桥工程涉及内地、香港、澳门，标准和制度差异增加了全方位创新的难度，特别是针对工程行业的资质认定问题；另外，采取国际招标程序增加工程施工过程的复杂性。因此，港珠澳大桥工程主要通过构建联合体或单独的技术专家和顾问团队来实现外部知识和经验的传递和融合。例如，施工难度最大的岛隧工程是以中国交通建设股份有限公司为核心，融入艾奕康有限公司、丹麦科威国际咨询公司、上海城建（集团）公司、上海市隧道工程轨道交通设计研究院等国内外众多参建主体。不同于一般企业创新，重大工程技术创新对于可靠性和成本有严格要求，因此需要技术专家组或顾问团队提供有效支撑，既需要确保工程技术满足工程质量要求，也需要控制成本和其他风险，从而让全球资源通过第三方专家顾问团队等方式实现知识转移和传递。

港珠澳大桥工程关注海内外先进技术，通过搜寻关键技术、学习先进经验和集成外部知识等多种手段，实现工程整体创新能力的跃迁。针对关键施工工法和工艺，通过采购或共同研发设计关键设备、学习消化、自主研发核心技术等多种方式实现工程技术和工法的拓展与创新，最终实现外海沉管隧道在设计、施工和安装中的全产业链创新能力提升。例如，在沉管隧道管节的生产制作过程中，与德国派利公司（PERI）联合设计，由 PERI 确定整套模板设计和选型，上海振华负责模板结构制造安装，既保障了工程目标的实现，又让国内企业实现制造工艺的升级。瑞士威胜利工程公司（VSL）承担沉管预制同步分散顶推成套设备的供应与技术服务，与中交集团共同创新最终接头研发技术，提出“三点支撑，多点连续顶推”新工法，实现了管节从浇筑区到浅坞区的长距离顶推。

港珠澳大桥前期协调小组办公室和管理局在工程初期，通过大量的实地调研，向世界各地的桥梁专家学习，希望以“取人之优以善己”的思想来实现港珠澳大桥先进技术的集成管理。在项目设计前期，组织专题小组审查了数十万张工程图纸，研讨数百种桥岛隧工程设计施工方案，学习国内外典型桥梁工程经验，包括国内东海大桥、苏通大桥、杭州湾大桥等，以及连接丹麦和瑞典的厄勒海峡大桥和韩国釜山沉管隧道等工程。通过前期工程经验学习和吸收，有效提升了港珠澳大桥在创新过程中的效率。

同时，港珠澳大桥工程在全方位创新过程中，融入“思维广域化”理念，通过学习其他大型工程的先进技术、吸收其他行业的先进技术等方式，实现重大工程创新。例如，借鉴高铁、地铁等大型机电系统的管理经验，通过机电系统集成总承包方式，实现工程界面的接口协调；引入气象和大数据相关技术，集成风云卫星基础数据和现场观测数据，通过预报模型为沉管浮运安装的最佳时段预测提供科学支撑；引入航空航天行业技术，在沉管隧道安装中引入微机械陀螺和高速度倾角传感器，联合航空航天导航制导专用设备共同开发了沉管运动姿态实时监测系统。在新技术集成和应用中，工程前期规划和治理保持动态视角，例如管理局保持动态学习理念，密切关注不同行业的技术发展水平，动态调整将可运用的技术装备和新材料应用于工程中。

通过上述分析可见，港珠澳大桥创新管理在引入全球资源和吸收广域知识过程中，通过与海外优质承包商签订施工顾问合同，购买海外供应商的设计与服务，与海外设备供应商联合开发新工艺等方式实现资源全球化；通过搜寻和吸收国内其他行业新技术，引入和集成制造、核电、信息科技、航天等行业先进技术实现知识吸收和技术融合。

2. 重大工程全过程创新

由于重大工程按照不同标段和不同工程专业划分，导致重大工程容易出现“创新孤岛”（Chen et al.，2018），阻碍信息交流和知识传递等。重大工程全过程创新强调其技术创新活动需考虑跨专业、跨系统和跨阶段的相互交叉与融合。

管理局在全过程创新管理等方面做出了相应的调整和变革：首先，通过合理标段设计方法，按照港珠澳大桥大规模的施工建（制）造等需求，促进承包商投入资源采取更加先进的技术来满足工程需求，降低整体创新风险。针对复杂度高的岛隧工程采取施工设计总承包，融合设计和施工过程，最大限度地发挥联合体的创新潜力，最大限度地解决了因阶段割裂而引发的创新阻制，同时，有效降低跨阶段之间的沟通成本，有效发挥联合体全产业链优势。中交集团作为施工总承包单位，动员了设计、施工、科研、装备等全产业链环节，投入了桥梁、海工、机械制造等各相关专业，最大效能地应用承包商的科研实力和全产业链的集成优势。例如针对人工岛施工问题，中交一航局联合美国供应商APE和子公司振华重工，并联合其他子公司，协同开发了振锤系统的新应用、外海圆钢筒成岛技术的应用等，实现了全过程创新的有效融合和集成，有效地降低了因为过程和专业之间分割导致的创新资源和信息沟通障碍。

由于全产业链协同与集成，承包商很好地缩短预期工期，并最大限度地控制成本，降低了施工对环境的影响。中交集团所提出的钢圆筒快速成岛创新技术，大大降低外海造岛对自然环境的负面影响，整体工期提前了约两年，同时避免了人工岛工程超概预算；中交设计主导提出的半刚性沉管结构设计创新，减少工程直接投资近十亿；“工厂化”沉管预制创新，既为工程质量提供了保障，同时也减少了工程直接投资。总体而言，缩小设计建造之间的沟通距离和组织距离能够有效提高创新效率。例如，沉管隧道最终接头原方案是在水下现浇，风险大、工期长。岛隧承包商的子公司刚好制造出 12000 吨吊装施工能力的全回转浮吊，总承包就将最终接头设计改变为主动止水的整体预制安装方案，不仅节省了工期，保证了质量，还实现了最终接头技术的重大创新。

重大工程全过程创新也表现出一种以某一主体为核心，其他客体相互交融且辅助提供资源支撑的网络结构特征，根植于重大工程平台，依靠强大的知识链落结构，发挥各自特有的技术能力和资源供给，从基础研发、设计施工协同、管理协调等不同角色相互配合的过程。例如，在沉管隧道安装过程中，出现了基床异常回淤等问题，分析原因后，快速形成以中交集团及第一航务工程局为代表的承包商、以中交第四航务工程勘察设计院为代表的设计方、以管理局为代表的业主方、以天津水科院、南京水科院、国家海洋预报中心、中山大学等为代表的科研团队的创新群落，结合区域长序列观测数据、现场试验和数值分析等手段，共同完成了“港珠澳大桥沉管隧道基床回淤监测及预警预报系统研发与应用”，并联合政府海洋、海事等主管部门，解决了超常规回淤对沉管安装影响的难题。

重大工程涉及不同专业系统，如桥梁工程系统、交通工程系统、土建工程系统等，不同子系统之间相互交织和穿插，全过程创新则需要不同子系统工程之间相互协调配合，各子系统工程的设计施工都需要预留和考虑与其他专业接口等，最终实现技术集成。

重大工程全过程创新需要不同专业的专家协同合作，在发现问题、分析问题和解决问题等方面，通过多专业、多地点和多系统的协同合作，全面保障有效解决重大工程技术难题，其中一个典型例子是针对岛隧工程沉管隧道安装过程所开发的特殊水文气象窗口预报系统。沉管隧道安装需要判定一个精确安装窗口期，对水文气象有高度敏感性，对气象水文环境的预测不仅需要水文气象的专业知识，还需要现场数据的同步支持。管理局和中交联合体联合国家海洋局海洋环境预报中心，通过全球气象、波浪条件输入、四重区域嵌套预报模式、风云 2 号卫星提供实时气象数据和神威超级计算机进行模式解算等多重技术手段，构建由水文气象观测、模式计算和后方保障、现场预报的 3 个子系统构成的协同系统，形成了针对岛隧工程的水文气象窗口预报系统，实现了所有数据实时在线分发。可以看到，全过程预测需要北京的数据分析系统，岛隧营地的现场保障系统和施工区水文监测仪器的数据采集系统的集成与协作，体现了现有重大工程所需要的全过程监测、计算与预测的技术创新。

以上分析表明，重大工程全过程创新强调跨专业、跨系统和跨阶段的协同合作与集成融合。（1）需要全产业链的协同与集成，实现技术和设备供应商与施工承包商的合作，工程机械与施工工法创新的协同，外部技术与内部建造体系的集成。（2）通过子系统间的协同与集成，实现岛隧工程、桥梁工程、交通工程等不同子系统工程接口界面的协同与集成。（3）针对不同标段和不同阶段的协作配合，例如，岛隧工程通过设计施工一体化模式，有效降低跨阶段间的协同成本；针对"中国结"的施工过程中，需要不同工种的参与，按照前期预先技术方案难以实现，动态调整吊装标和焊接标的施工方法，协同配合提高工程绩效。

3. 重大工程全主体创新

由于重大工程技术复杂度较高，需要大量不同专业背景的科研团队协同工作，而创新人员分散化亦会降低整体工程创新效率，会存在人员合作难度大、团队协同门槛高、全员参与不紧密等突出问题。重大工程全主体创新强调核心主体之间相互交融，业主深度嵌入重大工程创新活动和过程，参与主体内部鼓励全员创新，通过培育创新文化和设定内部激励制度来保障各主体的创新活力。

业主嵌入式融合是指业主在提出需求的情境下，需要深入了解创新主体的约束条件，通过及时信息交流和沟通，保障彼此之间知识分享通畅。研究发现，管理局在知识共享和技术参与度方面表现突出，其创新网络中心度表现出较高水平（曾赛星等，2019）。当承包商在技术改进和创新过程中遇到问题时，管理局也扮演知识输出和知识传递的角色。例如，管理局积极推动钢箱梁自动化和智能化制造，其中一家承包商技术改进和创新工作都显现滞后状态，且管理局所推动智能化制造与其原有的管理实践存在较大冲突，改进后的板单元质量难以达到要求。管理局相关管理人员前往该承包商内部进行实地调研，协助其调整其内部资源，并提出技术改进措施等。除此之外，广东长大桥梁公司在桥梁工程承建中是否采用柔性止水埋置式墩台这一选择时，学习借鉴管理局前期可研阶段提出的施工方案，且管理局在后续阶段积极提供各种保障措施，组织设计、科研单位开展现场足尺模型试验，共同开发完成"分离式胶囊柔性止水"的新工法。在知识产权管理方面，管理局也通过制度设计有效地规避了知识产权界定不清晰问题，促进了承包商积极开发新技术，避免因为产权不清晰而导致的创新惰性等问题。由于所有创新方案都需要经过业主和监理批复，业主在整个项目过程中所构建的创新文化和治理措施更能深入影响到每一承包商的创新动力。因此，业主深度嵌入重大工程创新活动可以改善工程创新绩效，包括通过外部压力促进承包商采取更加积极的技术改进和创新，通过信息传递和知识分享有效地提供技术改进方案，通过产权和制度设计激活创新动力并培育创新文化。

核心创新主体交互融合也影响重大工程的创新绩效，包括设备供应商与工程实施方之间的合作交流，工程设计方与工程承包商之间的紧密配合，不同标段的承包商在技术方案之间的协作交流等。例如，荷兰隧道工程咨询公司（TEC）在项目初期作为第三方独立设计和施工咨询被引入团队，与国内设计研究院和林同棪国际（T.Y. Lin）等组成联合体，在人工岛越浪排水和隧道防淹控制方面提供专业经验；在“最终接头”风险控制中，TEC 联合日本土木工程咨询公司（NCC）等复核完善设计方案，历时 3 年时间开展 40 余项研究，最终实现工程目标。

此外，在港珠澳大桥实施阶段，众多基层员工也参与到创新活动中，通过工序调整、工法改进、技术实验等方式开展创新活动。例如，在圆钢筒拼装过程中，某一线工人通过开发一个辅助夹具，使工程焊接拼装效率大大提高，省去了门机、汽车吊、登高车等大型设备的现场辅助；在海豚塔焊接过程中，某焊接工程师通过调整工序，所提出的“分块制造”施工工艺大大提升了安全系数；某工程焊接员工通过改进埋弧焊接机，研制出新轨道，保证了焊接质量，实现了超声波探伤合格率 100%。总之，除业主、承包商和设计方等核心主体以外，众多基层员工都参与到工程创新活动中，通过全员创新方式，经过知识传递与共享、技术方案改进、技术风险控制等，进而实现重大工程技术创新目标。

通过以上案例分析，重大工程全主体创新是指在重大工程创新活动过程中，业主作为需求方高度嵌入创新网络，核心创新主体交互融合，最终形成复杂密集的创新网络结构，实现价值共创。同时，全主体创新还强调从管理人员到基层员工等在创新活动中全员参与，囊括了传统的项目系统集成者（业主或业主代表）、核心创新主体（设计施工联合体等）、科研单位与技术服务商、全体员工等。

（二）重大工程全景式创新的治理逻辑

重大工程全景式创新是指重大工程创新需要从创新资源、创新过程和创新主体 3 个角度实现资源全方位、活动全过程和网络全主体。而不同于一般企业创新，重大工程创新活动嵌入在混合组织中，涉及多主体协调和集成，往往需要业主扮演“系统集成者”的角色，通过合理治理逻辑来保障组织内和组织间创新活动的顺利运转，实现工程创新的高质量发展。

管理局在全方位引入外部资源过程中，通过市场培育和制度设计，导入了海外优质资源和关键承包商。首先，管理局通过举办一系列推介会，鼓励潜在承包商和相关供应商投入更多资源进行技术研发和方案设计，进行市场培育。由于重大工程高难度，当时市场中很难寻找到一家完全符合标准、满足建造能力需求的承包商，但至少需要三家以上的承包商投标才能满足相关法规要求。特别是岛隧工程，在市场招标前期，管理局通过项目推介，让拟参建方更早融入工程前期过程中，明确工程实施过程所需准备技术，也与部分参建方签订部分工程科研合同等。与此同时，管理局通过与拟参建方的交流，鼓励其收购相关港口水工施工企业或成立港航局等，也鼓励其通过联合海外施工顾问咨询服务商等方式弥补其海上施工的短板，在满足国内制度约束的情境下，增强竞争性。

以问题和目标为导向，管理局与承包商深入交流工程所面临的技术难题。管理局将前期准备的相关研究报告、技术手册、标准和储备资料等资源都与相关单位分享，对外表现出了较强的知识共享和相互合作动力，向其阐明关键技术问题，并通过带案投标的方式激励各方前期深度参与方案创新。某些承包商也通过先期研发任务融入后期工程业务的承包中，例如重庆智翔公司在承担港珠澳大桥工程设计单位委托的科研任务中，提出 4 厘米厚 SMA 加 3 厘米后浇筑式沥青混凝土组合铺装结构体系的方案，为工程最终设计选型提出支撑。随后通过投标，先后获得两个标段合同，其前期深度嵌入的研发活动提升了其技术能力。

管理局在合同设计和投标标准方面也做了诸多调整，如价格补偿机制和自动化分项设定等。例如，针对桥梁主体钢结构投标，管理局通过设定采用自动化技术的加分条件和设定价格补偿等方式促进承包商采用新技术，弥补因技术创新而增加额外成本。为激励承包商在前期深度嵌入项目中，管理局还提供了招投标补助，保证了承包商在前期方案准备和投标前期的研发过程能够精准把控风险，加深其工程嵌入度，增强组织间竞争强度。

重大工程创新面临着一类创新困境：一方面，业主所提倡的创新文化可能会导致过度创新的情景出现，开发一些超出工程需求的技术，导致成本快速增长；另一方面，过度管控则会抑制承包商创新动能，拖延工程进度，降低工程质量等。管理局通过合理的标段设计、锦标赛管理方式、构建“伙伴关系”和海外第三方咨询初步解决了此类困境。例如，针对复杂度较高的工程，采取设计施工总承包方式，发挥总承包联合体的全产业链优势，降低跨阶段的协作和集成成本，从而有效促进工程创新；针对界面较为复杂的交通工程，采取 12 个子系统集成招标的方法，达到系统集成和综合平衡的效果。同时，针对复杂度较低的工程，同时采取设计、施工分标段招标，通过市场化手段增加竞争强度，有效地控制工程成本。

在工程实践中，为了解决重大工程“过度创新”等问题，管理局通过“锦标赛”管理模式构建适度的竞争情境，调动承包商创新能动性，保障工程目标的实现。例如，在桥梁工程建设阶段，管理局通过划分为3个标段，引入3家承包商，通过合理的激励机制，3家承包商针对桥梁埋置式承台施工难题，分别开发了大圆筒方法安装、分离式柔性止水和双壁钢围堰3种不同的技术创新方案，高效地实现了装配化施工，有效地实现了工程目标。

构建“伙伴关系”理念，通过非正式制度的治理促进参与方与管理局之间的互相信任。例如，为了鼓励承包商采用更好的技术，同时规避不确定性带来的风险，在许多关键时刻，管理局都与承包商共同确定方案，共同承担风险，取得了多方共赢。同时，管理局还通过严格合同管理来保障工程参建主体之间的紧密合作关系，通过非正式与正式制度相结合来激励和促进相关承包商提升工程嵌入度。

重大工程在创新设计方案和技术方案的同时，需要保障其技术可靠性，控制因技术创新而导致的不确定性。因此，在全方位创新中，可通过引入第三方来监督相关承包商等的创新行为，通过有效监管以控制因信息不对称而引起的成本上升。港珠澳大桥工程建设过程中，引入COWI和ARUP等国外质量顾问和咨询单位，有效地降低因为利益关联所带来的监督效率抵消和监督约束无效的情景。可见，推行“锦标赛”管理、合理的标段划分、构建“伙伴关系”、引入第三方咨询能够有效管理承包商的创新活动，既能激励承包商创新，又能避免过度创新。

通过以上分析可见，全景式创新的治理逻辑主要表现为通过合理策略来实现创新主体间“竞争与合作”的动态平衡。通过增强主体间竞争强度，促使不同参与主体之间能够有动力去参与技术研发，且针对工程技术需求开展创新活动解决迫切技术难题，避免了过度创新等创新困境；同时，通过非正式和正式制度治理，加强创新主体间合作关系，有效地解决各子系统间的接口复杂性和阶段割裂引发的创新孤岛，从而实现重大工程创新的高效治理。

不同于企业创新，重大工程涉及多主体深度嵌入，业主往往面临更加复杂动态的创新情境约束，对创新主体间的合理治理能够有效地保障创新活动顺利运转。可以看出，重大工程全景式创新是聚焦于重大工程创新活动本身，强调创新活动需要从全方位集聚创新资源，全过程协调创新活动，全主体嵌入创新网络；而全景式创新的治理逻辑是聚焦于创新主体间，从业主视角出发，通过合理治理逻辑来实现对创新主体间约束和激励，保障整个创新活动，两者互为支撑并充实了重大工程全景式创新的理论内涵。

五、研究结论与贡献

本文围绕适用于重大工程创新范式这一个核心问题展开，聚焦港珠澳大桥工程的技术创新活动，探索了适用于新技术和新环境下的重大工程创新新范式的核心要素构成，通过分析重大工程创新资源、创新过程和创新主体，提出了重大工程全景式创新概念模型；并从重大工程业主（系统集成者）视角，进一步分析了重大工程全景式创新的治理逻辑，从而回应了文献中关于构建中国特色重大工程管理理论的问题。本研究明晰了重大工程创新范式与传统企业创新范式的典型差异，发展了重大工程创新管理理论，对进一步完善重大工程创新管理理论体系具有重要的借鉴价值。

（一）研究结论

本文所提出的重大工程全景式创新是以重大工程创新需求为导向，以价值共创为目标，全方位创新、全过程创新和全主体创新为支撑，形成三维核心要素的有机组成，最终通过达到创新主体间竞争与合作的动态平衡，从而实现重大工程全景式创新的有效治理，其概念模型如图 2 所示。

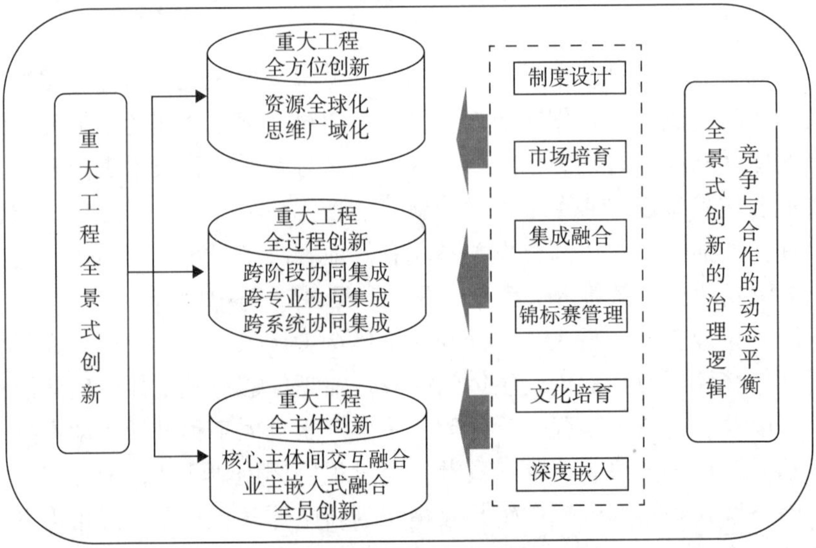

图 2　重大工程全景式创新的概念模型

全景式创新可概括为三维核心要素，即全方位创新、全过程创新和全主体创新。一是从创新资源的广度来看，全方位创新是在重大工程创新过程中，需要从资源全球化和思维广域化的两方面，通过搜寻、筛选和导入外部创新资源。二是从创新过程的紧密度来看，全过程创新强调重大工程创新活动必须从跨阶段、跨专业、跨系统来实现资源的协同集成，跨阶段强调设计、施工与运营等不同阶段之间的协同合作与集成，跨专业强调从产业链多专业之间的协同合作与集成，跨系统强调实现不同子系统接口界面的协同合作与集成。三是从创新主体的嵌入度来看，全主体创新强调重大工程组织内部，需要形成高度嵌入和紧密联系的创新网络，包括通过核心创新主体之间交互融合，作为系统集成者的业主深度嵌入，以及从高层到基层员工的全员创新等方式来提高创新效率。

全景式创新的三维核心要素之间相互交叉，通过形成互补的三角关系，推动重大工程创新的实现。全方位创新是重大工程创新的基础，为创新活动提供最为基础的创新要素和动力。全过程创新是重大工程创新的手段，为创新活动开展提供最优组合和方式。全主体创新是重大工程创新的载体，承担整体创新活动。

重大工程全景式创新不是对原有重大工程创新管理理论的和方法的归纳集成或简单延伸，而是以创新生态系统理论和复杂系统理论为基础理论所提出的新的重大工程创新范式。全景式创新与传统创新理论文献存在以下 3 点区别。（1）重大工程全景式创新强调从创新资源、创新过程和创新主体并行开展重大工程创新活动，突破了传统重大工程创新的单一视角，突出其全面性、动态性和系统性。（2）全景式创新更加强调了资源全方位和主体深度嵌入。由于未充分考虑重大工程技术复杂性所带来的创新管理需求，现有重大工程创新管理文献都未涉及相关概念，且往往忽略了思维广域化和深度嵌入性对于满足重大工程创新需求的重要作用。（3）重大工程全景式创新突破了原有重大工程创新组织界限和时空范围，涵盖更广更长范围，包含整个价值链和全生命期不同阶段，在治理过程中需要达到动态平衡的态势。

与传统企业创新范式的最大区别在于，重大工程全景式创新强调从业主深度嵌入、核心主体交互融合和全员创新三方面延伸到重大工程创新活动中，重大工程的临时性和独特性也赋予了重大工程创新主体的复杂性和多样性，所提出的“竞争和合作”动态平衡的治理逻辑也从侧面映射出全主体创新的典型特性。

全景式创新适用于管理复杂重大工程的创新活动。这类工程涉及复杂的技术难题，需要跨专业、跨系统和跨阶段协同合作与集成融合，且在工程勘测和设计过程中较难精确预测工程实际情景，往往需要在工程实施阶段随时准备解决前所未有的技术难题。全景式创新则强调在面对这类重大工程创新管理时，首先需要搜寻最优的创新资源和融合最先进的建造与创新理念，动态关注对新技术和新工艺的敏锐度，规避了传统创新管理中的封闭创新系统。其次，在厘清重大工程各个子系统之间的逻辑关系的前提下，通过全主体创新构建多主体深度嵌入的创新网络，并以跨阶段、跨专业和跨系统创新的方式实现重大工程创新的协同与集成。深度嵌入能更好地理解工程创新需求，全员创新能更高地提升工程创新效率，而全过程创新能有效地消除创新孤岛。

（二）理论贡献

构建了重大工程全景式创新范式。现有研究对重大工程创新管理主要集中于如何在重大工程集成新技术，如何通过协调各个创新主体来实现工程目标等，缺乏系统地分析适用于重大工程创新范式。本文运用质性分析方法对港珠澳大桥工程的创新活动内在逻辑展开分析，提出从全方位创新、全过程创新和全主体创新三维要素构建重大工程全景式创新范式，即重大工程创新资源需要全方位获取，重大工程创新活动需要全过程的协同合作与集成融合，以及重大工程创新全主体深度嵌入和全员参与。在重大工程创新过程中，需要通过全方位创新引入重大工程技术和知识等，通过海内外优质资源来突破技术瓶颈；通过全过程创新，实现重大工程不同阶段与不同系统、不同专业之间的协同融合，克服重大工程创新孤岛难题；通过全主体创新，发挥工程所有主体的创新动能。

提出了重大工程全景式创新的治理逻辑。重大工程创新管理文献集中于探究工程项目内部的协同以及新技术应用集成，而重大工程治理文献则聚焦于通过何种治理机制以实现工程既定目标。本文对港珠澳大桥案例进行深入分析，剖析重大工程创新过程关键策略，包括合理的制度设计、有效的市场培育、锦标赛管理、标段设计、创新文化培育等，研究表明，重大工程创新治理逻辑是通过“竞争与合作”的动态平衡而实现工程目标。其中，业主对重大工程创新活动的效率提升具有显著作用，在工程初期，合理的制度设计和市场培育有效地平衡了竞争和合作之间的关系，避免过度创新对工程目标的损害。在施工阶段，业主通过有效治理策略，例如推行伙伴关系、构建创新文化、推行锦标赛模式等，合理规避承包商因重大风险而产生的创新惰性。

我国重大工程实践不断涌现出大量新的复杂管理现象与难题，因此，需要构建具有中国特色的重大工程管理理论体系与话语体系（于景元等，2018）。本文扎根于我国重大工程管理实践，通过对港珠澳大桥案例回溯性分析，有效地展现了我国重大工程创新管理实践。应用基于诠释主义质性研究方法提炼出适合我国重大工程创新的新范式及治理逻辑，对促进重大工程高质量发展具有借鉴意义。

（三）实践启示

本文对于治理重大工程创新活动实践具有重要意义。一方面，重大工程的技术复杂性导致采取设计施工总承包能更好地削弱因阶段割裂导致的创新孤岛问题，但同时也容易出现过度创新问题。而小标段划分容易导致设计方和承包商之间存在信息知识沟通不畅，出现了工程创新惰性等问题。因此，合理地构建组织内部竞争和合作的平衡状态是业主需要关注的核心与重点，通过锦标赛管理或市场培育来提高竞争强度，通过伙伴关系或知识分享来增强合作和提高组织内部协同合作，通过第三方咨询单位加强监督等，这些策略都能够有效解决此类创新困境。

（四）研究局限与未来展望

由于单案例研究难以厘清创新范式的环境适应性，较难寻找适合全方位创新、全过程创新和全主体创新的权变条件。因此，未来研究可以通过多案例比较分析，提出适应于不同全景式创新维度的权变因素。本文聚焦于厘清重大工程全景式创新的核心要素及其治理逻辑，而从工程实践中可以看出重大工程具有显著的平台效应，未来可以聚焦于分析重大工程对全产业链的推动作用，凝练重大工程创新平台效应的典型特征，并基于二手数据，探究企业在参与重大工程前后的创新能力差异来分析重大工程创新平台效应。

参考文献

[1] Arditi, D., Kale, S. & Tangkar, M., 1997, “Innovation in Construction Equipment and Its Flow Into the Construction Industry”, *Journal of Construction Engineering and Management*, 123(4), pp.371~378.

[2] Benner, M. J. & Tushman, M. L., 2003, “Exploitation, Exploration and Process Management : The Productivity Dilemma Revisited”, *The Academy of Management Review*, 28(2),

pp.238~256.

[3] Brady, T. & Davies, A., 2014, “Managing Structural and Dynamic Complexity: A Tale of Two Projects”, *Project Management Journal*, 45(4), pp.21~38.

[4] Brockmann, C., Brezinski, H. & Erbe, A., 2016, “Innovation in Construction Megaprojects”, *Journal of Construction Engineering and Management*, 142(11): 04016059.

[5] Chen, H., Su, Q., Zeng, S., Sun, D. & Shi, J. J., 2018, “Avoiding the Innovation Island in Infrastructure Mega-project”, *Frontiers of Engineering Management*, 5(1), pp.109~124.

[6] Chesbrough, H., 2003, “Open Innovation: The New Imperative for Creating and Profiting from Technology”, *Harvard Business School Press.*

[7] Christensen, C. M., 1997, “The Innovator’ s Dilemma When New Technologies Cause Great Firms to Fail”, *Harvard Business Review Press.*

[8] Chung, J. K. H., Kumaraswamy, M. M. & Palaneeswaran, E., 2009, “Improving Megaproject Briefing Through Enhanced Collaboration with ICT”, *Automation in Construction*, 18(7), pp.966~974.

[9] Corbin, J. M. & Strauss, A., 1990, “Grounded Theory Research: Procedures, Canons, and Evaluative Criteria”, *Qualitative Sociology*, 13(1), pp.3~21.

[10] Davies, A., MacAulay, S., DeBarro, T. & Thurston, M., 2014, “Making Innovation Happen in a Megaproject: London’ s Crossrail Suburban Railway System”, *Project Management Journal*, 45(6), pp.25~37.

[11] DeFillippi, R., & Sydow, J., 2016, “Project Networks: Governance Choices and Paradoxical Tensions”, *Project Management Journal*, 47(5), pp.6~17.

[12] Derakhshan, R., Turner, R. & Mancini, M., 2019, “Project Governance and Stakeholders: A Literature Review”, *International Journal of Project Management*, 37(1), pp.98~116.

[13] Dodgson, M., 2014, “Collaboration and Innovation Management”, *The Oxford Handbook of Innovation Management*, pp.1~21, Oxford University Press.

[14] Dodgson, M., Gann, D. & Salter, A., 2008, “The Management of Technological Innovation Strategy and Practice”, vol. 31. https://doi.org/10.1016/s0048-7333(01)00126-3.

[15] Dvir, D. & Shenhar, A. J., 2011, “What Great Projects Have in Common”, *MIT SLOAN Management Review*, pp.19~22.

[16] Eisenhardt, K. M., 1991, "Better Stories and Better Constructs: The Case for Rigor and Comparative Logic", *Academy of Management Review*, 16(3), pp.620.

[17] Eisenhardt, K. M. & Graebner, M. E., 2007, "Theory Building From Cases: Opportunities and Challenges", *Academy of Management Journal*, 50(1), pp.25~32.

[18] Engwall, M., 2003, "No Project is an Island: Linking Projects to History and Context", *Research Policy*, 32(5), pp.789~808.

[19] Eriksson, P. E., 2013, "Exploration and Exploitation in Project-based Organizations: Development and Diffusion of Knowledge at Different Organizational Levels in Construction Companies", *International Journal of Project Management*, 31(3), pp.333~341.

[20] Eriksson, P. E., Leiringer, R. & Szentes, H., 2017, "The Role of Co-creation in Enhancing Explorative and Exploitative Learning in Project-based Settings", *Project Management Journal*, 48(4), pp.22~38.

[21] Ettlie, J. E., Bridges, W. P. & O' Keefe, R. D., 1984, "Organization Strategy and Structural Differences for Radical Versus Incremental Innovation", *Management Science*, 30(6), pp.682~695.

[22] Flyvbjerg, B., 2014, "What You Should Know about Megaprojects and Why: An Overview", *Project Management Journal*, 45(2), pp.6~19.

[23] Gann, D. M. & Salter, A. J., 2000, "Innovation in Project-based, Service-enhanced Firms: The Construction of Complex Products and Systems", *Research Policy*, 29(7~8), pp.955~972.

[24] George, G., Mcgahan, A. M. & Prabhu, J., 2012, "Innovation for Inclusive Growth: Towards a Theoretical Framework and a Research Agenda", *Journal of Management Studies*, 49(4), pp.661~683.

[25] Gil, N., Miozzo, M. & Massini, S., 2012, "The Innovation Potential of New Infrastructure Development: An Empirical Study of Heathrow Airport' s T5 Project", *Research Policy*, 41(2), pp.452~466.

[26] Gil, N. & Pinto, J. K., 2018, "Polycentric Organizing and Performance: A Contingency Model and Evidence from Megaproject Planning in the UK", *Research Policy*, 47(4), pp.717~734.

[27] Gioia, D. A., Corley, K. G. & Hamilton, A. L., 2013, "Seeking Qualitative Rigor in Inductive Research", *Organizational Research Methods*, 16(1), pp.15~31.

[28] Glaser, B. G. & Strauss, A. L., 1967, "The Discovery of Grounded Theory: Strategies for Qualitative Research", *Routledge*, https: //doi.org/10.4324/9780203793206.

[29] Goldenberg, J., Mazursky, D. & Solomon, S., 1999, "Templates of Original Innovation: Projecting Original Incremental Innovations from Intrinsic Information", *Technological Forecasting and Social Change*, 61(1), pp.1~12.

[30] Jones, C. & Lichtenstein, B., 2008, "Temporary Inter-organizational Projects: How Temporal and Social Embeddedness Enhance Coordination and Manage Uncertainty", In S. Cropper, M. Ebers, C. Huxham & P. S. Ring (Eds.), *The Oxford Handbook of Inter-organizational Relations*, pp.231~255, Oxford, England: Oxford University Press.

[31] Karra, N. & Phillips, N., 2008, "Researching 'Back Home': International Management Research as Autoethnography", *Organizational Research Methods*, 11(3), pp.541~561.

[32] Kim, L., 1980, "Stages of Development of Industrial Technology in a Developing Country: A Model", *Research Policy*, 9(3), pp.254~277.

[33] Lehtinen, J., Peltokorpi, A. & Artto, K., 2019, "Megaprojects as Organizational Platforms and Technology Platforms for Value Creation", *International Journal of Project Management*, 37(1), pp.43~58.

[34] Matinheikki, J., Aaltonen, K. & Walker, D., 2019, "Politics, Public Servants, and Profits: Institutional Complexity and Temporary Hybridization in a Public Infrastructure Alliance Project", *International Journal of Project Management*, 37(2), pp.298~317.

[35] Miller, R., Lessard, D. & Sakhrani, V., 2017, "Megaprojects as Games of Innovation", In B. Flyvbjerg (Ed.), *The Oxford Handbook of Megaproject Management*, pp.1~24. Oxford University Press.

[36] Ozorhon, B. & Oral, K., 2016, "Drivers of Innovation in Construction Projects", *Journal of Construction Engineering and Management*, 04016118.

[37] Perkmann, M., McKelvey, M. & Phillips, N., 2019, "Protecting Scientists from Gordon Gekko: How Organizations Use Hybrid Spaces to Engage with Multiple Institutional Logics", *Organization Science*, 30(2), pp.298~318.

[38] Qiu, Y., Chen, H., Sheng, Z. & Cheng, S., 2019, "Governance of Institutional Complexity in Megaproject Organizations", *International Journal of Project Management*, 37(3),

pp.425~443.

[39] Riemer, J. W., 1977, "Varieties of Opportunistic Research" , *Urban Life*, 5(4), pp.467~477.

[40] Rothwell, R., 1994, "Towards the Fifth-generation Innovation Process" , *International Marketing Review*, 11(1), pp.7~31.

[41] Sergeeva, N. & Zanello, C., 2018, "Championing and Promoting Innovation in UK Megaprojects" , *International Journal of Project Management*, 36(8), pp.1068~1081.

[42] Slaughter, E. S., 1998, "Models of Construction Innovation" , *Journal of Construction Engineering and Management*, 124(3), pp.226~231.

[43] Stilgoe, J., Owen, R. & Macnaghten, P., 2013, "Developing a Framework for Responsible Innovation" , *Research Policy*, 42(9), pp.1568~1580.

[44] Tsujimoto, M., Kajikawa, Y., Tomita, J. & Matsumoto, Y., 2018, "A Review of the Ecosystem Concept： Towards Coherent Ecosystem Design" , *Technological Forecasting and Social Change*, 136(4), pp.49~58.

[45] Ungureanu, P., Bertolotti, F., Mattarelli, E. & Bellesia, F., 2019, "Making Matters Worse by Trying to Make Them Better? Exploring Vicious Circles of Decision in Hybrid Partnerships" , *Organization Studies*, 40(9), pp.1331~1359.

[46] van der Have, R. P. & Rubalcaba, L., 2016, "Social Innovation Research： An Emerging Area of Innovation studies?" *Research Policy*, 45(9), pp.1923~1935.

[47] van Marrewijk, A., Clegg, S. R., Pitsis, T. S. & Veenswijk, M., 2008, "Managing Public-private Megaprojects： Paradoxes, Complexity, and Project Design" , *International Journal of Project Management*, 26(6), pp.591~600.

[48] von Danwitz, S., 2018, "Managing Inter-firm Projects： A Systematic Review and Directions for Future Research" , *International Journal of Project Management*, 36(3), pp.525~541.

[49] Winch, G. M., 2014, "Three Domains of Project Organising" , *International Journal of Project Management*, 32(5), pp. 721~731.

[50] Worsnop, T., Miraglia, S. & Davies, A., 2016, "Balancing Open and Closed Innovation in Megaprojects： Insights from Crossrail" , *Project Management Journal*, 47(4), pp.79~94.

[51] Yin, R. K., 2009, "Case Study Research： Design and Methods" , Thousand Oaks, CA： Sage Inc.

[52] Zeng, S. X., Xie, X. M. & Tam, C. M., 2010, "Relationship between Cooperation Networks and Innovation Performance of SMEs", *Technovation*, 30(3), pp.181~194.

[53] Zhu, Y., Zhang, J. & Gao, X., 2018, "Construction Management and Technical Innovation of the Main Project of Hong Kong-Zhuhai-Macao Bridge", *Frontiers of Engineering Management*, 5(1), pp.128~132.

[54] 乐云，李永奎，胡毅，何清华．"政府—市场"二元作用下我国重大工程组织模式及基本演进规律 [J]. 管理世界，2019(4).

[55] 曾赛星，陈宏权，金治州，苏权科．重大工程创新生态系统演化及创新力提升 [J]. 管理世界，2019(4).

[56] 盛昭瀚，程书萍，李迁，李敬泉，陈永泰等．重大工程决策治理的"中国之治" [J]. 管理世界，2020(6).

[57] 盛昭瀚，薛小龙，安实．构建中国特色重大工程管理理论体系与话语体系 [J]. 管理世界，2019(4).

[58] 许庆瑞．全面创新管理——理论与实践 [M]. 北京：科学出版社，2007.

[59] 陈劲．企业创新生态系统论 [M]. 北京：科学出版社，2017.

[60] 麦强，盛昭瀚，安实，高星林．重大工程管理决策复杂性及复杂性降解原理 [J]. 管理科学学报，2019(8).

[61] 王婷，陈凯华，卢涛，穆荣平．重大科技基础设施综合效益评估体系构建研究 [J]. 管理世界，2020(6).

[62] 于景元，盛昭瀚，曾赛星．构建中国气派的重大工程管理理论 [N]. 文汇报，2018-09-28.

笃步前行　创新不止*

——我国管理科学与工程学科 70 年回顾、反思与展望

盛昭瀚[1]　霍　红[2]　陈晓田[2]　刘作仪[2]　徐伟宣[3]

（1 南京大学工程管理学院；2 国家自然科学基金委员会管理科学部；3 中国科学院科技战略咨询研究院）

摘要：管理科学与工程是一门运用系统科学思维引领管理活动及指导管理行为、注重运用数学语言与科学范式，对管理问题进行分析、预测、决策、优化和调控，并主要通过设计和构建“工程”“类工程”等人造系统作为解决管理问题方案的学科。在我国管理学领域各个学科中，管理科学与工程是发展最早、基础最雄厚的学科之一。今天，在我国管理学发展取得巨大成就之际，对新中国成立以来我国管理科学与工程学科发展历程进行回顾与总结，让我们深切地感受到：70 年来，我国管理科学与工程学科发展的现实道路深深铭刻着我国独特的国情与文化烙印，同时以其自身科学内核的强大生命力开掘出一条曲折崎岖、顽强前行的道路。面向未来，我们应该继续发扬笃步前行、创新不止的精神，开创我国管理科学与工程学科发展的新局面。

关键词：管理科学与工程　发展历程　70 年回顾

一、引言

管理学是人类管理活动领域科学层面上形成的理论、方法与应用体系，其中，管理科学与工程是一门侧重于综合运用系统科学、数学、经济学、行为科学、工程方法及信息技术为人类探索管理问题提供基础理论、方法体系与工程样式解决方案的学科。管理科学与工程学科在其漫长的发展过程中，逐渐凸显

---

* 原载《管理世界》2021年第2期。

出鲜明的系统思维原则及运用严密的实证方法等科学范式，故该学科在管理学领域中最“像自然科学一样”思考，同时也更多地表现出多学科交叉融通的特点，这些特点使得该学科在过去近百年发展中取得了巨大成功。

在我国管理学领域各个学科中，管理科学与工程是发展最早、基础最厚实的学科。新中国成立 70 年来，该学科经过曲折、崎岖的发展道路，取得了长足的进步，若干成果具有重要原创性与国际影响力，并使其在当今“大科学”时代回应巨大的社会、科技变革的挑战中具有独特的优势与能力。如果能够认真回顾我国管理科学与工程学科过去 70 年的发展历程、总结其宝贵经验，一定会推动我国管理学界更好地规划未来，做好该学科在新时代高质量发展的各项工作。

这一历史回顾的工作可按照 70 年来该科学重要理论的创造、方法的形成以及杰出人物贡献等进行归纳与逐一陈述，此称为“一阶”科学史，其基本上是一类专业化、学术化的科学史研究。它的目的一般是通过对人们前一阶段学科发展与成果的综述，来确定新的拟开展的学科研究方向，也可以是通过对前一阶段知识创造基本规律的总结，提高自身科学研究路线的设计能力及研究成功率。

然而，历史告诉我们：过去的 70 年是我国政治、经济、社会、科技、教育等发生天翻地覆变化的历史时期。在宏观上，我国政治社会经济大环境、大趋势对我国管理科学与工程的发展走向、发展速度与质量等有着巨大的推动力与影响力；在微观上，解决各类实际管理问题的现实需要与管理科学与工程学科发展两者之间又如此紧密结合与相互促进，就不能局限于对 70 年来我国管理科学与工程学术范畴内具体发生的一些事情进行一般性陈述，而要以“全景式”的视角，深刻剖析时代、国家、社会、体制对我国管理科学与工程学科发展的重大影响，并进行总结和反思，此称为“二阶”科学史。

“一阶”科学史与“二阶”科学史的主要区别在于：陈述过去实际发生的科学史实时，陈述者是否有其自身的观念，即是否有自身的“科学观”与“历史观”，不同的“科学观”和“历史观”决定了科学史陈述的不同范围、不同内容和不同方式，最终会得到对科学发展基本规律的不同认知和总结。

总的来说，我国管理科学与工程学科发展的现实路径铭刻着 70 年来中国独特的国情与文化烙印，我国大量的现实需求与管理科学与工程学科相互促进与推动，是本文作者基本的“二阶”科学史观。

在一个篇幅不长的文章中要容纳下这样一个复杂的大主题，史料难免疏漏，观点难免偏颇。但是，这样的研究目的与路径安排更能体现我们对一个特定历史阶段我国管理科学与工程学科发展的整体性的文化记忆，这对进一步提高我国管理学界今后把管理科学与工程学科融入我国新时代管理学发展事业中的自觉性与自信心有着更现实的意义。

二、解语义

（一）管理科学与管理工程

人类对“科学”有其久远的认知演化过程，例如，今天作为“科学”的数学，天文学和医学在古希腊时代都统归在自然哲学之中，后来经过中世纪科学与早期现代科学革命，现代科学的许多基本特征与范式开始成形，如使用精密仪器与数学方法，通过观测和实验的经验证据对自然现象进行描述、预测和解释，“科学”才逐渐成为一个独立、多门类且不断拓展的庞大体系。其中，管理学可看作是人类管理活动领域科学层面的知识、方法与应用体系，因此，管理学也被称为（广义）管理科学。

在科学发展史上，培根的归纳法和笛卡尔的演绎法不仅对现代自然科学的发展有着极大贡献，而且随着经济生产规模和社会化程度的提高，也深刻影响了西方经济学研究模式的形成。具体地说，西方经济学仿照数学、物理等自然科学注重研究的实证性与数量分析，并因为高度认可自然科学发展的成就，使得许多经济学家都想把经济学做成像自然科学那样的科学。经过一百多年的发展，严密的实证方法，特别是数学模型的运用逐步成为近现代经济学研究的基本范式，同时也使经济学越来越“科学”了。

管理学由于研究领域与研究问题的内涵与经济学具有“近亲性”，故一部分学者在学术研究中对经济学更多地运用数学、越来越“科学”的模式更愿意效仿。于是，人们就把这样更多运用数学方法的管理学知识领域称为（狭义）管理科学，以区分先前的（广义）管理科学。本文以下所谓“管理科学”都指这类（狭义）管理科学。

在历史上，20世纪三四十年代形成和发展起来的运筹学对管理科学知识体系的逐渐成形与成熟影响特别深远。这主要是因为运筹学聚焦研究人类在广义的资源配置活动与过程中，如何设定目标、确定约束条件，通过构建结构化的数学模型和提出有效的算法来揭示相关的管理活动基本规律及优化主体行为。这不仅与“管理”的本义相一致，而且也极大丰富了管理科学的方法论。于是，在20世纪中期以后，人们还普遍认为“管理科学就是运筹学的应用”，甚至认为管理科学就是运筹学。

另外，自20世纪初起，人们开始思考和探索关于各个领域与各种类型的整体性与功能性的共性科学问题。从辩证唯物主义观点看，客观世界的事物都是普遍联系的，能够反映和概括客观事物普遍联系并形成一个整体和具有某种功能的最基本的概念是系统。这里，人们概括并提炼了客观世界与人类活动在整体意义上的一种基本属性，也就是说，系统是一个反映和概括客观事物普遍联系与整体性的最基本的概念。系统的概念很快被引入到管理科学领域，即运用系统概念及系统思维来引领管理活动及管理行为，并形成了关于组织管理的技术——系统工程，这也导致人们往往把系统工程与管理科学理解为有着亲缘性的两个学科。

在解决实际管理问题方式上，管理科学注重遵循科学（发现）—技术（发明）—工程（造物）的接续路径，以设计实体型“工程”或“类工程”人造物系统作为解决实际管理问题的方案，这一“工程”或“类工程”管理方案样式被人们称为“管理工程”。这样，把头尾两端连贯起来就形成了从“管理科学”起始，到“管理工程”结束的一种完整的知识体系类型，这就是今天的“管理科学与工程”学科的主要学术内涵。

综上所述，管理科学与工程是一类揭示人类管理活动规律与构建人类管理行为准则的知识体系与科学门类（学科），以系统科学思维为引导、以运筹学方法和计算机信息技术为主要支撑。与管理学其他学科相比，管理科学与工程更注重利用数学语言提取管理问题中的数量关联、空间结构与动态变化（徐伟宣等，2008），通过计算机语言等多种符号系统进行逻辑推导、演算和分析，对管理问题进行预测、决策、优化和调控，并主要通过设计和构建“工程”“类工程”人造系统作为解决管理问题方案样式。

（二）运筹学、系统工程和管理科学与工程

由此看出，在整个管理学领域内，管理科学与工程学科最强烈表现出以数学、系统科学、信息科学、计算机技术等现代自然科学理论与工程技术方法为支撑，以实体型“工程”“类工程”人造系统作为解决实际问题管理方案，它更侧重于管理学基础性、本源性与工程实践性的管理学知识体系研究，更关注为管理学研究领域提供基础思维、基本理论和普适性方法体系。

迄今为止，“管理科学与工程”已经成为管理学领域中一个具有自身学理逻

辑、方法论特征和实际应用优势的学科，它对管理学其他分支及管理学的整体发展乃至社会经济各领域的管理进步产生了重要影响。

上面关于管理科学与工程学科内涵的解读指出了“运筹学”“系统工程”等与“管理科学与工程”在科学属性上具有同根、同源的特质。这对本文而言有着特别的意义，因本文是对我国 70 年管理科学与工程学科的回顾与总结，70 年来我国教育、科研主管部门对学科分类与代码进行过多次调整和变更，而这些调整与变更正是人们与科研管理机构对科学与学科属性认识的不断深化所致。其中，运筹学、系统工程和管理科学与工程在学科目录中出现的时间先后不一、互属关系也有所更改，因此，应该从三者之间的学理同一性统筹且完整的、而不是机械与片面的套用今天的学科名目来“按图索骥”。具体地说，新中国成立 70 年以来，特别是早中期的“运筹学”“系统工程”被许多人看作我国管理科学与工程学科的“别称”，也体现着本学科发展历程中在特定时段的不同形态与载体。

回到本文的研究路线设计上，我们也可以依据时间顺序，罗列一些管理科学与工程学科主要成果、总结几点经验这样的做法来回顾我国该学科 70 年发展历程。但事实告诉我们，过去 70 年，我国社会经济整体上经历了深刻的变革并取得巨大的发展。同时，在这一历史背景下，我国管理科学与工程学科在我国国情、文化及哲学思辨的独特环境中，以其自身内核的强大生命力开掘出一条曲折崎岖、顽强前行的道路。这一历史过程强烈折射出我国社会主义现代化事业，特别是改革开放的社会大变革对促进我国管理科学与工程学科发展的根本性引导与推动作用，这在世界各国管理科学与工程发展史上是绝无仅有的。

因此，如果将我国管理科学与工程学科 70 年发展历程按照现实逻辑与历史逻辑提炼出里程碑式的时间“拐点”，不仅能够让我们感受到，在不同“拐点”之间我国管理科学与工程学科发展内涵、形态的特异性，而且能够体验到在每个不同的时段内，该学科生命的孕育、生长或凋萎是如何与我国基本国情及社会变革紧密关联在一起的。而在总体上，当我们把不同“拐点”连贯起来，它们又成为一个完整的具有梯度性、递进性、内涵不断深刻、水平不断提高的我国管理科学与工程学科笃步前行、创新不止的发展历程。

这样，在我国 70 年的经济社会科技发展与进步大趋势中，回顾管理科学与工程学科的发展情况、总结发展中的成功经验，既能够保留 70 年中各个时期的主要情景，又能够提炼学科发展的基本规律，最终，还将生动地向我们诠释恩格斯关于“科学是一种特殊的社会建制”和“生产的目的与科技发展水平之间的矛盾是推动科技进步的基本动力”的重要论断。

三、受制约

这一时期大约从 20 世纪 50 年代起到“文化大革命”结束。

1949—1979 年这一历史时段，对中国而言有两件历史性、全局性的大事：新中国成立与所谓“文化大革命”。

（一）计划经济体制下的管理科学与工程学科总体状况

中华人民共和国成立之初，国家亟须在短期内医治旧中国遗留下来的经济顽疾，顺利度过经济困难时期，并且保证把有限的资源集中到保家卫国与重点领域建设上来，以奠定新中国国民经济基本的物质基础，这就需要实施一种以高度行政集权进行计划管理经济的体制，即计划经济。

计划经济，又称指令型经济，是对生产、资源分配以及公众消费事先设计指令性计划，生产什么、怎样生产和为谁生产都由政府指令并配置资源，消费遵循计划，市场服从指令。这一经济体制从中华人民共和国成立初期起的萌生阶段、初步形成阶段到 20 世纪 50 年代中期，已成为中国法定的经济体制，并延续至 20 世纪 70 年代“文化大革命”结束后的一段时间。

这一经济体制把企业置于政府行政部门附属物的地位，企业既不能自主经营，又不能自负盈亏。企业的生产数量、生产品种、产品价格以及企业的生产要素供给、生产活动组织与产品销售都处于政府主管机构的控制之下。当然，从历史来看，这一体制“有它的历史由来，起过重要的积极作用”。

计划经济形成和固化了一种基于权力的管理机制，即国家从上到下的经济管理都是一种权力的表征，谁有权力谁才有资格成为管理主体，并且主体权力的大小基本是管理能力大小的等价测度。在这一现实逻辑下，仅掌握管理科学知识，但没有权力的人自然是不可能行使管理职责的，这导致在现实中完全排斥了管理科学思维与方法论的社会价值。

同时，重要的是在新中国成立后的一段时间，国家在政治上全面与苏联结盟，使得在经济模式、企业管理方式等方面也全面学习苏联经验、照搬苏联做法，这除了在实践中进一步强化了计划经济管理体制外，在我国管理思想、理论方面也进一步与源于西方的管理科学“渐行渐远”。

在当时的政治环境下，学术界普遍认为：运用基于西方话语体系的管理科学知识体系来组织安排我国经济管理本身就是一种“崇洋媚外”的表现，因此，对待管理科学与工程学科的态度就成为判断人们政治立场是否正确的标尺。这些价值标准自然使得在我国计划经济体制下，管理科学与工程学科长期失去它应有的社会地位，难以在现实中发挥它的积极作用。

1958 年，持续了 3 年的“大跃进”运动开始了，“大跃进”导致国民经济比例的大幅度失调，使经济发展遇到极大困难。从 1961 年初开始到 1965 年底全党深入总结和反思工作中的得失，对国民经济进行了全面调整，提出了“调整、巩固、充实、提高”的方针，为推动国民经济调整方针的贯彻执行，邓小平同志主持制定了《国营工业企业工作条例（草案）》（即“工业七十条”）[①]，对国营企业的性质、根本任务、管理原则和领导制度作了原则规定。

“工业七十条”实际上是对中华人民共和国成立十余年来我国企业管理经验的系统总结，并结合当时企业面临的管理问题，出台的一系列方针政策。这对重建正常的生产秩序以及推动生产力发展起到了关键作用，同时也推动了我国企业管理的法制建设（王双梅，2011）。但是，这一标志我国企业管理进步的重要一步仍然是在计划经济体制下，由最高级别的国家权力推动和完成的，并没有因此改变我国管理科学与工程学科低迷的状况。

几年以后，“文化大革命”开始了。在这一时期，我国政治、社会、经济长期处于无序环境下，不但经济发展与企业管理的正常秩序得不到保障，而且教育、科学、文化事业也遭到了严重破坏。在这种情况下，管理科学与工程学科很难获得健康发展的良好生态环境。这一态势基本上一直持续到 20 世纪 70 年代中期“文化大革命”结束。

在这样的背景下，我国大学也不可能设立专门培养管理科学与工程学科人才的专业。1952 年全国高校院系调整中，已将全国原有的带有管理学科属性的院校、系科与管理专业，或归并或撤销了。

以上是新中国成立后前 30 年我国管理科学与工程学科所处的社会宏观环境境遇及该学科长期受到制约、总体上无法健康发展的现实状况，从中我们可深刻体会和理解到恩格斯关于科学是一种特殊的社会建制的论断。

（二）管理科学与工程学科生命中的一块“绿洲”

但是，必须提及，这一时期我国管理科学与工程发展中的一个奇特景象，即在当时特殊的国情下，恰恰是管理科学与工程学科自身的科学属性为自己保留了一块维持羸弱生命的“绿洲”。

---

① 蒋永清：《邓小平与调查研究》，人民网，2018年3月7日，http://dangshi.people.com.cn/n1/2018/0307/c85037-29852418.html?ivk_sa=1024320u。

如前所述，管理科学与工程总体上是由“管理科学”与“管理工程”复合而成。前者的基本内涵为由数学及其他自然科学为基础，后者则是“管理科学”的工程化与实践化，再把两者链接为依据综合集成思维、设计、构建与优化人造系统的活动与过程。因此，数学化分析，特别是对管理问题进行统筹规划获得最优解的运筹学方法以及综合考虑组织管理的系统工程技术就成为我国管理科学与工程在特殊时期孕育着学科生命的种子。换言之，运筹学及系统工程是那个历史时段我国管理科学与工程学科成长与发展的主要象征与标志。

1. 运筹学的萌动与发力

众所周知，20 世纪 50 年代以后，在第二次世界大战中得到重要应用的运筹学取得了巨大进展，主要表现在，第一，运筹学的分支更加齐全并逐渐形成了一个基本上完整和稳定的知识体系；第二，在除军事以外的其他经济社会领域里，运筹学都得到广泛的成功应用；第三，在地域上，这一态势由美国逐渐拓展至世界其他各国。

几乎就在同时，运筹学被一批中国学者从国外引入国内，其中的代表人物就是钱学森先生。20 世纪 40 年代，钱学森就关注到了运筹学的发展与实际应用。1955 年，他在回国途中与同行的数学家许国志商量如何把运筹学引进国内，并在中国科学院组建了我国第一个运筹学小组；与此同时，国内华罗庚、钱三强、于光远等也建议学习和推广苏联的技术经济分析等管理科学方法。

1956 年我国制定了第一个科学发展十二年长期规划，在这批老科学家的推动下，运筹学是规划中的一个独立项目，这在当时的环境下是具有前瞻性的，对日后的管理科学与工程学科发展是非常有远见的一步。

从组织保证和人才培养上看，20 世纪 50 年代后期，在著名科学家钱学森、许国志等的推动下，中国科学院力学所、数学所先后成立了国内第一批运筹学研究部门，并于 1960 年合并为一个整体性研究单位。在这一时期，中国学者在“中国邮路问题”、数学规划收敛性、组合优化、排队论等运筹学基础研究方向上都有迅速的发展（中国运筹学会，2012）。

特别要认真总结的是，20 世纪 50 年代，虽然时间不长，我国在运筹学领域无论在理论研究方面，还是解决实际问题方面都取得了一批高水平成果，其中，以下几点宝贵经验至今都值得管理科学与工程学界认真学习和继承。

第一，切实以解决实际问题推动理论研究。中华人民共和国成立之初，全国工业与抗美援朝导致铁路交通运输资源十分紧张，运输方案的制订越来越复杂，运输部门为了比较两个方案，往往需要通宵达旦地计算。在大量实践的基础上，形成了一些经验性的“图上作业法”。华罗庚率万哲先等专门去运输部门研究如何应用和推广线性规划，万哲先对“图上作业法”给出了理论证明，并进行了推广应用。另外，数学家越民义对国外提出的“表上作业法”也给了理论证明（骆茹敏，2010）。

第二，理论研究推动实践进步。1958 年，华罗庚提议在制订国民经济计划时应用投入产出法，并对该方法的重要意义开展了深入的理论研究，解决了与这一方法相关的非负元素矩阵理论，提升了投入产出法在经济管理上的应用价值（陈锡康，1983）；刘源张将管理科学中的现代质量管理理论用于钢铁、机械制造、纺织等部门；1959 年，我国运筹学家将排队论用于纺织业，优化纺锤的数量，又在邮电部门应用排队论计算电话业务，并促进了相关的运筹学理论研究。

第三，在理论与实践互动的基础上，大力开展运筹学的普及工作。20 世纪 50 年代末到 60 年代，以华罗庚为代表的一批数学家在我国最早开始了运筹学在国民经济中的应用研究，并开始了在我国推广“双法”（统筹法和优选法）的普及工作，为“从我国的实际出发搞出一套适合我国国情的、行之有效的管理科学”做了大量开创性工作。1964 年，华罗庚从当时的“关键路线法（CPM）”和“计划评审技术（PERT）”的原理和方法出发，提出了“统筹法”。华罗庚以 1965 年 2 月在原北京电子管厂搞统筹法应用试点为开端，开始统筹法普及工作，并于 1969 年作为国庆 20 周年的献礼提交了《优选法平话》。

“双法”推广实际上是我国历史上进行的一次颇具规模的普及管理科学思想、方法与推广应用的群众运动，在我国管理科学发展史上是具有里程碑意义的事件。20 世纪 70 年代初，华罗庚反复强调“在管理上搞统筹，在工艺上搞优选”。作为我国管理科学研究与实践推广的先驱者，他所推广的“双法”为我国管理科学的进步做出了重大贡献。70 年代中，华罗庚总结他十多年来推广管理科学方法的实践与经验时，提炼为“大统筹、广优选、联运输、精统计、抓质量、理数据、建系统、策发展、利工具、巧计算、重实践、明真理”36 个字，其中，既包含了管理科学的许多基本内涵，也初步构建了当今管理科学与工程学术体系的基本架构，具有很强的预测性（徐伟宣，2006）。

2. 系统工程的航天“点火”

另外，作为管理科学与工程学科融合基本形态的系统工程技术，也有着与运筹学几乎一致的由国外引入国内的发展轨迹与方式。

钱学森先生在美国工作的加州理工学院喷气推进中心是美国航天系统工程的发源地，他实际上是美国航天系统工程的创立者之一。1955 年他回国以后，作为我国航天事业主要技术负责人，将系统科学思维与系统工程技术成功应用到我国“两弹一星”航天工程事业中。

例如，钱学森把 20 世纪中叶人们依据系统原理进行分析、规划、组织、管理系统的技术，即系统工程成功运用到我国航天工程中。他指出，“研制导弹武器系统面临的基本问题是：怎样把比较笼统的初始研制要求逐步地变为成千上万个研制任务参加者的具体工作，以及怎样把这些工作最终综合为一个技术上合理、经济上合算、研制周期短、能协调运转的实际系统，并使这个系统成为它所从属的更大系统的有效组成部分”（钱学森等，2011）。这样，钱学森创造了我国独特的“航天系统工程”，并初步形成了一套航天系统工程组织管理技术。钱学森不仅在我国“两弹一星”技术发展中取得了伟大的成就，而且对我国以系统工程为形态的管理科学与工程的发展做出了具有奠基性意义的贡献，这也是我国学术界把管理科学与工程与管理系统工程看得非常密切的原因。

正因为如此，当我们如今以方法论特征为据回望新中国成立后的前 30 年，可以认为，运筹学与系统工程技术是那段时期我国管理科学与工程生存的一种独特形态与重要标志，这一特征比其他许多国家都更为清晰和鲜明，特别是在学术组织、研究团队、人才体系与重要成果方面，基本上可以认为运筹学与系统工程就是那一时段我国管理科学与工程的现实载体。

如前所述，在新中国前 30 年这一历史阶段，在我国高度计划经济体制下，难以产生普遍运用管理科学与工程的现实需求，也在客观上制约了该学科的生长和发展，这一时段我国管理科学与工程除个别特殊环境和情况下外，总体上处于停滞状况，人才队伍的规模也很小。

与此同时，我国在 20 世纪五六十年代，一批世界著名的控制论学家、数学家在他们各自的理论研究与工程技术领域，结合我国国情与独特需求，开展了一系列运筹学与系统工程领域的普及、推广、研究与应用工作，培养了一批专业人才。从运筹学、系统工程与管理科学与工程学科之间学理的同一性看，可以认为，这不仅是我国管理科学与工程学科以运筹学与系统工程为载体的一种独特的价值的体现，也为我国管理科学与工程学科保存了日后迅速发展的学科基础与积蓄了起飞必要的潜能，甚至对我国管理科学与工程学科整体发展路线形成了某种规定性和示范性。特别是，那一时段我国老一辈数学家、工程学家和管理学家在困境中表现出来的科学精神、家国情怀与历史担当，都成为我国管理科学与工程在70年的发展历程中留给后人的极其宝贵的精神财富。

四、谋生存

这一时期大约从“文化大革命”结束到20世纪80年代末。

1976年，给我国社会经济造成严重灾难的“文化大革命”结束了，我国历史翻开了改革开放崭新的一页，各行各业开始了翻天覆地的巨大变化。对管理科学与工程学科而言，最重要、最根本和最关键的意义是管理科学与工程学科生存与发展的基本生态环境显现了。

20世纪以来，科学取得长足发展，科学作用日益凸显。这使得现代科学不但是一个知识体系，而且成为一种知识生产的社会实践活动。这使恩格斯的“科学是一种社会建制”论断成为人们的基本社会共识。这一认知进步本质上是对科学的社会价值的肯定和尊重。但是，如本文前述那样，多年来，在我国，人们对自然科学与工程科学社会价值是充分肯定和尊重的，但对管理科学的社会价值及其重要性却缺乏应有的认知，从而在客观上制约了管理科学与工程学科的正常发展。

令人欣慰的是，改革开放以来，管理科学与工程学科生存与发展的基本生态环境有了根本性的转变。邓小平同志在改革开放初期的1980年，在回答意大利记者奥琳埃娜·法拉奇的提问时就明确指出：我们学习先进的技术、先进的科学、先进的管理来为社会主义服务，而这些东西本身是没有阶级性的[①]。1985年9月23日，邓小平同志在中国共产党全国代表会议上谈到“七五”计划时指出：我国的经济发展，总要力争隔几年上一个台阶……要扎扎实实，讲求效益，稳步协调地发展[②]。他还说：一定要首先抓好管理和质量，讲求经济效益和总的社会效益，这样的速度才过得硬[③]。多少年来，在我国最庄严、最权威的党的全国代表会议上，由邓小平同志代表党和国家昭宣管理科学对我国国家经济建设与社会进步的巨大作用当属首次。

中国大地上呈现万物复苏、一派生机盎然的景象的同时，管理科学与工程

---

① 中共中央文献研究室：《邓小平思想年谱》，中央文献出版社，1998年。

② 李家镐：《正确理解经济发展上台阶》，载于《上海改革》，1993年第9期。

③ 《邓小平：一定要首先抓好管理和质量》，人民网，2019年12月26日，http://cpc.people.com.cn/gb/n1/2019/1226/c69113-31524295.html。

学科的春天到来了。

1977 年，我国大学恢复了正常的招生，工科院校在 1952 年我国大学院系调整时有幸保留下来了“生产组织与计划”与“工业企业管理”两门课程，有的院校甚至保留下了工业工程、工程经济专业。“生产组织与计划”一般设在机械系，是各个工程专业的必修课。这样，在 20 世纪 80 年代初期，首先依托一些理工科院校中的应用数学、自动化、机械工程等与管理科学与工程有着内在科学逻辑关系的学科为基础，筹建、试办了一批管理科学与管理工程专业，有的院校则在原来的工业经济等专业中增加了相应的管科类课程。

那是一个在我国高等教育荒芜了十多年之后、人们求知若渴的年代。本文部分笔者至今对 40 年前那段日子仍然记忆犹新：社会上通过举办各类管理学习班、培训班掀起了学习、普及、宣传管理科学与工程知识的热潮，培训对象多为高校教师、工厂企业的管理与技术干部，培训内容主要是管理科学领域内的各种定量管理办法。笔者中有人曾参加过中科院数学所的学者在南京主讲的“运筹学”的学习班，学习班借某单位一间教室，学员们来自全国各地，穿中山装、军大衣的都是同学，挤得水泄不通，大家不问来历、背景，只为求知。上课的专家没有一点架子，拿着粉笔，整黑板又写又画，搞得中山装上满是粉笔灰。正是这种浓郁的渴求知识的氛围，在改革开放初始的那个年代里，把管理科学与工程知识的种子播撒到一代人的心中，培养了一支接续断层并继往开来的管理科学与工程学科人才队伍，这批人后来陆续成为 20 世纪最后 20 年我国各行各业管理科学与工程学科的教学、科研与实践的带头人和骨干。

这是我国管理科学与工程学科新生命开端的一个重要转折时期。作为“一种社会建制”的管理科学与工程学科，需要名正言顺地在国家的科学技术体系中占有自己的法定位置，这好比一个人要有国家承认的“户籍”。在这一点上，后人必须要了解和记住当时发生在学术界与学术管理机构高层的一些历史性事件。

首先，早在 1980 年初，中国科学院高层就开始调研，考虑管理科学在国家今后发展中的作用与发展战略。1981 年 3 月 6 日中共中央十号文件明确指出，中国科学院“要加强管理科学的研究，促进科研管理及国民经济管理现代化”。此后，在中科院领导李昌的组织下，召开了一系列会议，以自然科学与社会科学交叉的名义为管理科学成立一个类似学部的机构。在当时的社会普遍认知不足情况下，管理科学还远远未有足够的地位，因此，第一，不能叫“学部”，可称“学组”；第二，名称难定，就叫“第六学组”，以区别原来的数理学部等五个学部，后由李昌提议称为管理学组。之所以如此“举棋不定”，根源还在于当时人们头脑中还普遍存在一个“大问号”：管理是科学吗？

1981年5月11日，中科院第四次学部委员大会召开，在会上，不少与会者不同意设立管理学部或者管理学组，理由还是“管理是科学吗”。在这个关键时刻，钱三强、钱学森、华罗庚、周培源、苏步青等24位学部委员签署了书面意见，表示愿意兼任或专任管理科学组的委员，并由钱三强先生主动担任管理科学组组长。在大会闭幕式上，李昌宣布“这次大会决定中国科学院设立一个管理科学的学组，这是有重大意义的”。

科学发展的道路总是曲折的。那么多年的国情与体制等现实，以及在人们头脑中形成的深刻烙印甚至偏见，很难在短时间内完全改变人们对管理科学重要作用与科学属性的认识，虽然中科院管理科学组成立了，但关于如何认识管理科学的内涵与作用在科学界仍然存在许多分歧，加之管理科学组是中科院所设机构，因此，当时管理研究的对象主要是科研管理，从1981年至1984年，学组共计召开了4次科研管理学术研讨会，主题基本上局限于中科院领导体制、多学科渗透的组织和管理等，尚难以仅依靠科研管理对全国管理科学与工程学科整体性发展产生强大的推动力。由于分歧经常大于共识，1984年6月，中科院管理科学组基本上终止了工作。

但是，管理科学与工程学科的生命力是顽强的。1981年，国务院批准成立中国科学院自然科学基金委员会，并于次年面向全国开始受理与资助工作，这是国家自然科学基金委员会的前身与试点。鉴于中国科学院力学所、数学所等有一批从事运筹学、统筹法、优选法研究的机构，中科院有一批高水平的数学家、工程科学家在从事管理科学领域的研究，为了便于他们的申请，专门设立了管理科学组负责受理管理科学的资助工作。1982—1986年间，该科学基金共资助了管理科学23项研究课题，共计39.80万元，平均每个课题资助经费为1.73万元，虽然其资助强度根本无法与今天国家自然科学基金会管理科学部一个普通的面上课题的经费相提并论，但却标志着管理科学与工程学科被我国作为一种“科学建制”的认可。这样，中国科学院自然科学基金对管理科学的资助不仅是从“科学建制”上将运筹学与系统工程作为管理科学与工程学科的种子保留下来，而且给予了正名，从“科学建制”上肯定了管理科学与工程，其意义是相当深远的。

1986年，中国国家自然科学基金委员会成立，35年来管理科学与工程学科发展的历程充分说明，国家自然科学基金会的成立提供了支撑我国管理科学与工程发展的平台与强大推动力。众所周知，长期以来，自然科学界一直对管理是否是科学存疑。这个问题的“潜台词”是否定管理科学的自然科学属性，而当时以意识形态为准绳的社会科学体系也难以“接纳”包含不少自然科学属性的管理科学。换句话说，在当时人们的科学认知框架下，虽然管理科学与工程学科在社会上的影响逐渐显山露水，但学界对管理科学是否是科学，仍然难于形成科学共识。但是，在国家自然科学基金委员会成立之初，包括国家科学基金委主任唐敖庆、副主任师昌绪等资深的著名自然科学家和工程科学家领导，就以其睿智的战略眼光和宽广胸怀，延续了中国科学院自然科学基金管理科学组对管理科学的资助，并给予了管理科学更多、更深厚强有力的关怀支持。他们根据当时社会上、科学界对管理科学的属性与作用还难于形成共识、并时常出现争论的情况，对管理科学属性采取不争论的策略，而是将管理科学组先设置在基金委政策局内，成立一个独立的受理与资助项目的管理科学组，并将原来狭义的以运筹学等为主体的资助范围给予了较大的拓展，初步具备了广义管理科学的学科范围，开始对更广泛的管理问题开展研究。这在当时无疑是为管理科学与工程学科的成长创建了一块科学意义上的“特区”，这既为日后管理科学与工程学科的发展预留了空间，也为十年后自然科学基金委管理科学部的成立奠定了基础和条件。国家自然科学基金委员会支持管理科学研究是一项关系到我国管理科学稳定、持续发展的具有远见卓识的重要战略决策。

上述一系列变化充分反映了在改革开放第一个 10 年间，我国管理科学与工程学科良好的生态环境逐步形成，使得该学科生机盎然、茁壮成长的春天终于到来了。

截至 1987 年，全国已有 185 所高校成立了管理学院、管理系和相关专业，仅 95 所工科院校就有 166 个管理类专业，其中，有一部分以及后来转为管理科学与工程的一批系统工程专业点构成了今天我国高校管理科学与工程学科人才培养的重要基地（蔺亚琼，2011）。

有了人才，有了队伍，就有了不断丰富管理科学与工程学科发展内涵的基础条件。在这 10 年间，陆续出版了《科学学与科学技术管理》《科学管理研究》《管理现代化》《数理统计与管理》《基建管理优化》《运筹与管理》《优选与管理科学》等与管理科学与工程专业紧密关联的学术刊物和一大批著作、教材，成立了中国管理现代化研究会、中国优选法统筹法与经济数学研究会、中国管理科学研究会（1991 年改名为中国管理科学学会）以及被认为是管理科学与工程学会“孪生兄弟”的中国系统工程学会。同时，各类学术会议也频繁召开，那时的学术交流场所比较简朴，条件也比较差。但是，无论大会报告还是分组交流都认真而热烈，学术批评与争鸣也十分踊跃。许多著名老科学家谦虚平和，对年轻人诲人不倦，同行之间学术氛围十分浓郁。

总之，这十年间，管理科学与工程学科在我国被“正名”，初步具备了良好的学术生态环境，加上多年来从自然科学与工程科学继承的坚实的科学基础，学科自身进入了越来越规范的良性成长阶段。

五、照着讲

这一时期大约从 20 世纪 90 年代初到 21 世纪初。

本文把这一时期归为我国管理科学与工程学科的“照着讲”阶段，是从管理科学与工程发展总体形态与特征而言的，这一划分应该理解为是对我国管理科学与工程发展整体演变趋势的大时间尺度认知，下面的“接着讲”一节也是如此。

20 世纪 90 年代初，我国社会主义建设现代化事业进入了一个新的历史时期，特别是，1992 年初邓小平同志的南方谈话从根本上解除了把计划经济与市场经济看作属于社会基本制度范畴的思想束缚。1992 年 10 月，举世瞩目的中共十四大明确了我国经济体制改革的目标是建立社会主义市场经济体制。这是我国经济体制改革目标的重大突破，中国改革开放的步伐由此进一步加快，现代管理在总体上的重要作用得到进一步体现（盛昭瀚等，2020）。

首先，我国党和国家领导人对管理科学更加重视，在多次全国人民代表大会的政府工作报告中，都提出“要发展管理科学”；党的十五大报告指出，需要扩大开放，吸收和借鉴世界各国包括资本主义发达国家的先进技术和管理经验；第九届全国人民代表大会第四次会议的政府工作报告中明确提出，要通过自然科学与社会科学的交叉融合，推动管理科学的发展。国家经济社会方方面面的发展，也使人们日益感受到并逐步认可管理科学与工程的实际重要性。

在这样逐渐向好的形势下，于 1996 年 7 月国家自然科学基金委员会成立十年之际，基金委宣布将原管理科学组升格为管理科学部，时任国务院领导人在管理科学部成立大会上做了《管理科学兴国之道》的专题报告；1998 年，国务院学位委员会与教育部将管理学正式列入国家学位设置名录中；2000 年 9 月，中国工程院工程管理学部成立。这一连串的事关管理科学与工程发展的大事标志着：在新的历史时期，我国管理科学与工程学科的成长与发展将进入一个更快速、稳健的新阶段，同时也显现出这一时段管理科学与工程学科发展路径的现实逻辑。

前文说过，我国管理科学与工程学科在新中国成立后的一段较长时间内，受到制约而处于停滞不前甚至萎缩的状态。因此，我国近现代管理科学与工程学科历史传承少，现代管理学思想与理论体系发育、发展时间较短并缺乏良好的学术生态环境的支撑。因此，一旦改革开放之后有了堂堂正正的“名分”和良好的学术生态环境，社会对管科理论与方法的巨大需求与我国管理科学与工程学术界自身的理论与方法供给不足之间的矛盾就暴露出来。

于是，一种可行且有效的解决矛盾的方式出现了，即我国的管理科学与工程学科在“谋生存”之后的起始发展期，其发展的基本形态主要是沿袭国外管理科学与工程学术体系与研究范式，表现为一种对国外管理科学与工程理论照本宣科的状态，也可谓“照着讲”。

“照着讲”有着当时的现实逻辑。（1）“照着讲”是解决当时我国管理实践需求猛增与管理科学与工程理论与方法供给不足所提出的一种解决矛盾的快捷办法。（2）“照着讲”重要方式是通过引进、介绍、传播、研究国外管科思想、理论、知识与方法，并努力将其用于我国各个领域的管理实践，同时在这一过程中有所发现、有所发明、有所创造、有所创新，这在当时，具有较强的可行性和操作性。（3）改革开放大形势下日益频繁的中外学术交流为管理科学与工程“照着讲”创造了条件和平台。这一时期，国家自然科学基金会对管理科学与工程科学研究的各类（科学研究与人才培养）资助力度不断加大，我国高校该学科高级人才培养的规模不断扩大。“照着讲”方式使我国管理科学与工程学科水平有了明显的提高，虽然该学科整体学术水平不能也不应该主要以学术论文数量来评判，但是，由于“照着讲”这一时段是国内该学科发展的一个初级阶段，当时研究成果主要形式还是主要表现为发表学术论文，虽然这一指标有其局限性，但在一定意义上也能够作为我国管理科学与工程学科发展“照着讲”阶段总体发展情况的一个参考面。

具体的，表 1~ 表 5 既尽量保持了数据统计口径的完整性与标准化，也能够直观和清楚地说明这一阶段的实际状况。

表1　**1986—1999年国家基金会管理学部对管理科学与工程学科部分项目资助情况**

年份		1986	1987	1988	1989	1990	1991	1992	1993	1994	1995	1996	1997	1998	1999
面上项目	项目数	26	49	30	26	33	40	32	37	33	25	35	33	26	58
	金额（万）	48.8	75.5	58.9	64	74.3	105	106	153	167	144	234	257	224	520
青年科学基金项目	项目数		4	3	5	5	8	4	8	7	11	7	11	10	4
	金额（万）		9.7	8.5	9.9	13	17.5	12.3	34.5	37.9	68.3	48.5	81.3	89.1	34.7
地区科学基金项目	项目数				1	1	0	0	0	1	1	0	2	2	1
	金额（万）				1	2.5	0	0	0	4	6.5	0	16	18.5	6

表2　**1986—1999年国家基金会管理学部对管理科学与工程学科人才项目资助金额**

年份		1986	1987	1988	1989	1990	1991	1992	1993	1994	1995	1996	1997	1998	1999
创新研究群体项目	项目数														
国家杰出青年科学基金	项目数										1		1	1	2
	金额（万）										50		50	50	110
优秀青年科学基金项目	项目数														
	金额（万）														

表3　**1986—1999年国家基金会管理学部对管理科学与工程学科特别项目资助金额**

年份		1986	1987	1988	1989	1990	1991	1992	1993	1994	1995	1996	1997	1998	1999
基础科学研究中心	项目数														
	金额（万）														
重大项目	项目数												3		2
	金额（万）												128		643
重点项目	项目数								1	2		1			2
	金额（万）								30	64		45			95
重点项目群	项目数														
	金额（万）														

表4　1989—1999年逐年SCI管理科学与工程学科发表学术论文总数统计表

年份	1989	1990	1991	1992	1993	1994	1995	1996	1997	1998	1999
论文总数（篇）	34	34	38	40	37	54	59	58	96	143	253

数据来源：Web of Science SCI-EXPANDED数据库，使用Web of Science Category中Business、Information Science & Library Science、Management、Operations Research & Management Science 四个领域表示管理科学与工程学科范畴。

表5　1989—1999年逐年国内核心刊物管理科学与工程学科发表学术论文总数统计表

年份	1989	1990	1991	1992	1993	1994	1995	1996	1997	1998	1999
论文总数（篇）	7912	7875	8207	8539	8670	9623	9749	10183	10349	10832	11569

数据来源：中国知网，管理科学与工程学科国内核心刊物列表采用FMS管理科学高质量中文期刊推荐列表（2020）。

我国管理科学与工程学科发展进程中的这一“照着讲”阶段，是我国管理学界在特定的历史时段汲取人类共同管理文明与营养必不可少的发展阶段，也是我国管理科学与工程学科成长壮大不可逾越的阶段。正是这一“照着讲”的自我学习运动，才使得我国管理科学与工程学科得以迅速成长和成熟，使一大批管理科学与工程学者的理论学养与创新能力有了显著的提高，成为当今我国该学科领域杰出的学科带头人。特别是，在这一时段中，除了普遍的“照着讲”方式外，我国一些自主性的、突破“照着讲”方式、具有我国特色的管理科学与工程研究方向与成果，都出现了可喜的萌芽，或进入了蓄势待发的势态。

同时也要看到，“照着讲”方式容易造成国内学者的科学研究缺乏国内实际问题导向，容易形成从国外论文不足中拾遗补缺、用国内的管理现象与数据来“证明”国外理论正确的模式等缺陷，长此以往，会影响国内学者自主性创新精神的培养与发扬。如同每一个人都要经过幼童年阶段，才能成长变得自立、自强一样，一个学者不能一直沿袭“照着讲”方式而成为学术上的“啃老族”，一个民族更不能如此，其后的事实证明，在总体发展趋势上，我国管理科学与工程学界逐渐表现出这样的学术自信与理论自信，从而迈入了“接着讲”阶段。

六、接着讲

这一时期大约从 21 世纪初至今。

（一）管理科学与工程学科由“照着讲”迈入“接着讲”

经过大约十年的“照着讲”阶段，从21世纪初开始，我国管理科学与工程学科发展的整体趋势、主要特征及重要标志等逐渐步入了一个新的阶段，这一阶段可概括为管理科学与工程学科从“照着讲”到“接着讲”。

这不是一件偶然性事件，而有其必然的现实逻辑与历史逻辑。

首先，就21世纪现实状况而言，我国管理科学与工程学科的学术发展在整体与全局上已经面临着一个重要的转折点，这一转折点的出现首先源于全球化及新的信息技术的重大发展。当代中国正经历着我国历史上最为广泛而深刻的社会变革，也正在进行着人类历史上最为宏大而独特的实践创新。这是我国社会、经济与文化的一场宏大变革，已经并将持续在各个领域内全方位地引发、催化、涌现出一系列新的重要的管理现象与管理问题。而单纯的依据传统的管理思想，运用已有的管理学理论和方法，在很多时候与场合中已经不能准确、有效地解释这类新的现象和解决新的问题。也就是说，主要源于20世纪上叶、中叶前后的西方管理学思想和理论在应对当前与今后世界，特别是我国众多的新的管理实践与问题时，已经越来越显得“力不从心”。

这样，展现在我们面前的广泛的管理现象及新的管理问题越来越迫切召唤适应新的变革需求的管理新思想、新理论与新方法，这是我国管理科学与工程发展态势出现重要转折点的现实逻辑。

近年来，我国管科学界表现出了强烈的学术自觉性和自主性，他们在系统总结和深刻反思过去几十年我国管科学术发展道路及经验的基础上，越来越察觉到我国管理实践对管科学术创新的巨大需求、强大推动与蕴藏的丰富创新资源，从而更明确了今后我国管理科学与工程学科要从主要引进、吸收国外管理思想、知识与方法的“照着讲”阶段逐步走向“接着讲”阶段。“接着讲”就是以我国重要管理实际问题为导向，依据我国管理实际情景，深刻总结自身管理经验，进一步提炼理论元素，争取通过自身提出的学术主张与话语体系为人类管理思想与管理理论的进步与发展做出自身的贡献。这一大态势标志着我国管理科学与工程学科正逐步从跟踪模仿转向以自主性创新为主的新阶段。这是我国管理科学与工程学科发展道路出现重要转折点的历史逻辑。

上述现实逻辑与历史逻辑意味着我国管理科学与工程学科发展的一个“新时代”的开始，意味着人类管理科学与工程知识供给体系结构将发生重大变化，这将是21世纪世界范围内管理学发展与进步的一件大事。

我国管理科学与工程学科从“照着讲”到“接着讲”，一字之差，意义迥异。“照着讲”主要是沿袭和模仿国外管理科学与工程学科体系、学术体系和话语体系，而“接着讲”是在重视学习、吸收国外先进的科学技术文明的基础上，更注重以我国管理问题为导向开展自主性、原创性与突破性的学术创新。

一个国家在某个科学领域由“照着讲”向“接着讲”转折的重要标志在于：（1）在该科学领域既有反映一般科学规律，又有充分体现本国国情特色、符合科学发展规律的指导性科学规划作为该学科发展趋势的指引目标和行动纲领；（2）对该学科的发展有稳定的资源资助和组织保障管理平台；（3）在该领域不断涌现出深度关切与回应本国重大现实问题，又具有学术原创性、前沿性“顶天立地”的学术成果。

在此需要指出，我国管理科学与工程学科的“接着讲”主要不是或者不仅是指某个学者个体或者某个团队的微观学术行为，而是在众多学者个人与团队共同奋斗基础上所体现出的关于科学目标、创新能力、组织方式、行为规范等大规模与整体性转折与演进。

应该说，从21世纪初至今，在我国管理科学与工程学科的发展进程中，以上“接着讲”的属性与发展趋势特征的表现不断清晰、增强和稳定。

（二）不断与时俱进的学科规划

根据科学是一种特殊的社会建制的论说，我国管理科学与工程的学科发展除了包括学者个体自由研究行为外，更是国家全局性科学技术发展战略的组成部分，因此，需要在国家层次上，提出不同时段管理科学与工程学科发展的总体目标、发展战略；在对发展环境、现状、机遇进行论证基础上，提出学科发展的优先领域、应加强的研究方向和重点项目以及相应政策建议和保障措施。

管理科学与工程“接着讲”阶段若从2000年算起至今，适逢20年整，与我国2000年开始的第十个五年计划及2020年结束的第十三个五年规划完全重叠，故在这20年内，我国制定了4个五年发展规划（“十五”至“十三五”）。相应的，国家自然科学基金委管理科学部也制定了我国管理科学与工程学科4个五年发展规划。对这些规划的指导思想与发展战略等重要问题的分析，能够给我们许多深刻的思考。

为比较起见，我们先对20世纪末制定的管科“九五”规划进行分析。应该说，管理科学与工程学科“九五”规划还不是严格意义上的五年规划，而仅仅是管理科学与工程学科“九五”期间的优先资助领域。在发展战略目标上，“九五”规划提出了消化吸收先进的国外管理理论，大幅度提高我国管理实践及研究水平；学科发展战略是适应社会主义市场经济体制，努力吸收并尽快应用世界先进的管理理论、方法和实际经验，发扬中国管理思想的优良传统，创立具有中国特色的管理理论、方法和管理文化。不难看出，其中还明显表现出“照着讲”的思维。

管理科学与工程学科发展“十五”规划是“接着讲”阶段制定的第一个规划，提出的发展战略主旨是要在若干科学前沿方向取得突破，要研究解决经济建设、社会发展和改革开放中国家急需解决且有可能解决的一些重大管理和决策科学问题，在优先资助领域方面，强调了能够发挥我国优势、特色与潜力，有可能接近或赶上世界前沿的领域；对学科发展能够起到带动作用等，充分反映出发展战略中的我国“优势”“特色”和我国实践提出的“中国化”思想。

管理科学与工程学科发展“十一五”规划进一步明确了发展战略的指导思想是：发挥前瞻引领作用，突出中国实践特色，推动实现自主创新。在总体形势分析上，指出中国管理科学正面临着一个转折，即从跟踪模仿阶段进入自主创新阶段，应当积极促进这个阶段转换的实现，通过倡导规范的基础性研究，推动中国原创性管理科学成果走向世界。并且第一次提出在未来10~20年中逐步建立管理科学中国学派的学科基础。虽然这些治理目标任重而道远，但能够提出这些目标充分反映了我国管理科学在基本走出“照着讲”阶段后的学术自信与理论自信。

管理科学与工程学科发展“十二五”规划根据21世纪前10年的现实情况，提出通过对若干我国社会经济持续发展重大难题进行深度研究，力争取得重大理论创新与应用突破；在理论现代化与中国化的结合上，要将我国经济管理实践和中国传统管理理论相结合，使之上升为具有普适性意义的管理科学理论，并选择有较好研究基础的科学问题，带动整体研究水平跨入世界先进行列（黄海军等，2012）。

管理科学与工程学科发展“十三五”规划已于2020年年底收官，该规划在对我国管理科学与工程学科的发展战略、目标设计等方面保持了前几个规划的连贯性，局部地方更加具体、精准和深刻，如为了实现学科“理论升华”的战略目标，要坚决走“从实践中来，到实践中去”的研究路径，通过加大对来自实践的原创性项目的支持，为国家社会经济发展做出历史性贡献。“十三五”规划的一个显著特点是针对当今变革性新技术快速发展、学科之间相互渗透与融合的“大科学”时代的趋势和特点，对管理科学与工程学科跨学科属性、特点与方法论做了分析和设计（黄海军等，2016）。

综上所述，在近 20 年我国管理科学与工程学科“接着讲”阶段，国家自然基金委委员会管理科学部连续制定并发布了 4 个与时俱进的管理科学与工程学科发展战略规划报告，战略目标越来越强化和清晰，战略思想越来越精准和聚焦，那就是：以我国管理实际问题为导向，努力通过自主性研究道路深度关切和回应国家重大管理现实问题，并以优秀的管理科学与工程学术成果走向世界、融入人类管理文明。

在我国管理科学与工程学科发展的现实中，上述战略规划已经成为广大管理科学与工程学者的指引性目标，一定意义上也成为共同的行动纲领。

国家自然科学基金委员会管理科学部正在组织编制的《管理科学与工程“十四五”规划》即将正式发布。

（三）支撑管理科学与工程学科稳定发展的资源保障

虽说管理学是致用性的学科，但管理科学与工程学科这样的基础性、本源性，更关注为管理学研究领域提供基础思维、基本理论和方法体系的学科，迄今还难以直接从企业、个人那里得到持久、稳定和丰裕的经费支持。所以，国家自然科学基金委员会自 1986 年成立起，就义不容辞地承担起对全国管理科学与工程科学研究的资助，直至今日。

国家基金委管理科学部 35 余年来，除对一般科学研究外，还对我国管理科学与工程学科优秀人才（如杰出青年项目、优秀青年项目）和创新团队进行了持续不断的资助与培养，资助强度越来越大，保证了我国管理科学与工程学科人才梯队建设的高质量与稳定性。所有这些科研资助活动，都是现阶段任何其他部门、单位与社会组织，不论是因其社会分工不同，还是对管理科学的认识不同，尚难以做到的。

总的来说，在我国管理科学与工程学科“接着讲”阶段，无论宏观学术环境、项目资助强度、还是对中青年学者的激励力度等都越来越有利于广大管理科学与工程学者把自身的聪明才智转化为开展管理科学与工程研究的热情并取得优秀研究成果。

在这方面，表 6~ 表 9 十分直观和清楚地说明了这一点。

表6　2000—2020年国家基金会管理学部对管理科学与工程学科部分项目资助情况（金额单位：万元）

年份		2000	2001	2002	2003	2004	2005	2006	2007	2008	2009	2010	2011	2012	2013	2014	2015	2016	2017	2018	2019	2020
面上项目	数量	49	61	75	71	87	82	103	112	128	146	173	209	227	200	182	198	193	224	235	228	221
	金额	585	768	1022	1038	1212	1356	1898	2232	3038	3659	4615	8778	12253	11200	10920	9522	9264	10752	11280	11064	10620
青年科学基金项目	数量	5	8	12	15	20	36	34	39	68	80	112	160	180	182	195	197	192	223	233	230	225
	金额	67.2	106	152	202	265	593	567	589	1163	1379	1978	3200	3603	3745	4100	3444	3272	4018	4308.2	4316	5392
地区科学基金项目	数量	2	1	1	2	1	1	2	4	4	7	13	21	26	23	27	27	30	32	34	31	31
	金额	26	13	15	29	13	17	34	70	97	155	288	754	934	793.5	936	814	888	899	955.3	873	868

表7　2000—2020年国家基金会管理学部对管理科学与工程学科人才项目资助情况（金额单位：万元）

年份		2000	2001	2002	2003	2004	2005	2006	2007	2008	2009	2010	2011	2012	2013	2014	2015	2016	2017	2018	2019	2020
创新研究群体项目	数量		1		1		1	2	1	2	2	1	1	2		2	2	1	1	2	1	2
	金额		505		240		290	665	350	735	805	420	420	840		1680	1102.5	735	735	1470	670	1340
杰出青年科学基金	数量	2	1	2	1	4	3	3	2	5	4	1	4	3	3	2	3	1	2	4	2	4
	金额	110	55	140	84	392	336	420	280	700	560	140	672	588	672	560	735	245	490	980	560	1120
优秀青年科学基金	数量													8	5	4	4	7	7	5	8	5
	金额													800	500	400	520	910	910	650	980	600

表8　2000—2020年国家基金会管理学部对管理科学与工程学科特别项目资助情况（金额单位：万元）

年份		2000	2001	2002	2003	2004	2005	2006	2007	2008	2009	2010	2011	2012	2013	2014	2015	2016	2017	2018	2019	2020
基础科学研究中心	数量																					
	金额																					
重大项目	数量											5			12			6	5	5		6
	金额											1000			3000			1362.6	1451	1404.6		1306.7
重点项目	数量	2	2	1	1	3	4	4	4	5	4	7	9	8	8	8	8	8	10	8	9	9
	金额	120	215	90	90	390	400	330	430	520	470	1060	1976	1963	1766.6	2080	1969	1840	2400	1880.5	2124	1890
重点项目群*	数量																5				5	
	金额																1491				1180	

*2019年资助的重点项目群以专项项目形式支持，但是按照重点项目群方式管理。

表9　我国2000—2019年逐年管理科学与工程学科发表学术论文总数统计表

年份	2000	2001	2002	2003	2004	2005	2006	2007	2008	2009	2010	2011	2012	2013	2014	2015	2016	2017	2018	2019
SCI论文总数[a]	290	313	305	349	368	489	554	810	993	1301	1297	1644	1865	1760	2142	2217	2394	2673	2847	3810
国内核心刊物论文总[b]	12191	12731	13484	13742	14300	15185	14935	15351	17262	16639	16805	16282	15541	15207	15312	15092	14471	14330	13640	12985

数据来源：（a）Web of Science SCI-EXPANDED 数据库，使用Web of Science Category 中Business、Information Science & Library Science、Management、Operations Research & Management Science 4个领域表示管理科学与工程学科范畴。（b）中国知网，管科学科国内核心刊物列表采用FMS管理科学高质量中文期刊推荐列表（2020）。

与“照着讲”阶段相比，在“接着讲”这一阶段，我国管理科学与工程学科不仅在论文发表的数量上，持续保持了高速增长的势态，而且在论文质量及学术中国化与影响力方面也有了长足的进步，这从图 1~ 图 3 可以得到充分的反映。

本文依据《FMS 管理科学高质量期刊推荐列表》推荐的管理科学高质量期刊目录，检索中国学者在这 1135 种国际期刊上的发文数据，进行具体分析。该列表将期刊分成 A、B、C、D 共 4 个等级，其中 A 类期刊 133 种、B 类期刊 319 种、C 类期刊 444 种、D 类期刊 239 种。

如图 1 和图 2 所示，2019 年中国大陆学者在 1135 种 FMS 管理科学高质量国际期刊上发表论文数量已达 14512 篇，是 2009 年 2753 篇的 5.27 倍，年均增长 18.08%。其中，中国大陆学者为主要作者（第一作者或通讯作者）的论文占比呈现出逐年增长的趋势，从 2009 年的 60.55% 增长到 2019 年的 85.49%。

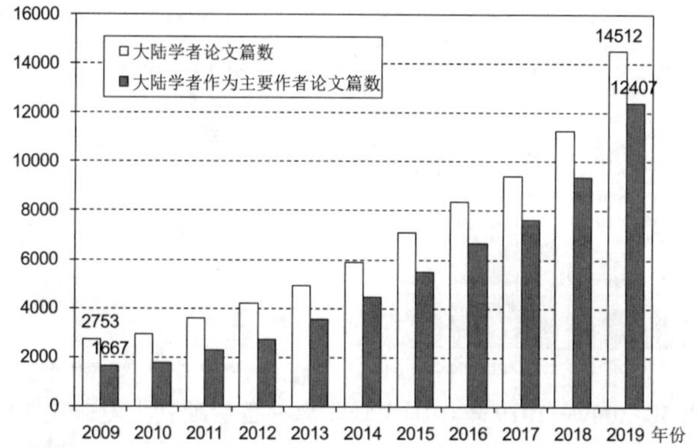

图 1　2009—2019 年大陆学者的所有论文数量和作为主要作者的论文数量

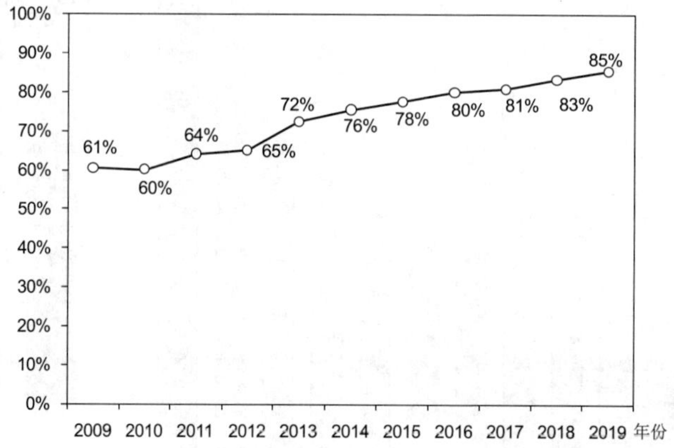

图 2　2009—2019 年大陆学者作为主要作者发表的论文比例

如图 3 所示，2009—2019 年，中国大陆学者在 FMS 133 种 A 级期刊发表论文共计 10287 篇，占全球所有 A 级期刊论文比 7.92%；在 FMS 319 种 B 级期刊发表论文共计 30386 篇，占全球所有 B 级期刊论文比 10.08%；在 FMS 444 种 C 级期刊发表论文共计 30220 篇，占全球所有 C 级期刊论文比 10.6%；在 239 种 D 级期刊发表论文共计 4122 篇，占全球所有 D 级期刊论文比 6.86%。

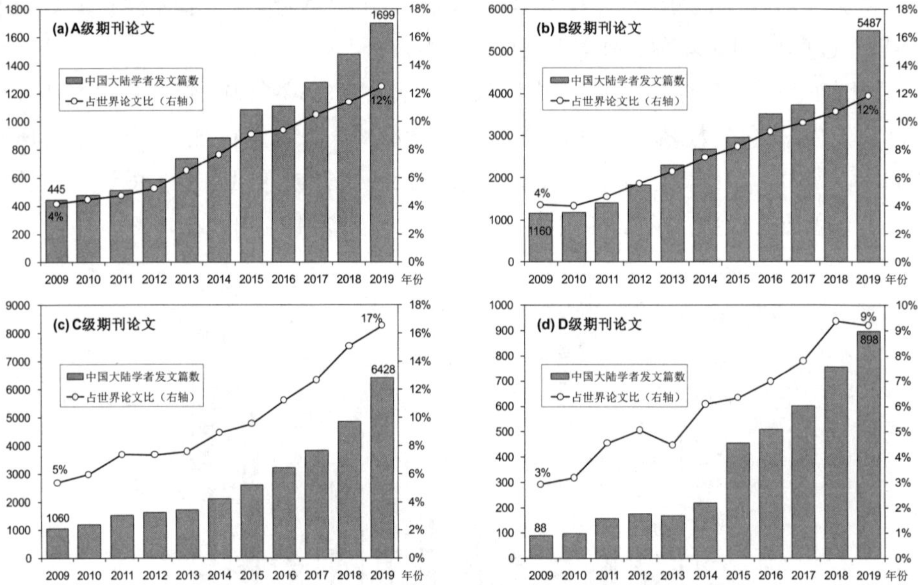

图 3　2009—2019 年中国大陆学者在各级期刊上发表论文统计

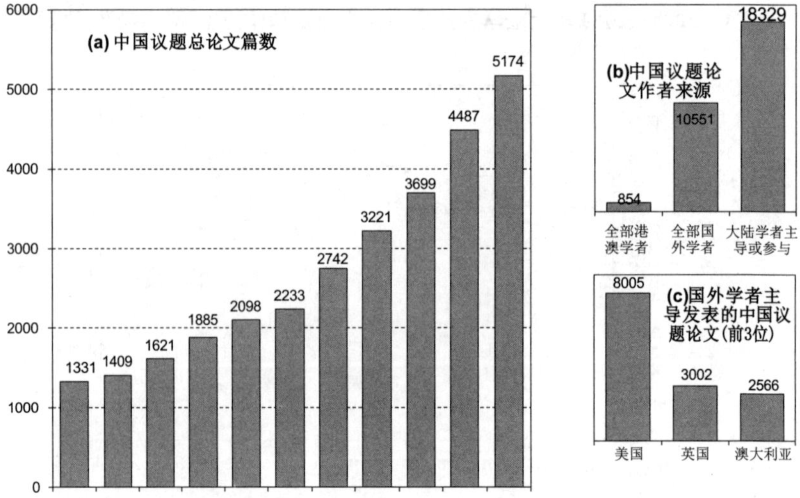

图 4　2009—2019 年“中国议题”论文统计

如图 4 所示，1135 种期刊中关于“中国议题”的管理科学研究论文总数 29900 篇，且增长迅速，从 2009 年的 1331 篇，增长到 2019 年的 5174 篇。完全由国外学者发表的“中国议题”论文 10551 篇，占到论文总数的 35.5%。美国、英国和澳大利亚学者关注“中国议题”最多。

在近 20 年我国管理科学与工程学科“接着讲”的阶段中，各个研究领域与方向都取得了丰富的研究成果，有些成果偏重于理论研究，有些成果偏重于方法创新，也有些成果较完整的以我国重要实际问题为导向，提炼和抽象科学问题，通过深入的规范研究不仅取得了自主性的理论成果，同时也较好地解决了实际难题，因此被学界称为“顶天立地”的研究范式，充分体现了“接着讲”中的“关切与回应我国当前重要现实需求”的内涵。令人可喜的是，近年来这方面的研究成果无论在数量上还是在质量上都出现了向更高层次发展的趋势，对这类成果，不仅国际学术界给予了高度评价，而且对解决我国重大现实问题发挥了重要的作用。

我国管理科学与工程学科从“照着讲”到“接着讲”是个历史性转折，是该学科发展基于大时间尺度的整体性趋势演变，从学科发展环境来看，世界经济科技快速发展，特别是我国社会经济深刻改革给管理科学与工程学科提出了一系列重大挑战，从学科内在能量看，经过二十多年管理科学与工程学界向国外的学习、引进和创新，已经在各个方面聚积了充分的自主性创新的新动能。管理科学与工程学科“接着讲”不是瞬间出现的，更不是短期内完成的，它是在原来“照着讲”路径上逐步降低对国外学术的依傍性，增强发展创新的自主性，并且使这一转变成为一个不断鲜活和强化的历史性进程。同时我们也要看到，我国管理科学与工程学科原来的基础毕竟比较薄弱，学科发展的生态环境与文化还需要进一步完善与提升，所以，“接着讲”的任务，特别是形成具有我国学术特色的管理科学与工程学术体系、学科体系与话语体系的任务还任重道远。

七、展未来

（一）对管理科学与工程学科近期发展趋势的展望

2020 年，习近平总书记在中南海主持召开经济社会领域专家座谈会并发表重要讲话。虽然他的讲话是针对我国当时整体性形势与任务而言的，但其中一部分对当前管理科学与工程学科发展面临的形势及今后一系列新的战略性任务有着特别重要的指导意义①。

当今世界正经历百年未有之大变局，要以畅通国民经济循环为主构建新发展格局。我们要推动形成以国内大循环为主体、国内国际双循环相互促进的新发展格局。我们要坚持供给侧结构性改革这个战略方向，扭住扩大内需这个战略基点，使生产、分配、流通、消费更多依托国内市场，提升供给体系对国内需求的适配性，形成需求牵引供给、供给创造需求的更高水平动态平衡。我们要以科技创新催生新发展动能。我们要打好关键核心技术攻坚战；要依托我国超大规模市场和完备产业体系，创造有利于新技术快速大规模应用和迭代升级的独特优势，加速科技成果向现实生产力转化，提升产业链水平，维护产业链安全。

根据以上中央提出的一系列战略性任务，可以鲜明地看出以下内容。

上述有些科学问题源于我国经济管理实践，并能够凝铸为管理科学与工程学科中的新思想、新理论，具有强烈、鲜明的首创性，需要管理科学与工程学科产出源头性、自主性学术主张、理论观点、方法变革或将知识转化为解决现实问题的实质性贡献，形成具有中国特色的管理科学与工程学术话语体系。

有些科学问题虽然已经运用管理科学与工程方法进行研究并取得一定进展，但是，由于问题的复杂性或者环境的不确定性，仍然存在传统和现有方法“功效不足”的难点、堵点和痛点，需要管理科学与工程学科确立新的研究思想、方向、视角，通过手段与工具的创新与变革，提出新的具有普适意义的新的方法体系，以清晰的独辟蹊径的技术路线取得引领性或前沿性成果，形成学科发展的新动能。

有些科学问题源于国家重大战略需求和深化改革发展的主战场，具有鲜明的需求导向、问题导向和目标导向特征。需要管理科学与工程学科坚持通过理论与实践的紧密结合，为国家重大战略性问题的解决提供既有坚实的学理支撑，又符合中国实际、具有中国特色的中国方案。

还有些科学问题需要管理科学与工程学科在传统学科内涵的基础上，遵循“在学科交叉融合的边缘发现复杂科学问题，在学科交叉融合的过程中解决复杂科学问题”的基本规律，通过多学科交叉融合，创立原创性的方法论与方法体系，提高和改进现有解决问题的实际能力，实现重要科学突破，形成新的学科

---

① 《习近平主持召开经济社会领域专家座谈会并发表重要讲话》，中华人民共和国中央人民政府网，http://www.gov.cn/xinwen/2020-08/24/content_5537091.htm，2020年8月24日[2020年9月1日]。

方向、科学议题与学科生长点。

总之，当前新时代的这些管理科学问题对于当今管理科学与工程学科的发展，不仅具有重大现实意义，还具有前沿性学术创新价值，对我国管理科学与工程学科今后一段时期的发展与确立重点研究方向具有极强的指导意义。

现实管理问题是理论创新的驱动力。这么多时代性现实问题摆在我们面前，其中许多问题都是管理科学与工程学科的大学问、真学问，解决这些问题需要管理科学新的学理支撑，从而为管理科学与工程学科的发展提供强劲的推动力。解决这些问题不仅关系到管理科学与工程学科能否为国家当前战略需求做出更大贡献，还关系到管理科学与工程学科自身理论、方法与应用创新是否深深植根于祖国大地，更是对我们管理科学与工程学术水平与能力的真正考验。

回顾70年来，我国管理科学与工程学科曾经经历过逆境、复生、成长和发展的曲折道路，当前的总体学术生态环境非常好，国家对管理科学与工程学科的发展越来越重视和支持，当前新的形势与现实问题既带来一系列新挑战，又带来一系列新机遇，我们应当学习老一辈系统科学家和管理学家报效祖国的家国情怀，在新的时代担负起自己的历史责任。

（二）管理科学与工程学科近期发展中的几个问题

无论从我国管理科学与工程学科当前发展现状还是今后发展面临的巨大挑战看，我国管科学界都需要看到，在取得巨大进步和发展的同时，我国管科理论、方法研究的原创性、突破性与前沿性方面、在学术国际影响力与话语权方面，与国际先进水平相比仍然有较大的距离。在这方面，以下几点特别值得我们关注。

（1）要发挥管理科学与工程学科优势，为管理学的整体发展做更多的基础性工作。在前文，我们指出，管理科学与工程学科更关注为管理学研究领域提供基础思维、基本理论和方法体系。现实情况表明，多年来，我国学界充分体现到第一点，而关切与回应当代重大基础性管理问题、特别是对具有国家重大战略意义的科学问题开展基础性、原创性研究尚亟待增强。

在这方面，管理科学与工程学科既有责任又有优势，说到责任，管理学的基础思维、基本理论和方法体系，对整个管理学各个领域的发展具有全局意义和引领作用，管理科学与工程学科应在这一方面多做贡献、力争做大贡献；说到优势，基础思维、基本理论和方法体系的研究更需要系统思维原则、需要宽广的理论基础和跨学科研究路径，而所有这些正是该学科的基本特征。

当前，我们要进一步秉持理论自信、自立精神，把握好我国管理科学与工程学科的历史担当，努力克服浮躁情绪，以多年始终如一的态度致力于重大基础性管科原创性学术问题研究，为管理科学与工程学科发展做出有重要国际影响的成果来。

（2）要辩证地认识数学工具在管理科学与工程学科中的作用。数学是管理科学与工程学科研究的重要工具，近百年来，管理问题数学化在管理科学与工程学科发展中发挥了并将继续发挥重要作用，但是，要明确数学化仅仅是管科研究的工具，但不能成为“工具主义”，更不能以管科研究中数学化比重的多少与水平的高低作为衡量管科学术水平的标准。特别是，如果我们在数学化过程中，不能把实际问题的属性与特征比较完整地“映射”到数学空间中去，或者没有对所得数学结论的管理真理性进行实践验证，那么即使数学模型再复杂、计算技巧再“漂亮”，也难以说明问题数学化有什么真正管理上的深刻意义。在这一点上，要努力克服数理论证过程的封闭性，加强对数学化研究结论科学性与实践性的验证（盛昭瀚，2019）。

（3）要以管理实践问题为导向，开展理论研究并取得优秀的理论成果。当今，管理问题中人的心理、感知、思维、顿悟、文化、价值取向等等都充分表现出各类复杂性、不确定性和难以结构化的特点。因此，针对实际管理问题中人的心理与行为要素及复杂形态、人作为主体的管理情景及情景演化，等等，至少目前有许多是我们难以精准数学化的，这需要采用包括数学化和其他方法组成的综合符号体系才能较完整地抽象和提炼，硬性地使用单一的数学化方法来覆盖复杂管理问题所有属性在学理上是欠缺的。在这一点上，我们要以20世纪我国华罗庚、许国志、刘源张等一大批杰出的数学家为榜样，在运用数学理论解决我国重要实际管理问题过程中，以管理实践问题为导向，开展理论研究并取得优秀的理论成果。

（4）要关注管理实际，提炼科学问题，研究科学问题，解决实际问题。比较而言，由于管理科学与工程学科研究工具的特点，该领域学者多采用抽象思维或者以计算机为工具，关起门来做研究的现象比较普遍，较少像企业管理、社会管理领域那样深入社会实践和管理活动现场，这一倾向往往会造成管科学术研究路径脱离实际或者研究结果与实践脱节，因此，管理科学与工程学者更要关注当今世界正经历的百年未有之大变局、关注国内发展环境与问题经历着的深刻变化的现实，在理论研究中深入调研，察实情、出实招，充分反映实际情况，使理论创新有根有据、合情合理。

（三）对优秀中青年学术骨干的殷切期望

本文作者中既有年逾古稀的老管理学人，也有长期在基金委管理科学部从事领导和管理工作的同志，无论是谁，在自己的工作岗位上，都有长期从事管理科学与工程学术研究或者该学科学术发展组织管理工作的体验。因此，本文作者或多或少感受过改革开放之前那段特殊时期我国管理科学与工程学科的生存形态，更亲身经历了改革开放之后我国管理科学与工程学科如何一步步发展壮大的历程，把它们连贯起来，就是70年来我国管理科学与工程学科鲜活的发展历史。它既是一条曲折崎岖、顽强前行的道路，又彰显了我国管理科学与工程学科几代人笃步前行、创新不止的精神。

对我国管理科学与工程学科70年发展史的回顾是我国管理学界对自己国家、民族管理科学与工程学科社会建制、科学实践的那段与现在有绝对距离的历史事件的“集体性”记忆活动，即所谓“文化记忆”。

文化记忆强调对历史事件（包括思想、文化与实践）属性的认同感、归属感、独特感的集体性认知；强调这样的认知对当今集体的存在与发展的巨大的精神支撑与指引力量；强调当今对这类历史事件价值的维护和挖掘；强调在文化层面上哪些历史事件是我们不能遗忘和需要重构并发扬光大的。

一个国家、一个民族的强盛，总是以文化兴盛为支撑的，中华民族伟大复兴需要以中华文化发展繁荣为条件。文化记忆有利于唤醒人们对于过去强大时代的强烈认知与向往，人们就会被历史上那个闪烁着思想与文明光辉的时代所激励，进而为了心中的理想而继续勇往直前。

当我们即将结束本文写作的时候，作为作者中的老一代学人与长期从事管理科学与工程学科规划、组织的管理者，心中不由得升起无限感慨：

——我们老一辈科学家们在比较困难的情境下，依然坚守管理科学与工程学科生命中的那一块“绿洲”，并为我国管理科学与工程学科后来的迅速“复工”与起飞积蓄了潜能；

——我国老一辈科学家与科技部门领导为了管理科学与工程学科在我国有堂堂正正的“名分”和良好的生态环境，多么呕心沥血、坚持不懈；

——20世纪80年代，管理科学五年仅资助23项研究课题，经费共计39.80万元，平均每个课题资助经费仅1.73万元，而课题负责人都是科技界的著名科学家；

——我国管理科学与工程学科中老年两代人用了大约30年时间基本上实现了学科从“照着讲”到“接着讲”的历史性转折；

——当今，国家越来越重视管理科学与工程领域的发展，相应的发展生态环境越来越好、支持力度越来越强。可以认为，当前，管理科学与工程学科在我国的发展环境、条件、基础从来没有像现在这样优越、丰富。

在管理科学与工程学科发展如此美好的新时代，除了要求中国学者不断学习，掌握更多、更新、更有效的解决复杂管理问题的技术和方法外，更要学习老一辈管理学家的科学精神、家国情怀、兢兢业业、谦虚平和、诲人不倦与礼贤下士的文化精神与品格风貌。这是每一个中国管理科学与工程学者的历史责任与学术担当，尤其是一批优秀的中青年学术骨干义不容辞的责任。

在过去的二三十年中，我国管理科学与工程学界涌现出一大批优秀的中青年学者，他们以自己的敏锐的学术思想、刻苦的工作态度、卓越的学术成果成为各个领域的学术领军人物，受到学界的充分肯定并给予各类学术荣誉。在他们的肩上，承担着我们国家管理科学与工程发展的历史重任，他们中的许多人也无愧于这样的担当，不论过去默默无闻，还是今天成为知名人士，都能做到不忘初心，在学术研究道路上继续前行，而且还在行政管理及学科团队建设上为集体无私奉献了许多力量。

但是，由于各种纷繁的社会影响，也使其中的少数学者滋长了个人学术行为中的“工具理性”成分，即将个人学术活动在较大程度上视为实现个人名利的工具。

其实，我国著名的管理大师如钱学森、华罗庚等都是兢兢业业、淡泊名利、数十年潜心于某个重要科学问题研究或者长期深入管理实践，才能够获得管理真理性的真谛，为国家也为人类贡献出光辉的管理思想。从他们身上，我们能够感悟到在研究人类管理“真学问”“大学问”解决实践“大问题”的过程中，需要的是不忘初心的科学情怀，这是一种与“工具理性”根本不同的“价值理性”。应该看到，这种表现出可贵科学精神的价值理性在当前有所衰落，这使得一些本来可以为国家、为人类管理文明做出更大贡献的中青年优秀学者无形中伤了做大学问、真学问、解决大问题的“元气”，对国家、对学术、对个人都是损失。

另外，管理科学与工程学术具有多层次内涵，其中，对学科发展贡献最大、最具学术创新价值和最具学术持久影响力的一般都是变革性管理思想与基础性理论的创造。但是，这部分研究工作难度最大，除了需要学者的能力和水平，更需要学者长期专注于一个基础性科学问题，并且深入探索，寻根问底，使研究趋于深刻，达至问题的核心，正如马克思所说，让理论到达“彻底”的效果。这必须要能够“坐冷板凳”“磨十年剑”，容不得一点浮躁心态。对于这类作为国家、学科、领域标志性科学问题研究及其突破性成果，应该说，当今优秀的中青年学者最具有能力和水平，也最具有丰富的科学研究经验和条件。但是，个别学者随着名气的变大，不太坐得住了，自己直接动脑、动手少了，或者长期满足于论文“数数”，更不想花时间去啃管理科学与工程基础性学术“硬骨头”；渐渐地，自己本来那种宝贵的真正发自内心对科学研究的热爱甚至痴迷逐渐消失了；也有少数学者不断追逐和频繁更换新的“热点”研究领域，但往往在一个新的学术领域内仅仅是“浅尝辄止”，长此以往，导致我国管理学术园地中虽然鲜花一丛丛、灌木一片片，但却鲜见高耸的参天大树，而正是这样的参天大树才是我们中国管理科学与工程学术界对世界管理文明做出的最具标志性的贡献。

综上所述，当今我国这一代管理学人，特别是一代优秀的中青年骨干正担负着推动我国管理科学与工程学科历史性转折与学术升华的历史责任，在这一个关系到确立作为大国的管理学术尊严的问题上，老一辈管理学家为我们中青年一代树立了很好的样板，即如何面对各式各样的社会环境与人生境遇，写好自己的学术人生，概言之，学术研究除了知识和能力，更需要学者自身的科学精神、思想境界与文化的力量。

以上不仅是我们，更是国家及整个管理学术界对优秀中青年学术骨干的殷切期望。

对我国管理科学与工程学科 70 年发展历程的回顾、反思与总结，让我们深切地感受到：70 年来，作为一种社会建制，我国管理科学与工程学科发展的现实道路深深铭刻着我国独特的国情与文化烙印。当今，世界和我国正经历的历史上最为广泛而深刻的社会变革对管理科学与工程的思想、理论和方法创新都提出新的需求与挑战。这一现实意味着我国管理科学与工程学科发展一个历史性转折点的到来，标志着我国管理科学与工程学科发展的一个“新时代”的开始。我们应该在进一步繁荣发展我国哲学社会科学的方针指引下，下定决心，急起直追，艰苦探索，努力创新，继续发扬笃步前行、创新不止的精神，开创我国管理科学与工程学科发展的新局面。

参考文献

[1] 陈锡康 . 投入产出方法与国民经济综合平衡 [J]. 数学的实践与认识 ,1983(2).

[2] 邓小平 . 邓小平文选 : 第 3 卷 [M]. 北京 : 人民出版社 ,1993.

[3] 黄海军，姚忠，张人千，刘作仪，赵秋红，吴俊杰 . 管理科学与工程学科——“十二五”发展战略与优先资助领域研究 [M]. 北京：科学出版社，2012.

[4] 黄海军，刘作仪，姚忠，赵秋红，吴俊杰，单伟，部慧，田琼 . 管理科学与工程学科——“十三五”发展战略与优先资助领域研究报告 [M]. 北京：科学出版社，2016.

[5] 蔺亚琼 . 管理学门类的诞生：知识划界与学科体系 [J]. 北京大学教育评论，2011(9).

[6] 骆茹敏 . 奋进的中国管理科学 [M]. 北京：科学出版社，2010.

[7] 金佳绪 . 习近平为我国“新发展阶段”定向 [J]. 理论导报，2020(8).

[8] 钱学森，许国志，王寿云 . 组织管理的技术——系统工程 [J]. 上海理工大学学报，2011(33).

[9] 盛昭瀚 . 问题导向：管理理论发展的推动力 [J]. 管理科学学报，2019(5).

[10] 盛昭瀚，刘慧敏，燕雪，金帅，邱聿旻，董梁 . 重大工程决策“中国之治”的现代化道路——我国重大工程决策治理 70 年 [J]. 管理世界，2020(10).

[11] 王双梅 . 邓小平与 20 世纪 60 年代的国民经济调整 [J]. 党的文献，2011(5).

[12] 习近平 . 在经济社会领域专家座谈会上的讲话 [N]. 人民日报，2020-08-25.

[13] 徐伟宣 . 华罗庚与优选法统筹法 [J]. 高等数学研究，2006(6).

[14] 徐伟宣，张玲玲，李建平，林则夫，郑秀榆 . 管理科学与工程学科发展现状与前景展望 [A]. 中国科学技术协会，中国优选法统筹法与经济数学研究会 .2007—2008 年管理科学与工程学科发展报告 [M]. 北京：中国科学技术出版社，2008.

[15] 习近平新时代中国特色社会主义思想是党和国家必须长期坚持的指导思想 [N]. 人民日报，2019-07-22.

[16] 文化体制改革 纵深推进有成效——十八届三中全会 5 周年系列述评之三 [EB/OL]. http://news.cnr.cn/native/gd/20190105/t20190105_524471984.shtml，2019-01-05[2020-01-02].

[17] 中共中央文献研究室 . 邓小平思想年谱 [M]. 北京：中央文献出版社，1998.

[18] 中国运筹学会 . 中国运筹学发展研究报告 [J]. 运筹学学报，2012(3).

“大数据—小数据”问题：以小见大的洞察*

陈国青[1]　张　瑾[2]　王　聪[3]　卫　强[1]　郭迅华[1]

（1 清华大学经济管理学院；2 中国人民大学商学院；3 北京大学光华管理学院）

摘要：在数字经济时代，基于数据的管理决策变成了新的决策范式，并为管理实践赋予了创新源动力。把握决策范式转变机遇的一个重点是如何利用大数据这种新兴的生产要素，通过大数据赋能以提升管理决策的水平。然而，当大数据可能为决策提供全局视图的同时，在很多应用场景中，出于数据的可获性以及成本、时间的限制，乃至人们的认知能力、阅读心理等相关因素的影响，人们所面对和能够直接处理的数据往往是有限的、部分的（即小数据）。针对这种决策信息的不对称性，本文基于一系列的研究，围绕如何通过小数据反映大数据语义内容这一核心，提出了“大数据—小数据”问题。进而，从语义反映的“代表性”“一致性”“多样性”的视角出发，系统性地梳理和阐释了这一问题的科学内涵、求解路径、实践意义和管理启示。通过“大数据—小数据”问题提炼而成的以小见大的洞察，可以为数据驱动的决策和创新性价值创造开拓广阔的空间。

关键词：“大数据—小数据”问题　语义反映　管理决策

一、引言

随着大数据、人工智能、物联网、5G、云计算、区块链等新兴科技与社会经济、产业生态、企业管理、用户生活的深入融合，数字经济正逐渐成为一种重要的经济形态。尤其是在新冠肺炎疫情给经济发展带来的巨大冲击和不确定性背景下，数字经济呈现了巨大的发展韧性，从一个特定角度诠释了“百年未

---

* 原载《管理世界》2021年第2期。

有之大变局”的独特内涵。数字经济发展的核心动力为科技创新。在数字经济时代，科技的快速迭代使经济、社会、生活等各个领域发生了日新月异的变革，经济社会的形态、企业管理的场景、人们生活的方式都正在或即将在数字空间进行着重构。数字空间中的数字场景产生了大量的数据，例如，虚拟化生产中的数字组装日志、智能交通中的参与者时空轨迹、用户直连制造（C2M）中的需求订单、信息服务平台上的企业组织流程、电子商务活动中的消费者评论、社交媒体上的多媒体内容动态等。据 IDC 研究显示，到 2025 年全球数据圈将扩展至 175ZB（1ZB 等于 1 万亿 GB），相当于 2016 年所产生 16.1ZB 数据的十倍（Reinsel et al.，2019）。

可以看到，基于数据的决策逐渐成为研究和应用的主流（徐宗本等，2014），变成触及产业与经济发展的基础性机制以及经济与管理决策的基本形式，也引发了各国政府推出不同的研究规划以应对随之而来的深层次挑战。例如，欧盟在 2014 年发布的《数字驱动经济战略》；美国在 2016 年推出的《联邦大数据研究与开发战略计划》；我国 2015 年党的十八届五中全会提出实施“国家大数据战略”，国务院印发《促进大数据发展行动纲要》（国发〔2015〕50 号）；2019 年第十三届全国人民代表大会第二次会议强调深化大数据、人工智能等研发应用，为制造业转型升级赋能，壮大数字经济；2020 年中共中央和国务院发布的《中共中央、国务院关于构建更加完善的要素市场化配置体制机制的意见》中，将数据与土地、劳动力、资本、技术等传统要素并列为生产要素之一。

数字经济的发展使得具有超规模、富媒体、低密度、流信息特征的大数据（冯芷艳等，2013；Hilbert and Lopez，2011）及其应用成为赋能和创新的重要源动力。在此环境下，领域情境、决策主体、理念假设、方法流程等决策要素受到冲击，导致决策范式正在发生着深刻转变，催生了新型决策范式（即大数据决策范式）（陈国青等，2020）。从决策诉求的角度看，大数据驱动的管理决策寻求对于多维因素的关联模式和因果关系的揭示，以期获得决策情境的全局视图（陈国青等，2018）。这就要求决策者能够获得对于大数据决策场景全貌的洞察。然而，在现实中虽然获得大数据（数据集合全体）成为可能，但是在很多应用场景中，出于数据的可获性及其成本、时间乃至人们的认知能力、阅读心理等相关因素影响，人们面对或者能够直接处理的数据往往是有限的、部分的。也就是说，人们的许多决策是基于小数据（数据集合全体的子集）的。例如，消费者只有有限的时间和耐心阅读全部产品评论中的一小部分；关键词搜索者只可能浏览海量查询结果的前两页条目；企业管理者只能利用有限的时间和精力从所有企业博客或微信群发帖中看到部分的内容；财务审计师囿于时间和成本只能从海量的内外部数据中阅读有限的报表和文本信息；政府决策者限于能力和时间可能只了解到所有受众诉求和舆情中的局部细节；等等。这里，值得一提的是，虽然通过机器学习工具的广泛应用，生成数据集合全体的概括汇总和特征表示等信息成为可能（如文本概要、评论极性、统计均值、话题标签等）并发挥着积极的决策支持作用，但是人们对于心理和人格的刻画、对于个体和组织的了解、对于事件和活动的诠释、对于模式和因果的解构等通常需要具象的、丰富的、细节的、情景化的体验和感知。换句话说，实例子集是认识和反映全集的不可忽视的重要方面，在决策中可以通过实例子集帮助人们以局部看整体，达到见微知著的效果。

上述讨论引出了一个重要问题，即基于小数据的决策与基于大数据的决策在效果上取决于小数据与大数据之间的信息不对称程度。在此，我们将该问题称为“大数据—小数据”问题。“大数据”是指相关数据全体，“小数据”是相关数据全体的一个子集，小数据通过部分数据反映大数据在特定方面的语义（semantics）内容。从集合概念的角度出发，作为相关数据全体的“大数据”对应着“大集合”，而作为相关数据全体之子集的“小数据”对应着“小集合”。在这个意义上讲，“大数据—小数据”问题也可以表达为“大集合—小集合”问题。进而，“大数据—小数据”问题可以表示为小数据集合反映大数据集合的问题。这里的“反映”是指语义反映，即小数据所携载的语义与大数据所携载的语义之间的异同关系（如距离或相近性）。如果给定大数据集合（即大集合），对于“大数据—小数据”问题的求解则是寻求一个小数据集合（即大数据集合的子集小集合），使得小数据集合的语义与大数据集合的语义尽可能相近。这里，根据应用情境的不同，对于小数据集合的规模通常有特定约束。一般说来，小数据集合的规模远远小于大数据集合的规模。为方便起见，在本文后面的讨论中，“大数据—小数据”问题也简称为B-S问题（The Bigdata-Smalldata Problem）。

二、“大数据—小数据”问题的形式化定义

在“大数据—小数据”问题中，大数据集合（大集合）和小数据集合（小集合）分别用D和D'表示，D'是D的子集。具体说来，设$\mathbb{A}=\{A_1, A_2, \ldots, A_q\}$是

D 的属性集合，U_j 是属性 A_j 的论域（$j=1,\ldots,q$）。对于属性向量 $(A_1,A_2,\ldots,A_q)$，其对应的论域空间为 $\mathbb{U}=U_1\times U_2\times\ldots\times U_q$。给定大集合 $D=\{d_1,d_2,\ldots,d_n\}$ 和整数 $k(k\ll n)$，"大数据—小数据"问题（B-S 问题）旨在寻求获得一个小集合 $D'=\left\{d_1',d_2'\ldots,d_k'\right\}$，$D'\subset D$，使得小集合的语义 $s(D')$ 尽可能接近大集合的语义 $s(D)$，即：

$$\max_{D'\subset D}\left(1-(s(D)\ominus s(D'))\right) \tag{1}$$

其中，$s(D)$ 是从 $\mathbb{U}$ 的高阶论域空间 $\mathbb{U}^p$ 到语义空间 $\mathbb{V}$ 的映射（即：$\mathbb{U}^p\rightarrow\mathbb{V}$），$p\geqslant1$；$s(D')$ 是从 $\mathbb{U}$ 的高阶论域空间 $\mathbb{U}^{p'}$ 到语义空间 $\mathbb{V}$ 的映射（即：$\mathbb{U}^{p'}\rightarrow\mathbb{V}$），$p\geqslant p'\geqslant1$；$\ominus$ 为超减法运算，是从 $\mathbb{V}\times\mathbb{V}$ 到 $[0,1]$ 的映射（即：$\mathbb{V}\times\mathbb{V}\rightarrow[0,1]$）。也就是说，语义是通过映射关系及其映射到 $\mathbb{V}$ 上的结果（像）表示的。超减法运算优化的核心是度量小集合 D' 与大集合 D 之间的语义偏差，语义偏差越小则说明小集合的语义能够"反映"大集合的语义。

这里，对于任一数据集合 X，其语义总体 $S(X)$ 是 X 中元素的属性特征或 X 元素关系的含义集合表示。在不同的情景、视角和认识条件下，X 的语义有着不同的体现，反映 X 的数据在相关属性上的取值及其模式（如结构、类别、关系等）。如 $s(X)$ 就是语义的某一特定体现，即 $s(X)\in S(X)$。在 B-S 问题中，$X=D$ 时，有 $s(D)\in S(D)$。同样，$X=D'$ 时，有 $s(D')\in S(D')$。以 $X=D$ 为例，D 的元素间相似关系体现了 D 的一个语义，是 $\mathbb{U}\times\mathbb{U}$ 到 [0，1] 的映射，即 $s(D)$：$\mathbb{U}^p\rightarrow[0,1]$，$p=2$。再如，$D$ 的均值也体现了 D 的一个语义，即 $s(D)$：$\mathbb{U}^p\rightarrow\mathbb{U}$，$p=|D|=n$；类似地，$D'$ 的均值亦体现 D' 的一个语义 $s(D')$：$\mathbb{U}^{p'}\rightarrow\mathbb{U}$，$p'=|D'|=k$。

从表达的层次来看，语义可以分为显式语义和隐式语义。显式的语义比较直接，通常可以直接观察到，而隐式的语义则可能需要进一步的揭示或者表达。例如，最直观的一种显式语义表述的就是 D 的一种存在或者是 D 中元素 d 的一种存在。换句话说，d 在属性 A_j（$j=1,2,\ldots,q$）上的取值 $(d(A_1),d(A_2),\ldots,d(A_q))$ 刻画了 d 的一种存在，即：

$$d=(d(A_1),d(A_2),\ldots,d(A_q)) \tag{2}$$

$$D=\left\{(d_i(A_1),d_i(A_2),\ldots,d_i(A_q))\mid d_i(A_j)\in U_j;i=1,2,\ldots,n;j=1,2,\ldots,q\right\} \tag{3}$$

举例说来，假设公司的客户关系管理（CRM）系统中记录的数据如表 1 所示，其中包含所有客户的基本注册信息以及购物信息。

表1　CRM系统的客户数据示例

ID	姓名	手机号	性别	年龄	上次购物时间	……
1	Tom	138####1235	Male	24	2020-12-01 17：34	……
2	Jane	138####3336	Female	40	2020-11-30 12：10	……
3	Marry	184####8789	Female	45	2020-11-27 08：45	……
4	Claudia	139####0109	Female	32	2020-10-19 21：13	……
5	Justin	135####4662	Male	19	2020-12-02 19：34	……
……	……	……	……	……	……	……

表 1 中的每一条记录通过在属性上的取值构成了一个存在实例，体现出其关于这些属性特征的语义内涵。所有这些记录数据则反映了客户全体的存在以及相关属性上的语义。给定了表 1，其中的记录在属性上的取值就是语义的一种显性表示。

进一步，如果决策过程需要了解所有客户的年龄构成，那么需要对表 1 中的所有记录在年龄属性上的取值情况进行分析，得到如图 1 所示的客户年龄分布模式。这里，客户年龄分布是客户记录在“年龄”属性上的取值模式，其作为一种语义并没有显式地呈现在表 1 中，而是隐式地体现在年龄取值关系中。其他隐式语义还包括属性取值的统计特征、顺序特征、类别特征、结构特征等，主要通过属性取值关系模式体现（包括上面相似关系和均值的例子）。隐式语义特别是复杂模式常常不易直接观察得到，需要通过数据分析手段进行挖掘予以揭示。

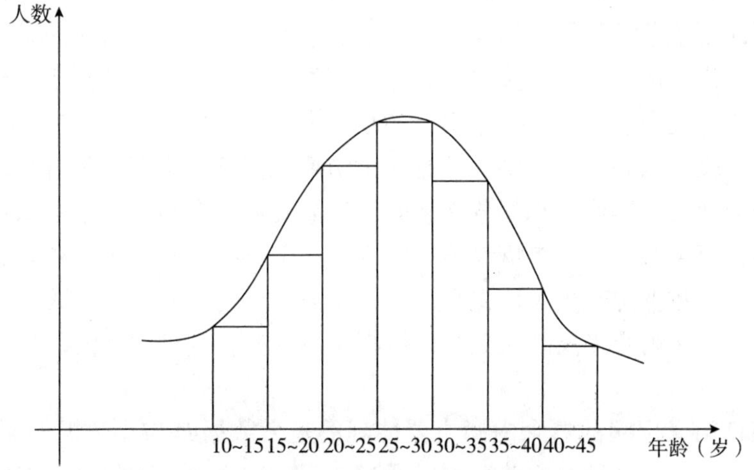

图 1　CRM 系统中的客户年龄分布情况

此外，在大数据环境下，数据呈现多模态、富媒体特点。表 1 作为 CRM 的原始记录集合，属于结构化数据，而现实中还存在着更大规模的非结构化数据，如文本、图像等。对于这类非结构化数据，当前的主流技术应用是通过表示学习来获得非结构化数据的特征向量集合，即通过数据在这些属性特征上的取值来获得基本的语义内容。例如，产品评论是一类非结构化的自由格式的文本，通过特征提取方法可以将其转换成在特征向量上的取值，以结构化的形式来表示这些文本的基本语义内容。这里，产品评论是观测到的、作为显式存在的原始数据实例，而其在相关属性（特征）上的取值则是揭示出的一种隐式语义内容。进一步，这些评论数据在属性特征上的取值模式也是一种需要深层次揭示的语义内容。通常，文本、图像等富媒体数据的语义表示相对复杂，需要借助数据挖掘和机器学习技术与应用的发展成果。

综上所述，大数据集合的语义在不同的情境、视角和认识情形下存在不同的表示，并具有显式和隐式特点。下面我们将从语义反映的角度出发，讨论“大数据—小数据”问题的三种典型类型（即代表性语义反映、一致性语义反映和多样性语义反映）及其可能的组合形式，并结合作者团队近年来的系列研究创新，阐述相关的领域情境、概念内涵、问题建模、求解路径以及管理决策意义。

三、代表性语义反映

在决策场景中，人们常常需要了解大数据中的不同内容或者不同数据元素的存在，即希望通过数据实例这种显式语义来形成对于数据内容的具体印象和直观认识。代表性语义反映是“大数据—小数据”问题的一种类型，旨在从上述显式语义的视角获得一个数据实例的小集合，以求尽可能地反映数据实例全体的内容语义。例如，当需要从所有搜索结果中浏览一小部分条目时，当需要从所有企业博文中读取一小部分文章时，当需要从所有客户反馈中阅看一小部分评论时，当需要从所有舆情专报中审视一小部分报告时……林林总总，人们遇到了依据小数据（子集）认识全局进行决策的情形。此时，小数据通过部分具体的数据实例内容来反映大数据的数据实例内容，这种“反映”称为代表性语义反映。

代表性语义反映的概念内涵主要体现的是大数据 D 与小数据 D' 在元素内容上的对应关系，这种对应关系可以通过元素实例之间的相似关系来度量，例如，对于 $d \in D$，$d' \in D'$，二者相似度 $Sim(d,d')$ 测量了二者之间的内容异同，反映了 d 代表（或覆盖）d' 内容的程度，也反映了 d' 代表（或覆盖）d

内容的程度。这里，相似度测度 $Sim()$ 通常设定具有自反性和对称性，且 $Sim(d,d')\in[0,1]$。换句话说，代表性的含义是通过元素内容间的相似关系体现的，也体现了小数据 D' 在内容上对大数据 D 的覆盖情况，即代表性具有内容覆盖（content coverage）的意味。

需要指出的是，由于代表性是通过显式数据实例之间的相似关系来刻画的，那么数据相似度（或差异性）测量决定着大数据与小数据间的“反映”关系，也影响着生成小数据集合的思路逻辑。

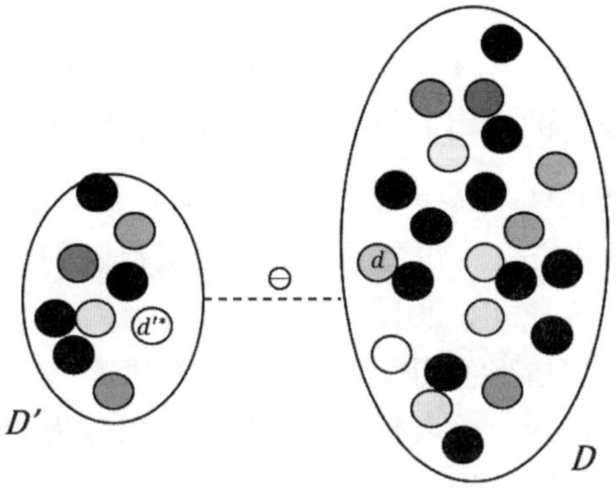

图 2　代表性语义反映示意图

如图 2 所示，首先，D 中 d 被 D' 中 d' 内容上代表的程度通过相似度 $Sim(d',d)$ 表示。则从子集 D' 的角度，D' 中各元素与 D 中 d 相似度最大的那个元素 d'^* 与 d 的相似程度视为整个 D' 代表 d 的程度，即：$Sim(D',d)=\max_{d'\in D'}Sim(d',d)$，这也是对整个 D' 从内容上代表 d 的一个表达。进而，D 被 D' 代表的势（cardinality）是所有 D 中 d 被 D' 代表的程度之和，即 $\sum_{d\in D}Sim(D',d)$，为 D' 在内容上对于 D 的覆盖“量”，可视作 $s(D')$。

$$s(D')=\sum_{d\in D}Sim(D',d) \tag{4}$$

而 D 的势（总量 $|D|$）可视作 $s(D)$。若将语义转换为 0~1 之间的量（即占总量的比例，或内容覆盖程度），则 $s(D)$ 为 1，且：

$$s(D')=\frac{1}{|D|}\sum_{d\in D}Sim(D',d) \tag{5}$$

这样，给定 D 和 k，代表性语义反映的求解问题可以表达为：

$$\max_{D'\subset D,|D'|=k}\left[1-\left(\left|s(D')\ominus s(D)\right|\right)\right]=\max_{D'\subset D,|D'|=k}\frac{1}{|D|}\sum_{d\in D}Sim(D',d) \tag{6}$$

虽然从前面的讨论中可以看到该问题的提出和求解对于决策支持具有重

要意义，但是其求解难度是一个挑战，因为此问题是一个 NP- 难问题（Ma et al.，2017）。这对于方法创新提出了高要求，特别是需要设计出新颖有效的优化策略和启发式方法。再者，如何确保启发式方法的寻优效果是此问题求解的另一个难点。鉴于此，相关研究证明了该问题具有一个重要性质，即子模性（submodularity）。子模性表明：对于该问题，如果 D 有两个子集 D_1' 和 D_2'，存在 $D_1' \in D_2'$ 关系，那么可以得到：

$$s(D_1'+d)-s(D_1') \geqslant s(D_2'+d)-s(D_2'), d \in D-D_2' \tag{7}$$

子模性的一个直观经济学含义是其满足边际收益递减的原则。也就是说，对于 D 的一个相对较大的子集 D_2' 而言，增加一个新的元素 d 所带来的 D_2' 对 D 的语义反映增益要小于 D_1' 对 D 的语义反映增益。重要的是，子模性保证了即使采用直接的贪心启发式方法，得到的代表性语义反映的子集会以（1–1/e）的近似程度逼近最优解（Ma et al.，2017）。

此外，有一类数据情形值得关注，体现在数据元素之间的差异性方面。如果数据本身具有类别标签，或者数据集合中存在较多相似的数据实例可以进行归聚或类别划分，则可以采用一个不同的求解策略，即构造式策略。基本思路是从大数据集合 D 的每一个类别中提取一个代表元素，以此来构造生成小数据集合 D'（如图 3 所示）。

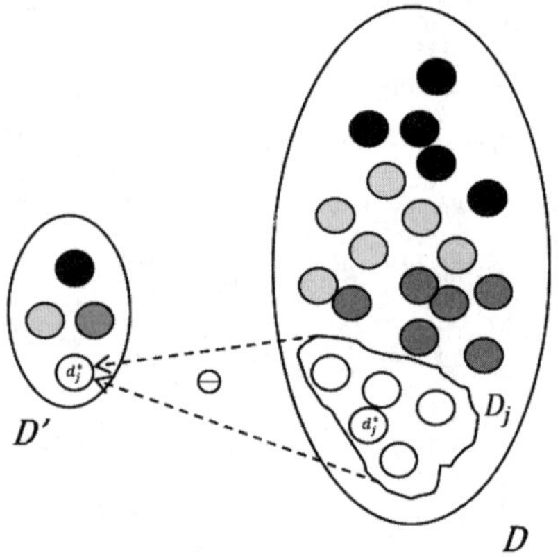

图 3　代表性语义反映示意（类别划分情形）图

具体来说，设 H 为 D 的一个划分，即 $H=\{D_1, D_2, \ldots, D_k\}$，且 $D=\bigcup_{j=1}^{k} D_j$，D_j 为划分的一个群簇。群簇内的数据元素是相似的（或具有超过阈值标准的强相似程度），而群簇间的数据元素是不相似的（或具有低于阈值标准的弱相似程度）。因此，可以通过选取群簇内的某一个元素来代表该群簇的其他相似元素，这个元素就被视为该群簇的代表元素。记 d_j^* 为 D_j 的代表元素，则 D_j 被 d_j^* 代表的势为：$\sum_{d^\circ \in D_j} Sim(d_j^*, d^\circ)$。进而，$D=\bigcup_{j=1}^{k} D_j$ 被 $D'=\{d_1^*, d_2^*, \ldots, d_k^*\}$ 代表的势（内容覆盖“量”）为：$\sum_{j=1}^{k}\sum_{d^\circ \in D_j} Sim(d_j^*, d^\circ)$，可视作 $s(D')$ 。即：

$$s(D')=\sum_{j=1}^{k}\sum_{d^\circ \in D_j} Sim(d_j^*, d^\circ) \quad (8)$$

而 D 的势（D 的总量 $|D|$）可视为 $s(D)$ 。同样，若将语义转换为 0~1 之间的量（即占总量的比例，或内容覆盖程度），则：

$$s(D')=\frac{1}{|D|}\sum_{j=1}^{k}\sum_{d^\circ \in D_j} Sim(d_j^*, d^\circ) \quad (9)$$

而 $s(D)$ 为 1。此时，给定 D 和 k，代表性语义反映问题可表示为：

$$\max_{D' \subset D}\left[1-\left(\left|s(D') \ominus s(D)\right|\right)\right]$$

$$=\max_{D'=\{d_j^* | d_j^* \in D_j, j=1,\ldots,k\} \subset D} \frac{1}{|D|}\sum_{j=1}^{k}\sum_{d^\circ \in D_j} Sim(d_j^*, d^\circ) \quad (10)$$

如果原始数据本身没有类别划分，则该问题求解的一个核心难点是如何获得相应的类别划分，以保证形成的群簇内部的数据元素之间相似度较高，同时群簇之间的数据元素差异较大。惯常的类别划分方法可以通过聚类实现，如划分式聚类、凝聚式聚类、基于密度的聚类、基于网格的聚类等不同形式（Han et al.，2011）。不同的聚类方法适用于不同类型的数据，如划分式聚类和凝聚式聚类就比较常应用于文本数据（Steinbach et al.，2000）。

进一步，虽然代表性语义反映问题一般具有小数据集合的规模约束，如 $|D'|=k$，但是，在实际应用中，k 的设置经常是变化的，会随着决策者的需要或偏好不断调整。比如，在购物过程中，先看 10 条产品评论（即 $k_1=10$），之后又想看 10 条评论（即 $k_2=10$）；在审阅舆情报告时，先看 8 份报告（即 $k_1=8$），随后又看 7 份（即 $k_2=7$），然后再看 5 份（即 $k_3=5$）。一般说来，每次 k 值的设置都意味着重新进行一次问题求解，比如先用 K-means 方法在大数据集合 D 中进行聚类，再从各群簇中进行代表元素提取以构成小数据集合 D'。一个可行的思路是采用凝聚式聚类方法，通过构建多个层次不同粒度的聚类结果来应对类别数变化的情况。然而，传统凝聚式聚类存在一个局限，即在凝聚过程中只考虑局部信息（任何两个数据或者两个簇之间的相似性），忽略了全局信息，因此容易在边缘点处产生错误划分进而影响聚类质量。鉴于此，相关研究提出了

一种新颖有效的代表元素生成方法 REPSET，其中包括新型层次聚类模块，设计了一个回溯机制来动态修正类别凝聚过程中的误分，同时通过一次聚类迭代生成多个层次不同粒度的聚类结果（Guo et al.，2017）。该聚类模块的基本思路流程如图 4 所示。

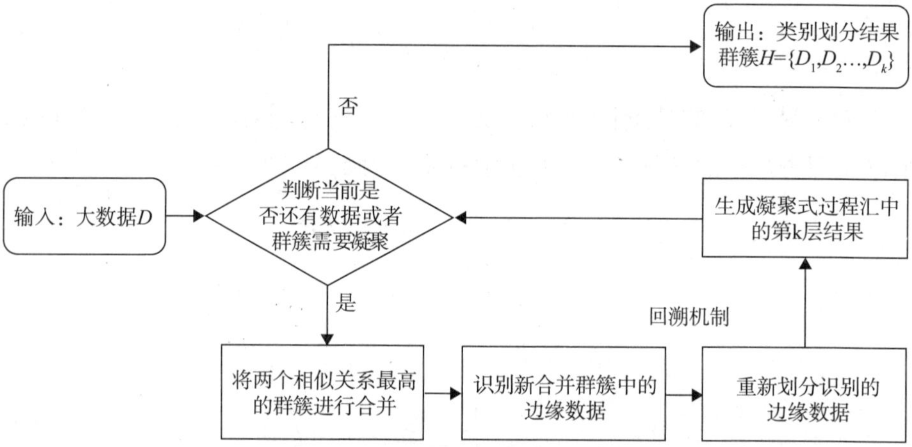

图 4　新型层次聚类模块的思路流程

在此基础上，群簇中元素的平均相似度最高的元素为该群簇的代表元素，即：

$$d_j^* = \max_{d\in D_j}\left\{\frac{1}{|D_j|}\sum_{d^{i\bar{a}}\in D_j} Sim(d,d^{\circ})\right\} \tag{11}$$

每个群簇的代表元素合并生成小数据集合 $D'=\{d_1^*,d_2^*,\ldots,d_k^*\}$。REPSET 方法与其他相关方法比较存在显著优势。同时，REPSET 方法也在大型企业的员工博客平台上进行了检验应用，获得了良好的管理决策支持效果（Guo et al.，2017）。

概括说来，代表性语义反映作为“大数据—小数据”问题的一类情形，体现了大数据环境下管理决策的新挑战，其应对策略对于在数据实例和内容覆盖层面上的“以小见大”洞察具有重要决策支持意义。相关求解方法在丰富场景中不断创新和应用，可以帮助有效解决在基于数据决策中的大小数据间内容语义的信息不对称性，进而更好地为各领域的价值创造进行大数据驱动的决策赋能。

四、一致性语义反映

在决策场景中，人们常常需要在了解大数据全貌的同时获得有温度的具象感知，即希望通过大数据集合的概括性语义（如属性特征的统计汇总）和小数据集合的实例语义来形成对于数据内容及其含义的认识。一致性语义反映是“大数据—小数据”问题的一种类型，旨在从隐式语义的视角获得一个数据实例的小集合，以求小集合在特定属性特征下反映的概括性语义与大数据集合的概括性语义尽可能地一致。例如，在线上购物环境中，消费者可以方便地看到平台提供的每一产品所有评论在相关属性特征上的极性分布情况（如正面负面评论分别在价格、质量、颜色、服务等特征上的占比），同时也可以浏览每一产品的具体评论内容。前者是汇总信息，概括性强且相对抽象；后者是实例型的具体数据内容，临场感强且相对具象。由于消费者通常只是阅看所有评论中的一小部分评论（如显示在第一页的评论），所以，阅看到的评论在特定属性特征上的极性分布（如 10 条评论中“服务”的正面评论有 3 条、负面评论有 7 条）就可能与汇总信息显示的极性分布情况不同（如“服务”的正负评论比例是 80% ：20%）。无疑，这会使消费者产生困惑，从而产生有偏的决策。类似的场景很常见，如企业口碑的详略画像、受众声音的宏微聆听、媒体报道的点面呈现、政策分析的繁简要义，等等。解决这种在大数据集合语义与小数据集合语义之间的信息不对称性具有重要意义。此时，语义反映强调小数据集合在相关属性特征（如“服务”）上的取值模式与大数据集合的一致性，这种“反映”称为一致性语义反映。

一致性语义反映的概念内涵是小数据集合 D' 在相关属性上的取值模式与大数据集合 D 在这些属性上的取值模式相一致。取值模式一般是对于数据实例属性取值的深层次刻画，所以一致性语义反映属于隐式语义反映的范畴。一致性语义反映如图 5 所示，大数据集合 D 在属性特征上的取值模式为其在各属性特征 (A_1, A_2, A_3, A_4) 上的取值分布，即语义 $s(D)$ 。一致性是指对于子集 D'，其元素在部分属性特征（如 A_1, A_3 ）上的取值模式 $s(D')$ 与 D 在这些属性上的取值模式 $s(D)$ 相一致。通常，子集 D' 的非空取值属性特征个数远小于全集 D 的属性特征个数。以产品评论为例，所有产品评论涉及的属性特征可能很多，涵盖产品从内在到外延属性特征的方方面面。然而，就一个评论而言，可能只涉及客户购买 / 使用体验的个别方面，如价格和物流，而没有提及其他方面。对于消费者浏览的小集合评论而言，通常提及的属性特征个数也会很有限。

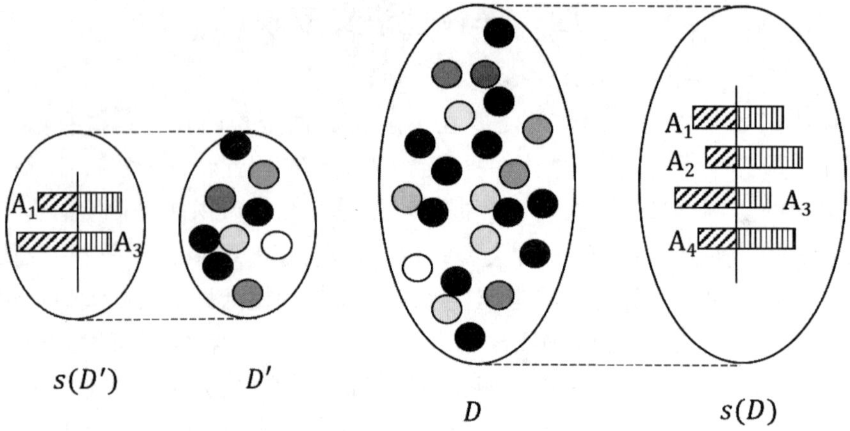

图 5　一致性语义反映示意图

由于取值模式作为隐式语义存在多种形态，这里围绕取值分布形态讨论一致性语义反映问题的形式化表示。令 D 表示大数据集合，D' 表示小数据集合，$\mathbb{A}_{D'}$ 是 D' 上所有特征 A 的集合（即 $A\in\mathbb{A}_{D'}$），D_A 表示 D 中包含属性 A 的数据所形成的集合。不失一般性，假设每个属性特征的值域为二值集合 $\{x, y\}$（如评论极性取值）。对于属性特征 A，取值为 x 的数据在 D_A 上的占比（取值分布）为 $\frac{|D'^x_A|}{|D'_A|}$，类似地，其在 D 上的占比为 $\frac{|D^x_A|}{|D_A|}$。这里，就分别对应着 D'_A 和 D_A 的语义：$s(D'_A)=\frac{|D'^x_A|}{|D'_A|}$，$s(D_A)=\frac{|D^x_A|}{|D_A|}$。进一步，考虑所有属性特征，可以得到 D' 和 D 的语义：$s(D')=\sum_{A\in\mathbb{A}_{D'}}s(D'_A)$，$s(D)=\sum_{A\in\mathbb{A}_{D'}}s(D_A)$。则给定 D 和 k，一致性语义反映问题可表示为：

$$\max_{D'\subset D,|D'|=k}\left[1-\left(\left|s(D')\ominus s(D)\right|\right)\right]$$
$$=\max_{D'\subset D,|D'|=k}\sum_{A\in\mathbb{A}_{D'}}\left(1-\left|\frac{|D'^x_A|}{|D'_A|}-\frac{|D^x_A|}{|D_A|}\right|\right) \tag{12}$$

如果希望体现不同属性特征的重要性，可以引入属性特征权重 $w_A=\frac{|D_A|}{|D|}$。此时，求解问题可以为：

$$\max_{D'\subset D,|D'|=k}\sum_{A\in\mathbb{A}_{D'}}w_A\times\left(1-\left|\frac{|D'^x_A|}{|D'_A|}-\frac{|D^x_A|}{|D_A|}\right|\right) \tag{13}$$

值得一提的是，因为这里表述的为二值属性的占比，所以大小数据集合在一致性上的语义差异最终体现在属性的一个取值上面。当然，如果属性的取值更多，则可以相应进一步扩展。

对于上述一致性语义反映问题的求解存在难点。首先，该问题具有高的复杂度，因此对于求解带来挑战。相关研究证明，该问题是一个 NP- 难问题（Zhang et al.，2016）。这就使得问题求解难以采用传统优化方法，而需要进行方法创新以研发有效的启发式策略。进而，带来的挑战就是如何提出有效的启发式方法。相关研究提出了一种新颖的求解方法 eSOP，通过设计增强型逐步寻优策略（思路流程见图 6），使得在求解精度和效率上具有优势（Zhang et al.，2016）。

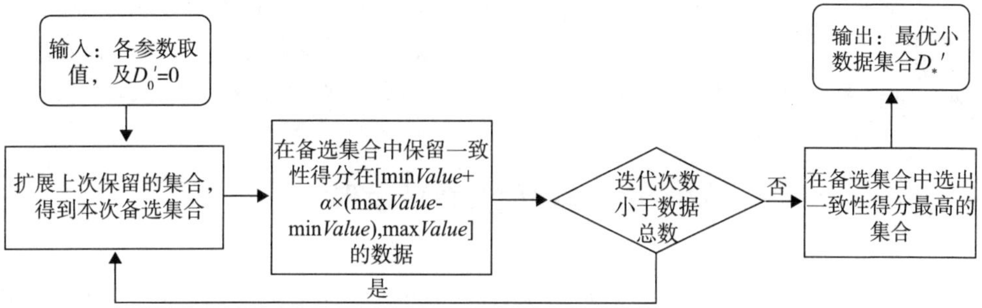

图 6　增强型逐步寻优策略思路流程图

具体而言，在求解方法逐次迭代进行小数据集合扩展时，不仅保留具有最高一致性得分的数据，而且通过引入一个参数 $\alpha\in[0,1]$ 来控制一致性得分的阈值，以生成一个一致性得分在 $\left[\min Value+\alpha\times(\max Value-\min Value),\max Value\right]$ 区间的候选集合供后续一致性子集使用。当 $\alpha=1$ 时，相当于仅保留具有最大一致性得分的数据进入后续迭代中，即求解方法退化为贪心方法；而当 $\alpha=0$ 时，相当于保留一致性得分在 $\left[\min Value,\max Value\right]$ 之间的数据作为候选集合，相当于方法退化为穷举求解方法。因而，通过控制 α 的取值，可以调节方法的寻优空间及求解效率。

围绕产品评论情景，通过大量的数据实验表明，eSOP 方法与其他相关方法比较存在显著优势。同时，eSOP 方法也在大型线上购物平台上进行检验应用，获得了良好的决策支持效果（Zhang et al.，2016）。此外，近年相关研究针对问题的不同视角和情境进行了扩展。扩展方面包括：Zhang 等（2016）从消费者行为学角度，刻画消费者可能在不同位置的评论处停止下来，引入消费者在第 i 条评论处阅读停止概率 p_i，进而将求解问题转化为优化期望意义下的一致性，

即 $\max\sum p_i \sum_{A\in \mathbb{A}_{D'}} w_A \times \left(1-\left|\frac{\left|D_A'^x\right|}{\left|D_A'\right|}-\frac{\left|D_A^x\right|}{\left|D_A\right|}\right|\right)$。Wang 等（2018）针对消费者对在线评论发布时间的关注，引入时间衰减函数对在线评论进行赋权，进而形成考虑评论时效性的一致性语义反映问题，并在寻优方法中引入优先队列结构和剪枝策略，在保证优化效果同时进一步优化求解效率。Chen 等（2018）进一步考虑了在线评论质量因素，设计了结合评论质量评估框架的语义衡量方法，进而形成考虑评论质量的一致性语义反映问题，在寻优方法中结合了深度优先搜索方法和贪心策略，从而兼顾求解效率及精度。

概括说来，一致性语义反映作为“大数据—小数据”问题的一类情形，体现了大数据环境下管理决策的新挑战，即如何兼顾和协同大数据与小数据传递语义信息的一致性，使大小数据传递同频声音，进而帮助管理者做出精准决策。建模和求解方法的不断创新，可以为大数据驱动的决策赋能，对于在取值模式（如分布一致性）层面上的“以小见大”洞察具有重要决策支持意义。

五、多样性语义反映

在决策场景中，人们常常需要从多样性的角度来观察世界，即希望通过小数据集合来体现大数据集合的多样性特点。多样性语义反映是“大数据—小数据”问题的一种类型，旨在从隐式语义的视角获得一个数据实例的小集合，以求小集合在特定属性下反映的结构性语义与大数据集合尽可能地相近。例如，浏览新闻时，人们期待多角度的报道；了解舆情时，人们期待不同的诉求；竞品搜索时，人们期待提供丰富的选择；政策制定时，人们期待面向各类人群；等等。此时，语义反映强调小数据集合反映大数据集合的类别多样性。

多样性语义反映的概念内涵是指小数据集合 D' 对于大数据集合 D 的相应类别结构 $H=\{D_1, D_2 \dots D_k\}$ 的覆盖程度。相对于 D'，D 的元素在特定属性（如形状）上的取值存在某种模式（如类别：圆形、矩形、多边形、梯形），即构成了 D 上的一个语义 $s(D)$ 。取值模式一般是语义的深层次刻画，所以多样性语义反映属于隐式语义反映的范畴。多样性语义反映如图 7 所示，显示出大小数据集合语义在类别上的对应。

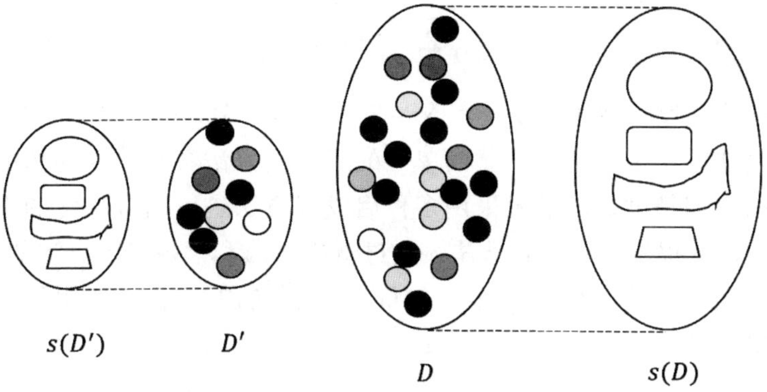

图 7　多样性语义反映示意图

给定大数据集合 D，多样性语义反映问题是寻找规模为 k 的子集 D'，使得 D'在H的框架下（即 D 的类别结构下）对于 D 的覆盖最大。换句话说，多样性语义反映具有结构覆盖的意味。计算结构覆盖程度的一个思路是通过信息熵（Shannon，1948）来计算 H 的“信息载量”。具体而言，对于 D 的子集 D'（$|D'|=k$），假设 D' 中的每一个元素 d_j' 对应一个 D 的子类 D_j，$j=1,2,\ldots,k$（或将 d_j'看作 D_j 的类别标签）。进而，对于 D 中的任一元素 d，按照与 D' 中每一个元素 d_j'的相似程度高低，确定其类别归属。即元素 d 属于的 D_j 程度（隶属度）为 d 与 d_j'的相似度 $sim(d,d_j')$，当 d 与 d_j'相似度最大时，d 的类别划分为 D_j。基于此，可以得到集合 D 的类别划分 $D_1,D_2,\cdots D_k$。相应地，D_j 的势 $n_j^v=\sum_{d\in D_j} sim(d_j',d)$ 表示以 d_j'为类标签的类别 D_j 中元素的隶属度的和，构成了 d_j'与 D_j 的对应。$\sum_{i=1}^{k} n_j^v = n^v$ 则是 D' 关于 D 的对应。通过 D' 中元素与 D 中不同类别的对应，可以进一步计算 D 的“信息熵”以体现 D' 在类别划分 $D_1,D_2,\cdots,D_k$ 的框架下（k>1）对于 D 的多样性反映。这样，D' 对于 D 的多样性语义为：

$$s(D') = -\frac{1}{log_2 k}\sum_{i=1}^{k} \frac{n_j^v}{n^v} log_2\left(\frac{n_j^v}{n^v}\right) \tag{14}$$

当 k=1 时，令 $s(D')=1$。类似地，有 $s(D)=1$。则多样性语义反映问题可以表示为：

$$\max_{D'\subset D,|D'|=k}\left[1-\left(\left|s(D')\ominus s(D)\right|\right)\right]$$

$$= -\frac{1}{log_2 k}\sum_{i=1}^{n} \frac{n_j^v}{n^v} log_2\left(\frac{n_j^v}{n^v}\right) \tag{15}$$

多样性语义反映问题同样具有 NP- 难的性质（Ma et al.，2017），通常也需要采用启发式方法进行求解。然而单一的启发式方法容易陷入局部最优，导致影响问题的求解精度，因而可采用多种启发式方法进行组合寻优的方式来提升效果。相关研究提出一个融合方法，通过贪心算法和模拟退火算法的组合策略，以获得良好的寻优效果和算法效率（Ma et al.，2017）。图 8 给出了模拟退火随机搜索策略的思路流程。

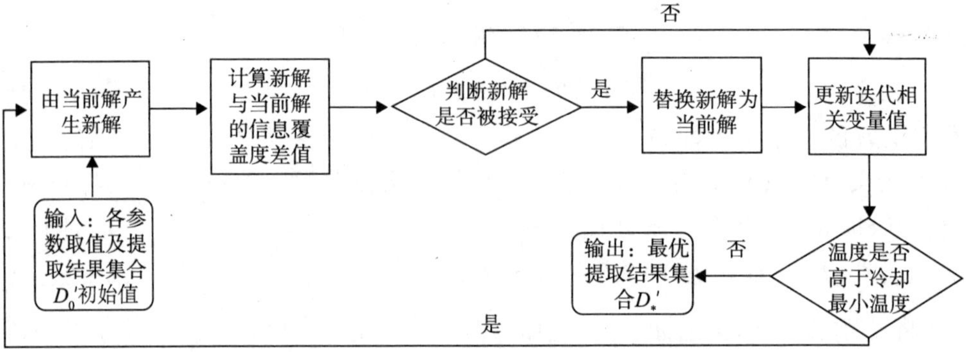

图 8 模拟退火随机搜索策略思路流程图

图 8 思路是一个迭代的过程，其中的步骤主要有两个。（1）计算新解与当前解的多样性语义反映的差值。这一步需要计算当前结果集合和可能的新结果集合的多样性语义反映，并计算新解带来的增益（负值表示减少值）。这里计算的增益，一方面决定是否使用新解代替当前解，另一方面对后续“接受概率”的产生起作用。（2）判断新解是否被接受。这一步是引入模拟退火的“随机搜索”思路的核心内容。如果出现新解没能改进多样性语义反映的效果，并不一定放弃新解，而是以一定的“接受概率”接受无改进的新解。这种“接受概率”会受到新解的多样性语义反映增益以及当前冷却温度的双重影响。如果当前“接受概率”大于随机概率，则接受新解代替当前解，否则仍保留当前解。当新解与当前解测度值相同时，仍然坚持使用新解代替当前解，这也是为了鼓励算法进行更多寻优，避免陷入某个局部最优值附近。围绕信息搜索服务场景，通过大量的数据实验表明，与其他相关方法比较，图 8 所示的融合方法能够获得更好的多样性反映效果。此外，所提出的融合方法也在谷歌搜索平台上进行了检验应用，显著提升了平台的信息服务效果（Ma et al.，2017）。

概括说来，多样性语义反映作为“大数据—小数据”问题的一类情形，体现了大数据环境下管理决策的新挑战，即如何缩减大数据与小数据在特定属性下的结构性语义差异，让小数据以棱镜的方式折射出大数据中的不同颜色，进而帮助决策者掌握大数据中的结构语义，做出全面性判断。建模和求解方法的不断创新，可以为大数据驱动的决策赋能，对于在取值模式（如结构覆盖）层面上的"以小见大"洞察具有重要决策支持意义。

六、其他相关工作

代表性、一致性、多样性是"大数据—小数据"问题的三类典型情形，体现了语义反映的不同视角和对小数据集合的不同获取策略。这里，有两个相关的问题值得一提。一个相关问题是Top-k问题（Fagin，1999；Fagin et al.，2003；Zhang et al.，2020）。Top-k问题亦是旨在从大数据集合中提取一个规模为k的子集。但是，它与"大数据—小数据"问题存在着显著不同。Top-k问题寻求的子集具有高偏序特征（根据排序策略含义），而"大数据—小数据"问题寻求的子集具有高语义相近性（根据语义反映含义）。例如，对于数列整数数据集$D=\{1,2,\ldots,80,81\}$，如果$k=9$，那么对于两个子集$D_1=\{81,80,79,78,77,76,75,74,73\}$和$D_2=\{5,14,23,32,41,50,59,68,77\}$而言，Top-$k$将获得$D_1$。显然，以中值、均值、标准差来衡量，和$D_2$相比，$D_1$对$D$的语义反映较差，而采用文中的代表性方法思路可以获得与D_2类似的结果。此外，另一个相关问题是随机抽样，其属于代表性内容覆盖的范畴。给定k，可以在D上抽取一个规模为k的随机样本来构成D'。然而，由于随机偏差（Heckman，2010），一次随机抽样获得的D'通常难以保证在内容覆盖意义上的寻优，即D中d被D'中d'代表的程度一般低于d被d'^*代表的程度（$Sim(d'^*,d)>Sim(d',d)$）（参见图2）。而且，k越小（相对于$|D|=n$，$k\ll n$），则随机偏差导致的内容覆盖语义偏离越严重。

此外，在复杂的决策场景中，视角融合以及特定目标诉求等需要对于问题建模和求解路径进行新的探索，进而引出了组合式语义反映、小数据质量优化等相关问题。

如果关注代表性与多样性的视角融合，可以考虑在前面提到过的内容覆盖和结构覆盖含义下的组合式语义反映。相关研究通过小数据集合同时在内容实例层面和类别结构层面反映大数据集合相关语义的形式，将B-S问题

$\max_{D'\subset D,|D'|=k}[1-(|s(D')\ominus s(D)|)]$ 表示为：

$$\max_{D'\subset D,|D'|=k}\left(\frac{1}{|D|}\sum_{d\in D}Sim(D',d)\right)\times\left(-\frac{1}{log_2 k}\sum_{i=1}^{k}\frac{n_j^v}{n^v}log_2\left(\frac{n_j^v}{n^v}\right)\right) \tag{16}$$

即为内容覆盖度（ $Cov_C(D',D)$ ）与结构覆盖度（ $Cov_s(D',D)$ ）的乘积（Ma et al.，2017）。

从前面讨论可以得到，这一组合式语义反映问题同样具有 NP- 难的复杂度。在求解过程中除考虑多种启发式方法的组合外，还可以结合问题的特点设计特定的剪枝策略，以对求解空间进行合理的收缩，在不牺牲求解精度的情况下尽量提升求解效率。相关研究提出了有效的启发式方法 COV_{C+S}-*Select* 及其近似策略 $FastCOV_{C+S}$-*Select*，比如候选集合生成策略、精简寻优空间迭代策略等（Ma et al.，2017）。

再者，"大数据—小数据"问题可以根据特定目标的需求并结合其他语义表述和测度进一步优化小数据提取结果。例如，一类语义约束测度可以作用于小数据集合以提升集合本身的质量，如紧凑度、冗余度等（Zhang et al.，2012；Ma and Wei，2012；Ma et al.，2017）。这样，可以在求解 B–S 问题前 / 后进一步提炼小数据，增强以小见大的洞察质量。例如，在小数据集合 D' 中，任意元素 d' 对集合 D' 的冗余度定义如下：

$$Red(d',D')=1-\frac{1}{\sum_{d\in D'}sim(d',d)} \tag{17}$$

其中，$\sum_{d\in D'}sim(d',d)$ 表示 d' 与 D' 中元素的总相似度之和。进而集合 D' 的冗余度可表示如下：

$$Red(D'))=\frac{\sum_{d_1\in D'}Red(d',D')}{|D'|}=\frac{1}{|D'|}\times\sum_{d'\in D'}\left(1-\frac{1}{\sum_{d\in D'}sim(d',d)}\right) \tag{18}$$

该测度可以通过前剪枝或后剪枝的形式作用于 B–S 问题的求解，将冗余度较高的元素滤除，使得获取的小数据集合具有简明高效的特点，更好地支持基于数据的管理决策。

七、总结

现代科学技术正深刻改变着人类的思维、生产、生活和学习方式，也正在以数字的方式重构着个人、组织、社会与政府的管理决策，催生出大数据驱动的新型决策范式。在此背景下，一方面，大数据为具有全局视图的管理决策提供了可能；另一方面，数据可获性、成本、时间以及人们对于大量数据的接受和消化能力，使得在许多应用场景中人们只能基于有限的小数据进行决策。这种决策信息的不对称性，使得提出“大数据—小数据”问题以寻求小数据更好地反映大数据语义对于科学决策来讲变得尤为关键，具有重要的理论和实践意义。鉴于此，本文提出了“大数据—小数据”问题及其概念内涵，并从代表性、一致性、多样性的视角出发，讨论了小数据“反映”大数据语义的形式和问题求解路径，呈现了大数据—小数据问题的多种应用场景和方法创新。

在数字经济中，随着数据要素和数智化作用的日益显现，也将出现更多的“大数据—小数据”问题的应用场景和有效实践。进一步的研究可在本文的基础上，继续探索在新场景下“大数据—小数据”问题建模、求解及其赋能的不同形式，洞察和解构大数据中的深层次语义，提升大数据驱动的管理决策和价值创造水平。

参考文献

[1] Chen, G. Q., Wang, C., Zhang, M. Y., Wei, Q. and Ma, B. J., 2018, “How ‘small’ reflects ‘large’? —Representative information measurement and extraction”, *Information Sciences*, vol. 460, pp. 519~540.

[2] Fagin, R., 1999, “Combining fuzzy information from multiple systems”, *Journal of Computer and System Sciences*, vol. 58, pp. 83~99.

[3] Fagin, R., Lotem, A. and Naor, M., 2003, “Optimal aggregation algorithms for middleware”, *Journal of Computer and System Sciences*, vol. 66, pp. 614~656.

[4] Guo, X.H., Wei, Q., Chen, G., Zhang, J. and Qiao, D.D., 2017, “Extracting representative information on intra-organizational blogging platforms”, *MIS Quarterly*, 41(4), pp.1105~1127.

[5] Han, J.W., Kamber, M. and Pei, J., 2011, *Data mining concepts and techniques third edition*. Elsevier.

[6] Heckman, J.J., 2010, *Selection bias and self-selection*, Palgrave Macmillan, London.

[7] Hilbert, M. and Lopez, P., 2011, "The world' s technological capacity to store, communicate, and compute information", *Science*, 332(6025), pp. 60~65.

[8] Ma, B. and Wei, Q., 2012, "Measuring the coverage and redundancy of information search services on e-commerce platforms", *Electronic Commerce Research and Applications*, 11(6), pp.560~569.

[9] Ma, B., Wei, Q., Chen, G., Zhang, J. and Guo, X., 2017, "Content and Structure Coverage: Extracting a Diverse Information Subset", *INFORMS Journal on Computing*, 29(4), pp. 660~675.

[10] Nemhauser, G.L., Wolsey, L.A. and Fisher, M.L., 1978, "An analysis of approximations for maximizing submodular set functions", *Mathematical Programming*, 14(1), pp. 265~294.

[11] Reinsel, D., Gantz, J. and Pydning, J., 2019, *Data Age 2025*, IDC.

[12] Shannon, C., 1948, "A mathematical theory of communication", *Bell System Technical Journal*, 27(3), pp. 379~423.

[13] Steinbach, M., Karypis, G. and Kumar, V. A., 2000, "Comparison of document clustering techniques", in Grobelnik, M., D. Mladenic and N. Milic–Frayling, eds: *Proceedings of the KDD Workshop on Text Mining*, ACM, New York, NY, United States.

[14] Wang, C., Chen, G. and Wei, Q., 2018, "A temporal consistency method for online review ranking", *Knowledge-Based Systems*, vol. 143, pp. 259~270.

[15] Zhang, Z., Chen, G., Zhang, J., Guo, X. and Wei, Q., 2016, "Providing consistent opinions from online reviews: a heuristic stepwise optimization approach", *INFORMS Journal on Computing*, 28(2), pp. 236~250.

[16] Zhang, J., Chen, G. and Tang, X., 2012, "Extracting representative information to enhance flexible data queries", *IEEE Transactions on Neural Networks and Learning Systems*, 23(6), pp. 928~941.

[17] Zhang, W.X., Deng, Y. and Lam, W., 2020, "Answer ranking for product–related questions via multiple semantic relations modeling", in Huang, J., Y. Chang and X. Q. Cheng, eds: SIGIR' 20: *Proceedings of the 43rd International ACM SIGIR Conference on Research & Development in Information Retrieval*, ACM, New York, NY, United States.

[18] 陈国青 , 吴刚 , 顾远东 , 陆本江 , 卫强 . 管理决策情境下大数据驱动的研究和应用挑战——范式转变与研究方向 [J]. 管理科学学报 , 2018(7).

[19] 陈国青 , 曾大军 , 卫强 , 张明月 , 郭迅华 . 大数据环境下的决策范式转变与使能创新 [J]. 管理世界 , 2020(2).

[20] 冯芷艳 , 郭迅华 , 曾大军 , 陈煜波 , 陈国青 . 大数据背景下的商务管理若干前沿课题 [J]. 管理科学学报 , 2013(1).

[21] 徐宗本 , 冯芷艳 , 郭迅华 , 曾大军 , 陈国青 . 大数据驱动的管理与决策前沿课题 [J]. 管理世界 , 2014(11).

重大航天工程系统融合原理、模型及管理方法*

麦 强[1] 陈学钏[1,2] 安 实[1] 郭亚男[1] 王 健[1]
（1哈尔滨工业大学经济与管理学院；2中国兵器工业集团公司）

摘要：重大航天工程对维护国家安全，促进经济发展和科技进步有着重要意义。按照“基本原理—模型构建—管理方法”的研究链条，本文提出了重大航天工程系统融合原理，构建了系统融合模型，提出了综合性的管理方法。基于重大航天工程多尺度动态复杂性认识，揭示了微观复杂性和宏观整体性间张力推动工程系统演化的动力机理，提出了“复杂性降解”和“整体性中和”组合策略。在工程网络模型框架下，构建了重大航天工程系统融合模型，描述了工程不同阶段不同组合策略下微观网络结构及整体功能实现的变化过程，并根据张力的平衡条件提出了综合管理方法。最后，通过北斗卫星工程实践说明了系统融合原理、模型及管理方法的应用。

关键词：重大航天工程 系统融合 多尺度动态复杂性 北斗卫星工程

一、引言

中国航天事业自1956年创建以来，相继实施了“两弹一星”、载人航天、月球探测、北斗导航为代表的重大航天工程，走出了一条自力更生、自主创新的发展道路①。通过这些工程，不仅维护了国家安全，促进了国家科技进步及经济发展，而且积累了丰富的工程经验，创新了众多管理方法。在激烈的国际航天工业竞争背景下，为尽快实现全面建成航天强国的目标，从工程实践中提炼符合我国国情及体现出中国特色思想的管理理论和方法已经十分迫切。

---

* 原载《管理世界》2021年第2期。

① 参见中华人民共和国国务院新闻办公室编写的《2016中国的航天》白皮书全文。

我国重大工程管理正处于从“照着讲”到“接着讲”的跨越阶段，一些学者提出了不同类型重大工程的管理理论和方法（盛昭瀚等，2019；陈晓红等，2020）。重大航天工程与其他重大工程一样是一类典型的复杂系统，多尺度复杂性是这类系统具备的重要特征（Benjamin et al.，2017；盛昭瀚，2019）。同时，重大航天工程是一类特殊的科技工程，工程本质特征、工程演化规律、工程管理方法等与其他类型重大工程有显著的差别，需要建立符合该类工程实践的理论和方法。

在宏观层面，重大航天工程要在有限的时间及一定的资源条件下，通过密切合作的组织构建完整的工程实体，实现诸多重要的功能。如北斗三号全球卫星导航系统在 2020 年 7 月 31 日正式建成开通后，能够为全球 120 余个国家和地区提供全天候、全天时的高精度与高可靠定位、导航、授时服务，其相关产品在交通运输、海洋渔业、水文监测、救灾减灾、应急搜救等领域获得广泛应用。但同时，重大航天工程在微观层面又面临着研制周期漫长、技术创新性强、组成单元数量众多、参研参试单位及人员庞杂等问题。例如北斗卫星工程自 1994 年启动，经过一号、二号和三号三期系统建设，历经 26 年的研制才实现了工程预期功能。在该过程中，北斗卫星工程累计发射近 60 颗卫星，有 400 多家单位、30 余万名科研人员参与研制建设，仅三号系统就攻克了星间链路等 160 余项关键核心技术，推进了 500 余种器部件研制国产化。

重大航天工程宏观功能的实现必须依赖微观层面的复杂结构，同时又受其制约。因此，在以北斗卫星工程为代表的重大航天工程研制过程中，面临的挑战主要在于同时存在的宏观整体性和微观复杂性。在工程实践中，这种关系往往被定义为宏观高目标下的微观复杂性挑战，如探月工程一期既提出了“高标准、高质量、高效率”的“三高”要求，也指出该工程“复杂的多学科高技术集成”特点（栾恩杰，2009）。

为应对这种挑战，重大航天工程往往采取综合性方法，如北斗卫星工程同时采取了系统工程方法、项目管理方法、工程大总体等方法（孙家栋、扬长风，2017）。这些方法从不同的层面解决了一些特定的问题，体现出了不同的管理思想。如系统工程方法详细说明了工程全寿命周期各个时间段需要做的工作，为所有工程人员提供了全景式画像及具体的工程手册（栾恩杰，2010；NASA，2016；唐伟等，2020）。系统工程方法围绕卫星、火箭等工程产品的研发流程制订任务计划，偏重于工程技术任务的计划和执行，强调工程产品先分解后组合。项目管理知识体系将工程管理内容分解为不同类型的要素，并且将其具体化为各项管理工作的输入、处理、输出及相互之间的衔接关系（美国项目管理协会，2018）。该方法偏重于工程的管理工作，期望通过不同知识的专业化管理提高工程效率。工程大总体及两总体系产生于综合集成研讨厅方法，为工程的统一指挥提供了组织保障（于景元，2016；于景元、周晓纪，2005）。该方法偏重于工程管理各类知识的综合集成，期望通过不同专业的合作提高工程的整体效率。但在采取这些综合性方法的同时，也不可避免地会出现管理方法相互矛盾的现象，例如既需要在工程中实现集中统一指挥，也需要向工程研制部门进行放权以提高其应对突发事件的灵活性；既需要明确所有参与单位乃至个体的责权利，也需要在责权利上保持一定的模糊性为不确定性环境中的协作留有余地。

针对重大航天工程实践中综合性管理方法相互配合但具体管理方法又可能相互矛盾的现象，需要超越系统工程、项目管理等方法所隐含的对重大航天工程的认识，从更高系统层次思考工程演化过程并对管理行为进行解释，形成新的管理理论。基于上述考虑，本文将按照"基本原理—模型构建—管理方法"的研究链条，提出系统融合原理，建立系统融合原理模型，并根据模型提出综合性管理方法。本文的研究将为我国未来诸多重大航天工程实施提供理论和方法支持。

二、系统融合原理

原理是在概念及实践的基础上，形成带有普遍性、最基本、可以作为其他规律基础的规律（陈晓红等，2020），是对重大工程管理实践活动现象的逻辑关系、因果关系等进行解释并提炼出其中的基本规则和前提，形成一种论断性的表述（盛昭瀚等，2019）。

重大航天工程系统融合原理说明了重大航天工程多尺度动态复杂性特征，从微观结构及宏观功能关系视角揭示了该类工程系统演化的动力机理，总结了促使工程微观结构及宏观功能同时演化的策略，分析了这种策略组合所带来的效果（麦强等，2019a）。系统融合原理的主要内容包括：

（一）重大航天工程是一类复杂系统，具有多尺度动态复杂性特征

系统融合原理认为，重大航天工程是一类典型的复杂系统，具有多尺度复杂性特征。重大航天工程一般可以分为硬系统（技术系统）、虚系统（管理要素系统）及软系统（组织系统）（顾基发、唐锡晋，2006；麦强等，2019a），每种系统的组成及其规律完全不同（刘海燕等，2017）。系统融合原理基于复杂系

统的认识，抽取出了重大航天工程中不同类型系统的共性特征，分析其共性规律。通过该视角分析，系统融合原理提出重大航天工程存在多尺度复杂性特征，其中在工程微观层面的复杂性表现为各类系统中组成单元的数量及这些单元之间的关联关系（麦强等，2019b），在工程宏观层面的复杂性表现为各类系统期望实现的整体性功能。并且，在重大航天工程的全寿命周期中，随着组成单元及其关联关系的变化，重大航天工程的微观复杂性会发生变化，同时宏观整体性也发生相应的改变，从而呈现出一种多尺度动态复杂性特征。

（二）重大航天工程多尺度复杂性间存在张力，推动工程系统演化发展

系统融合原理认为，重大航天工程多尺度复杂性间存在张力，并且这种张力是推动工程系统演化发展的动力机理。重大航天工程需要通过大量异构性单元及其有效关联来实现工程特殊的预期功能，因此微观复杂性对宏观整体性具有支持作用（Siegenfeld and Bar–Yam，2019）。同时，遵循任何一类复杂系统的演化规律，重大航天工程微观复杂性的产生是适应工程宏观整体性的结果（霍兰，2011），因此宏观整体性又会限制微观复杂性。重大航天工程微观复杂性和宏观整体性间这种既相互支持又相互制约的关系形成了一种张力，体现出人为建造和自然生长两种不同机理间的矛盾与促进关系。当微观复杂性无法支持或超过宏观整体性约束时，张力产生不平衡现象，促使微观复杂性和宏观整体性同时发生改变，因此这种张力为重大航天工程的系统演化提供了一种动力。

（三）重大航天工程采取“竞合”策略组合，建立了综合管理方法

系统融合原理认为，重大航天工程的管理实践采取了一组“竞合”策略组合对应微观复杂性和宏观整体性的张力变化。该“竞合”策略是复杂系统多尺度复杂性特征形成的重要方法（Siegenfeld and Bar–Yam，2019）。“竞合”策略组合中，竞争策略表现为包括“复杂性探索—复杂性吸收—复杂性分解—复杂性承担”过程的“复杂性降解”，而整合策略表现为包括“整体性叠加—整体性相容—整体性固化—整体性重构”过程的“整体性中和”。“复杂性降解”和“整体性中和”中对称性的策略组合通过改变工程微观层面组成单元及其关联关系，改变着工程宏观功能的实现概率。该管理策略不同于传统航天工程“V”形系统工程先分解后集成的思想，强调在分解的同时也进行综合，加快了重大航天工程的研制进程。

（四）重大航天工程系统融合促进边际收益最大化，平衡多尺度复杂性张力

系统融合原理认为，基于“竞合”策略组合的综合管理方法能够通过微观复杂结构的改变实现宏观整体功能的边际收益最大化，这时微观复杂性和宏观整体性张力实现平衡。也就是说，在工程演化的不同阶段，不同组合的综合管理方法能够通过改变单元组成及其关联关系提高整体功能的实现概率，促使工程的微观结构及整体功能达到一个稳定状态。这些综合管理方法能够在加快工程迭代速度的同时提高其效率，避免传统工程管理方法碎片化应用问题。

上述重大航天工程系统融合原理可用图 1 表示。

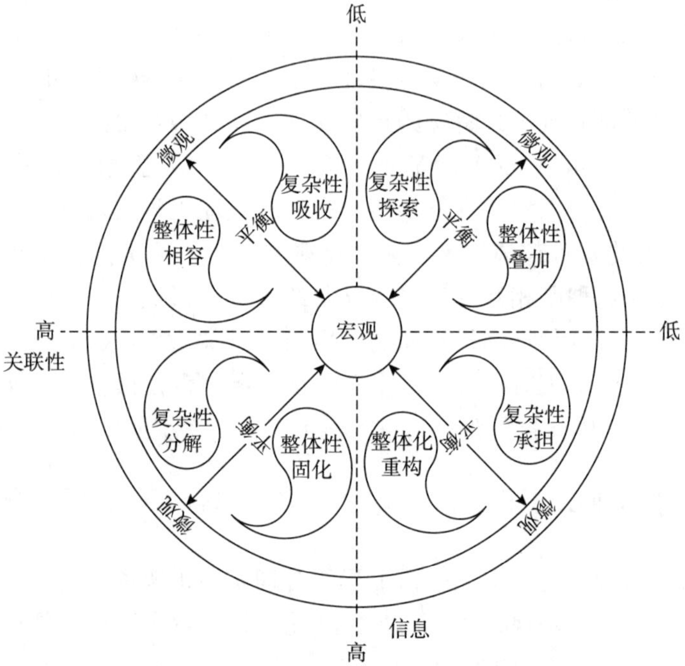

图 1　重大航天工程系统融合原理

三、系统融合模型及管理方法

为描述重大航天工程系统融合原理并据此提出合理的管理方法，本文建立了该系统融合原理的数学模型。图 2 表示了原理与模型在各个方面的对应关系。

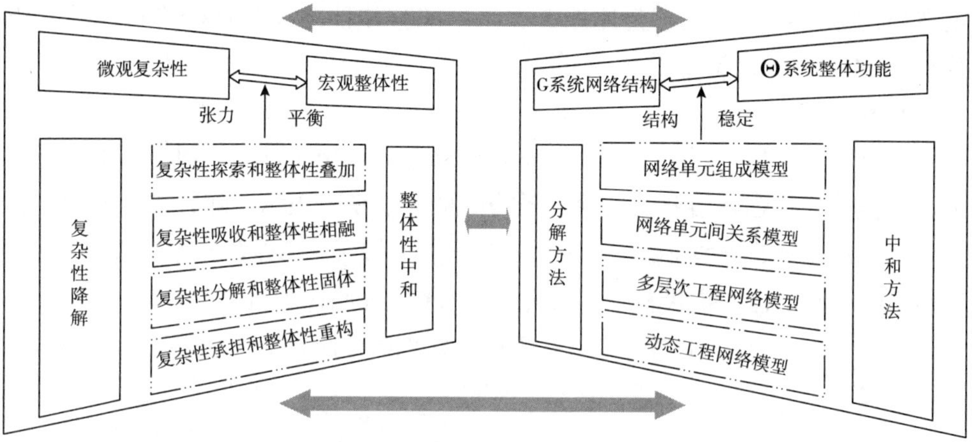

图 2　系统融合原理——模型的对应关系

重大航天工程系统融合原理通过改变系统单元组成及其关联关系，在逐步形成一个单元网络结构的同时构建了具有整体功能的工程系统。基于工程网络描述方法（Pich et al.，2002），本文用 S_i（$i=1,\cdots,m$）表示系统组成单元，R_j（$j=1,\cdots,n$）表示系统组成单元间关系，G 表示系统网络结构，Θ 表示系统整体功能参数，F 表示系统融合原理函数，则系统融合原理可用以下公式描述：

$$\langle\Theta,G\rangle=F\left[(S_1,\cdots,S_m),(R_1,\cdots,R_n)\right] \tag{1}$$

上述融合过程中，工程系统宏观整体性随着微观复杂性变化而变化，即工程微观结构 $G[S,R]$ 也会影响系统整体功能 Θ 的实现概率。根据复杂网络的一般表示方法（Mikołaj et al.，2017），为体现微观结构和宏观功能间的这种关联性，同时反映在此条件下重大航天工程的系统状态，本文以信息熵模型为基础构建系统融合模型。其中，考虑微观工程结构 G 的系统整体功能 Θ 实现概率的信息熵可以表示为：

$$E(\Theta,G)=-\sum_{(S_i,R_j)\in G}\sum_{\theta_k\in\Theta}P(\Theta,G)\log P(\Theta,G) \tag{2}$$

在系统融合原理的不同阶段，不同的融合函数 F 会改变系统网络结构 G，进而改变系统整体功能 Θ 的实现概率；同时，系统整体功能 Θ 的实现也将限制系统网络结构 G 的改变。两者间的相互依赖及限制形成了各阶段微观复杂性和宏观整体性之间的张力，并且决定了融合函数 F 所对应的决策行为。

（一）复杂性探索和整体性叠加

系统融合第一阶段中，复杂性探索通过技术、管理及组织创新等活动

创造新的系统组成单元，整体性叠加以系统整体性功能为目标将这些单元组合在一起。其中，复杂性探索过程产生了彼此独立的单元 S_i，而整体性叠加将这些单元结合在一起，形成了一种具有初始关联关系的工程网络结构 $G^1\left[(S_1,\cdots,S_m),(R_1^1,\cdots,R_n^1)\right]$。在该阶段的初始状态，由于没有任何组成单元的产生，工程系统状态可用 Θ 的先验概率的信息熵 $E(\Theta)$ 表示。随着单元 S_i 的产生及加入，有关 Θ 的概率将被修正为后验概率 $P(\Theta|S_i)$，工程系统逐渐成为更为有序的整体，而工程系统状态可以用网络结构 G^1 下的有关 Θ 的后验概率的信息熵 $E(\Theta|G^1)$ 表示。根据上述定义，系统融合原理第一阶段的信息熵变化模型可以表示为：

$$I(\Theta,G^1)=E(\Theta)-E(\Theta|G^1)=\sum_{G^1}\sum_{\Theta}P(\Theta,S_i)\log\frac{P(\Theta|S_i)}{P(\Theta)} \tag{3}$$

其中，最终得到的 $I(\Theta,G^1)$ 是互信息值，反映了系统单元 S_i 的产生并叠加到系统中后，改变了实现系统整体功能 Θ 的不确定性（Zhang and Ji，2006）。该过程通过系统单元 S_i 的产生及叠加，一方面增加了工程系统在单元组成上的微观复杂性；另一方面改变了实现工程宏观整体功能的概率，形成了微观复杂性和宏观整体性间的张力。

由于这种张力的存在，工程整体功能的实现依赖于网络 G^1，因此确定网络 G^1 单元组成的决策可以表示为：

$$G^{1*}=\operatorname{argmax}I\left(\Theta\left(G^1\right),G^1\right) \tag{4}$$

根据该模型，在确定最优网络 G^{1*} 的工程决策中，既要考虑单元 S_i 对系统整体功能 Θ 后验概率的影响，也要考虑对其似然函数的影响。也就是说，为保证微观复杂性和宏观整体性间张力的稳定性，系统的组成单元既要能够提高整体功能实现的概率，也要考虑整体功能实现时组成单元出现的概率。从创新角度来说，系统组成单元既要有创新性以更好地实现整体功能，也要限制其创新程度以提高出现这种组成单元的可能性。

在工程实践过程中，这种决策策略可以指导该阶段复杂性探索和整体性叠加的管理方法制定。对于实体硬系统，在系统技术创新上既需要进行原始创新，也需要继承发展成熟技术；对于要素虚系统，在工程管理要素的战略谋划上既需要从产业长期发展的战略高度加大资源供给，也要从当前的产业能力出发限制资源的过度需求；对于组织软系统，在参研参试单位组织机制设计选择上既要增加市场化单位的参与，也要保证具有丰富经验的大型国企在其中发挥主导作用。

通过以上综合性管理方法，工程技术单元、管理要素单元及组织单元的形成将不断增加工程整体功能实现的可能性，直到实现边际互信息值最大化。这时工程微观复杂性和宏观整体性间的张力会实现一种平衡状态，系统演化将进入第二个阶段。

（二）复杂性吸收和整体性相容

系统融合第二阶段中，复杂性吸收通过单元间的博弈暴露各组成单元间的关联关系，同时整体性相容以共同的目标化解冲突和矛盾，在达成关联关系共识的基础上增强工程系统整体性目标的实现概率，形成更为紧密的整体。其中，单元 S_i 将基于工程目标 Θ 实现概率最大化向关联单元 S_j 提出关于关联关系 $R_{i,j}^1$ 的主张。同时，单元 S_i 也会考虑关联单元对其主张的回应，并从中进行学习，不断修正关于关联关系 $R_{i,j}^1$ 的主张，这种修正是在双方主张博弈的基础上开展的一种博弈学习过程。对于单元 S_i 来说，这种博弈学习过程使其关于 $R_{i,j}^1$ 的主张逐渐得到关联单元认可。而对整体工程系统来说，所有单元间的关联关系在这种博弈学习过程中达成一致，最终形成一个稳定的系统关联关系（$R_1^2,\cdots,R_n^2$）（Goodfellow et al.，2014）。该过程可以用以下模型（5）表示：

$$\min_{S_j}\max_{S_i} V(S_i,S_j)=\mathbb{E}_{R_{ij}^2\to G^2}\left[I_{S_i}(\Theta,R_{ij}^2)\right]+\mathbb{E}_{R_{ij}^2\to R_{ji}^2}\left[E_{S_j}(\Theta)-I_{S_j}\left(\Theta,S_i(R_{ij}^2)\right)\right] \quad (5)$$

模型右侧的第一项表示对于 S_i 来说，期望通过最大化工程目标 Θ 的互信息来建立关联关系 R_{ij}^2；模型右侧的第二项表示对于关联单元 S_j 来说，期望其认可的单元 S_i 的主张 $S_i(R_{ij}^2)$ 能够最小化工程目标 Θ 的剩余不确定性。模型左侧表示该博弈学习过程是针对函数 $V\left(S_i,S_j\right)$ 的一个最大最小博弈过程，其中 S_i 的目的是通过右侧第一项最大化函数 $V(S_i,S_j)$，而对于 S_j 来说是通过右侧第二项最小化函数 $V(S_i,S_j)$。该最大最小博弈过程制造了单元间的冲突增加了工程系统的微观复杂性，同时通过各方认同的关联关系提高了工程宏观整体功能 Θ 的实现概率，进而在关联关系上形成了微观复杂性和宏观整体性之间的一种新张力。根据上述过程，有关工程网络 G^2 中关联关系（$R_1^2,\cdots,R_n^2$）的决策可以表示为：

$$G^2\left(R_1^2,\cdots,R_n^2\right)^*=\arg\min_{S_j}\max_{S_i} V\left(S_i,S_j\right) \quad (6)$$

该模型表示在 S_i 和 S_j 间的关联关系 R_{ij}^{2*} 的决策中，既要增加 S_i 实现工程功能的可能性以便 S_i 能够主动提出关系主张，也要减少 S_j 无法完成工程功能的

可能性从而得到 S_j 的认可。对于工程网络的所有关联关系 $G^2(R_1^2,\cdots,R_n^2)^*$ 来说，为实现微观复杂性和宏观整体性间张力的稳定性，既要鼓励单元 S_i 尽可能向更多的其他单元充分表达其关系主张，以便在更大的范围内获得认同，也要注意其他单元对其主张的反应，降低博弈对抗程度以便以较低的成本形成一致性的关联关系。

在工程实践中，上述博弈学习过程及其相应的决策策略可以指导该阶段有关复杂性吸收和整体性相容的管理方法制定。对于实体硬系统，在确定工程系统及功能基线时既要求各系统通过多种会议渠道充分向关联系统表达其接口主张，也可以通过行业技术标准快速达成共识；对于要素虚系统，在资源规划时既允许各单位自下向上提报资源需求，也需要在获得所有需求后自上向下进行资源的分配，该过程可持续多次以便研制单位认可所获得的资源；对于组织软系统，在组织模式上既需要各研制单位建立本单位的技术和管理体系，也需要在工程宏观层面建立能够实现技术和管理总体控制的工程总体机构。

通过上述综合性管理方法，工程系统间的技术接口关系、工程资源在各单位间的分配及各单位间的组织关系等均较为快速地达成了一致性。这时整个工程在一个较高的层次实现了微观复杂性和宏观整体性间张力的平衡，系统演化将进入第三个阶段。

（三）复杂性分解和整体性固化

系统融合第三阶段中，复杂性分解将对原有工程网络进行解构，形成多颗粒度的单元与多层级的关联关系，同时整体性固化通过新的工程网络进一步提高工程系统整体性目标的实现概率。其中，原工程网络中一些独立单元被分解为较低层次的单元，如 S_l 被分解为（$S_{l,1},\cdots,S_{l,K}$），并且形成了新的关联关系（$R_{l,1,2}^3,\cdots,R_{l,k-1,k}^3$）。一些无法割裂其关联关系的单元被重构为较高层次系统，如关联单元 S_i 和 S_j 通过关联关系 $R_{i,j}^3$ 组成了一个关联子系统（S_i,S_j）。该过程将形成一个具有多颗粒度单元及多层级关联关系的新工程网络结构：

$$G^3\left[\left((S_1,S_2,\cdots),\cdots,(S_{l,1},\cdots,S_{l,K}),\cdots\right),\left(R_{1,2}^3,\cdots,(R_{l,1,2}^3,\cdots,R_{l,k-1,k}^3),\cdots\right)\right]$$

该网络结构的特点可以用工程网络的最小描述距离 DL 表示（Lam and Bacchus，2010），其中包括描述网络结构复杂性的 DL_{net} 及说明该结构描述数据效果的 DL_{data} 两部分。基于该最小描述距离，第三阶段过程可用模型（7）表示：

$$DL = DL_{net} + DL_{data} = \frac{1}{2}\log Z\left(\left|\pi_{S_i}\right| + \left|S_l\right|\left|S_{l,K}\right|\right) + \left[E_{S_j}(\Theta) - I(\Theta,\ G^3)\right] \quad (7)$$

模型右侧的第一部分测度了新网络的结构复杂性，其中$\left|\pi_{S_i}\right|$表示S_i所对应的父类π_{S_i}的数量，而$\left|S_l\right|\left|S_{l,K}\right|$表示单元$S_l$所分解得到的低层次单元$S_{l,K}$的数量，$\frac{1}{2}logZ$是工程网络单元的编码长度。模型右侧第二部分用新网络结构与工程整体功能的互信息值描述了新工程网络能实现工程整体功能的剩余不确定性。该模型显示复杂性分解将产生新的微观复杂性DL_{net}，而新工程网络结构也有助于进一步提高工程整体功能Θ的实现概率，从而在结构上形成了微观复杂性和宏观整体性之间的一种新张力。

根据上述过程，有关工程网络G^3的决策可以表示为：

$$G^{3*} = \arg\min\left(DL_{net} + DL_{data}\right) \quad (8)$$

该模型表示在有关新工程网络G^{3*}的决策中，既要考虑新网络在网络结构上的复杂性DL_{net}，也要考虑该新网络实现功能整体功能的可能性DL_{data}。也就是说，为实现最小化网络描述距离，该新网络在结构上的复杂性要控制在一定范围内，但该新网络仍然能够充分实现原网络所能够实现的工程功能。

在工程实践中，这种决策策略可以指导该阶段复杂性分解和整体性固化的管理方法制定。对于实体硬系统，在研制、产品技术基线的确定过程中，既要对原系统层面的功能技术基线进行详细的逐层分解，也要在各个层面进行功能整合以验证分解得到的新网络能够实现原工程功能；对于要素虚系统，在资源配置过程中，既要随着技术基线的分解充分细化管理流程，也要随着其功能整合实现流程上的简化整合；对于组织软系统，在具体研制单位项目办的建立过程中，既要将工作分解给专业性的组织和人员提高工作效率，也要保证多工程同时开展时专业组织和人员的密切合作。

通过上述综合性管理方法，工程技术功能、工程资源及工作任务均向下逐层分解给具体工作人员，同时并没有影响工程宏观功能的实现。这时工程网络的整体微观复杂性和宏观整体性间的张力会实现一种新的平衡状态，系统演化将进入第四个阶段。

（四）复杂性承担和整体性重构

系统融合第四阶段中，复杂性承担要求工程系统能够有效应对剩余复杂性引发的不确定性事件，同时整体性重构通过工程网络结构的细微调整减轻不确定性事件对工程整体性目标带来的冲击。该过程中将在原工程网络结构 G^3 的基础上，产生一些新的关联关系（$\bar{R}_{i,j}$）连接必要的单元（$\bar{S}_i,\bar{S}_j$），从而在改变原有结构 G^3 的基础上，产生一个新的工程网络结构，即

$$G^4\left[\left((S_1,S_2,\cdots),\cdots,(S_{l,1},\cdots,S_{l,K}),\cdots,(\bar{S}_i,\bar{S}_j)\right),\left(R_{1,2}^3,\cdots,(R_{l,1,2}^3,\cdots,R_{l,k-1,k}^3),\cdots,(\bar{R}_{i,j})\right)\right]$$

该过程期望在原工程网络 G^3 的基础上产生新工程网络，以降低工程整体性目标 Θ 的剩余不确定性，并将其控制在一定范围内，不引发工程系统性风险。应用风险评估模型（Ahmadi，2012），该过程可用以下模型（9）表示：

$$VaR_{1-\alpha}\left(\Theta,G^4\mid G^3\right)=\inf_{G^4\in\mathbb{R}}\left\{G^4:U\left[\left(I\left(\Theta,G^3\right)-I\left(\Theta,G^4\right)\right)\leqslant \mathrm{M}\left(\Theta\right)\right]>1-\alpha\right\},\ \alpha\in[0,1] \quad (9)$$

该模型右侧中，$I(\Theta,G^3)-I(\Theta,G^4)$ 描述了第四阶段新工程网络结构 G^4 相对于原结构 G^3 在实现新目标 Θ 时的剩余不确定性，关于目标 Θ 的函数 M（Θ）是给定的风险边界值，α 是给定的置信区间。该模型显示第四阶段会在原有工程网络的基础上形成新的单元并建立新的关联，其微观复杂性将进一步增加，同时该网络重构将外部不确定性环境对实现工程功能的风险限定在一定范围内，从而形成了微观复杂性和宏观整体性间的一种新张力。

根据上述过程，有关功能网络 G^4 的决策可以表示为：

$$G^{4^*}=\mathrm{argmin}VaR_{1-\alpha}\left(\Theta,G^4\mid G^3\right) \quad (10)$$

该模型表示在有关新工程网络 G^{4^*} 的决策中，既要考虑原有网络 G^3 是否能够有效应对外部不确定环境带来的冲击，也要考虑新网络 G^4 能否快速应对外部不确定环境带来的冲击以减少风险。也就是说，为使工程整体风险最小化，一方面要提高原有网络结构抵抗外部干扰事件影响的能力；另一方面也能够通过新单元及新结构的快速构建，有效应对外部干扰，降低此类事件对工程目标的影响。

在工程实践中，这种决策策略可以指导该阶段有关复杂性承担和整体性重构的管理方法制定。对于实体硬系统，在工程技术上既需要不断提高原技术方案的成熟度以实现技术的持续改进，也需要控制技术状态的更改；对于要素虚系统，在资源管理中要实现动态控制，既需要在原有配置下实施精细化管理避免资源需求不停增加，也需要针对不可预见事件快速调整资源供给；对于组织软系统，在组织建设中要加强组织韧性建设，既要注重个人及组织能力的提升以保持原有组织框架的稳定性，又要能够对原组织结构进行及时快速的调整以及时应对不确定风险事件。

通过上述综合性管理方法，工程技术、管理及组织系统能够在原有网络结构下应对外部不确定性事件的影响，在必要时调整网络结构，避免局部性风险演化为系统性风险。这时工程网络能够在不确定环境下实现微观复杂性和宏观整体性间张力的动态平衡。如果需要更大程度的网络结构修改，又将进入第一阶段开展新一轮的迭代。

上述各阶段不同策略组合的管理方法如图 3 所示。

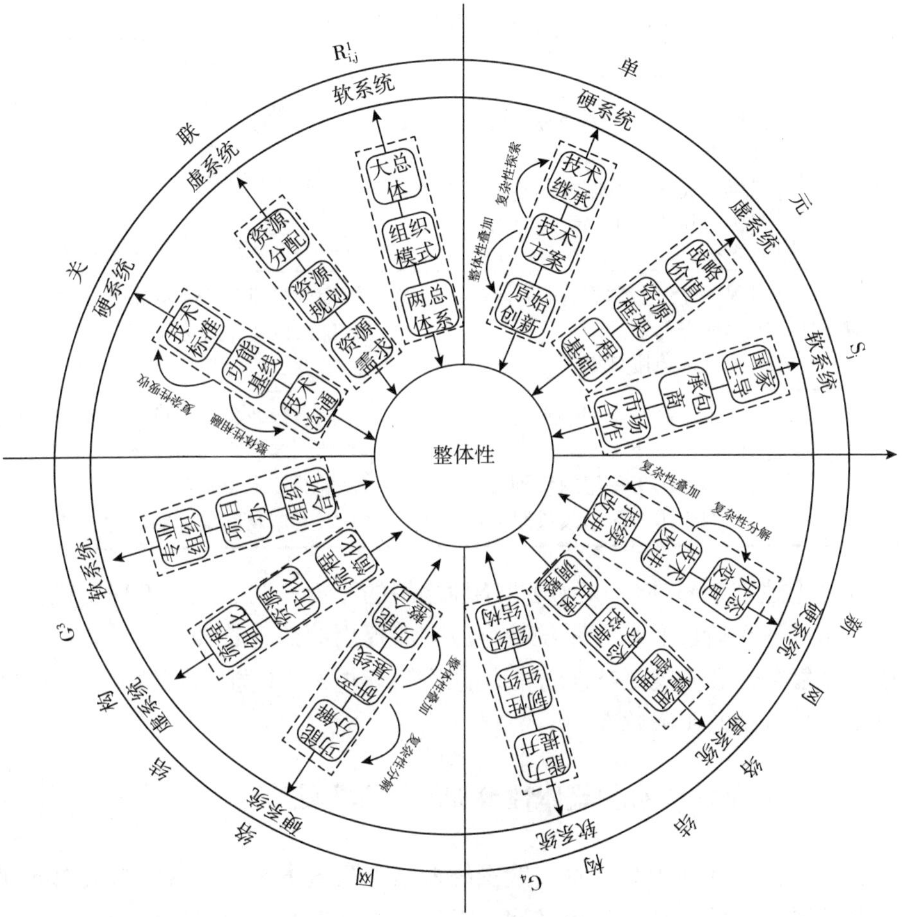

图 3　系统融合管理方法

四、北斗卫星工程的实践

北斗卫星工程是一项典型的重大航天工程，其微观复杂性和宏观整体性特征非常显著。从北斗卫星工程期望实现的功能来看，需要建立一个高精度、高稳定、高可靠、长寿命、安全性和产业化的卫星工程，表现出了宏观层面的整体性。同时，北斗卫星工程建设时间紧、任务重、技术创新性强、不确定性高、研制风险较大，在微观层面有很高的复杂性。这种宏观整体性和微观复杂性在工程实体硬系统、要素虚系统及组织软系统中均有所体现，具体内容如表1所示。

表1 北斗卫星工程的宏观整体性和微观复杂性

系统类型	宏观整体性	微观复杂性
实体硬系统	提供精准定位、测速和授时服务的高精度系统； 提供全天候连续服务的高稳定系统； 提供可靠服务的高可靠系统	卫星数量、地面站点、服务内容及对象数量众多； 非均匀复杂星座构型； 组网发射、在轨控制、高精度测定轨和时间同步等一系列创新技术
要素虚系统	工程整体经费预算； 工程全寿命周期计划； 工程整体范围计划	短期内的批生产和高密度发射任务； 多层次的进度计划； 需求变更引起工程范围的频繁变更
组织软系统	高素质、高技术的航天技术、管理队伍； 高效协调的工程组织管理模式； 积极响应用户需求改进服务的组织	文化、行业、管理模式差异较大的多类型、多层次参与主体； 大量的技术、管理协调任务； 组织主体及其偏好的变化

针对上述宏观整体性和微观复杂性之间的张力，北斗卫星工程实践在工程研制实施的各个阶段采取了系统融合原理所提出的综合管理方法，实现了不同阶段宏观复杂性和微观复杂性间张力的平衡，建立了不同层次的稳定网络结构，提高了工程研制的实施效率。

（一）复杂性探索和整体性叠加的管理方法

在该阶段，北斗卫星工程实践围绕探索工程基本单元组成，形成单元间初步关联关系，采取了技术创新管理、工程战略管理及组织机制设计等综合管理方法，建立了一个战略层面的工程整体网络。

1. 既开展原始创新又充分继承发展成熟技术，形成稳定的技术总体方案

北斗卫星工程本质上是一项重大科技创新工程，为实现新的工程功能并与其他同类系统开展竞争，需要开展大量的工程技术创新活动，在实体硬系统的单元组成上体现出了宏观整体性和微观复杂性之间的张力。针对该问题，北斗卫星工程实践在技术创新管理中综合原始创新及成熟技术集成创新，形成了一个结构稳定的技术总体方案。一方面，北斗卫星工程针对混合星座卫星导航系统、精密定轨、铷钟等关键技术采取自主创新策略，掌握了一批具有自主知识产权的核心技术；另一方面，针对北斗二号 /GPS 信号源等成熟技术，充分借鉴国内外成功经验，通过二次创新或集成创新方法进行改进和完善，形成了一批更具有竞争力的科技成果。

2. 既关注工程的战略价值又考虑工程基础，形成了稳定的资源总体框架

北斗卫星工程对我国国家安全、经济发展、科技进步及航天产业的发展有着重要的战略价值，同时其实施又需要立足于我国经济、科技及产业的基础能力，因此在要素虚系统的要素资源上也形成了宏观整体性和微观复杂性之间的张力。针对该问题，北斗卫星工程实践在工程战略管理中综合考虑战略发展和工程基础条件开展战略分析，形成了一个稳定的资源总体框架。一方面，从国际政治形势、国家高质量发展趋势、国内卫星导航需求增长和市场扩张等国家战略需求层面确定了北斗工程的立项决策；另一方面，根据我国航天工业的技术储备、工业基础能力、产业发展程度等方面识别了进度、经费等方面的诸多挑战。综合两方面的分析，北斗卫星工程制定了验证系统、扩展导航系统和覆盖全球的“三步走”分阶段发展战略。

3. 既扩展单位类型又强调国家主导，形成了稳定的多类型承包商体系

北斗卫星工程在选择研制单位时，面临着符合要求的单位数量有限的问题。由于缺乏竞争，具有垄断性质的研制单位在创新、提高效率等方面的积极性不高，对实现工程整体功能带来了巨大的挑战。针对该问题，北斗卫星工程实践在组织机制设计中采取了主承包商和跟研承包商相结合的多类型承包商体系，既保证了工程质量，也提高了工程效率。一方面，北斗卫星工程坚持满足研制单位能力需求，在招标过程中建立严格的招标（或开题）评价标准，选择最适合的单位承担研制任务，形成了以国有大型企业为主导力量的参研参试单位系统；另一方面，北斗卫星工程采取了一种全新的“跟研模式”，针对北斗手持终端等技术的攻关等，在确定主承研单位的基础上，选择一家或几家在关键技术或工艺上具有优势的单位作为参研单位，配合主承研单位完成整个项目的建设。通过这种方式，既保证了北斗卫星工程能够通过大型国企集中优势力量实现高效攻关，也通过多类型承包商模式促进了主承研单位的积极性，并培养了一批科研院所和企业，避免了“单一采购”蕴含的风险。

（二）复杂性吸收和整体性相容的管理方法

在该阶段，基于第一阶段形成的战略层工程网络，北斗卫星工程实践围绕单元间关联关系的确定采用了功能基线确定、资源规划及组织模式构建等综合管理方法，建立了一个大总体层面的工程整体网络。

1. 既加强技术主张的沟通又建立统一技术标准，形成了稳定的初步技术方案

北斗卫星工程中各系统的创新性形成了新的技术标准，改变了系统间传统的接口关系，对系统间的组合带来了巨大的挑战，在实体硬系统的单元关联关系上出现了宏观整体性和微观复杂性之间的张力。针对该问题，北斗卫星工程实践在技术功能基线管理中综合多渠道的技术沟通及统一的技术标准化制定，形成了一个稳定的初步技术方法。一方面，北斗卫星工程通过多层次、多渠道、多方式的信息沟通方式及信息沟通系统平台对接口关系、对接方式、飞行大纲等技术进行交流，充分表达自身的需求；另一方面，工程总体部门会建立标准规范、技术手册、质量管理标准体系等标准化文件，促进各单元遵照一定的标准尽快就接口关系等技术方案达成一致意见。

2. 既全面掌握资源需求又促进资源合理分配，形成了稳定的初步实施方案

北斗卫星工程涉及大量的新技术，研制单位的攻关难度较大，各大系统间资源消耗相互影响，在资源需求上存在巨大的不确定性，以往的资源需求经验不再有效，从而在要素虚系统的资源关系上出现了宏观整体性和微观复杂性之间的张力。针对该问题，北斗卫星工程实践在工程资源规划中综合自下而上的资源需求及自上而下的资源分配，形成了稳定的初步实施方案。一方面，北斗卫星工程鼓励各研制单位根据本系统的工作预期逐层向上提出资源需求；另一方面，北斗卫星工程在整体层面应用资源优化方法进行资源整合，并结合各单位需求向下确定资源分配。该过程持续进行多轮，直至各研制单位认可所分配的资源。

3. 既在研制单位内又在其上建立指挥控制体系，形成了稳定的组织结构

北斗卫星工程的参研参试单位涉及不同领域、不同性质，存在多样化的行政关系、经济关系，在接口关系及资源需求上存在竞争，因此在组织软系统的关联上出现了宏观整体性和微观复杂性之间的张力。针对该问题，北斗卫星工程实践在组织模式设计上既在各研制单位内部建立技术和管理指挥控制体系，也在所有研制单位之上建立技术和管理指挥控制体系，形成一种稳定的多层次组织结构。一方面，北斗卫星工程基于分权思想在各研制单位内部建立了总师和总指挥，以进行本单位内部的资源和技术管理，并协调两者之间的关系；另一方面，北斗卫星工程基于总体控制思想建立了更为宏观的工程领导小组、工程管理办公室及大总体，以支持工程技术及资源的整体协调。

（三）复杂性分解和整体性固化的管理方法

在该阶段，基于第二阶段形成的总体层面的工程网络，北斗卫星工程实践围绕更为详细的工程网络构建采用了研制、产品基线确定、资源配置及项目办构建等综合管理方法，建立了一个系统层面的工程整体网络。

1. 既进行多层次的功能分解也进行功能整合，形成了稳定的详细技术方案

北斗卫星工程是一项星座工程，在技术上既具有单个卫星工程的特点，也具有多种类型、每种类型多颗卫星的“混合星座构成”特点，因此在实体硬系统的研制和生产技术上出现了宏观复杂性和微观复杂性之间的张力。针对该问题，北斗卫星工程实践在更为详细的技术基线管理中综合功能的逐层分解及不同层次功能整合，形成了一个稳定的详细技术方案。一方面，北斗卫星工程将各类卫星的功能向下分配给分系统、设备层，形成不同层次的功能特性和接口要求，确定生产单元的物理特性；另一方面，北斗卫星工程在各个层次根据卫星类型进行不同层次的功能整合，形成卫星批生产的研制基线及生产基线。

2. 既进行流程细化又进行流程简化，形成了稳定的详细实施方案

与一般单产品的重大航天工程相比，北斗卫星工程需要在有限的时间内发射数量众多的各类卫星到预定轨道以实现工程目标，从而在要素虚系统的详细工作上出现了宏观整体性和微观复杂性之间的张力。针对该问题，北斗卫星在资源配置过程中综合流程细化和流程简化，形成了稳定的详细实施方案。一方面，北斗卫星采取多种计划管理方法制订了详细的工程研制计划，将工作分解到了唯一单位、唯一责任人的工作桌面，实现了计划控制的精细化管理；另一方面，北斗卫星工程借鉴成熟经验简化相关流程，重新组合了星箭研制流程，制定了“集中设计、统一状态、全面投产、分批验收、流水作业、滚动备份”的宇航产品组批生产管理模式。并且，北斗卫星采取了整星空运、多星并行测试、星箭组合体整体转运、一箭双星发射等措施，极大地提高了工程研制及卫星组网效率。

3. 既强调个体专业化又加强组织合作，形成了稳定的工程实施组织机构

北斗卫星工程的研制任务向各系统、分系统、子系统的分解过程中，既要逐层详细地向下层承研单位分配具体的任务，也需要考虑任务的不可分解性，从而在组织软系统的责权利确定上出现了宏观整体性和微观复杂性之间的张力。针对该问题，北斗卫星工程在研制单位的组织构建中综合专业化组织和合作型组织，建立了稳定的工程实施组织机构。一方面，北斗卫星工程在各单位建立了项目办，形成了横向以项目经理、项目办公室、型号项目队伍为主的管理链条，纵向以职能部门、专业技术部门人员为主组成的项目支持队伍，将各项管理和技术工作分配给专业人员。项目办及工作人员在工程建立的产权制度、管理制度和组织制度体系规范下，有明确的责权利边界。另一方面，针对一些关联性极强的工作，北斗卫星工程在行政链上建立了若干工作组，通过研制单位职能部门的合作，完成诸如联测等一些需要密切配合的工作。在技术链上建立了项目群组织结构，根据项目的关联度将多个项目组合成一组项目。

（四）复杂性承担和整体性重构的管理方法

在该阶段，基于第三阶段形成的系统性工程整体网络，北斗卫星工程实践针对外部不确定因素的冲击，通过技术改进、资源动态控制及韧性组织构建等综合管理方法，建立了一个具有灵活性的工程整体网络。

1. 既持续技术改进又控制技术状态更改，形成了动态稳定的实体硬系统

北斗卫星工程为实现目标，所采用的技术很多都处于国际领先水平，技术研发和产品研制有较大风险，实现实体硬系统功能存在不确定性，从而在实体硬系统上出现了新的宏观整体性和微观复杂性间的张力。针对该问题，北斗卫星工程在技术改进管理中综合持续改进和更改控制，形成动态稳定的工程实体硬系统。一方面，北斗卫星工程建立了包括技术成熟度、制造成熟度和应用成熟度的产品成熟度评价模型与多阶段产品成熟度进阶模型，对各分系统及产品在不同阶段的成熟度进行分类管理，逐步提高产品满足工程目标需求的能力；另一方面，北斗卫星严格控制技术状态的更改，通过关键环节把关、各级设计师逐级把关、专家经验把关、制度把关及更改关联性分析的“五把关”策略，将技术状态的革新控制在合理、可行的范畴内。

2. 既精细化管理又快速调整资源，形成了动态稳定的要素虚系统

北斗卫星工程需要在有限的经费与时间内完成工程研制发射任务，但工程的创新性与无法分解的关联关系致使项目很难准确估计总体经费及整体计划，工程实施中会产生进度超期及经费超支现象，从而在要素虚系统上出现了新的宏观整体性和微观复杂性间的张力。针对该问题，北斗卫星工程在资源的动态控制中综合精细化管理和资源的快速调整，形成动态稳定的工程要素虚系统。一方面，北斗卫星工程建立了效益型的资源管理方法，激励研制单位在实施过程中紧密监控经费、进度，通过精细化管理使工程进度和经费符合原计划要求，避免出现偏差；另一方面，北斗卫星工程确定了基于计划粗粒度及计划层次的调整条件、协商及审批权限，一旦发生符合条件的偏差，将对进度和经费等进行动态调整，以防局部的进度或经费风险引发工程的系统性风险。

3. 既提高组织能力又快速调整组织结构，形成了动态稳定的组织软系统

北斗卫星工程研制过程中可能会发生“未知的未知”事件，其影响超出前几个阶段明确的个人和组织的职责范畴，从而在组织软系统上出现了新的宏观整体性和微观复杂性间的张力。针对该问题，北斗卫星工程在组织建设中综合个人及组织能力的提升及组织快速调整，形成了动态稳定的具有韧性的组织软系统。一方面，北斗卫星工程实施过程中锻炼了一支以各大系统总指挥、总师为龙头的两师队伍，培养了一支以年轻技术骨干为主体的专业技术队伍，通过工程实战培养了人才队伍扭转工程被动局面的能力；另一方面，北斗卫星工程也会根据变化调整原有的组织结构，重新进行职能的划分，重新设定组织权限，通过协调方式、沟通渠道来调整组织间及组织内的关联关系。

五、结论与展望

从“两弹一星”开始，我国实施了多项重大航天工程，维护了我国国家安全，推动了经济发展和科技进步。在这些重大航天工程的实施过程中，我国不断借鉴和吸收领域内先进的管理思想和方法，建成了工程管理体系，保证了航天工程的成功实施。同时，我国航天工程还创新了很多符合我国国情的管理方法，形成了具有中国特色的管理思想和理论。在我国积累了丰富的重大航天工程管理经验的前提下，在我国工程管理学者从“照着讲”到“接着讲”的转变过程中，有必要从实践中建立重大航天工程管理理论，为未来此类工程研制提供理论和方法支持。

本文基于重大航天工程复杂系统分析构建了系统融合原理，在一个工程网络模型框架中建立了该原理的数学模型，并根据模型提出了重大航天工程的管理方法。第一，重大航天工程系统融合原理从工程复杂性视角认识工程，在其多尺度动态复杂性的认识基础上，揭示了微观复杂性和宏观整体性间张力推动工程系统演化的动力机理，提出了“复杂性降解”和“整体性中和”的策略组合。该原理从多类系统的共性特点出发认识工程，所提出的策略组合有助于加快此类工程的迭代速度并提高工程研制效率。第二，在工程网络模型框架下，构建了系统融合理论模型，描述了不同阶段中不同策略组合下工程微观网络结构及宏观功能实现可能性的变化，并根据模型所显示的微观复杂性与宏观整体性间的张力提出了采取综合管理策略的建议。该模型用简洁的数学方法清晰描述了系统融合原理，并说明了采取综合管理策略的合理性。第三，应用北斗卫星工程实践说明了系统融合原理及管理方法的应用，从复杂系统演化视角解释了工程实体硬系统、要素虚系统、组织软系统中所采取的综合性管理方法。

在未来的研究中，可以从以下几个方面进一步完善重大航天工程系统融合原理并扩展其应用。第一，不同类型的重大航天工程、不同行业的重大工程在宏观整体性及微观复杂性上有不同的特点，形成的工程网络结构及工程系统演化过程也往往不同，可以通过不同类型重大工程的管理实践进一步完善系统融合原理，并验证基于该原理提出的管理方法效果。第二，当前我国面临着诸多关键核心技术攻关“卡脖子”的问题，而系统融合原理所揭示的重大航天工程“竞合”机制对于如何建立有效的工程治理机制有着重要的指导价值，可以基于系统融合原理对工程治理模式，特别是“新型举国体制”等创新性工程治理机制开展研究，提出适应我国国情的重大工程治理模式。第三，基于系统融合原理及其模型能够提出更为综合性的工程管理方法，可以借鉴航天工程系统工程管理手册、项目管理手册等工程文件，设计操作层面的系统融合工作手册，指导工程人员开展具体的工程技术及管理工作。第四，随着工业 4.0 及 BIM 技术的应用，重大工程的数字化设计建造水平将越来越高，可以拓展系统融合理论和模型在工程信息融合等方面的应用，以适应数字化时代重大工程管理的变化。

参考文献

[1] Ahmadi-Javid, A., 2012, “Entropic Value-at-Risk： A New Coherent Risk Measure”, *Journal of Optimization Theory and Applications*, Vol. 155, pp. 1124~1128.

[2] Benjamin A , Blake S , Yaneer B Y., 2017, “Multiscale Information Theory and the Marginal

Utility of Information", *Entropy*, Vol. 19, pp.273.

[3] Goodfellow, I., Pouget-Abadie, J., Mirza, M. et al., 2014, "Generative Adversarial Nets", *Advances in neural information processing systems*, Vol.20, pp. 2672~2680.

[4] Mikołaj M., Tomasz K., Przemysław K., 2017, "On Measuring the Complexity of Networks: Kolmogorov Complexity Versus Entropy", *Complexity*, Vol.1, pp. 1~12.

[5] NASA. "NASA Systems Engineering Handbook," NASA/SP-2016-6105 Rev2, 2016.

[6] Pich M T., Loch C H., Meyer A., 2002, "On Uncertainty, Ambiguity, and Complexity in Project Management", *Management Science*, Vol. 48, pp. 1008~1023.

[7] Lam W., Bacchus F., 2010, "Learning Bayesian Belief Networks. An Approach Based on the MDL Principle", *Computational Intelligence*, Vol. 10, pp. 269~293.

[8] Siegenfeld, A F, Bar-Yam, Y., 2019, "An Introduction to Complex Systems Science and Its Applications", *Complexity*, pp. 1~16.

[9] Zhang Y., Ji Q., 2006, "Active and Dynamic Information Fusion for Multisensor Systems with Dynamic Bayesian Networks", *IEEE Transactions on Systems Man & Cybernetics Part B*, Vol . 36, pp. 467~472.

[10] 陈晓红，唐湘博，李大元，汪阳洁，胡东滨 . 构建新时代两型工程管理理论与实践体系 [J]. 管理世界，2020(5).

[11] 顾基发，唐锡晋 . 物理—事理—人理系统方法论：理论与应用 [M]. 上海：上海科技教育出版社，2006.

[12] 霍兰 . 隐秩序：适应性造就复杂性 [M]. 周晓牧，韩晖，译 . 上海：上海科技教育出版社，2011.

[13] 刘海燕，王宗水，汪寿阳 . 我国系统科学与工程研究的演化与发展简 [J]. 系统工程学报，2017(3).

[14] 栾恩杰 . 敢上九天揽月——忆嫦娥工程二三事 [J]. 紫光阁，2009(182).

[15] 栾恩杰 . 航天系统工程运行 [M]. 北京：中国宇航出版社，2010.

[16] 麦强，陈学钏，安实 . 重大航天工程整体性，复杂性及系统融合：北斗卫星工程的实践 [J]. 管理世界，2019a(12).

[17] 麦强，盛昭瀚，安实，高星林 . 重大工程管理决策复杂性及复杂性降解原理 [J]. 管理科学学报，2019b(8).

[18] 美国项目管理协会 (PMI). 项目管理知识体系指南 [M]. 北京 : 电子工业出版社 , 2018.

[19] 盛昭瀚 , 薛小龙 , 安实 . 构建中国特色重大工程管理理论体系与话语体系 [J]. 管理世界 , 2019(4).

[20] 盛昭瀚 . 管理 : 从系统性到复杂性 [J]. 管理科学学报 , 2019(3).

[21] 孙家栋 , 扬长风 . 北斗二号卫星工程系统工程管理 [M]. 北京 : 国防工业出版社 , 2017.

[22] 唐伟 , 刘思峰 , 王翔 , 宋征宇 .V-R^3 系统工程模式构建与实践——以载人空间站工程为例 [J]. 管理世界 , 2020(10).

[23] 于景元 , 周晓纪 . 从综合集成思想到综合集成实践——方法 , 理论 , 技术 , 工程 [J]. 管理学报 , 2005(1).

[24] 于景元 . 从系统思想到系统实践的创新——钱学森系统研究的成就和贡献 [J]. 系统工程理论与实践 , 2016(12).

[25] 中华人民共和国国务院新闻办公室 .2016 中国的航天 [N]. 人民日报 , 2016-12-28(009).